연속혁명 평가와 전망

연속혁명 평가와 전망

레온 트로츠키 지음 · 정성진 옮김

책갈피

연속혁명 평가와 전망

지은이 레온 트로츠키
옮긴이 정성진
펴낸곳 도서출판 책갈피
등록 1992년 2월 14일(제18-29호)
주소 서울특별시 중구 필동2가 106-6 2층(100-272)
전화 (02) 2265-6354
팩스 (02) 2265-6395

초판 1쇄 발행일 2003년 8월 25일
　　3쇄 발행일 2013년 2월 12일

값 13,000원

ISBN 89-7966-030-8　03300
잘못된 책은 바꿔드립니다.

차례

존 몰리뉴의 서문 : 트로츠키의 연속혁명 · 7

1부 평가와 전망

재발간에 붙이는 저자 서문 · 51
서문 · 61
1장 　러시아 역사 발전의 특수성 · 63
2장 　도시와 자본 · 74
3장 　1789 – 1848 – 1905년의 혁명들 · 82
4장 　혁명과 프롤레타리아 · 96
5장 　권력을 장악한 프롤레타리아와 농민 · 104
6장 　프롤레타리아 정권 · 111
7장 　사회주의의 선행 조건들 · 120
8장 　러시아에서 노동자 정부와 사회주의 · 143
9장 　유럽과 혁명 · 152
10장 　권력을 위한 투쟁 · 164

2부 연속혁명

베를린에서 출판된 초판(러시아어판)에 붙이는 서문 · 175
독일어판에 붙이는 서문 · 199
1장　이 책의 불가피성과 목적 · 217
2장　연속혁명은 프롤레타리아에 의한 '비약'이 아니라
　　　프롤레타리아 지도하의 국가의 재구성이다 · 243
3장　'민주주의 독재'의 세 가지 요소: 계급, 임무, 정치 역학 · 256
4장　연속혁명론은 실천에서 어떻게 나타나는가? · 276
5장　우리 나라에서 '민주주의 독재'는 실현됐는가?
　　　만일 그렇다면 그것은 언제인가? · 299
6장　역사적 단계의 비약에 대해 · 316
7장　오늘날 동양에서 민주주의 독재라는 슬로건은 무엇을
　　　의미하는가? · 322
8장　마르크스주의에서 평화주의로 · 342
9장　에필로그 · 354
10장　연속혁명이란 무엇인가? · 359

주 · 366
찾아보기 · 379

TROTSKY'S

존 몰리뉴의 서문

트로츠키의 연속혁명

PERMANENT REVOLUTION

이 글은 존 몰리뉴(John Molyneux)의 책 ≪트로츠키의 혁명적 사상 *Leon Trotsky's Theory of Revolution*≫(St. Martin's Press, 1981))에 실려 있는 1장 "Permanent Revolution"을 번역한 것이다.

존 몰리뉴는 영국 사회주의 노동자당 당원이며 <사회주의 노동자 *Socialist Worker*>의 정기 칼럼니스트다. 주요 저서로는 ≪마르크스주의와 당≫(책갈피), ≪진정한 마르크스주의 전통은 무엇인가?≫(책갈피) 등이 있다.

■ 일러두기

1. 본문에 1), 2)로 표시된 각주는 저자인 트로츠키의 주(注)다.
2. 본문에 1, 2로 표시된 주는 독자의 이해를 돕기 위해 옮긴이가 덧붙인 주로서 후주로 처리했다. 단, "존 몰리뉴의 트로츠키의 연속혁명론"에서 1, 2로 표시된 주는 저자의 주로서 후주로 처리했다.
3. 본문의 [ ]는 옮긴이가 우리말로 옮기는 과정에서 독자들의 이해를 돕고 문맥을 매끄럽게 하기 위해 덧붙인 것이다.
4. 인명, 지명 등을 포함한 외래어는 최대한 외래어 표기법에 맞춰 표기했다.

트로츠키의 연속혁명

레온 트로츠키의 정치를 연구하려면 연속혁명론에서 시작해야 한다. 그의 이름과 밀접히 연결돼 있는 연속혁명론은 마르크스주의 이론에 대한 그의 첫 번째 독창적인 기여일 뿐 아니라 이후 그의 모든 정치적 발전의 토대였다. 트로츠키주의의 주된 특징, 즉 스탈린주의에 대한 비타협적인 반대와 세계 노동자 혁명에 대한 헌신, 이 둘 모두 연속혁명론에 그 뿌리를 두고 있다. 그 때문에 이 이론의 주제들과 이 이론에서 제기하는 의문들은 이 책의 첫 장뿐 아니라 여러 곳에서 등장하겠지만, 수많은 오해와 왜곡의 대상이었던 연속혁명론이 실제로 무엇을 의미하는지 명확하게 규명하는 데서 출발할 필요가 있다.

연속혁명론의 가장 기초적인 핵심은 러시아의 후진성에도 불구하고 러시아 노동 계급은 지속적이고 안정적인 부르주아 민주주의 시기를 통과하지 않고도 서구 노동 계급보다 먼저 권력을 장악할 수 있고 또 그렇게 하려고 한다는 사상이다. 이 사상의 복잡성과 중요성 그리고 독창성을 이해하기 위해서는, 19세기 말과 20세기 초의 러시아 마르크스주의자들이 직면했던 기본적인 문제를 이해하는 것과 트로츠키가 이러한 문제의 '해결책으로 연속혁명론을 어떻게 발전시켰는지 살펴봐야 한다.

1. 역사적인 문제

이 문제는 마르크스의 방법, 즉 역사적 유물론을 사용해 러시아의 조건들을 독자적으로 분석하는 것이었다. 마르크스주의는 서유럽의 경험에 기반을 둔 사회 발전 이론으로 등장했고,[1] 마르크스는 자신이 '초역사적인 최상의 가치를 다루는 일반적인 역사철학 이론(historico-philosophical theory)'을 제시했다는 것을 분명하게 부정했다.[2] 더구나 생애 말년 10년 동안 러시아를 집중 연구했음에도 러시아인 동조자들에 대한 마르크스의 충고는 미완성이었고, 데이비드 맥렐란이 지적한 것처럼 "치명적이게도 모호"했다.[3] 결국 러시아의 마르크스 제자들은 자신들의 힘으로 해야 했다. 그들의 임무는 "구체적인 상황을 구체적으로 분석"하는 것, 즉 러시아 경제 상황을 분석하고 미래의 발전 경향을 밝히는 것, 그 상황에 처한 사회 세력들과 혁명 과정에서 그 세력들 각각의 역할을 판단하는 것, 그리고 이러한 기초 위에서 혁명 전략과 강령을 만드는 것 등이었다.

이러한 방향으로 첫걸음을 뗀 사람은 러시아의 마르크스주의 운동을 건설했던 플레하노프였다. 이것은 러시아가 자본주의 발전 과정을 통과하는 것의 불가피성, 혁명 운동의 사회적 기초가 농민이 아니라 노동자라는 점, 그리고 개인적 테러리즘이라는 방법 등의 문제를 둘러싸고 나로드니키와 단절하는 것을 의미했다. 플레하노프가 확립한 이러한 입장은, ≪러시아에서 자본주의 발전≫이란 책에서 자본주의가 러시아에서 이미 확고한 기반을 가지고 있음을 이론적·경험적으로 증명했던 레닌에 의해 굳건해졌다.

그러나 이러한 발전이 중요하긴 했지만, 그럼에도 짜르 러시아에서 분명히 무르익은 혁명의 본질과 동학이라는 문제를 해결하지는 못했다.

이 문제와 관련해 근본적으로 모순되는 두 가지 사상이 마르크스주의 운동 안에서 불안정하게 공존했다. 한편으로는, 엥겔스가 지적했던 것처럼, 러시아가 "그 자신의 1789년에 다가가고 있다"는 점,[4] 즉 **부르주아** 혁명에 다가가고 있다는 점이 일반적으로 받아들여졌다. 다른 한편으로는 이 혁명의 주도권은 노동자들이 쥐게 될 것이라는 점에 대해서도 폭넓은 공감대가 형성됐다. 플레하노프가 1889년 제2인터내셔널 창립대회에서 지적한 것처럼, "러시아 혁명은 노동자 혁명으로 승리할 것이다. 그렇지 못하면 결코 승리하지 못할 것이다." 그러나 이러한 두 사상의 공존은 계속 위협받았다. 1890년대의 '합법 마르크스주의자'들은 자본주의 발전의 불가피성에 대한 인정을 자본주의 발전에 대한 지지로 바꾸는 경향이 있었고, 반면에 '경제주의자'들은 사회민주주의자들이 노동자들의 경제 투쟁을 지원하는 일에만 전념해야 한다고 주장하면서 혁명의 정치적 지도력을 자유주의 인텔리겐챠에게 그냥 넘겨주려는 징후를 보였다. 자유주의와 인텔리겐챠에 대한 '온건한' 또는 '강경한' 태도는 러시아 사회민주노동당을 1903년에 멘셰비키와 볼셰비키로 분열시킨 당 조직 관련 논쟁의 중요한 배경이었다.[5] 이러한 문제는 젬스트보(지방 정부 기관들)가 시작한 헌법 제정 운동과 관련해서 1904년 훨씬 공개적으로 나타났다. 멘셰비키는 젬스트보 자유주의자들에게 영향력을 행사하는 것에는 찬성했지만, 그들을 위협하거나 공포로 몰고 갈 노동자들의 대중 행동에 반대했다. 반면에 레닌은 러시아 자유주의자들이 반혁명 세력이며, 프롤레타리아의 동맹자로 간주할 수 없으며, 심지어 잠재적인 동맹자로도 간주할 수 없다는 견해를 주장하면서, 이러한 수용을 기회주의라고 비난했다.[6]

이러한 모든 문제를 밝히 드러낸 것은 1905년 혁명이었다. 우선 노동자들의 대중 투쟁들은 (사회민주주의자들이 지방 혁명 정부에 참여해야 하는지 말아야 하는지 하는 중요한 논쟁이 있었음에도⁷⁾ 통합에 대한 거대한 압력을 형성해 상이한 전망들이 차이가 없도록 만들었다. 그러나 혁명적 조류가 퇴조하고 혁명이 패배하자 이 모든 차이점이 분명하게 드러났다. 그리고 1905년의 경험으로부터 러시아 혁명의 본질에 대한 세 개의 분명하고도 결정화된 입장이 나타났다.

첫째는 멘셰비키의 입장이었다. 멘셰비키는 러시아 혁명은 부르주아 혁명일 것이며, 따라서 부르주아지가 주도할 것이고, 부르주아 정부 수립에서 정점에 이를 것이라고 주장했다. 사회민주주의자들의 구실은 자유주의 부르주아지를 지지해 그들이 짜르주의에 대항한 더 급진적인 주장을 하도록 압력을 넣는 한편, 하루 8시간 노동과 다른 개혁들을 통해 노동자들의 특수한 이익을 보호하는 것이라는 입장이었다. 이런 계획에서 노동자들의 역할은 부수적인 것이었다. 노동자들은 혁명의 병사들이지 혁명의 지도자나 혁명의 승리자가 아니었다. 실로 노동자들은 너무 급진적인 요구나 너무 혁명적인 행동을 통해 부르주아지를 놀라게 해서 부르주아지를 전제주의의 품으로 몰아넣지 않도록 억제돼야만 한다는 것이 이 이론의 귀결이었다.

1904년 마르티노프는 멘셰비키의 견해를 다음과 같이 표현했다.

다가오는 혁명은 부르주아지의 혁명일 것이다. 그리고 그것은 …… 혁명이 모든 또는 일부 부르주아 계급의 지배만을 어느 정도 보장할 것임을 뜻한다. …… 그렇다면 다가오는 혁명이 부르주아지 전체의 뜻에 어긋나는 정치 형태를 취할 수 없음이 명백하다. 왜냐하면 부르주아지가 내일의 주인일 것이기 때문이다. 그렇다면, 부르주아 구성원들의 다수를 단순히 놀라게 하는 길을 걷는 것은, 프롤레타리아트의 혁명 투쟁이 본래 형태의 절대주의 부활이라는 결과만을 낳을 수 있음을 뜻하는 것이다.⁸

1906년 플레하노프는 1905년 혁명에 대한 멘셰비키의 대응을 "무기를 든 것은 잘못됐다"는 말로 요약했다.[9]

둘째는 레닌과 볼셰비키의 입장이었다. 멘셰비키와 같이 레닌도 자본주의 사회 관계를 뛰어넘거나 전복하지 않을 것이라는 점에서는 혁명이 부르주아 혁명일 것이라는 점을 받아들였지만,[10] 부르주아지가 혁명을 이끌 것이라는 견해에는 반대했다.

> 부르주아지 전체는 전제정에 대항해 중요한 투쟁을 수행할 수가 없다. 그들은 이 투쟁에서 기존 질서와 자신을 이어주는 소유권을 잃을까 봐 두려워한다. 그들은 민주주의 혁명에서 멈추지 않고 사회주의 혁명을 열망하게 될, 노동자들의 엄청나게 거대한 혁명적 행동을 두려워한다. 그들은 유산 계급의 이익과 수천 갈래의 고리로 얽혀있는 관료나 관료주의와 완전히 단절하는 것을 두려워한다. 이 때문에 자유를 위한 부르주아지의 투쟁이 소심하고, 일관성 없고, 열의도 없다는 것은 유명하다.[11]

따라서 레닌이 보기에, 혁명은 바로 부르주아지에 **반대해서** 그리고 '**프롤레타리아와 농민의 혁명적·민주적 독재의 수립**'으로 정점에 이르게 될 프롤레타리아와 농민의 동맹을 통해서만 성공할 수 있다.[12] 레닌이 구상했던 것은 노동자 대표들(사회민주주의자들)과 농민 대표들로 구성된 정부였다. 그 정부는 민주공화국을 수립하고 대토지를 몰수할 것이다. 주요 목적 — 토지 — 을 달성한 농민들은 더는 혁명적이지 않을 것이며, '민주적 독재'는 (사회민주당은 혁명적 야당이 될 것이다) '보통의' 부르주아 정부에게 자리를 넘겨줄 것이고 주어야만 할 것이다.

멘셰비키와 레닌 입장의 근본적 차이는 멘셰비키가 노동자들을 온건화시키고 억제하는 정책을 채택한 반면, 레닌의 입장은 프롤레타리아의 독립성, 정치의식, 전투성을 한껏 고양하는 것을 포함한 점이다.

셋째는 트로츠키의 입장이었다. 트로츠키는 자유주의 부르주아지에게 혁명적 잠재력이 없다는 점에서는 레닌과 완전한 의견 일치를 이루었지만, 레닌이 농민의 독립적이고 혁명적인 대표성에 대한 전망을 과대평가했다고 생각했다. 따라서 트로츠키는 혁명 정부를 지배하고 결정적인 영향을 미칠 세력은 프롤레타리아일 것이라고 생각했다. 더 나아가서 그는, 프롤레타리아트가 한번 권력을 잡는다면 그들은 사태의 논리 때문에 부르주아 소유 관계를 급격하게 침해할 것이고, 자신의 지배를 옹호하기 위해 싸울 수밖에 없을 것이라고 주장했다. 달리 말하면, 프롤레타리아는 프롤레타리아 독재를 수립하고 사회주의 사회 건설에 착수하게 될 것이다. 바로 이것이 '연속혁명' 이론으로 알려지게 된 것이며, 우리가 지금 자세히 검토할 이론이다.

2. 이론

멘셰비키는 '정통' 마르크스주의의 대표자들을 자처했다. 마르크스도 "사회의 경제 구조가 …… 아시아적 생산양식, 고대적 생산양식, 봉건적 생산양식, 그리고 근대 부르주아 생산양식으로 진보한다"고 지적하지 않았던가?[13] 마르크스는 노동생산성을 향상시키고, 근대 산업과 기술을 발전시키며, 다수 인구를 프롤레타리아로 변모시키고, 부르주아 민주주의를 통해 프롤레타리아를 정치적으로 교육하는 자본주의가 역사적으로 사회주의의 필수 전제 조건이라고 주장하지 않았던가? 마르크스는 "어떠한 사회질서도 전체 생산력이 그 안에서 발전할 여지가 있다면 소멸되지 않는다"고 지적하지 않았던가?[14]

물론, 트로츠키도 자신의 주장을 뒷받침하는 인용문들을 제시할 수 있었다. 사실, 그의 이론을 역사에 등장시킨 바로 그 '제목'은 마르크스가 쓴 '공산주의 동맹 중앙위원회에 보내는 편지(1850년 3월)'의 한 구절에서 따온 것이었다.[15] 그러나 트로츠키에게 중요한 것은 인용문이 아니라 러시아 사회 발전이라는 현실이었고, 그는 러시아 역사에 대한 구체적 분석에 기초해 주장을 펴나갔다.

이러한 분석의 출발점은 "러시아 사회의 발전에서 주된 특징은 상대적인 원시성과 완만성"[16]이라는 사실이었다. 그러나 트로츠키가 보여 준 것처럼, 이 후진적 토대에서 유래한 발전은 훗날 서유럽 역사를 재연하는 것이기는커녕, 근본적으로 모순적이었고 가장 근대적이면서도 가장 후진적인 사회경제적 형태의 폭발적인 결합을 생성해냈다. 첫째로 경제적으로 발전한 서구의 이웃 나라들의 압력에 종속된 초기 러시아 국가는 살아남기 위해 자신의 사회에 대해 더 거대한 힘과 지배력을 행사해야 했고, 그래서 "국가는 잉여 생산물의 대부분을 소모해 버렸다."[17] 그래서 국가는 온 힘을 다해 러시아 경제 발전을 추진하면서, 동시에 러시아의 빈약한 자원에 대한 불균등한 필요 때문에 그 발전을 가로막고 방해했다. 그리고 국가에게는 헤게모니를 유지하기 위해 사회적 차별과 엄격한 위계질서가 필요했다. 동시에 국가는 그 자신의 괴기스런 식욕을 통해 이러한 차별의 '일반적이고' '자연스런' 발전을 방해했다.

국가는 발전하고 있던 여러 경제 집단을 이용하려 노력했으며, 그것들을 국가 자신의 고유한 특정 재정적·군사적 목적들에 종속시키려고 애썼다. 당시 출현하고 있던 지배적 경제 집단들은 국가를 이용해서 자신들의 유리한 위치를 신분적 특권 형태로 만들어 더욱 공고히 하려고 노력했다. 러시아에서 여러 사회 세력들의 이러한 활동의 전개 과정은 서유럽의 경

우보다 훨씬 더 국가 권력에게 유리하게 돌아갔다.[18]

과장된 국가 권력과 경제 후진성의 이러한 결합 때문에 러시아 자본주의는, 마르크스가 지적한 "봉건 사회의 간극들"에서 무역과 수공업의 점진적 진보를 통해서가 아니라, 절대 국가를 매개로 서유럽에서 이식돼 발전했다. "말하자면, 새로운 분야의 수공업, 기계류, 공장, 대기업, 자본 등이 자연경제의 줄기에 인공적으로 접목됐다. 따라서 러시아의 자본주의는 국가의 산물로 보였다."[19] 트로츠키는 이러한 경제 발전의 당연한 사회적 결과 때문에 러시아 부르주아지는 서유럽 선구자들의 창백한 그림자였다고 주장했다. 처음부터 외국 차관에 의존하고, 전제주의의 보호 하에, 상당한 도시 쁘띠부르주아지의 지지도 받지 못한 채, 러시아 사회에서 역사적 근거나 전통도 없는 부르주아지는 짜르 체제에 공공연하게 맞설 경제적·정치적 힘과 독립성이 없었다. 무엇보다 서구 자본에 대한 의존은 국제적으로 이미 오래 전에 혁명적 열망을 내던졌고 러시아 혁명에 전혀 흥미가 없었던 한 계급에게 의존한다는 것을 뜻했다.

유럽 국가들에서 헤게모니를 장악하고 있으며, 수고를 하지 않고도 짜르 정부를 자신의 재정적 부하로 만든 주식시장의 귀족들은, 어떤 형태의 민족 정부도 짜르 전제정 아래에서 이루어지는 고리대의 이자를 자신들에게 보장할 수 없다는 점 때문에, 러시아에서 부르주아 반대파의 일부가 되기를 원하지도 않고 또 될 수도 없었다. 금융 자본과 마찬가지로 외국의 산업 자본은 러시아의 천연자원과 노동력을 착취하고 있지만 러시아 국경 밖 — 프랑스, 영국, 벨기에 의회 — 에 자신들의 정치적 기반이 있었다.[20]

더욱이, 부르주아지는 지주들과 수많은 끈으로 연결돼 있기 때문에 (트로츠키가 주요한 러시아 부르주아 민주주의 당인 카데츠가 자유주의 지주들과의 동맹으로 형성됐음을 지적한 것처럼[21]) 러시아 민중의 절대 다수에게 결정적 문제인 농업 문제를 해결할 수 없었다. 즉, 그들은 대지주를 착취할 수도, 토지를 농민에게 제공하는 것을 지지할 수도 없었다.

그래서 멘셰비키의 '정통 마르크스주의' 도식은 전혀 현실적이지 않았으며, 이를 고수한 멘셰비키는 계속 우경화했다.

멘셰비키들은 언제 어디서든지 부르주아 민주주의가 발전하는 징후들을 발견하려고 애썼으며, 발견하지 못하는 경우에는 발명해 냈다. 그들은 모든 '민주주의적' 선언과 시위의 중요성을 과장하면서도, 동시에 프롤레타리아의 역량과 그들의 투쟁의 전도(前途)는 평가절하했다. 그들은 러시아 혁명의 "정당한" 부르주아적 성격이 역사 법칙에 의해 요청되는 것이라는 주장의 근거를 확보한답시고 그와 같은 진보적 부르주아 민주주의를 하도 열렬히 추구한 나머지, 혁명의 와중에서조차 그러한 것을 발견할 수 없는데도 스스로 그것을 수행할 의무를 — 때로는 성공하기도 했고 때로는 실패하기도 했지만 — 떠맡고자 했다.[22]

그러나 혁명적 부르주아지가 없었기 때문에 1789년 혁명[프랑스 대혁명]의 러시아판이 불가능하게 됐음에도, 트로츠키가 주장했듯이, 그것은 결코 혁명을 불가능하게 만들지 않았다.

따라서 사회가 발전하는데도 절대주의는 계속 존속하게끔 만들었던 국가의 행정적·군사적·재정적 위세는 자유주의자들의 의견처럼 혁명의 가능성을 허용하지 않는 것이 아니라, 오히려 그 반대로 혁명을 유일한 출구로 만들어 놓았다. 더구나, 이 혁명은 절대주의의 위세가 자기 자신과 국민 사이에 파놓은 심연의 깊이에 비례해 더욱더 철저한 성격을 띨 것임이 이미 분명해졌다.[23]

더욱이 부르주아지를 무능하게 만든 러시아 자본주의 발전의 이러한 성격이 프롤레타리아에게도 똑같은 영향을 끼친 것은 결코 아니었다. 엄밀히 말해 뒤늦은 출발, 외국 투자에 대한 의존, 그리고 국가의 후원 때문에 러시아에서는 공업이 가장 현대적인 기술과 가능한 가장 큰 규모에 기초해서 발전했다.

대체로 혁명 직전까지도 농민의 토지 경작은 17세기 수준이었던 반면에, 러시아 공업은 그 기술과 자본주의 구조면에서 선진국 수준이었고, 어떤 측면에서는 심지어 선진국을 능가했다. 100명 이하 노동자를 고용한 작은 기업들은 1914년에 미국에서는 전체 산업 노동자의 35퍼센트를 고용했지만 러시아에서는 겨우 17.8퍼센트만을 고용했다. 두 나라에서 100명 이상 1000명 이하 노동자를 고용한 기업의 숫자는 얼추 비슷했다. 그러나 1000명 이상을 고용한 거대 기업들은 미국에서는 노동자들의 17.8퍼센트를, 러시아에서는 41.4퍼센트를 고용했다. 가장 중요한 공업 지역을 보더라도 러시아의 비율이 여전히 높았다. 왜냐하면 페트로그라드 지역에서 44.4퍼센트, 모스크바 지역에서 57.3퍼센트를 차지하고 있었기 때문이다.[24]

이러한 자본 집중은 필연적으로 프롤레타리아의 집중을 뜻했고, 거대한 경제적·정치적 힘을 프롤레타리아에게 부여했다. 인구에서 극소수였음에도 프롤레타리아는 러시아의 결정적인 생산력을 손아귀에 쥐고 있었다. 더군다나 수십 년 만에 산업 노동자 계급이 그렇게 빨리 성장했다는 사실은, 그들이 서구에서 프롤레타리아의 혁명적 잠재력을 지체시켰던 내적 차별과 이에 따르는 동업조합·길드의 편견에서 실제로 자유로웠다는 것을 뜻했다.[25] 그 결과 러시아에서 시대착오적인 전제정을 제거하고, 농업 문제를 해결하고, 민주공화국을 세우는 누적된 역사적 임무는 바로 프롤레타리아의 어깨 위에 놓여졌다.

이토록 멘셰비키와 날카롭게 구분된 트로츠키의 분석이 레닌과는 구분되지 않았다. 부르주아지와 자유주의에 대한 부정적 평가나, 농민과의 동맹에서 프롤레타리아의 주도적인 역할에 대해 레닌과 트로츠키는 일치했다. 그러나 러시아 혁명의 추진력에 대한 분석이 아니라 혁명에서 나타나게 될 정부의 본질에 대한 견해와 혁명이 얼마나 전진할 것인지에 대한 평가에서는 갈라서게 됐다. 이러한 차이의 바탕은, 우리가 이미 지적했듯이, 농민 문제였다.

농민을 두고 러시아 마르크스주의 운동에서 나타난 분열을 이해하기 위해서는 우선 마르크스를 추종하는 모든 러시아 마르크스주의자가 농민은 엄청난 다수였지만 쁘띠부르주아지일 뿐 근본적으로 사회주의자가 아니라고[26] 간주했음을 깨달아야 한다. 그러나 이런 공통의 출발점에서 나로드니키와의 투쟁 과정에서 형성된 매우 상이한 전망이 발전했다.

멘셰비키는 농민의 혁명적 가능성을 전부 무시했고 그들을 거의 반혁명 세력으로 간주했다. 반대로 레닌은 엄청나게 중요한 혁명적 **민주주의** 세력인 농민의 역할에 대한 열광으로 가득 차 있었다. 그러나 바로 이 때문에 레닌은 혁명과 혁명 정부에서 농민의 비중이 너무 크기 때문에 혁명이 부르주아 민주주의 한계를 뛰어넘는 것이 불가능하다고 믿었다. 따라서 그는 순전히 사회민주당만으로 구성된 정부는 불가능할 것이라고 주장했다.

왜냐하면 절대 다수 민중의 지지를 받는 혁명적 독재만이 오래 견딜 것이기 때문이다. …… 그러나 러시아 프롤레타리아는 현재 러시아에서 인구의 소수이다. 프롤레타리아는, 반쯤은 프롤레타리아이고 반쯤은 유산자들인 도시와 지방의 가난한 쁘띠부르주아지와 연합할 때에만, 거대하고 압도적인 다수가 될 수 있다. 가능하고 바람직한 혁명적 민주주의 독재의 사회적 기반에서 이러한 구성이 당연하게도 혁명 정부의 구성에도 영향을 줄 것이고, 심지어 그 속에서 혁명적 민주주의의 가장 이질적인 대표자들이 우세하게 될 것이다.[27]

그러나 트로츠키는 레닌이 매우 분명하게 고려한 마지막 문장에 이의를 제기했다. 마르크스는 프랑스 농부들에 대해, 그들이 "의회를 통해서든 집회를 통해서든 그들 자신의 이름으로 그들 계급의 이익을 실행할 수 없다"고 썼다. "그들은 자기 자신들을 대표할 수 없고, 남이 그들을 대표해 주어야만 한다."[28] 트로츠키는 이 주장을 러시아 농부들에게 적용했다. 그가 주장하듯이, 자본주의 일반과 특히 러시아 자본주의는 농업을 자본에 종속시키고, 농촌을 도시에 종속시켰다. 그리고 동일한 관계가 혁명 운동에도 적용된다.

농민은 내부적으로 (부농, 중농, 빈농으로) 매우 분화돼 있고, 농민 반란은 엄청나게 거대한 힘이긴 하지만 너무 자생적이고, 무정형이며, 무의식적이고, '지역 크레틴병[알프스 산지의 풍토병으로 불구가 되는 백치증]'[29]의 너무 큰 희생자여서, 농민 운동은 자신의 독자적인 정당이나 정치를 만들 수 없다.

그러나 농민이 프롤레타리아를 밀쳐내고 대신 들어앉는 것이 가능하지 않을까? 그러한 일은 절대 불가능하다. 지금까지의 모든 역사적 경험들에 비추어 보아 이러한 가정은 결코 실현될 수 없다. 역사적 경험들은 농민

이 어떤 **독자적인** 정치적 역할을 수행하는 것이 절대로 불가능하다는 것을 보여 주고 있다.[30]

농촌은 도시를 따를 것이다. 농민은 부르주아지나 프롤레타리아를 따를 것이고, 농민이 부르주아지에게 이끌린다면 혁명은 패배할 것이다.[31] 그러나 부르주아지가 농업 문제에 대해 급진적 해법을 제시할 수 없으므로, 농민은 그들의 근본적인 요구를 추구하면서 노동자 편에 설 수밖에 없을 것이다. 그러나 농민은 프롤레타리아 진영의 우위 또는 동등한 파트너가 아니라 엄밀하게 종속적인 역할을 하며 참여하게 될 것이다. 따라서 레닌이 구상했던 동맹은 두 사회 계급의 객관적 동맹이 가능하고 필요함에도, 정치적 측면이나 정부 구성 면에서는 현실화되지 않았다. 결론적으로 트로츠키는 봉기가 성공한 뒤에 등장할 정부는 봉기를 이끌었던 계급과 당의 수중에 넘어가게 될 것이며, 그들은 사회민주당과 프롤레타리아일 수밖에 없을 것임을 논증했다.

그 때 노동자 정부는 무엇을 하게 될까? 물론, 첫걸음은 혁명의 주요 강령적 요구들, 즉 공화국 수립, 대토지 몰수, 하루 8시간 노동제 확립을 이행하는 것이 될 것이다. 트로츠키가 생각했듯이, 이런 과정에서 프롤레타리아는 부르주아 혁명의 객관적 과제를 수행하게 될 것이다.[32]

그러나 여기서 트로츠키는 노동자 정부가 단지 민주주의 조치들에 만족할 수는 없을 것이라는 점에서 레닌뿐 아니라 트로츠키의 친근한 협력자였던 파르부스[33]와도 갈라섰다. 노동자 정부가 '노동자 정부라는 생각 자체의 신용을 떨어뜨리는'[34] '사이비 마르크스주의의 금욕주의'[35]와 체념하는 행동 때문에 직면하고 있는 문제들과 관계를 단절하지 않는 한, 계속되는 계급투쟁의 논리에 의해 사회주의 혁명의 길로 나아갈 수밖에 없을 것이다. 트로츠키는 혁명 정부가 불가피하게 마주칠 문제들의 구체적인 예를 통해서 이러한 것들을 설명했다.

하루 8시간 노동 문제를 예로 들어보자. 알다시피, 이 문제는 결코 자본주의의 관계들과 모순되지 않는다. 따라서 사회민주당의 최소강령의 어느 한 항목이 될 것이다. 그러나 혁명 기간 동안에, 즉 계급의 열정이 격화하는 시기에 이러한 방침을 실제로 도입한다고 상상해 보자. 그 경우, 이러한 방침이 공장 폐쇄와 공장 가동 중지라는 형태로 나오는 자본가들의 조직적이고도 단호한 저항에 부딪히게 될 것임은 의심할 여지가 없다.
그 결과, 수십만 명의 노동자들이 거리를 헤매게 될 것이다. 이 때 정부는 무엇을 해야만 하는가? ……
노동자 정부에게는 오직 한 가지 해결책밖에 없다. 즉, 폐쇄한 공장들을 몰수하고, 사회화된 토대에 기초해서 몰수된 공장들의 생산 활동을 조직화하는 것이다.[36]

노동자 정부가 "혁명의 부르주아 성격을 주장하면서 실업 노동자들의 요구를 억제"[37]할 수는 없기 때문에, 노동자 정부가 씨름해야 할 실업 문제에서도 비슷하게 된다. 자본주의가 실제로 노동 예비군의 존재를 요구하기 때문에 실업에 대한 모든 정부 지원도 아마 대대적인 공장 폐쇄라는 저항에 직면할 것이고, 또다시 정부는 공장을 인수하는 것으로 대응할 수밖에 없다. 따라서 최소강령과 최대강령[38] 사이의 인위적 구분은 권력을 장악한 프롤레타리아에게는 적용될 수 없고, 바로 그러한 현실 때문에 레닌의 **민주주의** 독재 공식은 생명력 없는 추상으로 바뀌게 되는 것이다.

일단 권력을 잡은 프롤레타리아는 끝까지 자신의 권력을 공고히 하기 위해 싸워야 한다. 권력의 유지와 강화를 위한 이러한 투쟁에서 중요한 무기 중 하나가 선동과 조직화 작업 — 특히 농촌의 경우는 더욱 그렇다 — 이라면, 집산주의 정책 역시 그러한 무기 중 하나다. 집산주의는 당이 권력을 잡자마자 서 있게 될 최초의 위치에서 앞으로 더 나아가기 위한 필연적인 수단일 뿐 아니라 프롤레타리아의 지원 아래 그 위치를 고수하기 위한 수단이기도 하다.[39]

그러나 트로츠키가 러시아 역사와 계급투쟁의 논리 때문에 러시아에서 프롤레타리아 독재가 나타날 것임을 아무리 강력히 보여 주었더라도, 러시아 혁명의 부르주아 민주주의적 한계에 대한 한 가지 중요한 논쟁이 남아 있었다. 이것은 20세기 공업이 17세기 농업의 바다 위에 떠 있는 섬이나 마찬가지였고 사회주의를 위한 물질적 선행 조건이 아직까지 존재하지 않는다는 의심할 수 없는 사실이었다. 이것이 부르주아 혁명이라는 전망을 공유했던 멘셰비키와 볼셰비키가 항상 트로츠키를 반대한 이유였고, 트로츠키는 결코 이 점을 놓치지 않았다. 참으로 이후의 일들은 그가 그의 초기 반대자들 다수보다 러시아 후진성의 고질적인 본질을 확고하게 인식했다는 것을 보여 준다.[40] 특히, 트로츠키는 농민이 압도적인 나라에서 프롤레타리아 지배에 내재한 모순을 명확하게 예측했다.

봉건제 철폐는 그 제도 내에서 모든 부담을 떠맡은 계급[원문은 신분(estate)]인 농민 **전체**한테서 지지를 얻을 것이다. …… 그러나 농업 프롤레타리아를 보호할 목적으로 취하는 어떠한 입법 행위도 농민 다수의 적극적인 공감을 얻지 못할 뿐 아니라 심지어 소수 농민들의 적극적인 반발에 부딪히게 될 것이다.……
    농민의 냉담함과 정치적 수동성, 게다가 농민 상층부의 적극적인 반발은 일부 지식인들과 도시의 쁘띠부르주아지에게 일정한 영향을 끼칠 수밖에 없다.

따라서 권좌에 오른 프롤레타리아의 정책이 더욱 단호하고 명확하게 될수록 프롤레타리아가 딛고 서 있는 기반은 더욱더 협소해지고 위태로워질 것이다.[41]

연속혁명의 마지막 요소를 구성하게 되는 트로츠키의 대답은, 혁명의 구원은 혁명의 국제화에 달려있다는 것이다. 그가 주장했던 것처럼, 러시아 자체가 사회주의로 나아가는 데 무르익지는 않았지만 전 세계 경제와 무엇보다 유럽 경제는 대부분 확실히 무르익었기 때문이었다. 혁명의 확산은 군사력을 통해 자본주의를 회복하려는 위협을 제거하고, 러시아를 세계적인 경제적 경쟁의 압력에서 구원하고, 러시아 생산력을 빨리 발전시킬 수 있는 자원들을 만들 것이다. 따라서 러시아 혁명은 그 자체로 완결적인 전체가 아니라 국제적인 사슬의 한 고리로서만 전망을 가질 수 있다. 따라서 국제주의는 추상적인 원칙이나 선택 가능한 추가 사항이 아니라 핵심적인 필요였다. 이 점에서 트로츠키가 절대적으로 명확했다.

유럽 프롤레타리아들의 국가적 차원의 직접적인 지원이 없다면, 러시아 노동 계급은 권력을 계속 유지할 수 없으며 일시적인 지배를 지속적인 사회주의 독재로 전환시킬 수 없다.[42]

그러나 혁명의 확산이 현실적인 전망이었을까? 트로츠키는 그렇다는 것을 상기시킬 수 있는 수많은 예를 지적했다. 첫째로 유럽의 반동적인 정권들에 대한 적대감이 혁명전쟁을 야기할 수 있다. "혁명의 불꽃이 자기 나라의 국경을 넘실거리고 있는데, 어떻게 반봉건 군주 체제가 수동적으로 방관만 하고 있을 수 있겠는가?"[43] 이것은 차례로 혁명을 이끌 것이다. "봉건적·부르주아적 독일과 혁명적 러시아 사이의 전쟁은 필연적으로 독일에서 프롤레타리아 혁명을 일으킬 것이다."[44] 둘째로, 러시아 국가의 붕괴와 혁명 정부가 무너진 왕국의 채무 상환을 거절하는 것은 프랑스에서 재정적·정치적 위기를 초래할 수 있다.[45] 셋째로 "유럽의 모든 국가에서 계급 모순이 아주 팽배해 있다는 사실이다."[46] 그리고 넷째로, 러시아 혁명은 모든 곳의 노동자들에게 위대한 본보기가 될 것이다. "동구의 혁명은 서구 프롤레타리아들을 혁명적 이상주의로 감염시킬 것이며, 그들에게 자신들의 적을 상대로 '러시아식으로' 응수하고자 하는 욕망을 불러일으킬 것이다."[47]

지금까지 우리는 트로츠키가 1917년 이전 저작에서 공식화했던 대로 연속혁명론을 설명해 보았다. 그러나 요약을 위해서는 이론의 정수를 깨끗하고 간결하게 표현한 ≪신노선≫(1923년)의 한 단락을 인용하는 것이 유용하다.

> 정확히 말해 연속혁명이란 끊임없는 혁명, 중단 없는 혁명이다. 이러한 표현에 담겨 있는 정치적 의미는 무엇일까? 우리 공산주의자들에게 혁명은 이러저러한 정치적 성취 후에, 이러저러한 사회 개혁을 획득한 후에 끝나는 것이 아니라, 계속해서 훨씬 더 발전하는 것이고 그 유일한 경계는 사회주의 사회라는 것이다. 따라서 한번 시작한 혁명은, 우리가 그 안에 참여하고 특히 우리가 그것을 이끌 때, 어떠한 형식적인 단계에서도 어떤 경우에도 우리에 의해 저지될 수 없다. 반대로 혁명이 운동의 모든 가능성과 모든 자원을 다 써버리지 않는 한 우리는 계속해서 끊임없이, 물론 상황에 일치해 혁명을 발전시킨다. 이것은 한 나라에서 혁명의 성공과 마찬가지로 국제적 영역으로 혁명을 확장시키는 데에도 적용된다.
> 러시아에서는 이러한 이론이 다음의 사실을 의미한다. 우리에게 필요

한 것은 영예로운 부르주아 공화국도, 심지어 프롤레타리아와 농민의 민주주의 독재도 아니라, 농민에게 지지를 받고 국제 사회주의 혁명의 시대를 여는 노동자 정부다.[48]

3. 실천에서의 검증

연속혁명론이 러시아 혁명에 대한 전망에서 발전했으므로, 먼저 그 혁명의 경험에 기초해 평가해야 한다. 여기서 우리는 러시아 혁명이 노동 계급 정당의 권력 장악과 프롤레타리아 독재에서 정점에 **이르렀다는** 중요한 사실에 직면하게 된다. 마르크스주의자 중에서 1917년 이전에 이러한 결과를 예측했던 유일한 사람이 트로츠키였기 때문에, 이 점은 그 자체로 그의 이론에 엄청난 기여를 하게 된다.

그러나 1917년 사건으로 확고해진 것은 트로츠키 이론의 주요한 결론뿐 아니라 그러한 결론이 기초로 했던 많은 분석들이었다. 레닌처럼, 러시아 부르주아지에 대한 트로츠키의 평가도 절대적으로 옳았던 것으로 판명났다. 노동자들의 대중 행동과 노동자들 편으로 이끌린 일반 사병들(군복 입은 농민들)은 짜르 전제주의를 1917년 2월 붕괴시켰다. 2월 혁명에서 부르주아지의 역할은 중요하지 않았다. 그들은, 곧장 권력을 장악하는 것을 가로막았던 노동자와 병사들의 정치적 불명확성과 조직의 결여 때문에, 짜르가 떠나면서 남긴 빈 공간으로 걸어 들어갔다.

권력을 잡은 부르주아지는 자신들이 민주주의 혁명의 가장 중요한 요소인 제헌의회 요구를 실행할 수 없으며, 심지어 농업 개혁과 식량 부족 같은 국가의 산적한 문제들과도 씨름할 수 없음을 보여 주었다. 무엇보다 부르주아지에게 무거운 짐이었던 전쟁 문제가 있었고, 여기에서 트로츠키가 항상 강조했듯이, 결정적인 것은 외국 자본에 대한 러시아 부르주아지의 의존이었다. 프랑스와 영국 제국주의 후원자들과 단절할 수 없었기 때문에, 결론적으로 부르주아지는 러시아를 전쟁에서 벗어나게 할 수 없었다. 그리고 다른 어떤 요소보다 바로 이 점 때문에 대중이 볼셰비키 쪽으로 기울었고 혁명적 방향을 택했다. 실로 부르주아지는 지속적으로 혁명적 또는 민주적 역할을 하기는커녕 프롤레타리아와 혁명에 대한 두려움이 너무나 커서 점차 우익 반혁명 진영에 가담했고, 그렇게 하면서 그 진영에 멘셰비키 동맹자들을 끌어들였다. 그래서 1917년 8월의 코르닐로프 반란 시도의 형태로 반혁명의 직접적인 위협이 있었고, 이 반란은 틀림없이 부르주아 자유주의 당인 카데츠가 지원했으며, 케렌스키가 관련돼 있었다. 그리고 이 반란은 볼셰비키가 노동자와 병사들 사이에서 분명한 다수를 획득하고 나아가 소비에트에서 다수가 된 결정적 사건으로 판명났다. 왜냐하면 코르닐로프 반란은 반혁명에 직면한 멘셰비키와 사회혁명당(주로 농민에 기반을 둔 당)의 무능력을 완전히 입증했고, 오직 볼셰비키만이 효과적인 저항을 지도할 수 있었기 때문이다.

사실 코르닐로프에 대한 레닌과 볼셰비키의 대응은, 연속혁명론과 완전히 부합했던 부르주아 혁명과 프롤레타리아 혁명의 관계에 관한 객관적 교훈을 주었다. 당시에 임시 정부가 볼셰비키를 투옥하고 탄압하고 비방했음에도, 볼셰비키는 반혁명에 대항해 정부와 한편에서 싸우는 것을 주저하지 않았다. 그러나 이러한 행동 통일 때문에 임시 정부에 대한 정치적 지지로 빠진 것은 아니다.

우리는 싸워야 한다. 우리는 코르닐로프에 맞서서, **케렌스키의 군대들처럼** 싸우고 있다. 그러나 우리는 케렌스키를 지지하지 않는다. **반대로 우리**

는 그의 나약함을 폭로한다. …… 우리는 말해야 한다. 지금은 **행동**할 때다. 당신들 사회혁명당과 멘셰비키 신사들은 너무 오랫동안 이런 말들을 낡은 것으로 만들었다. 지금은 행동할 때다. 코르닐로프에 대항한 전쟁은, 대중을 끌어들여 분기시키고 불붙게 하면서, 혁명적인 방식으로 진행돼야만 한다.(케렌스키는 대중을 **두려워하고**, 민중을 **두려워한다**.)[49]

트로츠키는 오로라 순양함의 선원들이 감옥에 있는 그를 만나서 물었던 "정부를 무너뜨릴 때이지 않습니까?"라는 질문에 어떻게 대답했는지를 회상한다. "답은 '아니요, 아직은 아닙니다.'였다. '케렌스키를 코르닐로프를 맞출 총의 조종대로 이용합시다. 케렌스키는 나중에 처리합시다.'"[50] 우리가 보듯이, 이러한 작은 사건에서도 민주주의 혁명에서 프롤레타리아의 주도권과 1905년 이래 트로츠키가 옹호한 프롤레타리아 독재로의 전환이 반영됐다.

트로츠키는 농민 문제에서도 올바름이 입증됐다. 물론 농민에게는 자신들의 정당인 사회혁명당[51] — 러시아의 정당 중에서 단연코 가장 큰 당 — 이 있었지만, 트로츠키가 예언한 것처럼, 전체 농민들도 농민 당도 **독자적인** 정치적 역할을 할 수 없었다. 1917년 농민들의 정치의식은 근본적으로 분열했다. 일반적인 정치 문제에서 농민들은 온건(즉 부르주아적)했다. 그들은 국제주의자가 아니라 민족주의자였고, 사유재산에 찬성했고, 연립 정부에 찬성했으며, 볼셰비키에 반대했다. 그러나 토지라는 구체적이고 즉각적 문제에서 그들은 매우 급진적이었다. 그들은 토지를 원했고, 그것도 지체함도 얼버무림도 없이 원했다. 사회혁명당 지도부는 이러한 모순을 반영했다. 그러나 계급과 당의 차이점은, 계급에게는 즉각적 문제인 토지가 일반적·'추상적' 정치 문제보다 두드러졌던 반면, 당에게는 토지를 얻으려는 요구보다 당의 '온건함'이 훨씬 강했다는 것이다. 결과적으로 하나의 당으로서 사회혁명당은 카데츠나 멘셰비키와의 동맹에 묶여서 1917년을 보냈고, 부르주아지와의 동맹을 유지하는 것과 토지 강령을 유지하는 것 사이에서 선택하게 됐을 때 동맹을 선택했다. 농민들은 사회혁명당에 계속 표를 던졌지만 실제로는 자신들의 '지도자들'과 점점 멀어졌고, 농민의 토지 점유를 지지한 사회혁명당 좌파는 당에서 떨어져 나와 볼셰비키를 지지하게 됐다. 만약 사람 수나 투표수가 결정적이었다면, 사회혁명당이 정부를 구성하고 그들의 의도대로 혁명을 지휘하는 데 어려움이 없었을 것이다. 실제로, 중요한 것은 숫자가 아니라 사회정치적 힘이었고, 이것은 트로츠키가 항상 주장했듯이, 도시에 있었다. 결과적으로, 사회혁명당은 [혁명을] 지도하기는커녕 부르주아지를 추종하는 우파와 프롤레타리아를 추종하는 좌파로 갈라졌다. 따라서 레닌의 '프롤레타리아와 농민의 민주주의 독재'는 실천에서 비현실적이었고, 단 하나의 현실적 가능성은 농민의 지지를 받는 프롤레타리아 독재라는 트로츠키의 주장만이 경험에서 확고해졌다.

연속혁명의 마지막 요소, 즉 국제 혁명에 대한 러시아 혁명의 의존성에 관련해서는, 예측과 경험 사이의 관계가 훨씬 더 복잡한 것으로 판명났다. 그리고 여기에서는 훨씬 더 많은 요소가 분석에 포함되는 것이 필수적이었다. 이것은 일국사회주의에 대한 논쟁, 스탈린 치하 소련의 본질 같은 많은 문제들을 불러일으켰다. 여기서는 일부만 짚고 넘어가자. 첫째로, 트로츠키는 혁명이 처음부터 러시아를 국제적 분쟁에 연루시킬 것이라고 예측한 점에서 옳았다. 제1차세계대전의 유산으로 독일 군대의 침략과 이후 내전에서 연합군의 개입,[52] 그리고 폴란드와 벌인 전쟁이 그 주된 형태였다. 둘째는 유럽 각국의 계급 모순이 최고의 긴장에 도달했고, 러시아 혁명은 국제 노동자 계급 운동에 거대한 추진력과 영감을 주었다. 그 결과 많은 나라(헝가리, 독일, 이탈리아, 불가리아)에서 혁명과 준혁명적 상황이 발전했다. 이러한 혁명의 물결이 결국 격퇴되고 패배했다는 사실이 트로츠키의 혁명적 분석을 비판하는 근거가 될 수는 없다.[53] 셋째, 국제 혁명의 패배는 노동자 계급의 지배가 러시아에서도 유지될 수 없다는 점을 의미했다. 물론 이 과정에서 보인 형태가 트로츠키가 예측한 바대로 사적 자본주의가 프롤레타리아 정권을 전복한 것이 아니라 내적 전화를 통해 그 대립물로 이행하는 것이었지만 말이다. 따라서 광범하게 말해서, 이론의 이런 측면도 사실들에 의해 확증됐다.

그러나 한 가지 측면에서, 역사적 과정이 트로츠키의 분석을 중대하게 비껴갔다. 트로츠키는 짜르 전제정을 전복한 봉기가 바로 프롤레타리아 독재로 나아갈 것이라고 기대했다. 따라서 그는 《평가와 전망》에서 다음과 같이 썼다. "우리의 관점에 의하면, 러시아 혁명은 부르주아 자유주의 정치가들이 자신들의 통치술을 충분히 발휘할 기회를 갖기도 **전**에 노동자들의 수중으로 권력이 넘어올 수 있는 — 혁명이 승리하려면 그래야만 한다 — 조건들을 창출할 것이다."[54] 물론 실제로는 1917년 2월 노동자 혁명 — 역사적으로 이중 권력의 새로운 상황을 불러일으킨 발전 과정인 — 은 즉시 노동자 정부를 만들지 않았으며, 자유주의자들에게 임시 정부의 형태로 그들의 재능을 선보일 기회를 주었다. 따라서 이론과 실천의 이러한 특정한 빗나감이 연속혁명론을 무효로 만들거나 진지하게 도전하는 것인가 하는 문제가 제기된다. 예를 들면, 이런 점 때문에 혁명 이전 레닌의 입장이 트로츠키보다 훨씬 더 옳았던 것은 아닐까?

이러한 의문에 부정적으로 대답할 수 있는 근거들은 수없이 많다. 첫째로, 2월에 프롤레타리아가 집권에 실패한 것은 부르주아지가 강력했기 때문이거나 러시아의 사회경제적 발전에서 어떤 **객관적** 요소들 때문이 아니라, 노동자의 후진적 의식과 입증된 혁명 지도자들의 고정된 편견 등 주관적 요소들 때문이었다. 2월의 권력은 병사와 노동자들의 수중에 있었고, 그들은 짜르 전제정에 반대하는 것으로 가장 널리 알려진 세력(주로 멘셰비키와 사회혁명당)들에게 권력을 위탁했고, 이들은 차례로 부르주아지에게 권력을 자발적으로 양보했다. 실제로 문제는 여전히 왕정을 유지하려는 희망에 필사적으로 집착하고 있던 부르주아지가 스스로 권력을 장악하도록 유도한 것이었다.[55] 둘째로, 이러한 과정에서 중요한 요소는 전제정의 비정상적인 급속한 붕괴였다. "왕조는 혁명이 그 첫 번째 문제들에 도달하기도 전에, 썩은 과일처럼 흔들리자마자 쓰러졌다."[56] 구체제의 저항이 더 필사적이고 지속돼서 결과적으로 노동자들의 혁명적인 의식이 성숙될 더 많은 시간이 있었다면, 임시 정부 같은 중간적 정권은 자신이 수행한 그런 역할을 하지 못했을 것이다. 셋째로, 2월과 10월 봉기는 분리되고 격리된 사건들이 아니라, 단일한 혁명적 격변에서 두 순간이었다. 즉, 러시아 대중이 아홉 달 동안 벌인 투쟁은 기복이 있었지만 근본적으로는 단절되지 않은 채 일어났던 것이다.

레닌과 트로츠키의 입장을 비교할 때, 1917년 혁명 과정에서 이들의 입장이 바뀌는 과정을 살펴보는 것이 필요하다. <노비 미르>(미국의 러시아 노동자를 위한 신문[57])에 실려 있는 트로츠키의 기사들에 명백히 드러나 있는 것처럼, 트로츠키에게 임시 정부 수립은 전혀 특별한 문제가 아니었고, 연속혁명론에 기초해서 그는 혁명 과정의 환경에 적응하기가 어렵지 않았다. 반면에 레닌은 그의 과거 — 교의적인 혁명관 — 와 단절하는 것이 필요했다. 이 때문에 '옛 볼셰비즘'과 '민주주의 독재'에 기초해 임시 정부에 대한 조건부 지지 노선을 추구하고 있었던 레닌 추종자들과 레닌 사이에 날카로운 충돌이 일어났다. 외국 생활에서 러시아로 돌아온 레닌은 "'혁명적 방어주의'에 대해 약간의 양보"[58]도 없이 전쟁에 대한 철저한 반대, 임시 정부에 대한 일체의 지지 거부, 그리고 모든 권력을 소비에트로!, 따라서 프롤레타리아 독재를 향한 과정을 요구하는 "4월 테제"를 제시했고, 이 때문에 그는 당 지도부에서 완전히 고립됐다. 볼셰비키 중앙위원회, 페테르스부르크 위원회, <프라우다>가 모두 레닌의 테제를 비난했으며, 그의 오랜 지지자이며 가까운 동조자들이었던 지노비예프와 카메네프는 부르주아 민주주의 혁명이 완성돼야 하기 때문에 그의 계획을 받아들일 수 없다고 주장했다.

지금 '프롤레타리아와 농민의 혁명적 민주주의 독재'만을 말하는 사람들은 사태에 뒤쳐져 있다. 결과적으로 그들은 프롤레타리아 계급 투쟁에 대항해 실제로는 쁘띠부르주아지 쪽으로 **이동했다**. 그 사람들은 볼셰비키의 혁명 이전 골동품 보관소에 안치돼야 한다.(그것은 아마 '옛 볼셰비키' 보관소로 불릴 것이다.)[59]

레닌이 그의 노선으로 매우 빨리 당에서 승리할 수 있었던 것은 그의 입장이 상황의 객관적 논리와 일치했고, 노동자 대중의 열망에 부합했기 때문이었다. 사실, 트로츠키는 2월 혁명 이후 볼셰비키당이 직면하게 될 어려움을 예측했다. 그는 1909년 "멘셰비즘의 반혁명 경향은 너무 분명해졌지만, 볼셰비즘은 단지 승리할 경우에만 중대한 위협이 될 것 같다"고 썼고, 1922년에 그는 이러한 주석을 덧붙였다. "이러한 위협은, 우리가 아는 것처럼, 결코 실현되지는 않았다. 왜냐하면 레닌 동지의 지도하에 볼셰비키가 1917년 봄, 즉 권력을 장악하기 전에 가장 중요한 문제(내부 투쟁이 없지는 않았지만)에서 그들의 정치 노선을 바꾸었기 때문이다."⁶⁰ 따라서 이중 권력이라는 의도하지 않았고 의도할 수도 없는 상황에서, 주되게 수정해야 했던 것은 트로츠키의 연속혁명론이 아니라 '민주주의 독재'라는 레닌의 입장이었다. 수정됐던 그 방향이 트로츠키의 전망에 바탕을 둔 노선이었기 때문에,⁶¹ 1917년 동안 어떤 전략적인 차이도 레닌과 트로츠키를 분리시키지 않았고, 그들은 세계 최초로 성공한 사회주의 혁명을 지도하는 데 함께 활동할 수 있었다.

따라서 러시아 혁명의 역사적 경험은 연속혁명론이 진실로 마르크스주의 분석에 주목할 만한 성과임을 드러내 주었다. 또한 연속혁명론은 러시아 역사에 대한 깊이 있는 통찰에 기반을 두고, 혁명의 사회적·정치적 동학에 대한 정확한 이해—트로츠키의 마르크스주의에서 가장 강력한 특징 중 하나—를 보여 주었다. 민족 특성과 독자성을 이해하면서 폭넓은 국제적 관점의 통합(러시아 혁명의 국제 혁명에 대한 의존을 정의한 것뿐 아니라 러시아 발전을 국제적 맥락에서 자리매김한 것도)을 한 것도 주목된다. 트로츠키에게, 국제주의란 민족적 특수성을 무시하거나 무의미하게 여기는 것도 아니었고, 특수한 민족적 상황이라는 특이성을 내세워 편협하고 민족적으로 제한된 관점을 채택하는 것도 아니었다. 왜냐하면 "그러나 일국 경제의 특수성들은 그것이 아무리 크다 할지라도 세계 경제라고 불리는 더 차원 높은 실체를 구성하는 부분들이다. 그리고 궁극적으로 공산당의 국제주의가 의거하는 것은 바로 이러한 세계 경제"이기 때문이다.⁶² 마르크스주의 운동의 역사에서, "구체적 상황을 구체적으로 분석"하기 위해 마르크스주의 방법을 사용한 더 나은 예를 찾기는 어렵다.

4. 이론과 비판가들

그러나 1917년의 '성공'에도 불구하고 연속혁명론에 대한 비판가들이 없지는 않았다. 따라서 연속혁명론에 반대해서 형성된 주요한 논쟁들은 과거로 거슬러가 간략하게 살펴볼 필요가 있다. 이러한 비판의 많은 부분들은 1923년 지노비예프, 카메네프, 스탈린이 감행한 '트로츠키주의' 반대 캠페인과 함께 시작된 스탈린주의 반동의 시기에서 유래했다.[63] 일국사회주의의 가능성에 대한 논의는 차치하고, 이 문제에 기여한 상당한 문헌에서 두 가지 주요한 주제가 등장했다. 첫째는 권위를 빈 주장이다. 즉, 연속혁명론은 레닌주의에서 일탈한 것이고 "레닌은 평생 동안 연속혁명론에 반대해 싸웠다"는 것이다.[64] 둘째는 "농민을 과소평가했다"는 비난이다.

권위를 빈 주장은, 스탈린주의 관료들이 너무 우스꽝스럽게 조장한 레닌 숭배라는 잘못된 전제에 기초하고 있다는 점은 차치하고라도, 완전히 거짓이다. 대다수의 그러한 왜곡들처럼, 이것은 1917년까지 레닌이 분명하게 다른 입장을 취했다는 '일말'의 진실을 포함한다. 그러나 사실 1905년과 1917년 사이에 레닌이 쓴 저작들에는 연속혁명론에 대한 단편적인 비판들만이 나와 있으며, 1917년 이후에 레닌이 이 이론에 반대한 어떠한 기록도 없다. 더욱이 우리가 이미 언급했듯이, 1905년에 트로츠키가 옳았음을 레닌이 [나중에] 인정한 요페의 기록 같은 간접 증거도 있다. 따라서 이 논의의 특정 주장은 매우 진지하게 다룰 필요는 없다.

농민을 과소평가했다는 것, 즉 스탈린이 썼듯이, 트로츠키가 1905년에 "농민이 혁명적 세력이라는 사실을 '완전히' 망각한 채, '짜르 타도, 노동자 정부'라는 슬로건, 즉 농민 없는 혁명 슬로건만을 발전시켰다"[65]는 혐의도 마찬가지로 잘못된 설명에 기초한 비난이었다. 트로츠키는 이러한 슬로건을 제기하는 것을 강력하게 거부했다.[66] 그리고 그가

"1905년에 볼셰비키의 중앙 신문에 실렸던 농민에 대한 중요한 호소문"[67]의 저자였다는 것도 지적할 수 있다. 더욱이, 트로츠키는 그의 책 ≪1905년≫에서 농민에 대해 두 장(章)을 할애하고 농민 문제에 대해 아래와 같은 평가를 남겼다.

> 러시아에서 농민 문제는 자본주의의 무거운 짐이다. 그것은 혁명 정당에게 도움이 되는 동시에 가장 크나큰 도전이다. 그것은 자유주의에 대해서는 비틀거리는 장애물이고, 반혁명에 대해서는 **죽음의 상징이다**.[68]

트로츠키가 농민이 **독자적인** 역할을 수행할 수 없다는 점을 주장하는 데 관심이 있었다는 사실은, 연속혁명을 주장하기 위해 쓴 ≪평가와 전망≫ 같은 저작에서, 그가 농민 반란의 의미를 평가절하하는 것처럼 비칠지도 모른다는 것을 의미했다.[69] 그러나 이것과 반대로 1917년에도, 그 직후에도 이 문제에서 트로츠키와 레닌 사이에 어떠한 차이점도 표면화되지 않았다는 사실을 고려해야 한다. 스탈린과 그 추종자들의 모든 비난에서(그리고 모든 악선동에서 성공의 열쇠로서) "농민에 대한 과소평가"가 특별히 강조되는 이유는 그것이 산뜻한 이데올로기적 속임수였기 때문이다. 1905년에 농민을 과소평가한 것은 혁명을 부르주아적 한계로 제한할 수 있는 농민 운동의 능력을 과소평가한 것이었지만, 1924년과 1925년에 행한 동일한 비난은 일국에서 사회주의를 건설하는 동조자가 될 수 있는 농민의 능력을 과소평가하는 것을 의미했다. 따라서 하나의 문구가 두 개의 분리되고 모순되는 비난에 적용됐다. 이러한 맥락에서 연속혁명론은 마르크스주의로 소개되고 있었던 나로드니키와 사회혁명당의 농민 사회주의 경향에 반대해 농민에 대한 고전적 마르크스주의 입장을 방어했다.[70]

1920년에는 스탈린의 저작에서 거의 강조되지 않았지만 이후에 지적돼 중요한 가치를 획득한 부수적인 논쟁은 트로츠키가 "부르주아 혁명의 단계와 사회주의 혁명의 단계를 뒤섞었다"[71]는 것이다. 즉, 트로츠키가 혁명의 부르주아 단계의 과제들을 뛰어넘으려고 했다는 것이다. 이러한 논의는 쉽게 답변할 수 있다. 분명하게도 트로츠키가 이론에서 이 두 혁명을 혼동한 것이 아니라 러시아 역사 발전의 상태가 현실에서 그 둘을 뒤섞었던 것이다. 트로츠키는 이렇게 지적했다.

> 부르주아 혁명과 프롤레타리아 혁명을 구별하는 것은 정치적 기초(ABC)다. 그러나 ABC 다음에는 음절들, 즉 글자의 결합이 오는 법이다. 역사는 바로 부르주아 알파벳의 가장 중요한 글자들과 사회주의 알파벳의 첫째 글자를 결합시켰다.[72]

트로츠키는 혁명의 민주주의 과제들을 뛰어넘거나 무시하려고 하지 않았음이 1905년과 1907년 트로츠키의 정치적 실천과 그의 저작 모두에서 증명된다. 예를 들면 "혁명의 **즉각적·객관적** 과업들이 '부르주아 사회 전반의 발전을 위한 정상적인 조건들'을 창출하는 데 있었다."[73]

본질적인 무게보다는 권위와 저자의 영향력에서 더 큰 중요성을 끌어내는 또 하나의 반대 의견은 그람시가 제기한 것이다. 연속혁명론에 대해 그는 이렇게 썼다.

> 그것은 어떤 사람이 4살짜리 어린 소녀가 어머니가 될 것이라고 예언하고, 20살이 되어 그녀가 어머니가 됐을 때, "나는 그녀가 그럴 것이라고 생각했다"고 말하는 것과 마찬가지다. 그러나 그녀가 4살일 때 사람들이 이때도 그녀가 어머니가 될 수 있다는 믿음을 가지고 그녀를 강간하려고 할 것이라는 점을 간과하는 것이다.[74]

그래서 그람시는 사회주의 혁명의 전망이 1917년에는 옳았지만 트로츠키가 최초로 그것을 옹호했던 1905년에는 성숙되지 않았고 해악적이었다고 의미하는 것처럼 보인다.[75] 그러나 노동자 계급의 주도적 역할과 소비에트 둘 다 1905년에 확고하게 성립됐고 노동자들은 이미 소비에트를 '자신들의' 정부로 바라보고 있었다. 만약 1905년 혁명이 승리했더라면 그것이 소비에트의 승리가 아닌 다른 것일 수 있었을까? 그리고 만약 소비에트가 권력을 잡았다면 그것은 사회주의 혁명의 과정을 시작하는 프롤레타리아 독재 이외에 다른 것일 수 있었을까? ≪평가와 전망≫에서 트로츠키의 최초의 주장은, 우리가 이미 인용한 대로, 이러한 모든 힘을 보유한다. 그람시가 트로츠키를 비판할 때, 그는 실제 상황에서 트로츠키의 입장보다는 트로츠키의 입장에 대한 스탈린주의자들의 묘사에 다소간 기초했다고 믿는 것이 어렵지 않다.[76]

우리가 지금까지 다룬 연속혁명에 대한 비판은 모두 레닌과 트로츠키를 대립시키려고 시도했다. 그러나 이것만이 비판의 유일한 경향은 아니었다. 멘셰비즘에서 시작해서 결과적으로는 볼셰비키에 대한 보통의 부르주아적 비판이나 반공주의적 비판이 돼버린 또 다른 입장이 있다. 그것은 러시아에서 프롤레타리아 독재는 역사 발전의 '자연스럽거나' '불가피한' 결과와는 거리가 멀고, 완전히 볼셰비키 음모의 인위적 산물이었다는 것이다. 이러한 입장의 계보는 너무나 길고 그 형태의 다양성이 너무나 광범해서, 그것을 여기서 완전히 다루거나 논쟁할 수는 없다. 그러나 최근 바루크 네이-파즈가 트로츠키 사상에 대한 연구에서 이런 주장을 매우 '정교하게' 표명했다. 그래서 그를 대표적인 예로 간주할 수 있을 것이다. 네이-파즈는 트로츠키의 이론이 "경제적 변화의 동학을 정확히 파악했"지만, "사회적·정치적 변화에 관한 한 과장"이라고 주장했다.[77] 즉, 사회주의의 선행 조건으로 요구됐던 사회적 현대화는 러시아에서 결여됐고, 따라서 대다수 "교조적인 러시아 마르크스주의자들의 비관주의와 조심스러운 처신이 …… 트로츠키의 낙관주의보다 러시아 현실에 훨씬 적합했다"는 것이다.[78] 그리고 "러시아 프롤레타리아가 독자적이고 결정적인 혁명 세력이었다"는 트로츠키의 확신은 "외고집이거나 단지 순진한 것"[79]이라는 것이다. 결국 볼셰비키 당이라는 "대체 고리"[80]을 통해서 "위에서 혁명을 부과하는 것"[81]이 필요했고, 이것은 그 뒤에 필연적으로 스탈린주의를 낳았다.

네이-파즈의 주장은 모든 점에서 잘못됐다. 첫째로, 트로츠키의 가정은 러시아의 사회적·정치적 현대화를 과대평가하는 것이기는커녕, 혁명을 불가피하게 만든 것이 정확히 경제 발전과 사회·정치적 후진성 사이의 모순이라는 것이었다.[82] 둘째는, 우리가 지적했듯이, 트로츠키는 결코 러시아가 그 자체로 사회주의를 위해 무르익었다고 주장하지 않았다. 셋째로, 러시아 프롤레타리아가 "독립적이고 결정적인 혁명적 세력이었다"는 사실은 1905년과 1917년 모두 명백한 사실이었다. 혁명이 위로부터 부과되기는커녕, 1917년에 프롤레타리아는 실제로 당보다 먼저 봉기를 향해 나아가고 있었다.[83] 마지막으로 네이-파즈(와 멘셰비키)의 모든 주장 뒤의 가정은 볼셰비즘과 연속혁명이 없었다면 '정상적인' 부르주아 민주주의 발전이 계속됐을 것이라는 점이다. 사실 모든 증거는 정확히 이것이 불가능했고 1917년 10월의 진정한 대안은 프롤레타리아 독재인가 부르주아 민주주의인가가 아니라 프롤레타리아 독재인가 코르닐로프 독재인가였음을 보여 준다.

우리는 스탈린주의자와 사회민주주의, 그리고 우익들의 비판이 모두 진지하게 연속혁명론에 도전하는 데 성공하지 못했음을 살펴보았다. 그러나 스탈린주의적이지도 사회민주주의적이지도 않은 마지막 하나의 비판이 있다. 그리고 이 비판은 어느 정도는 트로츠키 자신이 받아들였다. 이것은 하나의 예측인 이 이론이 실제 예측을 실현하고 예측을 사실로 **만들** 정치적·조직적 주체라는 문제를 거의 완전히 젖혀두고, 오로지 객관적 요인들에만 집중했다는 것이다. 트로츠키는 자신이 러시아 역사의 동학을 분명히 이해하고 있다고 확신했으므로 이러한 영역을 무시했던 듯하다. 사실 이것은 중요한 실수였다. 왜냐하면 트로츠키가 건설하는 데 아무런 역할도 하지 못한 볼셰비키 당이라는 인간 행위자가 없었다면, 노동 계급은 러시아 혁명에서 권력을 잡지 못했을 것이고 아마 반혁명이 승리해 완전히 다른 발전 과정이 러시아에서 시작됐을 것이기 때문이다. 따라서 연속혁명론은 너무 결정론적이라는 점 때문에 고통을 받았다.

5. 중요성과 함축적 의미들

지금까지 우리는 연속혁명론을 단지 러시아 혁명에 대한 전망으로 다루었지만 그 중요성은 이보다 더 넓었다. 연속혁명론은 중요한 **이론적** 돌파구였다. 왜냐하면 그것은 수많은 점에서 제2인터내셔널의 지배적인 마르크스주의에 도전했기 때문이다. 제2인터내셔널의 특징은 사회주의로 향한 진보를 고정된 시간표에 묶어놓으려 했던 기계적 경제결정론이었다. 이러한 전망에서 사회주의 운동은 자신의 조직에 노동계급의 절대 다수를 포함하고 비교적 고통 없이 권력의 이양이 이루어질 때까지 자본주의 발전의 논리적 결과로서 천천히, 점진적으로, 그리고 불가피하게 성장하는 것이었다. 이러한 자기 위안, 불균등 발전의 문제를 무시하는 것, 혁명 전략과 전술을 먼 미래로 미루는 것 따위의 '마르크스주의'는 실천적으로는 진보에 대한 자유주의 신화의 좌익판이 돼 버렸다. 이에 반대해서 트로츠키는 루카치가 레닌 사상의 뚜렷한 특징이라고 묘사한 것 — 혁명의 '현실성'[84] — 즉, 혁명을 멀리 있고 막연한 열망에서 현재 정치의 결정 요소로 바꾸는 데 중요한 기여를 했다.[85]

또, 연속혁명론은 당시 널리 퍼져 있던 사회민주주의 유럽 중심주의, 즉 사회주의를 선진 공업국의 문제로만 여기고 나머지 세계를 역사의 객체로만 다루었던 생각에 파열구를 냈다. 만약 프롤레타리아가 서구의 노동 계급보다 먼저 반(半)산업화 국가이자 반(半)식민지인 러시아에서 권력을 잡는 것이 가능하다면 러시아보다 더 후진적인 나라의 프롤레타리아가 권력을 잡는 것은 불가능할까? 러시아 혁명 10년 뒤 중국 혁명의 발전으로 제기된 문제에 대한 답변에서 트로츠키는 연속혁명론에 항상 붙어 다니는 이러한 문제의식을 실제로 받아들였다.

1920년대의 중국은 외국 제국주의, 중국 군부 또는 군벌, 봉건 지주에 대항한 혁명적 대중 운동이 특별히 빠르게 성장했다. 이러한 운동에 포함된 사회 세력은 중국 부르주아지, 쁘띠부르주아지, 그리고 새로운 도시 프롤레타리아와 농민들이었고, 프롤레타리아가 주도적 역할을 하고 있었다. 이 시기는 거대하고 매우 전투적인 파업을 동반한 혁명적 노동조합주의가 두드러지게 발전하던 때였다. 정치적으로 이러한 혁명에는 의미 있는 두 세력이 있었다. 부르주아 민족주의 국민당(쑨원이 세우고 장제스가 지도하는)과 막 생겨난 공산당(1921년에 세워진)이었고, 사회민주주의는 전혀 존재하지 않았다. 이러한 상황에서 스탈린주의 코민테른은 다가올 중국 혁명은 성격상 부르주아 민주주의적일 것이고, 따라서 국민당이 지도해야 한다는 입장을 받아들이고 중국 공산당에게 이 점을 강요했다. 중국 공산당은 이데올로기적으로, 조직적으로, 군사적으로 국민당에 참여하고 종속돼야 한다는 정책이 여기에서 나왔다. 이러한 전략은, 코민테른이 세계 혁명의 지도자로 추앙하고 있었던 장제스가 노동자들과 농민들을 제국주의에 넘기려고 하는 충분한 증거가 있었음에도, 장제스가 1927년 4월 상하이의 혁명적 노동자들과 공산주의자들에게 칼을 들이댄 바로 그 때까지 지속됐다. 심지어 이 완전한 재앙에도 불구하고 코민테른의 환상은 국민당 전체에서 우한의 소위 국민당 '좌파'에게 옮겨갔을 뿐이었고, 결국 그곳에서도 노동자와 공산주의 운동은 비슷하게 파괴됐다. 결국, 노동조합 운동이 파괴되면서, 노동자 계급은 괴멸됐고 공산당 당원들은 흩어졌다. 코민테른은 체면을 차리기 위한 필사적인 시도로 광동에서 순진하고 모험적이며 정말 희망 없는 봉기를 명령했다. 결과는 끔찍한 노동 계급 대학살로 끝났다. 1925~1927년 중국 혁명을 연구한 역사가 해롤드 아이작스는 모든 와해 과정을 이렇게 요약했다.

> 3년 동안 중국을 휩쓸었던 혁명은 꺼져갔다. 혁명의 패배로 수만의 중국 노동자들과 가장 젊은 세대 전체가 지금 끔찍한 비용을 치르고 있다. 감옥과 사형장 위에 크렘린이 신성화했던 국민당의 깃발이 펄럭였다. 그 아래에서 사람들이 일어났다. 그 아래에서 이해할 수 없게도 사람들은 쓰러졌다.[86]

트로츠키는 이러한 정책을 맹렬하게 비판했고, 1927년에 이것이 스탈린주의 관료들과의 투쟁에서 중요한 쟁점 중 하나가 됐다. 첫째로 트로츠키는 중국 혁명이 부르주아 민주주의 혁명이라는 공식 입장을 받아들였다. 그러나 그는 스탈린주의 정책이 심지어 프롤레타리아 당의 완전한 독립성을 항상 주장하고 부르주아 민주주의 혁명에서 프롤레타리아의 지도력을 위해 싸웠던 1917년 이전의 볼셰비즘조차 완전히 우습게 만드는 것이라고 주장했다.

이 단계에서 중국 혁명이 민족·민주적, 즉 부르주아적이라는 것은 우리 모두에게 기본적이다. 그러나 우리의 정책은 부르주아적이라는 딱지가 붙은 혁명에서 단순히 도출되지 않는다. 마르티노프 동지(전에는 멘셰비키였고, 지금은 스탈린 지지자인)는 매우 분명하고 명백하게 오래된 멘셰비키의 개념으로부터 혁명이 부르주아적이고 반(反)제국주의적이므로 제국주의를 전복하는 데 이해관계를 가진 중국 부르주아지의 일부가 이 혁명에서 떨어져나가도록 할 수는 없다고 말했다. …… 스탈린 동지가 헤매는 지점이 바로 여기다. 왜냐하면 프롤레타리아적이지 않고 부르주아적인 혁명에 대한 그의 일반적 정의는 결국 소비에트가 필요하지 않다는 결론으로 나아갔다. 그는 계급투쟁의 실제 과정을 계급을 위한 시간표로 대체하기를 원한다. 그러나 이러한 시간표는 혁명을 부르주아적이라고 형식주의적으로 정의한 것에서 나온다. 이러한 잘못된 입장은 레닌이 가르쳤던 모든 것과 모순된다.[87]

장제스의 상하이 쿠데타 9일 전에 트로츠키는 "공산당이 노동자들을 국민당에게 넘겨주는 의존적인 정책을 추구하는 것은 중국에서 파시스트 독재가 성공하고 승리할 수 있는 조건을 준비한 것이다."라고 경고했다.[88]

중국에서 스탈린주의 정책에 대한 트로츠키의 비판은 소련 공산당 내의 분파 투쟁의 압력 때문에 방해를 받았고, 이 때문에 트로츠키는 공산당이 국민당에서 철수해야 한다고 공식적으로 요구하지 못했고, (그가 철수를 강력하게 지지했음에도) 장제스의 쿠데타 전에 연속혁명의 전망을 발전시키지도 못했다.[89] 그러나 1927년 9월에 그는 분명한 결론에 도달했다. 즉 "중국 혁명은 그 새로운 단계에서 프롤레타리아 독재로 승리할 수 있을 것이며, 그렇지 않다면 그것은 결코 승리하지 못할 것이다."[90] 이러한 획기적인 발견은 연속혁명론을 경제적으로 후진적인 모든 나라에 적용하는 일반 이론으로 바꾸는 기초가 됐다. 그리고 그랬기 때문에 트로츠키는 1928년에 ≪연속혁명≫에서 그 이론을 옹호했다. 이러한 새로운 일반화의 기본적인 자명한 원리를 트로츠키는 이렇게 요약했다.

> 부르주아적 발전이 지체된 나라들, 특히 식민지와 반식민지 나라들에서 연속혁명론은, 민주주의와 민족 해방의 성취라는 그들의 과제가 오직 종속된 민족 — 특히 농민 대중 — 의 지도자인 프롤레타리아의 독재를 통해서만 순수하고 완전한 해결을 기대할 수 있음을 의미한다.……
>
> 개개의 나라들에서 혁명의 최초의 에피소드적 단계가 무엇이든지 간에, 프롤레타리아와 농민의 혁명적 동맹은 오직 공산당으로 조직된 프롤레타리아 전위의 정치적 지도력 하에서만 가능하다.……
>
> 민주주의 혁명의 지도자로서 권력을 장악한 프롤레타리아 독재는 불가피하게, 그리고 매우 급속하게, 부르주아의 소유권을 심각하게 침해하는 것과 긴밀히 결부될 수밖에 없는 임무들에 직면하게 된다. 민주주의 혁명은 곧바로 사회주의 혁명으로 성장·전환하며 그럼으로써 연속혁명이 된다.……
>
> 프롤레타리아의 권력 쟁취는 혁명을 완성시키는 것이 아니라 혁명의 시작일 뿐이다.……
>
> 일국의 한계 내에서 사회주의 혁명을 완성하는 것은 생각조차 할 수 없다. [그것은] 국민적 무대에서 시작돼 국제적 무대에서 전개되고 결국에는 세계적 무대에서 완성된다.……
>
> [이러한 것은] 한 나라가 사회주의가 가능할 만큼 "성숙"한지 "미성숙"한지의 문제를 처음부터 배제한다.……
>
> 다양한 나라들이 다양한 속도로 이러한 과정을 거칠 것이다. 특정 조건하에서 후진국은 선진국보다 먼저 프롤레타리아 독재에 이를 수 있지만, 사회주의에 도달하는 것은 선진국보다 늦을 것이다.[91]

트로츠키 사상의 이러한 발전은 엄청나게 중요하다. 그것은 세계 어디서든 부르주아지를 '진보' 세력으로 여기는 생각과 결별하는 것, 그리고 혁명가인 체하는 사람들이 '부르주아 단계'가 필수적이라고 말하며 혁명의 발전에서 인위적인 제동기 역할을 했던(여전히 하고 있는) '단계' 혁명 이론과 최종으로 단절하는 것을 의미했다. 따라서 그것은 분석의 방법으로뿐 아니라 사회주의 혁명의 강령이라는 의미에서 마르크스주의가 최초로 진정 국제적이고 세계적인 이론이 됐다는 것을 의미했다.

그러나 정확히 이런 일반화의 중요성을 인정하면서도 주의를 기울일 필요도 있다. 트로츠키가 제시했듯이, 연속혁명은 전략일 뿐 아니라 예측이었다. 연속혁명은 마르크스주의자와 노동자 계급이 지향해야 할 목표로서 제안된 것일 뿐 아니라, 공공연한 반동과 반혁명을 빼고는 가능한 발전의 유일한 과정으로 주장된 것이었다. 트로츠키에게 농민 혁명, 민주주의 혁명, 민족 혁명은 부르주아지가 지도할 수 있다는 것을 완전히 배제한 채 서로 연결된 세 과정들이었다. 그러나 러시아와 관련해서 그러한 전망은 러시아 역사에 대한 직접적이고 깊은 이해에 기초해 있었던 반면, 중국과 관련해서는 즉각적이고 극적인 현상의 산물이었고, 세계 전체로 확대될 수 있는 이러한 구체적이고 경험적인 토대가 없었다.

사실 이후의 역사는 트로츠키의 2차원 윤곽이 상상했던 것보다 훨씬 더 복잡하다는 점이 드러났다. 단순화해 보면, 적어도 세 가지 다른 발전 과정이 제3세계에서 나타났다. 첫째로 제2차세계대전 이후 제국주의의 성격 변화 때문에 여러 종류의 민족 부르주아지(가장 중요하게는 인도)가 제국주의와 일련의 거래를 하는 것이 가능해졌다. 그리고 신식민지적 착취를 지속하는 대가로 독립을 허용했다.[92] 둘째로 다소 성공적인 민족주의 혁명이 많이 있었다(알제리, 이집트 등). 그런 혁명들은 결국 관료적 국가주의지만 그럼에도 여전히 자본주의 체제로 귀결됐다. 마지막으로 공산주의 혁명이 있었다(중국, 쿠바[93], 베트남). 트로츠키의 수많은 추종자들에게 후자는 무의식적이었음에도 연속혁명의 과정을 구체화하는 것처럼 보였다.[94] 그들은 공산당이 민족주의 혁명을 달성하기 위한 유일한 방법으로 마지못해 사회주의 혁명의 길을 택하도록 강요받았다는 상황 논리로 바라본다. 그러나 실제로 이러한 혁명들은 모두 트로츠키의 연속혁명론과 **근본적으로** 어긋나 있다. 첫째로 연속혁명 논리를 무의식적으로 고수해야 한다는 생각은 이론을 의식적으로 적용해야 한다는 것(1917년 이후)과 혁명적 마르크스주의 지도력이 필수적이라는 트로츠키의 모든 주장을 부정하는 것이다. 그리고 둘째로, 사실 이것이 더 중요한데, 이러한 혁명의 어디에서도 프롤레타리아가 지도적 역할을 수행하지 않았으며 이들 중 어디에서도 프롤레타리아는 권력을 실제로 잡거나 갖지 못했다. 이 점은 연속혁명론의 절대적으로 중심적인 계급적 기초였다. 만약 중국, 쿠바, 베트남 국가가 프롤레타리아 독재를 건설했거나 소위 트로츠키주의자인 체하는 자(저자의 견해로 이들은 국가자본주의자들이다)들의 언어로 '노동자 국가'로 보인다면, 그때 이러한 예들은 연속혁명의 확증이 아니라 그것의 반박이다. 실로 그것은 트로츠키의 이론과 실천에 대한 완전한 반박을 뜻한다.[95]

역사 발전이 트로츠키의 예측에서 그렇게 두드러지게 빗나간 근본 이유는 국제적으로 독자적인 혁명 세력으로서 프롤레타리아가 소멸했기 때문이었다. 1921~1939년 기간은 러시아, 이탈리아, 독일, 오스트리아, 영국, 중국, 스페인 등등에서 노동 계급이 끊임없이 파멸적인 패배를 겪었던 때였다. 만약 이러한 패배의 주된 이유가 우선적으로는 사회민주주의와 그 다음으로 스탈린주의가 노동 계급 운동을 지배했기 때문이라면, 그러한 패배의 결과는 이러한 두 보수적 관료들의 힘의 강화였고 진지한 혁명적 마르크스주의의 완전한 소멸이었다. 첫째로 민중전선 기간 동안과 그 이후 제2차세계대전 동안 사회민주주의와 스탈린주의는 독립적인 계급투쟁이라는 사상을 억누르는 데 동조했다. 이러한 혁명적 프롤레타리아 전통(트로츠키가 당연하게 생각했던 전통)의 전례 없는 몰락 때문에 식민지와 반식민지 나라들에서 부르주아지, 특히 성장하고 있던 도시 쁘띠부르주아지와 인텔리겐챠가 새로운 기동의 여지를 획득했다. 선진국들에서 자본주의의 휴지기에 대한 도전 때문에, 그리고 개량주의와 스탈린주의에 의해 조직적·이데올로기적으로 포로가 된 프롤레타리아 때문에, 그들은 일찍이 1848년 독일과 프랑스 부르주아지, 1905~1917년 러시아 부르주아지와 1925~1927년에 중국 부르주아지를 마비시켰던, 자신들이 날아가 버릴지도 모른다는 두려움이 없었다. 그들에게는 민족 투쟁을 수행하는 데서 노동 계급을 완전히 부수적 역할에 한정시킬 수 있는 자신감이 있었다. 프롤레타리아의 주도권이 없을 때 농민은 떠오르는 도시 계급의 지도를 따르는 것말고는 대안이 없었다. 도시 쁘띠부르주아지와 인텔리겐챠가 국가 소유권을 통해서 제국주의자들에게서 국가 경제 자원의 통제권을 획득할 수 있었다는 (그리고 그 결과 자기 자신을 변함없이 '사회주의'나 '공산주의'로 지칭했다는) 사실은 마르크스주의자를 포함한 많은 사람들을 혼란시켰으나, 그 과정의 기본적인 계급 성격을 변화시키지 못했다.[96]

그 이후 연속혁명의 운명에 대한 이러한 짧은 묘사에서 제기되는 쟁점들은 너무 많고 논쟁적이어서 여기서 다룰 수는 없다. 그러나 절대적 예측이라는 이론의 약점을 지적하는 것으로 충분하다. 다른 곳에서와 마찬가지로 트로츠키의 정치사상을 다루면서, 우리는 "현실에서 사람들은 투쟁만을 '과학적으로' 예측할 수 있을 뿐이지 지속적인 운동 속에서 대립되는 세력들의 결과일 수밖에 없는 투쟁의 구체적 계기들을 예측할 수는 없다."[97]는 그람시의 말을 기억할 필요가 있다. 이에 대해서는 이 '독자적인' 제3세계 국가들(심지어 그들 중 분명하게 드러난 가장 거대하고 강력한 중국조차도) 중 어느 나라도 완전히 제국주의와 세계 시장의 그물을 벗어날 수 **없었고** 발전과 산업화라는 자신의 문제를 '독자적으로' 해결할 수 **없었다**는 점을 언급해야 한다.[98] 이런 의미에서 연속혁명론은 그 힘을 온전히 보유한다. 상이한 가능성들을 인정한다면, 이론이 예측으로서 실패했다 하더라도 **목표**로서 그 이론의 타당성이 사라지는 것은 아니다. 실로 마르크스, 레닌, 트로츠키의 전통에서 세계 프롤레타리아 혁명을 연속화시키는 것이 목표인 사람들에게 연속혁명론은 필수 불가결한 무기로 남아 있다. 러시아 혁명에 대한 역사적 분석으로서, 그리고 현재 행동 지침으로서 연속혁명론은 국가와 당에 대한 레닌의 이론과 함께 마르크스주의 정치 분석에 가장 독창적이고 가장 중요한 기여의 하나로 남아 있다.

1부
평가와 전망

재발간에 붙이는 저자 서문

　러시아 혁명의 성격은 러시아 혁명 운동의 여러 다양한 이념 노선들과 정치 조직들의 형성에 관련된 근본적인 문제였다. 이 문제는 여러 사건들을 통해 실천적 성격을 부여받게 되자마자 사회민주주의 운동 내에서도 심각한 의견 대립을 야기했다. 이러한 견해 차이는 1904년 이래로 멘셰비즘과 볼셰비즘이라는 두 가지 주요 노선으로 모습을 드러냈다. 멘셰비키의 관점은 우리의 혁명이 일종의 **부르주아** 혁명이 되리라는 것이었다. 즉, 러시아 혁명의 당연한 결과는 부르주아지에게 권력을 넘겨줘 부르주아 대의 제도를 위한 조건들을 창출하는 것이라는 관점이다. 반면에, 볼셰비즘의 관점은 다가올 혁명이 불가피하게 부르주아적 성격이 있을 것임을 인식하면서도, 프롤레타리아와 농민 독재의 민주공화국 수립을 혁명의 과업으로 제기하는 것이었다.

　멘셰비키의 사회 분석은 매우 피상적인 나머지, 그 본질에서 조야한 역사유비론(歷史類比論) — 이것은 '교양 있는' 속물들의 전형적인 방법이다 — 으로 환원돼 버렸다. 러시아 자본주의의 발전이 비상한 양극화된 모순들을 발생시켜 부르주아 민주주의의 역할을 무의미하게 만들어 버렸다는 사실도, 뒤이어 일어난 역사적 사건들에 대한 경험도 그 어느 것도 멘셰비키의 '참되고' '진정한' 민주주의에 대한 지칠 줄 모르는 추구를 막지 못했다. 그들에 따르면, '참되고' '진정한' 민주주의는 '국민'을 선도해 자본주의 발전을 위한 대의제적 그리고 가능한 한 민주제적인 조건들을 확립할 것이기 때문이다. 멘셰비키들은 언제 어디서든지 부르주아 민주주의가 발전하는 징후들을 발견하려고 애썼으며, 발견하지 못하는 경우에는 발명해 냈다. 그들은 모든 '민주주의적' 선언과 시위의 중요성을 과장하면서도, 동시에 프롤레타리아의 역량과 그들의 투쟁의 전도(前途)는 평가절하했다. 그들은 러시아 혁명의 "정당한" 부르주아적 성격이 역사 법칙에 의해 요청되는 것이라는 주장의 근거를 확보한 답시고 그와 같은 진보적 부르주아 민주주의를 하도 열렬히 추구한 나머지, 혁명의 와중에서조차 그러한 것을 발견할 수 없는데도 스스로 그것을 수행할 의무를 ― 때로는 성공하기도 했고 때로는 실패하기도 했지만 ― 떠맡고자 했다.

사회주의 이념이라고는 조금도 없는, 즉 계급의 마르크스주의자로서 준비가 전혀 돼 있지 않은 쁘띠부르주아적 민주주의가 러시아 혁명의 조건들에서 행동했었다면, 틀림없이 멘셰비키가 2월 혁명의 '지도' 정당 역할을 수행하면서 행동했던 것과 똑같이 행동했을 것이다. 사실, 멘셰비키는 곧 영향력을 잃어 혁명 8개월째에는 계급투쟁에 밀려나 버림받았기 때문에, 부르주아 민주주의를 위한 어떤 중요한 사회적 기초도 존재하지 않았던 현실에 영향을 받았던 것이다.

그와는 반대로, 볼셰비즘은 러시아의 혁명적 부르주아 민주주의의 역량과 강고함을 결코 믿지 않았다. 볼셰비즘은 다가올 혁명에서 노동계급이 결정적으로 중요한 역할을 할 것이라는 점을 애초부터 인식하고 있었지만, 그들의 혁명 강령 자체는 처음에는 수백만 명의 농민의 이익에 제한돼 있었다. 왜냐하면 프롤레타리아가 농민 없이, 그리고 농민과 대항해서는 혁명을 철저히 완수할 수 없을 것이기 때문이었다. 그리하여 볼셰비키는 (당분간이긴 했지만) 혁명의 **부르주아·민주주의적인** 성격을 인정했던 것이다.

혁명의 내적 추진력과 그 전망에 대한 평가로 말하자면, 나는 그 당시[1904년 9월 말~1917년 5월 초] 러시아 노동 운동의 두 주요 노선 중에 어디에도 속해 있지 않았다. 당시의 내 관점은 다음과 같이 요약할 수 있다. 즉, [러시아] 혁명은 그 최초의 과업에 관한 한 일종의 부르주아 혁명으로 시작됐지만, 이내 첨예한 계급 갈등을 야기해 피억압 대중의 선봉에 설 수 있는 유일한 계급, 즉 프롤레타리아가 권력을 장악함으로써만 최후의 승리를 획득할 것이다. 프롤레타리아는 일단 권력을 장악하게 되면 부르주아·민주주의적 강령에 제한되길 원하지 않을 뿐 아니라, 실제로 그렇게 될 수도 없을 것이다. 프롤레타리아는 러시아 혁명이 유럽 프롤레타리아의 혁명으로 전화될 경우에만 혁명을 끝까지 철저하게 수행할 수 있을 것이다. 그러면 혁명의 부르주아·민주주의적 강령은 혁명의 일국적 한계와 더불어 지양돼, 러시아 노동 계급의 일시적인 정치적 지배가 영속적인 사회주의 독재로 발전할 것이다. 그러나 유럽 [혁명]이 불발하면 부르주아 반혁명이 러시아 노동 대중의 정부를 용납하지 않고 러시아를 뒤로 — 노동자와 농민의 민주공화국보다도 훨씬 뒤로 — 퇴보시킬 것이다. 그러므로 프롤레타리아는 일단 권력을 장악하게 되면 부르주아 민주주의 한계 안에 머물 수 없다. 즉, 프롤레타리아는 **연속혁명**의 전술들을 채택해야 한다. 다시 말해, 프롤레타리아는 사회민주주의의 **최소강령**[1]과 **최대강령**[2] 사이에 가로놓인 장벽을 허물고 더욱더 철저한 사회 개혁을 수행해야 하며, 서구의 혁명에 대해 직접적이고도 즉각적인 지원을 모색해야 한다. 이러한 입장은 1904년부터 1906년에 이르는 기간에 처음 썼고 이제 재발행되는 이 책에서 개진하고 논증할 것이다.

그러나 나는 15년 동안[1904~1919년] 연속혁명의 관점을 유지하면서 사회민주주의 운동의 경합(競合)하는 분파들[볼셰비키와 멘셰비키]을 평가하는 데 잘못을 범했다. 양 분파는 모두 부르주아 혁명이라는 관점에서 출발했으므로 나는 양 분파의 차이가 분열을 정당화할 수 있을 만큼 심각한 것은 아니라고 생각했다. 이와 동시에 나는 역사적 사건의 전개 방향이, 한편으로는 러시아 부르주아 민주주의의 취약성과 무의미함을, 다른 한편으로는 프롤레타리아가 민주주의적 강령에 제한되는 것이 객관적으로 불가능함을 명백히 입증해 주리라고 희망했다. 내 생각으로는 이 점이야말로 양 분파의 차이의 근저에 있는 이념적 기초를 제거해 줄 것이기 때문이었다.

망명 중에 양 분파 모두로부터 독립적인 입장을 취했던 나는 볼셰비키와 멘셰비키 사이의 견해 불일치의 이면에 한편으로는 비타협적 혁명가들이 결집되고, 다른 한편에는 갈수록 기회주의적이고 순응적인 분자들이 결집되고 있었다는 바로 그 사실을 충분히 인식하지 못하고 있었다. 1917년 혁명이 발발했을 때, 볼셰비키 당은 가장 탁월한 선진적 노동자와 혁명적 인텔리겐챠를 결속시킨 강고한 중앙집권화된 조직을 이루고 있었는데, 이들 선진 노동자와 혁명적 인텔리겐챠는―어느 정도 내부 논쟁을 거친 후―노동 계급의 사회주의 독재를 지향하는 전술들을 명시적으로 채택했다. 그 전술들은 국제 정세 전반과 러시아 계급 관계에 꼭 들어맞는 것이었다. 그러나 그 당시에 멘셰비키 파로 말하자면, 내가 앞에서 말했듯이, 부르주아 민주주의의 과제들을 수행할 의무를 떠맡을 만큼만 성숙해 있었다.

나는 지금 이 책을 공개적으로 재발행하면서 나 자신과 그 밖의 다른 동지들이 여러 해 동안 볼셰비키 당 밖에서 활동하다가 1917년 초에 그 당의 운명과 자신들의 운명을 합치할 수 있도록 만들어 준 이론의 원리들을 설명하길 원한다.(이러한 개인적 차원의 설명만으로는 이 책을 재발행하는 이유를 충분히 해명하지 못할지도 모른다.) 그뿐 아니라, 프롤레타리아 독재가 기정사실로 되기 훨씬 전에, 러시아 혁명에 대한 사회·역사적 분석에서 노동 계급의 정치권력 장악이 러시아 혁명의 과제가 될 수 있으며 그렇게 돼야 한다는 결론을 도출했다는 점을 환기하고자 한다. 이미 1904년에 그 사고의 골격이 형성돼 1906년에 쓴 이 책을 지금 아무런 수정 없이 재발행할 수 있다는 사실만으로도 마르크스주의 이론이 멘셰비키가 부르주아 민주주의를 대변한 이론의 편에 있는 것이 아니라, 노동 계급의 독재를 실제로 수행한 당[볼셰비키]의 편에 있음을 입증하기에 충분하다.

어떤 이론의 궁극적인 시금석은 경험이다. 우리가 마르크스주의 이론을 올바르게 적용해 왔다는 데 대한 논박할 수 없는 증거는, 우리가 지금 참여하고 있는 사건들과 심지어는 우리가 그 사건들에 참여하고 있는 방식이 약 15년 전에 이미 기본 방향을 예견할 수 있었다는 사실이 제공하고 있다.

나는 글 하나를 재간행해 부록[이 책에서는 1부 "평가와 전망"의 10장]으로 실었다. 이 글은 파리에서 발행된 <나셰 슬로보> 1915년 10월 17일자에 "권력을 위한 투쟁"이라는 제목으로 실렸었다. 이 논설은 멘셰비키 지도자들이 "러시아에 있는 동지들에게" 보내는 강령적 성격의 "편지"에 대한 비판이므로 논쟁적인 목적이 있었다. 나는 그 논설에서 1905년 혁명 이후 10년 동안 계급 관계의 발전으로 부르주아 민주주의를 향한 멘셰비키의 희망이 더욱더 설 땅을 잃었으며, 따라서 러시아 혁명의 운명은 이전의 어느 때보다도 더 프롤레타리아 독재의 문제와 연관돼 있음이 명백하다고 결론내렸다. 지난 여러 해 동안 벌어져 온 이념 투쟁에도 불구하고 10월 혁명이 "모험주의"라고 말하는 사람은 정말 명

청이임이 틀림없다.

10월 혁명에 대한 멘셰비키의 태도에 대해 말하면서 칼 카우츠키의 멘셰비키적 타락을 언급하지 않을 수 없다. 왜냐하면, 카우츠키의 이론적·정치적 타락이 이제 마르토프와 단과 체레텔리의 '이론'들에서 표현되고 있기 때문이다. 우리는 1917년 10월 이후 카우츠키가 다음과 같이 주장하고 있음을 듣는다. 즉, 노동 계급의 권력 장악을 사회민주주의 당의 역사적 과업으로 생각해야 하지만, 러시아 공산당(RCP)[볼셰비키]이 카우츠키가 정한 특정 진로와 특정 시간표에 따라 권력을 잡지 않았으므로 소비에트 공화국을 케렌스키, 체레텔리, 체르노프에게 이양해야 옳다는 것이다. 카우츠키의 반동적이고도 현학적인 비판은 충분히 사정을 알고서 1차 러시아 혁명에 동참했고 그의 1905~1906년 논설을 읽었던 사람들에게는 그만큼 더 예상치 못하게 다가왔음이 틀림없다. 당시에 카우츠키는 (로자 룩셈부르크에게 유익한 영향을 받아) 러시아 자체의 계급투쟁 수준과 국제 자본주의의 전반적인 상황 때문에 러시아 혁명이 부르주아 민주공화국으로 귀결될 수 없고 불가피하게 프롤레타리아 독재로 귀결돼야 한다는 것을 완전히 이해하고 있었고, 또 인정하고 있었다. 그 때 카우츠키는 사회민주주의자 다수파가 포함된 노동자 정부에 대해 진술하게 쓰고 있었다. 그는 계급투쟁의 진정한 진로를 가변적이고 피상적으로 짜 맞춰진 정치적 민주주의에 종속시키려는 일을 생각조차 하지 않았다.

그 당시 카우츠키는 [러시아] 혁명이 처음에는 수백만 명의 농민과 도시의 쁘띠부르주아지를 분기시켜―단숨에 그런 게 아니라 한 걸음 한 걸음 점진적으로―마침내 프롤레타리아와 자본가 부르주아지 사이의 투쟁이 절정에 달했을 때, 광범한 농민 대중은 그 정치의식의 발전이 여전히 원시적 수준에 머물러 있기 때문에 자신들(즉, 농민)의 후진성과 편견을 반영할 뿐인 중도 정당들에게 표를 던지리라는 점을 이해하고 있었다. 그 당시 카우츠키는 만약 프롤레타리아가 권력 장악으로 향하는 혁명의 논리에 따르지 않고 자의적으로 권력 장악을 무기한 연기해 버린다면, 이것은 단지 반혁명을 위한 터를 닦아 줄 뿐인 행동이라는 점을 이해하고 있었다. 그 때 그는 프롤레타리아가 일단 혁명 권력을 쥐게 되면 어떤 순간에도 혁명의 운명을 의식 수준이 낮고 정치적으로 각성되지 않은 대중의 비영속적이고 심정적인 태도에 의존하게 만들지 않을 것이며, 그와는 사뭇 다르게 자신들 손에 집중된 정권을 후진적이고 미각성된 농민 대중을 각성시키고 조직화할 강력한 [국가] 기구로 바로 전환시킬 것이라는 점을 이해하고 있었다. 또한 카우츠키는 러시아 혁명을 일종의 부르주아 혁명이라고 부름으로써 혁명의 과업을 제한하려는 것은 도대체 상황이 어떻게 전개되고 있는지 조금도 이해하지 못하고 있는 소치라는 점을 이해하고 있었다. 러시아와 폴란드의 혁명적 마르크스주의자들과 더불어, 그는 러시아 프롤레타리아가 유럽 프롤레타리아보다 먼저 권력을 장악하게 되면 그들은 지배 계급으로서의 위치를 이용해 — 지금의 카우츠키가 주장하고 있듯이 자신들의 지위를 부르주아지에게 신속히 양보하는 게 아니라 — 유럽과 전 세계의 프롤레타리아 혁명을 강력하게 지원해 줘야 한다는 점을 올바르게 인식하고 있었다. 마르크스주의의 정신에 충실한 이러한 세계적 전망을 카우츠키나 우리가 1917년 11월과 12월의 이른바 제헌의회 의원 선거에서 농민이 누구에게 어떻게 표를 던질 것인지에 달려 있는 문제로 만들어 버릴 수는 없었다.

    15년 전에 윤곽이 잡힌 전망이 현실이 된 지금에 와서, 카우츠키는 딴소리를 하면서 러시아 혁명에 출생증명서 부여를 거부하고 있다. 그가 대고 있는 이유는 러시아 혁명이 부르주아 민주주의라는 정치적 관청에 때맞춰서 출생 신고를 하지 않았다는 것이다. 놀라운 일이다! 마르크스주의의 믿을 수 없는 타락이다! 제2인터내셔널의 타락은 1914년 8월 4일 전쟁공채 법안에 찬성표를 던졌던 사건보다 그들의 가장 탁월한 이론가 중의 한 사람이라는 자가 러시아 혁명에 대해 이따위 속물적 판단을 내렸다는 사실에서 훨씬 더 가증스럽게 표현되고 있다고 말하는 것은 전적으로 정당하다.

카우츠키는 수십 년 동안 사회혁명의 이념을 발전시켜 왔고 지지해 왔다. 이제 사회혁명이 현실이 되자, 그는 두려워서 사회혁명에서 도피하고 있다. 그는 러시아의 평의회(소비에트) 권력에 두려움을 느끼고 독일 공산주의 프롤레타리아의 강력한 운동에 적대적인 태도를 취하고 있다. 카우츠키는 사방이 벽으로 둘러싸인 답답한 교실에서 학생들에게 반복해서 봄을 묘사하다가 마침내 정년퇴직해 밖으로 나와 신선한 공기를 맛보게 되자, 봄을 알아보지 못하고 그것이 자연 법칙에 어긋나는 것이라고 화를 내면서(도대체 그가 화를 낼 줄 안다면 말이다) 봄은 결국 봄이 아니라 단지 자연계의 대혼란일 뿐이라고 주장하고 그것을 헛되이 논증하려 하는 교장 선생님과 꼭 닮았다. 그러나 노동자들이 가장 권위 있는 공론가조차 신뢰하지 않고 봄의 소리에 자신을 내맡기는 것은 정말 잘하는 일이다!

우리는 마르크스의 제자들로서, 독일 노동자들과 더불어 혁명이라는 봄이 사회라는 자연 법칙과 완전히 부합하고, 동시에 마르크스주의 이론 법칙과 완전히 부합해 도래했다는 확신을 고수한다. 왜냐하면, 마르크스주의는 초역사적 지칭물을 가리키는 교장 선생님의 지휘봉이 아니라 현실에서 진행되고 있는 역사 과정의 방식과 수단에 대한 사회 분석이기 때문이다.

나는 1906년의 논설[3]과 1915년의 논설[4]로 이루어진 본문에 아무런 수정도 가하지 않은 채 놔두었다. 내 원래 의도는 각주를 달아 현 상황에 맞춰 제시하려는 것이었지만, 본문을 훑어본 후 그 생각을 포기했다. 왜냐하면 세부 항목까지 짚고 넘어가려면 책 두께가 두 배로 불어날 판인데, 그럴 시간도 없거니와 그렇게 '이중 구조'화된 책이 독자가 읽기에 별로 편리할 것 같지 않았기 때문이었다. 더 중요한 점은, 이 책의 큰 줄기로서 관통하고 있는 일련의 개념들이 우리 시대의 조건들과 매우 유사하기 때문에 이 책을 숙독해 그 내용을 숙지하려고 애쓴 독자는 쉽사리 이 책이 해설한 바에다가 현재의 혁명의 경험에서 얻은 필요한 사실적 자료들을 보충할 수 있다고 생각했기 때문이기도 했다.

1919년 3월 12일 크렘린에서
레온 트로츠키

서문

러시아 혁명[1905년 혁명]은 사회민주주의자들을 제외한 모든 사람에게 예기치 못하게 다가왔다. 마르크스주의는 오래 전에 러시아에서 혁명이 불가피함을 예견했다. 자본주의 발전과 화석화된 절대주의 체제 사이의 갈등의 결과로서 혁명이 일어나게끔 돼 있었다. 마르크스주의는 다가올 혁명의 성격을 예견했다. 마르크스주의는 러시아 혁명을 일종의 부르주아 혁명이라고 부름으로써, 그 혁명의 **즉각적·객관적** 과업들이 "부르주아 사회 전반의 발전을 위한 정상적인 조건들"을 창출하는 데 있음을 지적했다.

마르크스주의가 옳았음은 입증됐다. 이 점은 논의할 필요도 증명할 필요도 없게 됐다. 이제 마르크스주의자들 앞에는 완전히 다른 종류의 과업 하나가 기다리고 있다. 그것은 전개 과정 중에 있는 혁명의 내적 구조(메커니즘)를 분석함으로써 그것의 여러 가능성을 포착하는 것이다. 만약 우리의 혁명을 단순히 1789~1793년의 사건[프랑스 대혁명]이나 1848년의 사건[5]와 동일시한다면 어리석은 과오이리라. 자유주의의 배양처인 역사유비론이 사회 분석을 대신할 수는 없기 때문이다.

러시아 혁명은 완전히 특수한 성격을 띤다. 그 이유는 우리 사회 전반의 역사 발전의 특수한 추세 때문인데, 이번에는 혁명의 그러한 특수성이 전적으로 새로운 역사적 전망을 우리 앞에 펼쳐 보였다.

1
러시아 역사 발전의 특수성

러시아의 사회 발전과 다른 유럽 국가들의 사회 발전을 비교해 보면 ─유럽 여러 나라들의 역사가 공통으로 지니고 있으면서도 러시아의 역사와는 구별되는 측면이란 점에서 그 나라들을 일괄해서 취급할 수 있다─ 러시아 사회의 발전에서 주된 특징은 상대적인 원시성과 완만성이라고 말할 수 있다.

내가 이 자리에서 이러한 원시성의 자연적 원인들을 고찰할 수는 없다. 그러나 러시아의 사회생활이 좀 더 빈곤하고 좀 더 원시적인 경제적 기초 위에 성립됐다는 사실만큼은 의심의 여지가 없는 분명한 사실이다.

마르크스주의는 생산력의 발전이 사회·역사적 과정을 결정한다고 가르치고 있다. 경제적 법인체들과 계급, (전(前)자본주의 사회의 위계질서인) 신분은 생산력의 발전이 일정 수준에 달했을 때에만 형성될 수 있다. 분업의 발전과 더 전문화된 사회적 기능들의 창출이 신분과 계급의 분화를 결정하므로, 직접적인 물질적 생산에 동원된 인민들이 자신들이 소비해야 하는 것[필요 생산물] 말고도 여분의 생산물, 즉 잉여

[생산물]를 생산해야 함을 전제하고 있다. 즉, 잉여를 소외시킴으로써만 비생산 계급이 등장해서 형성될 수 있다. 더구나, 직접 생산자 계급 내의 분업은 농업이 일정 정도 발전해 농업 생산물을 비농업 인구에게 공급할 수 있을 때에만 가능하다. 사회 발전에 관한 이러한 기본 명제들은 이미 아담 스미스가 명확히 정식화한 바 있다.

이런 사실의 당연한 귀결로서 다음과 같은 지적을 할 수 있겠다. 즉, 우리 나라 역사에서 노브고로트(Novgorod)[6] 시기는 유럽의 중세 초기와 일치하지만, 자연적·역사적 조건들(불리한 지리적 입지 조건, 낮은 인구 밀도 등) 때문에 경제 발전 속도가 완만했고 그것이 계급 형성 과정을 억지해 그 과정에 좀 더 원시적인 성격을 부여했다.

만약 러시아가 고립돼 그 자체의 내적 경향들의 영향만 받았더라면 러시아의 사회 발전이 어떤 모습을 취했었을 것인지에 대해 말하기란 매우 어려울 것이다. 그런 일은 일어나지 않았다고 말하는 것으로 충분하리라. 러시아의 사회생활은 일정한 대내적 경제 토대 위에서 성립됐지만, 줄곧 대외의 사회·역사 환경의 영향을 받았으며, 심지어는 직접 그러한 압박 아래 놓여 있기도 했기 때문이다.

이 사회·국가 조직체가 형성되는 과정에서 이웃의 다른 (사회·국가) 조직체들과 충돌하게 되면서, 자신의 경제 관계의 원시성과 이웃의 비교적 고도로 발전한 경제 관계가 후속 과정에서 이 조직체를 결정적으로 규정하는 역할을 했다.

러시아 국가는 원시적인 경제 토대 위에서 성장해 더 고차원적이고 더 안정된 토대 위에 세워진 국가 조직체들과 관계를 맺고 갈등도 겪었다. 두 가지 가능성이 앞에 놓여 있다. 즉, 모스크바 대공국[7]과의 투쟁에서 몰락한 킵차크 한국[8]처럼 러시아 국가도 몰락하든가, 아니면 경제 관계의 발전에서 이웃 나라들을 추월해 고립된 상태로 남아 있는 경우와는 비교할 수 없을 정도의 커다란 활력을 흡수하는 두 가지 가능성이 있다. 그런데 러시아 경제는 몰락의 가능성이 현실화되는 것을 막기에 **충분할 정도로** 이미 발전해 있었다. [러시아] 국가는 엄청난 경제력의 압박을 받으면서도 붕괴하지 않고 오히려 성장하기 시작했다.

그러므로 문제는 러시아가 외적에 의해 사면초가 상태에 놓여 있는 것이 아니다. 그런 사실만으로는 러시아의 처지를 설명하지 못한다. 사실, 이 점은—아마도 영국은 예외일 수도 있지만—유럽의 다른 어떤 나라에도 적용되는 얘기다. 이 유럽 여러 나라들은 상호 생존 경쟁에서 거의 동일한 경제적 기초에 의존했으므로, 그 나라들의 국가 조직체의 발전은 그렇게도 강력한 외압에 좌우되지 않았다.

크리미아와 노가이의 타타르족에 대항한 투쟁은 엄청난 노력을 기울이게 만들었지만, 말할 나위 없이 영·프 간의 백년전쟁 중에 기울인 노력에는 미치지 못했다. 옛 러시아가 소형화기를 도입하고 스트렐치 상비군 연대를 창설하지 않을 수 없게 만든 것은 타타르족이 아니었다. 즉, 기병 기사단과 보병 부대를 창설하지 않을 수 없게 된 것은 타타르족 때문이 아니라 리투아니아와 폴란드, 스웨덴의 압박 때문이다.

서구 나라들이 이렇게 압박한 결과로 [러시아] 국가는 잉여 생산물의 대부분을 소모해 버렸다. 즉, 러시아 국가는 당시 형성되고 있던 특권 계급들에게 손해를 입힘으로써만 존속할 수 있었고, 그리하여 그 특권 계급들의 기존의 완만한 발전마저 억제했다. 그러나 그것이 전부는 아니었다. 국가는 농민의 필요 생산물조차 강탈해 갔다. 국가는 농민의 생계를 위한 생산물을 박탈했던 것이다. 결국, 농민은 자기 땅에 제대로 정착할 시간조차도 갖지 못한 채 자신이 가꿔 놓은 경작지에서 도망치듯 떠나야만 했다. 이렇게 해서 국가는 인구 증가와 생산력 발전을 저해하게 됐다. 또한, 잉여 생산물 중에서 터무니없이 많은 부분을 국가가 소모해 버렸기 때문에, 국가는 그나마도 속도가 완만한 신분 분화 과정을 더욱 완만한 것으로 만들어 버렸다. 그리고 **필요 생산물 중 중요한 부분을 가로채 버림**으로써 국가는 바로 자신의 토대가 되고 있던 원시적인 생산 기반조차도 파괴하게 됐다.

그러나 국가가 존속하고 기능하기 위해서, 그리고 특히 사회적 생산물 중에서 자신이 필요한 부분만큼을 양도받기 위해서 **국가는 여러 신분을 위계적으로 계층화해 조직하는 것이 필요했다.** 바로 이 때문에 러시아 국가는 자신이 발전하는 데 필요한 경제적 토대를 잠식하고 있으면서도, 그와 동시에 억지로 정부의 법적 강제 조치들을 통해서 그러한 토대를 발전시키려고 애썼던 것이다. 그리고 다른 국가들과 마찬가지로 신분제의 발전 과정을 국가에게 유리한 방향으로 돌려놓으려고 애썼다. 러시아 문화사 학자인 밀류코프는 러시아의 바로 이러한 점이 서유럽의 역사와 정반대되는 점이라고 보았다. 그러나 실제로는, 여기에는 반대되는 어떠한 사실도 없다.

후에 관료제적 절대주의로 발전한 중세의 봉건 군주제는 일종의 국가 형태를 띠고 있었는데, 그것은 특정한 사회적 이해관계들을 강화하는 것이었다. 그러나 일단 출현해서 존재하게 된 이상, 이러한 국가 형태도 그 자체로 고유한 자신의 이해관계를 갖게 되며, 그러한 이해관계는 하층 계급들의 이해관계뿐 아니라 상층 계급들의 이해관계와도 상충하게 됐다. 일반 대중과 국가 조직체 사이에서 사회적으로 필수 불가결한 '중간 벽'을 구성하고 있던 지배적 신분들은 국가 기구에 압력을 행사해 국가의 실제 활동의 내용을 자신들의 이익과 부합하도록 만들었다. 그러나 동시에, 국가 권력은 하나의 독자적인 힘으로서, 상층 신분들의 이해관계를 **자신의 고유한 관점**에서 바라보게 됐다. 국가 권력은 상층 신분들의 욕망에 저항하기 위한 장치들을 마련했으며 그들이 자신에게 복종하게끔 하려고 노력했다. 국가와 각종 신분 계층 간의 관계의 실제 역사는 결국 이처럼 역학적 상관관계에 의해 결정되는 궤도를 따라 진행됐다.

러시아에서도 근본으로는 이와 동일한 과정이 발생했다.

국가는 발전하고 있던 여러 경제 집단들을 이용하려고 노력했으며, 그것들을 국가 자신의 고유한 특정 재정적·군사적 목적들에 종속시키려고 애썼다. 당시 출현하고 있던 지배적 경제 집단들은 국가를 이용해서 자신들의 유리한 위치를 신분적 특권 형태로 만들어 더욱 공고히 하려고 노력했다. 러시아에서 여러 사회 세력들의 이러한 활동 전개 과정은 서유럽의 경우보다 훨씬 더 국가 권력에게 유리하게 돌아갔다. 노동 대중의 희생에 기초한, 국가 권력과 사회 상층 집단들의 상호 봉사 관계는 권리와 의무, 세금과 노역의 부담과 특권의 분배 방식으로 표현되기 마련인데, 이 관계는 신분제에 기초한 중세 서유럽의 군주제와 비교해 볼 때 러시아에서는 귀족과 사제들에게는 덜 유리했다. 이 사실은 의심할 여지가 없다. 그럼에도, 만일 밀류코프처럼 서구에서는 여러 신분이 국가를 만들었지만 러시아에서는 국가 권력이 자신의 고유한 이해관계에 따라 신분들을 만들었다고 말한다면, 그것은 아주 과장된 표현이며 균형 감각이 완전히 결여된 말이 된다.

신분들은 국가 행위, 즉 법으로써 창조될 수 없다. 만일 어떤 사회 집단이 국가 권력의 도움을 빌려서 특권 신분으로 부각될 수 있으려면, 그 신분은 이미 자신의 사회적 이점들을 충분히 활용해서 경제적으로 발전해 있어야만 한다. 때문에 정해져 있는 어떤 위계 서열표나 포상 규범에 따라서 신분 계층들이 제조될 수는 없다. 국가 권력은 더 높은 단계의 경제 구성체로 나아가는 근원적인 경제 발전 과정을 자기가 지닌 모든 자원을 통해서 촉진할 수밖에 없다. 위에서 언급한 것처럼, 러시아 국가는 국민의 생산력 중에서 상당히 많은 부분을 독차지했으며, 따라서 사회 구조의 고착화 과정을 방해해 왔다. 그러면서도 동시에 국가는 자신의 고유한 목적을 위해 그러한 과정이 필요했다. 따라서 당연히 러시아 국가는 구조적으로 더 분화된 서구의 영향과 압력 하에 — 이러한 압력은 군국주의적 국가 조직체를 통해 전달됐다 — 뒤늦게나마 원시적인 경제 토대를 바탕으로 사회 분화를 강제로 촉진하려고 노력했다. 더구나, 사회·경제 구성의 취약성에서 비롯한 이러한 강제성의 필요 때문에, 자연스럽게 국가는 국민의 보호자 역할과 자신이 지닌 막강한 권력을 고유한 재량에 따라 상층 계급의 발전 방향을 감독하는 데 사용하려고 노력해 왔던 것이다. 그러나 이러한 감독 활동이 커다란 성공을 거두기도 전에, 국가는 먼저 자신의 조직이 지니는 취약성과 원시적 성격 때문에 난관에 봉착했다. 그리고 국가 조직체의 원시적 성격은, 앞에서 언급한 것처럼, 바로 사회 구조의 원시성에 기인하는 것이었다.

이렇듯, 러시아의 경제 조건을 토대로 세워진 러시아 국가는 더 발전한 경제적 토대에서 성장해 온 인접 국가 조직체들의 우호적이거나 때로는 적대적인 압력에 밀려서 전진해 나가고 있었다. 어떤 일정한 시점부터 — 특히 17세기 말부터 — 러시아 국가는 자신의 모든 권력을 동원해서 나라의 자연경제적 발전을 가속화하려고 노력했다. 말하자면, 새로운 분야의 수공업, 기계류, 공장, 대기업, 자본 등이 자연경제의 줄기에 인공적으로 접목됐다. 따라서 러시아의 자본주의는 국가의 산물로 보였다.

이러한 관점에서 볼 때, 러시아의 모든 학문은 정부가 노력해서 얻은 인위적 산물, 즉 국민의 무지(無知)라는 자연적인 줄기에 인공적으로 접목된 것이라고 말할 수 있다.1)

러시아의 사상은 러시아의 경제와 마찬가지로 서구의 더 발전한 경제와 더 수준 높은 사상의 직접적인 압력 하에 발전했다. 경제 조건들의 자연경제적 성격 때문에, 즉 대외 교역의 빈약한 발전 때문에, 다른 나라들과의 관계는 거의 전적으로 국가가 주도했다. 그리고 바로 이 때문에 이러한 나라들에서 받은 영향은 그들과 러시아 국가의 직접적인 경제적 경쟁 관계로 표출되기보다는 오히려 러시아 국가 자체의 존립을 위한 치열한 싸움으로 표현됐다. 서구 경제학은 국가를 매개로 러시아의 경제학에 영향을 미쳤다. 더 잘 무장한 적대적인 나라들 사이에서 살아남기 위해서 러시아는 어쩔 수 없이 공장들을 세우고, 항해 학교들을 설립하며, 축성술에 관한 교과서들을 출판하는 등의 일을 해야 했다. 그러나 만일 이처럼 광활한 나라의 국내 경제의 전반적인 흐름이 국가가 추구하는 방향과 동일한 방향으로 움직이지 않았더라면, 그리고 만일 각종 경제 조건들의 발전으로 순수 과학과 응용과학을 위한 수요가 창출되지 않았더라면, 국가의 모든 노력은 결실을 보지 못했을 것이다. 당시 자연스럽게 실물 경제에서 화폐·상품 경제로 발전해 가고 있던 국민 경제는 단지 그러한 발전에 부합하는 정부 조치들에만 반응했으며, 또한 그 조치들이 자신의 발전과 부합하는 범위에만 국한해서 작동했다. 이상과 같은 분석을 가장 잘 입증해 주는 것은 러시아의 공업과 통화 제도, 그리고 국가 대부의 역사다.

멘델레예프 교수는 다음과 같이 말하고 있다. "대다수의 공업 분야

---

1) 적어도, 공장처럼 학교가 국가의 인위적인 산물이었음을 깨닫기 위해서는 국가와 학교 사이의 초창기 관계들을 나타내는 특징들을 회상해 보는 것으로 충분할 것이다. 교육을 위한 국가의 노력은 이러한 '인위성'을 잘 보여 준다. 학업을 게을리 하는 학생들은 사슬에 묶여 처벌을 받았다. 학교 전체가 사슬에 묶여 있었던 것이다. 학업은 일종의 부역의 한 형태였다. 학생들은 급료를 지급받았다. 기타 여러 사실들.

들(금속, 제당, 석유, 정유, 섬유 공업까지도)은 정부 조치들의 직접적인 영향 아래 조성됐으며, 때로는 대규모 국가 보조금의 도움을 받기조차 했다. 특히 정부는 언제나 의식적으로 보호 정책을 펼쳤다. 짜르 알렉산드르가 통치한 기간 내내 정부는 이러한 정책을 솔직하게 구호로 내세웠다. …… 보호주의의 원칙들을 전적으로 수용해 러시아에 적용한 정부의 고위 당국자들이 우리 나라의 지식인 계급 전체보다도 더 진보적이었음이 입증됐다."(D Mendeleyev, *Towards the Understanding of Russia*, St. Petersburg, 1906, p. 84)

공업 보호 정책을 이처럼 찬양한 박식한 멘델레예프 교수는 정부의 그러한 정책이 공업 생산력의 발전에 대한 관심과는 전혀 상관 없이 단지 재정상의 이유와 부분적으로는 군사 기술상의 이유로 강요된 것임을 덧붙여 말하는 것을 잊어 버렸다. 바로 이러한 이유들 때문에, 보호 정책은 공업 발전의 근본적인 이익들뿐 아니라 다양한 실업가 집단들의 개별적인 이익들과도 종종 대립했다. 실제로, 방적 공장의 소유주들은 "면화에 대한 높은 관세는 면화 재배를 장려할 목적에서가 아니라 전적으로 재정상의 이익을 위해 부과되고 있다"고 드러내 놓고 말했다. 정부가 신분 계층을 '창출'할 때 무엇보다도 먼저 국가의 목적을 추구하는 데 열심이었던 것처럼, 공업의 '이식'에서도 마찬가지로 주된 관심사는 국고 재정을 충당하는 데 있었다. 그러나 러시아의 토양에 공장화된 생산 체계를 이식하는 데 전제주의 체제가 아무런 역할도 하지 못했다는 것은 의심할 여지가 없다.

발전하고 있던 부르주아 집단들이 서구의 정치 제도를 도입할 필요성을 느끼기 시작한 시점에 이르렀을 때, 전제주의 체제는 이미 유럽 국가들과 완전히 동일한 물질적 수단으로 무장하고 있음이 판명났다. 전제주의는 중앙집권화된 관료 기구에 의거하고 있었으며, 그러한 관료 기구는 새로운 사회관계를 확립하는 데는 무용지물이었지만 체계적인 탄압을 수행하는 데는 커다란 능력을 발휘할 수 있었다. 국토의 광활함은, 행정 활동에 지령을 내리고 탄압 활동을 비교적 단순하고 신속하게 수행하도록 해 주는 전신 설비로써 극복했다. 철도는 나라의 한 끝에서 다른 한 끝으로 군대를 급파하는 것을 가능하게 만들었다. 혁명 이전의 유럽 전제주의 정부들은 철도나 전신과 같은 설비들을 거의 몰랐다. 러시아의 절대주의가 소유한 군대는 엄청난 것이었다. 물론 이 군대는 러일전쟁과 같은 심각한 고비 때에는 무용지물임이 판명났지만, 그럼에도 나라 안의 통치를 위해서는 충분히 쓸모가 있었다. 대혁명 이전의 프랑스 정부뿐 아니라 1848년 혁명 당시의 프랑스 정부조차도 오늘날의 러시아 군대와 유사한 군대는 결코 갖지 못했다.

조세와 군사 기구를 통해 나라를 최대한 쥐어짜면서 러시아 정부는 연간 20억 루블이라는 어마어마한 예산을 설정하게 됐다. 이처럼 거대한 군대와 예산을 보증으로 전제주의 정부는 유럽의 금융시장9)를 국고 조달원으로 활용했으며, 러시아의 납세자들은 이러한 유럽의 금융시장에 공물을 바치는 구제 불능의 공납자가 됐다.

이렇게 해서, 19세기의 80년대와 90년대에 와서 러시아 정부는 무적의 위세를 지닌 거대한 군사·관료 조직으로서, 그리고 재정과 채권 거래 조직으로서 세계와 대면하게 됐다.

절대 군주제의 재정적·군사적 위세 앞에 유럽의 부르주아지뿐 아니라 러시아의 자유주의자들도 압도당했으며, 눈이 멀어 버렸다. 그래서 러시아의 자유주의자들은 절대주의에 공공연히 도전해서 한판 겨루어 볼 수 있는 가능성에 대한 모든 신념을 상실해 버렸다. 절대주의의 군사적·재정적 위력은 러시아 혁명에 관한 한 어떠한 기회도 허용하지 않는 것처럼 보였다.

그러나 현실에서는 정확히 그 반대의 경우가 사실로 입증됐다.

정부가 더욱 중앙집권화되고 더욱 사회와 유리된 독자적인 것이 될수록, 사회 위에 군림하는 전제주의 조직으로 돼 버리는 일이 더 빨리 일어난다. 그러한 조직의 재정과 군사력이 더 커질수록 그 조직은 더 오랫동안, 그리고 더 성공적으로 존립을 위한 투쟁을 지속할 수 있다. 비록 러시아 국가가 사회 발전의 가장 초보적인 요구들조차 더는 만족시키지 못할지라도, 그리고 국내 행정상의 요구들뿐 아니라 군사적 방위를 위한 요구들조차 더는 만족시키지 못할지라도(그런데 원래 이처럼 강력한 국가는 군사 안보를 유지하기 위해서 형성됐던 것이다), 연간 20억 루블의 예산을 쓰며 80억 루블의 부채를 안고 있고, 수백만 명의 무장된 병사들로 구성된 군대를 보유하고 있는, 이처럼 거대한 중앙집권화된 국가는 앞으로도 오랫동안 존속할 수 있을 것이다.

그러한 상태가 오랫동안 답습됨에 따라 경제와 문화 발전의 요구들과 정부의 정책 사이의 모순은 더욱 커져만 갔다. 정부는 자신의 타성을 '수십억 배'로 더 강력하게 발전시켜 왔다. '급조된 위대한 개혁'의 시대가 지나간 뒤에 — 그런데 그 개혁들은 이러한 모순들을 해결하지 못했을 뿐 아니라 오히려 반대로 그 모순들을 처음으로 생생하게 드러내 주었다 — 정부가 자발적으로 의회주의의 길로 들어서는 것은 훨씬 더 어려워졌으며, 또한 심리적으로도 불가능한 것이 돼 버렸다. 결국 이러한 상황이 사회에 지시해 준 모순들에서 빠져 나오는 유일한 출구는, 절대주의라는 보일러 내에서 절대주의 자체를 폭발시킬 수 있을 만큼 충분한 양의 증기를 축적하는 길이었다.

따라서 사회가 발전하는데도 절대주의는 계속 존속하게끔 만들었던 국가의 행정적·군사적·재정적 위세는 자유주의자들의 의견처럼 혁명의 가능성을 허용하지 않는 것이 아니라, 오히려 그 반대로 혁명을 유일한 출구로 만들어 놓았다. 더구나, 이 혁명은 절대주의의 위세가 자기 자신과 국민 사이에 파놓은 심연의 깊이에 비례해 더욱더 철저한 성격을 띨 것임이 이미 분명해졌다. 러시아의 마르크스주의는 오직 자신만이 이러한 발전 방향을 설명했으며, 또한 그러한 발전의 일반 형태들을 예고했다는 자부심을 가져도 좋다.[10] 반면, 자유주의자들은 가장 황당무계한 '실천 지상주의'에 만족하고 있었으며, 혁명적 '인민주의자'들(나로드니키)은 환상으로 그리고 기적에 대한 믿음으로 살아가고 있었다.

지금까지 진행돼 온 사회 발전 전체가 혁명을 피할 수 없는 것으로 만들었다. 그렇다면, 이러한 혁명의 동력은 무엇인가?

도시와 자본

　도시화된 러시아는 최근 역사의 산물이다. 더 정확히 말해서, 지난 수십 년 동안의 산물이다. 18세기 초 표트르 1세(대제)의 통치 말기에 도시에 거주하는 인구수는 32만 8000명을 약간 상회했다. 즉, 나라 전체 인구의 약 3퍼센트 정도였다. 18세기 말에는 그 수가 130만 1000명으로 총 인구의 약 4.1퍼센트 가량 됐다. 1812년까지 도시 인구는 165만 3000 명으로 증가했으며, 그것은 전체 인구의 4.4퍼센트에 해당하는 것이었다. 19세기 중반이 됐을 때 그 수는 아직 348만 2000명 정도로 인구의 7.8퍼센트밖에 되지 않았다. 끝으로, 마지막 인구 조사(1897년)에 따르면 도시 인구는 1628만 9000명이었으며, 이것은 전체 인구의 약 13퍼센트에 해당하는 수치였다.[11]

　만일 도시를 단순히 행정 단위가 아니라 일종의 사회·경제 구성체로 본다면, 우리는 위에서 본 수치들이 도시 발전에 대한 참된 실상을 제시해 주지 못하고 있다는 사실을 인정할 수밖에 없을 것이다. 왜냐하면 러시아 국가의 역사를 통해서 합리성이 완전히 결여된 이유들을 근거로 도시로 승인되거나 도시 승인이 취소되는 경우들을 많이 봐 왔기 때문이다. 그럼에도, 이 수치들은 '대개혁'[12] 이전의 러시아에서 도시는 하찮은 비중을 차지했지만 최근 10년 동안 엄청나게 급속도로 성장했다는 사실을 명확히 보여 주고 있다. 미하일로프스키의 계산에 따르면, 1885년과 1887년 사이의 도시 인구 증가율은 33.8퍼센트에 달한다. 이것은 러시아 전체 인구 증가율(15.25퍼센트)의 2배를 넘는 것으로서, 농촌 인구 증가율(12.7퍼센트)과 비교해 볼 때 거의 3배에 가까운 것이다. 만일 여기에다 공단 마을과 부락을 추가한다면, 도시 인구의(농업에 종사하지 않는다는 의미에서) 급격한 증가는 훨씬 더 명확하게 드러날 것이다.

그러나 러시아의 근대적 도시들은 거주자의 수뿐 아니라 사회적 유형에서도 이전의 도시들과 차이가 난다. 즉, 근대적 도시들은 상업과 공업 활동의 중심지였다. 반면, 과거 러시아의 전(前)근대적인 도시들은 대부분 어떠한 경제적 역할도 거의 하지 못했다. 그것들은 군사·행정상의 요충지나 요새들이었으며, 거기에 거주하는 사람들은 어떠한 형태로든 국가에 고용된 사람들로서 국고 지출에 의지해 살아가고 있었다. 그리고 일반적으로 도시는 행정·군사·징세의 요충지였다.

적의 공격에서 보호받기 위해, 국가에 봉직하지 않는 주민들이 도시의 변두리나 외곽 지대에 정착했을 경우에도 그들은 아무런 구속 없이 자신들이 전부터 해 오던 농업을 생업으로 계속 해나갈 수 있었다. 과거 러시아에서 가장 큰 도시였던 모스크바조차도, 밀류코프에 따르면, 한낱 "왕실의 장원이었으며, 주민의 상당 부분이 이러저러한 방식으로, 즉 시종이나 근위병이나 하인으로서 궁정과 연결돼 있었다. 1701년의 호구조사에 따르면, 대략 1만 6000세대 가운데 단지 7000세대만이, 즉 44퍼센트만이 독립적인 정착자들과 장인들이었으며, 이들조차도 국가의 언저리에 살면서 궁정을 위해 일하고 있었다. 나머지 9000세대들은 교회

(1500세대)와 지배 신분층에 속해 있었다." 이처럼, 러시아의 도시들은 아시아의 전제 군주제의 도시들과 마찬가지로, 그리고 중세 유럽의 수공업과 상업 도시들과는 대조적으로, 오직 소비자 역할만을 수행했다. 중세 서구의 도시들은 장인이 촌락에서 살아야 할 어떠한 정당한 이유도 없다는 원칙을, 정도의 차이는 있지만 성공적으로 확립시켰다. 그러나 러시아의 도시들은 결코 그러한 목적을 추구하려 애써 본 적이 없었다. 그렇다면, 매뉴팩처와 수공업은 대체 어디에 있었을까? 그것들은 농업과 연결된 채 시골에 있었다.

국가의 가혹한 수탈과 더불어 낮은 경제 수준 때문에 어떠한 부의 축적이나 사회적 분업도 가능할 수가 없었다. 서구와 비교해 볼 때, 상대적으로 여름이 훨씬 짧았기 때문에 겨울의 휴한기는 훨씬 길었다. 이러한 요인들 때문에 매뉴팩처는 결코 농업과 분리되지 못했으며, 도시에 집중될 수도 없었다. 오히려 그것은 여전히 농촌에 머물러 있었으며, 단지 농업에 수반되는 보조 생업 활동쯤으로 여겨졌다. 19세기 중반 무렵, 자본주의적 공업이 널리 발전하기 시작했을 때, 그것과 대립했던 것은 결코 도시의 수공업이 아니라 주로 농촌 촌락의 수공업이었다. 밀류코프는 이에 대해 다음과 같이 말하고 있다. "당시 러시아에는 기껏해야 150만 명 정도의 공장 노동자들이 있었다. 반면, 아직도 400만 명 이상의 농민들이 마을에서 가내 수공업에 종사하고 있었다. 그런데 그들은 그것과 병행해서 이전부터 자신들의 주된 생업이었던 농사일을 여전히 계속하고 있었다. 유럽의 공장들은 바로 이러한 계급[농촌의 수공업자]에서 나왔다. 그러나 러시아에서 공장들을 세우는 데 이 계급은 [농민적 성격이 더 강했기 때문에] 미미한 역할조차 전혀 하지 못했다."

물론, 이후에 인구 증가와 생산성 증대로 사회 분업의 기초가 조성됐다. 이 과정은 당연히 도시의 수공업에도 적용됐다. 그러나 선진국들의 경제적 압력의 결과로서, 자본주의적 방식의 대규모 공업이 이러한 기반을 먼저 선점해 버렸다. 결국, 도시의 수공업은 스스로 발전할 수 있는 시간적 여유를 박탈당한 것이다.

유럽에서는 동업조합(길드)에 장인이나 직인으로 가입하면서 도시 인구의 핵심을 이루었던 분자들이 러시아에서는 400만 명이나 되는 농촌의 가내 수공업 종사자들 속에 정체해 머물러 있었으며, 따라서 점점 동업조합들과는 무관한 것으로 돼 갔다. 프랑스 대혁명 기간 동안 파리의 가장 혁명적인 지구들의 주민 중 핵심을 이루고 있던 부분도 바로 수공업자 계급이었다. 결국, 러시아에서 도시의 수공업이 차지하는 비중이 미미했다는 사실 자체만 해도 우리의 혁명에 지대한 영향을 미쳤던 것이다.2)

근대 도시에서 그 경제의 본질적 특성은 도시가 농촌에서 공급되는 원료를 가공하는 사실에 있다. 그렇기 때문에 운송 수단의 발달은 도시에게는 결정적으로 중요한 것이다. 단지 철도를 부설했을 뿐 아니라 도시에 대한 공급원들을 거대하게 확장할 수 있었으며, 그 결과 많은 인민 대중을 도시에 집중시킬 수 있었다. 인구를 집중시킬 필요성은 큰 공장들을 주축으로 하는 공업의 성장에서 비롯했다. 근대 도시, 다시 말해서 최소한 어느 정도 정치적·경제적 중요성이 있는 도시에서 주민의 핵심은 첨예하게 분화해 있는 임금 노동자 계급이다. 비록 프랑스 대혁명 동안에는 충분히 드러나지 않았지만, 바로 이 계급이 우리의 혁명에서 결정적인 역할을 하게끔 예정돼 있다.

공장을 중심으로 한 공업 체계는 프롤레타리아를 전면에 등장시켰

---

2) 러시아 혁명과 1789년 프랑스 혁명의 무비판적인 비교가 유행하던 시기에 파르부스는 대단히 예리하게도, 러시아 혁명의 특수성은 바로 위의 사실에서 기인한다는 점을 지적했다.

을 뿐 아니라 부르주아 민주주의의 지반을 붕괴시켰다. 1905년 혁명에서 부르주아 민주주의를 지지한 것은 도시의 쁘띠부르주아지들, 즉 수공업자들과 소상인들 등이었다.

러시아의 프롤레타리아가 걸맞지 않을 정도로 커다란 정치적 역할을 담당하게 되는 또 다른 이유는 러시아 자본의 상당 부분이 외국에서 이입된 것이라는 사실 때문이다. 카우츠키에 따르면, 바로 이 때문에 러시아 프롤레타리아의 수적 성장과 힘과 영향력의 증가는 부르주아 자유주의자들의 성장을 훨씬 능가하는 것이 됐다.

우리가 앞에서 본 바와 같이, 러시아의 자본주의는 수공업 체계에서 발전한 것이 아니었다. 자본주의가 러시아를 정복한 배후에는 유럽 전체의 발달된 경제가 있었으며, 그 전면에는 직접적인 경쟁 상대로서 농촌 촌락의 무력한 수공업자나 도시의 불쌍한 수공업자만 있었을 뿐이다. 그리고 노동력으로 활용할 보유 자원으로서 반(半)거지 상태의 농민이 있었다. 절대주의는 농촌을 자본주의의 족쇄로 속박하는 데 다양한 방식으로 거들었다.

먼저 절대주의는 러시아의 농민을 세계 금융시장의 공물 헌납자로 전환시켰다. 국내 자본의 결여와 더불어 정부는 끊임없이 화폐가 필요했기 때문에 고리(高利)의 외국 차관을 거침없이 도입했다. 예카테리나 2세의 통치기부터 비테와 두르노보 내각에 이르기까지 암스테르담, 런던, 베를린, 그리고 파리의 은행가들은 러시아의 전제주의를 거대한 금융시장의 투기 대상으로 전환시키기 위해서 체계적으로 노력해 왔다. 소위 국내 대부라고 하는 것도, 즉 국내 금융기관들을 통해 이루어지는 대출도 대부분 외국 차관과 결코 다를 바가 없었다. 왜냐하면, 국내 금융기관들도 사실 외국 자본가들과 합작으로 설립한 것이기 때문이었다. 과중한 세금 부과를 통해서 농민들을 프롤레타리아화시키고 빈민화시키면서, 절대주의는 유럽 금융시장에서 들여온 막대한 금액으로 병력을 증강하고 전함과 철도, 그리고 감옥을 만들었다. 경제적으로 볼 때 이러한 비용 중 많은 부분은 비생산적인 것이었다. 국민 생산 가운데 막대한 부분이 이자 형태로 해외로 유출됐으며, 이를 통해서 유럽의 금융 귀족들은 더 부강해졌다. 지난 10년 동안 의회주의 국가들 내에서 정치적 영향력을 계속 증대시키면서 상업·산업 자본가들을 뒷전으로 물러서게 만들어 온 유럽의 금융 부르주아지는 짜르 정부를 사실상 자신들의 신하로 삼았던 것이다. 그러나 유럽의 금융 부르주아지는 짜르에 반대하던 러시아의 부르주아 세력들과 유기적 관계를 맺을 수도 없었으며, 그럴 의향도 없었다. 그들이 러시아의 부르주아지에게 공감이나 반감을 표시하는 데 지침이 되는 것은, 1798년 짜르 파벨에 대한 차관 조건으로 네덜란드의 은행가 호페와 그 일당들이 정해 놓은 원칙, 즉 "이자는 **정치적 상황과는 상관없이** 지불해야 한다"는 것이었다. 유럽 금융시장에게는 절대주의를 유지하는 것이 심지어 직접적인 이익이 될 수밖에 없었다. 왜냐하면 다른 형태의 정부가 들어설 경우, 그처럼 엄청난 고리의 이자를 지불해 줄 것이라는 보장이 없기 때문이었다. 그러나 국가 차관만이 유럽 자본이 러시아로 유입되는 유일한 통로는 아니었다. 러시아의 국가 예산 중에서 제법 큰 비중을 차지하던, 외국 차관에 대한 이자로 지불된 돈은 상업·산업 자본의 형태로 러시아에 재투자됐다. 그것은 아직 개발하지 않은 풍부한 천연자원에 매력을 느꼈기 때문이었다. 더구나, 그 때까지 결코 저항하는 데 익숙하지 않았던, 조직되지 못한 노동력도 구미가 당기는 대상이었다. 1893년부터 1899년까지의 급속한 공업 발전 시기 중 그 후반부는 유럽 자본의 이입이 급속히 늘어난 시기였다. 이렇듯, 러시아에서 노동 계급을 동원한 것은 대부분 유럽의 손아귀에 있는 자본이었으며, 프랑스와 벨기에에서는 의회 권력을 장악하고 있던 자본이었다.

러시아라는 후진국을 경제적으로 예속화시키는 과정에서 유럽 자본은 자신이 오늘날의 상태로 발전하기까지 유럽의 여러 나라에서 거쳐야만 했던 일련의 기술적·경제적 중간 단계들 전체를 생략한 채 가장 선진적 형태의 주요 생산 분야들과 교통·통신 수단들을 러시아에 이식했다. 그러나 유럽 자본이 자신의 **경제적** 지배를 추구해 나가는 과정에서 마주치는 장애물이 갈수록 줄어듦에 따라 그것이 수행하는 **정치적** 역할은 더욱더 사소한 것으로 판명났다.

유럽의 부르주아지는 중세의 제3계급(즉 '평민')에서 발전한 것이다. 그들은 귀족과 사제 신분이 자행하던 약탈과 폭력에 대항해 민중의 이익이란 명분으로 항거의 깃발을 높이 치켜들었다. 물론 그러한 대의명분을 내세우면서 바로 그들 자신이 민중을 착취하려는 속셈이었다. 신분 제도에 기초한 중세의 군주제는 관료제적 절대주의 체제로 전환해 가는 과정에서, 즉 사제와 귀족 계급의 요구와 주장을 억누르는 과정에서 주로 도시의 주민에 의존했다. 그리고 부르주아지는 정치적 신분 상승을 위해 이러한 과정을 이용했다. 이렇게 해서 관료제적 절대주의와 자본가 계급은 동시에 발전했으며, 1789년 양자가 충돌하게 됐을 때 국민 전체의 지지를 받은 것은 바로 부르주아지임이 판명났다.

러시아 절대주의는 서구 국가들의 직접적인 압력 하에 발전했다. 그것은 여러 경제적 조건을 통해서 자본가적인 부르주아지가 발생하기 훨씬 전부터 서구 국가들의 통치와 행정 방법들을 모방해 왔다. 러시아의 도시들이 아직까지 매우 미약한 경제적 역할을 수행하고 있을 당시에, 절대주의는 이미 막강한 상비군과 중앙집권화된 관료 기구와 조세 기구를 갖추고 있었으며, 유럽 은행가들에게 상환이 불가능할 정도의 엄청난 빚을 지고 있었다.

절대주의의 직접적인 협력과 더불어 자본은 서구에서 밀려들어 왔으며, 단기간 내에 많은 고풍스런 재래 도시들을 상업과 공업의 중심지로 바꿔놓았다. 그리고 심지어는, 전에 아무도 살지 않던 곳에 상업 도시와 공업 도시들을 단기간 내에 건설했다. 이러한 자본은 종종 대규모의 주식회사 형태로 나타났다. 1893년부터 1902년까지 10년에 걸친 급속한 공업 발전 기간 동안 주식 형태의 자본 총액은 20억 루블로 증가했다. 반면, 1854년~1892년에 주식 자본 총액은 단지 900만 루블로 증가했을 뿐이었다. 프롤레타리아는 곧 자신이, 응집된 엄청난 대중으로 바뀌었음을 깨닫게 됐다. 반면, 프롤레타리아 대중과 전제주의 체제 사이에는 대단히 적은 수의 자본가 부르주아지가 있을 뿐이었다. 그들은 '인민'과 떨어져 고립돼 있었으며, 일정 정도는 외국인과 같은 존재들로서 역사적 전통도 없었고, 오직 이윤만을 갈망하는 존재들이었다.

1789-1848-1905년의 혁명들

　역사는 반복되지 않는다. 러시아 혁명을 프랑스 대혁명과 아무리 비교해 봐도, 전자가 결코 후자의 재반복으로 변화될 수는 없다. 그것은 바로 19세기가 결코 헛되이 지나가 버린 것이 아니기 때문이다. 1848년은 이미 1789년과는 엄청나게 차이가 난다. 프러시아의 혁명이나 오스트리아의 혁명이 프랑스 대혁명에 비해 별로 진전된 것이 없다는 사실에 사람들은 놀랄 것이다. 어떤 의미[프롤레타리아 혁명으로서는]에서는 이 혁명들은 너무 일찍 발생했다고 볼 수 있으며, 또 한편[부르주아 혁명으로서는]으로는 너무 늦게 일어났다고 볼 수도 있다. 부르주아 사회가 구시대의 영주들을 철저하게 청산할 때 필연적으로 수반되는 엄청난 노력들은 오직 다음 두 가지의 경우에만 그 목적을 달성할 수 있다. 즉, **국민 전체**가 봉건적 전제 정치에 대항해 궐기하거나, 그렇지 않으면 스스로 해방되려고 노력하는 국민 내부에서 **계급투쟁**이 강력하게 발전해야 한다. 1789년부터 1793년에 걸쳐서 일어났던 일은 바로 전자의 경우에 해당하는데, 이 경우 구질서에 맞선 맹렬한 저항으로 압축된 국민적 에너지는 전적으로 반동에 맞선 투쟁에 쓰였다. 다른 한편, 후자의 경우는 역사적으로 아직 일어난 적이 결코 없으며, 따라서 우리는 그것을 단지 하나의 가능성으로만 생각하고 있는데, 만일 그러한 경우가 실현된다면, 역사의 암흑 세력들을 타도하는 데 필요한 실제 힘은 부르주아 국가 내에서 일종의 '격렬한 내전적인' 계급 전쟁에 의해 생성된다. 그러한 가차없는 내전적인 갈등은 막대한 양의 국민적 에너지를 흡수해 버릴 것이며, 부르주아지에게서 지도적인 역할을 수행할 수 있는 기회를 박탈해 버릴 것이다. 따라서 부르주아지의 적대자인 프롤레타리아를 전면에 부각시킬 것이며, 단시일 내에 프롤레타리아에게 10년에 해당하는 경험을 안겨 줄 것이다. 프롤레타리아에게 상황의 주도권을 부여할 것이며, 단단하게 조여진 권력의 고삐를 그들에게 건네줄 것이다. 단호하고 의심을 모르는 이 계급은 사건들의 회오리를 휘몰아쳐 올 것이다.

만약 어떤 국민이 혁명을 달성할 수 있다면, 그것은 그 국민 전체가 마치 도약할 준비를 하는 사자처럼 스스로 하나로 결집되는 경우이거나, 그렇지 않으면 국민 전체가 투쟁 과정에서 포괄적으로 분열되면서 그들 가운데 최상의 부분이 해방되고, 바로 이들이 국민 전체로서는 수행할 수 없는 과제들을 해결하는 경우다. 이 두 가지의 서로 다른 경우를 이루는 역사적 조건들의 집합은 서로 상반되며, 만일 두 집합을 완전히 추상화된 순수 형태로만 파악한다면, 물론 양자의 대립은 한낱 논리학에서 대우명제(對偶命題)의 관계밖에는 되지 않을 것이다.

다른 많은 경우에서도 그러하듯이, 이러한 대립선상에서 중간의 길로 간다는 것은 가장 최악의 길이다. 그런데 1848년 혁명은 이러한 중간의 길로 갔던 것이다.

프랑스 대혁명 기간 동안에는 프랑스의 부르주아지가 진보적이었고 능동적이었음을 우리는 알고 있다. 그들은 자신들의 위치가 지니고 있는 모순들을 아직 의식하지 못하고 있는 상태였으며, 역사는 그들에게 프랑스의 다 낡아빠진 제도들뿐 아니라 유럽 전체의 반동 세력들에 대항해 새로운 질서를 건설하기 위한 투쟁을 지도하라는 임무를 부과했다. 따라서 부르주아지는 철저하게, 그리고 그들 내부의 파벌이야 어떻든 간에, 자신을 국민의 지도자로 간주했고, 대중을 투쟁에 결집시켰으며, 이들에게 투쟁 구호와 전술들을 제시했다. 민주주의는 하나의 정치 이데올로기를 통해서 국민 전체를 결속시켰다. 민중, 즉 농민과 노동자와 도시 쁘띠부르주아지는 부르주아지를 대표로 선출했으며, 이 대의원들이 선거인들에게 위임받은 권한들은 자신의 구세주적 사명을 의식하게 된 부르주아지의 언어로 문서화됐다. 비록 계급적 적대 관계가 이미 드러나 있었다 할지라도, 혁명 기간 내내 혁명 투쟁의 강력한 관성은 시종 일관 부르주아지 중에서 더 보수적인 인자들만을 정치적 궤도 밖으로 내동댕이쳐 버렸다. 어떠한 계층도 자기 바로 뒤에 있는 계층에게 자신의 혁명적 에너지를 넘겨주고 나서야 비로소 궤도에서 밀려났다. 따라서 일반 국민은 더 예리하고 더 단호한 방식으로 자신들의 목적을 위해 계속 투쟁해 나갔다. 대부르주아지의 상층부가, 운동을 촉발시켰던 국민의 중핵과 결별하고 루이 16세와 동맹을 맺었을 때, 국민의 민주주의적 요구들은 이러한 대부르주아지에 **대항하는** 방향을 지향했으며, 따라서 민주주의의 논리적·필연적 형태인 보통선거와 공화국 수립으로 귀결됐다.

프랑스 대혁명은 실로 범국민적 혁명이었다. 그리고 나아가서 그러한 국민적['부르주아 사회 일반'의 발전이라는 뜻] 테두리에서 지배권과 권력과 완벽한 승리를 위한 부르주아지의 전 세계적 투쟁이 고전적으로 표출됐다.

자코뱅주의라는 낱말은 현재는 현자인 것처럼 행세하는 모든 자유주의자에게 일종의 욕설로 통용되고 있다. 혁명, 대중, 거리에서 이루어지는 역사의 힘과 장엄함에 대한 부르주아지의 증오는, 그들이 겁에 질리고 분노에 차서 내뱉는 이 한마디의 외침—**자코뱅주의!**—에 응축돼 있다. 공산주의의 국제 전위대인 우리는 이미 오래 전에 자코뱅주의를 역사적으로 청산했다. 현재의 국제 프롤레타리아 운동 전체는 자코뱅주의 전통에 대항한 투쟁 속에서 형성됐으며, 또 그 투쟁을 통해 강력하게 성장해 왔다. 우리는 자코뱅주의의 이론들을 비판했으며 그것의 역사적 한계, 사회적 모순, 공상적 이상, 미사여구 등을 폭로했다. 즉, 우리는 수십 년 동안 혁명의 성스러운 유산으로 여겼던 자코뱅주의 전통들과 단절한 것이다.

그러나 우리는 빈혈증에 걸려 무기력해진 자유주의자들의 멍청한 욕설과 중상모략 등과 같은 공격에 맞서서는 자코뱅주의를 옹호한다. 부르주아지는 자신들의 역사적 전성기에 이루어 놓은 모든 전통을 파렴치하게 배신했으며, 현재 그 후계자들은 조상들의 무덤을 욕되게 하고 이미 해골이 돼 버린 조상들의 이상을 비웃고 있다. 부르주아지의 혁명적 과거의 명예로운 유산을 떠맡아 현재 보존하고 있는 것은 바로 프롤레타리아다. 사실, 아무리 철저하게 부르주아지의 혁명적 전통들과 결별했다고 할지라도 프롤레타리아는 여전히 그 전통들을 위대한 열정과 영웅적 투쟁과 진취적 기상의 성스러운 유물로서 보존하고 있다. 그리고 자코뱅들이 국민공회에서 보여 준 언행의 대담성에 대해 심정적으로 공감하고 있다.

도대체 프랑스 혁명의 전통이 아니었다면 자유주의에게 어떤 매력을 느낄 수 있겠는가? 1793년 로베스피에르를 중심으로 한 자코뱅, 상퀼로트[13]들의 공포 민주주의의 기간만큼이나 부르주아 민주주의가 높이 치솟아 민중의 가슴에 위대한 불꽃을 타오르게 한 때가 도대체 언제 있었겠는가?

부르주아 급진주의가 독일과 오스트리아에서는 그것이 보여 준 왜소함과 파렴치함 때문에 금방 막을 내려 버린 때에, 자코뱅주의 말고 다른 무엇이 프랑스의 다양한 색조를 지닌 부르주아 급진주의가 민중의 압도 다수와 심지어 프롤레타리아에게까지 그토록 영향력을 행사할 수 있게 만들 수 있었겠는가?

심지어 오늘날까지도 클레망소, 밀랑, 브리앙, 부르주아와 같은 프랑스 급진주의자들과 급진주의적 사회주의자들, 그리고 적어도 빌헬름 2세 하의 저 우둔한 융커[14]들보다는 졸렬하지 않은 방식으로 부르주아 사회의 대들보를 방어하는 법을 알고 있는 모든 정치인을 키워 주고 있는 것은 대체 무엇이겠는가? 그것이 만일 추상적인 정치 이데올로기, 신성 공화국 숭배, 의기양양한 선언문들과 더불어 자코뱅주의가 발산하는 매력이 아니라면 말이다. 다른 나라의 부르주아 민주주의자들은 도저히 이룰 수 없는 것에 대한 선망의 눈길로 프랑스 급진주의자들을 쳐다보고 있다. 그러나 그러면서도 그들은 급진주의자들의 정치적 장점의 근원인 영웅적 자코뱅주의에 대해서는 중상모략을 퍼붓고 있다.

많은 희망이 깨져 버린 지금에 와서조차도 자코뱅주의는 여전히 민중의 기억 속에 하나의 전통으로 남아 있다. 과거의 언어는 프롤레타리아가 자신의 미래에 대해 말할 때 오랫동안 여전히 사용된다. 산악당[15] 정부가 붕괴한 지 거의 반세기가 지난 1840년, 즉 1848년 6월 혁명이 발생하기 바로 8년 전에 하이네는 파리 외곽의 생 마르소 공장 지대에 있는 몇 개의 작업장을 둘러보았다. 그는 거기서 "하층 계급들 중 가장 견고한 부분"인 노동자들이 독서하는 것을 보았다. 그는 이 광경에 대해 어느 독일 신문에 다음과 같이 기고했다. "나는 거기서 과거 로베스피에르의 알려지지 않은 몇몇 새로운 연설문들과 아주 값싸게 제본돼 돌아다니고 있는, 옛날 마라가 쓴 소책자들을 발견했다. 또한 그 밖에도 많은 것이 있었다. 카베의 ≪혁명사≫, 카르메넨의 적의에 찬 풍자시들, ≪바뵈프의 가르침과 음모≫와 같은 부오나로티의 각종 저술들, …… 즉 피비린내를 풍기는 모든 글이 있었다. ……" 이어서 그 시인은 다음과 같은 예언한다. "이러한 씨앗이 거둘 결실 중 하나로서, 조만간 새로운 공화국의 탄생이 프랑스에 도래하게 될 것이다."

1848년에는 부르주아지가 이미 과거와 필적할 만한 역할을 할 수 없었다. 그들은 권력을 향한 길을 가로막고 서 있던 사회 체제를 혁명적으로 일소할 의향이 없었으며, 그럴 능력도 없었다. 지금에 와서 우리는 당시 부르주아지가 왜 그러했는지를 명확히 알고 있다. 그들의 목적은 자신들만의 독점적인 정치 지배가 아니라 단지 구시대의 세력들과 권력을 나누어 갖는 데 필요한 보장 조치들을 구체제 내에 도입하는 것이었다. 그리고 그들은 이 점을 명확히 의식하고 있었다. 그들은 프랑스 부르주아지의 과거 경험들을 통해서 비열한 짓을 하는 데 더욱 현명해졌고, 프랑스 부르주아지의 배신을 통해서 부패했으며, 이들의 실패로 겁을 집어먹었다. 1848년의 부르주아지는 대중을 인도해 구질서를 뒤엎는 데 실패했을 뿐 아니라, 오히려 구질서에 의지함으로써 앞으로 나아가라고 그들에게 압력을 가하던 대중을 배척했다.

프랑스 부르주아지로 말하자면 자신들의 대혁명을 완수하는 데 성공했다. 그들의 의식은 사회의 의식이 됐으며, 어떤 것이든지 간에 하나의 제도로서 확립될 수 있으려면 반드시 먼저 부르주아지의 정치의식 속에서 창출될 필요가 있다는 판정을 받아야만 했다. 그들은 자신들의 고유한 부르주아 세계의 한계를 스스로 감추기 위해서 종종 극적인 몸짓을 취하곤 했다. 그러나 그들은 자신들의 혁명만은 완수했던 것이다.

반면, 독일 부르주아지는 애초부터 '혁명을 하려' 하지 않았다. 오히려 자신들을 혁명과 유리시켜 버렸다. 그들의 의식은 그들의 정치적 지배를 위한 객관적 조건들과 정면으로 대립했다. 따라서 혁명은 부르주아지가 수행하는 것이 아니라 오히려 그들에게 대항해서만 이룰 수 있었다. 민주주의적 제도들은 부르주아지의 마음속에서 쟁취해야 할 목표가 아니라 오히려 자신들의 안락을 위협하는 것으로 비춰졌던 것이다.

1848년의 경우에는 부르주아지 없이도, 그리고 부르주아지의 반대를 무릅쓰고라도 사건을 떠맡을 수 있는 계급, 즉 부르주아지에게 압력을 가해서 앞으로 나아가게 만들 수 있을 뿐 아니라, 결정적인 순간에는 부르주아지라는 정치적 산송장을 궤도 밖으로 내던져 버릴 준비가 돼 있는 계급이 필요했다. 그러나 도시의 쁘띠부르주아지나 농민들은 이것을 수행할 능력이 없었다.

도시 쁘띠부르주아지는 과거뿐 아니라 미래에 대해서도 적대적이었다. 이들은 아직 중세적인 관계들에 얽매여 있었지만 이미 '자유' 상공업에 대항할 능력은 없었다. 아직은 도시에 자신들의 자취를 새겨 나가고는 있었지만, 이미 중간 부르주아지와 대부르주아지에게 굴복하고 있는 상태였다. 편견에 깊이 빠져 있었으며, 사건 전개의 폭발적인 굉음에 귀가 먹어 버렸다. 이들은 착취하면서 착취당하는 존재들로서 탐욕스러웠으며, 자신들의 탐욕을 만족시키기에는 어쩔 수 없이 무기력했다. 이처럼 궁지에 빠져 꼼짝 못하게 된 존재인 쁘띠부르주아지는 당시의 엄청난 사건들을 통제할 능력이 없었던 것이다.

농민은 쁘띠부르주아지보다도 훨씬 더 독자적인 정치적 주도력(이니셔티브)이 결여돼 있었다. 수세기 동안 속박당해 왔으며 궁핍으로 괴로워하고 분노에 차 있는, 그리고 구시대의 착취와 새로운 시대의 착취의 모든 실타래에 감겨 있는 농민은 어떤 시점에서는 혁명적 동력의 풍부한 원천이었다. 그러나 조직화돼 있지 못했고, 흩어진 채 문화와 정치의 중추부인 도시와 유리돼 있었으며, 도시가 당시 생각하고 있던 모든 것에 대해 무관심한 채 각자 자신의 촌락에 국한된 한정된 시야만을 가지고 있었기 때문에, 농민들은 주도 세력으로서 어떠한 비중도 차지할 수 없었다. 농민들은 봉건적 의무라는 무거운 짐에서 벗어나자마자 즉시 진정됐으며, 자신들의 권리를 위해 싸워 온 도시에게 엄청나게 배은망덕한 보답을 했다. 즉, 해방된 농민들은 '질서'의 광신자들이 돼 버린 것이다.

지식인 민주주의자들에게는 계급으로서의 힘이 결핍돼 있었다. 이 집단은 어느 순간에는 선배격인 자유주의 부르주아지를 정치적으로 추종했다가 또 다른 순간에는, 즉 위급한 순간에는 자유주의 부르주아지를 버림으로써 고유한 약점을 노출했다. 그들은 풀리지 않는 모순 속에서 혼란을 겪고 있었으며, 가는 곳마다 이러한 혼란을 달고 다녔다.

프롤레타리아는 너무 약했으며 조직과 경험과 인식이 결핍돼 있었다. 낡은 봉건적 관계들의 폐지가 필수적일 만큼 자본주의는 충분히 발전했지만, 새로운 생산 관계의 산물인 노동 계급을 결정적인 정치 세력으로서 전면에 부각시킬 정도로 충분히 발전한 것은 아니었다. 물론, 혁명의 내부 마찰은 프롤레타리아에게 정치적 독자성에 대한 절박성을 인식시켜 준 것은 사실이었다. 그러나 동시에 그것은 대중의 활력과 행동 통일을 약화시켰으며, 쓸데없는 힘의 낭비를 초래했고, 최초의 성공을 거둔 후부터는 혁명을 너무 지지부진하게 지체시켜 버렸으며, 따라서 반동 세력의 반격에 어쩔 수 없이 퇴각하도록 만들었다.

혁명 기간 중에 모든 정치적 관계가 갖고 있었던 이러한 미완의 불완전한 성격을 특히 더 명확하고 비극적으로 보여 주는 예는 바로 오스트리아였다.

1848년 비엔나의 프롤레타리아는 경탄할 만한 영웅적 행위와 지칠 줄 모르는 활력을 보여 주었다. 오직 어렴풋한 계급적 본능에 이끌려서, 그리고 투쟁의 목표에 대한 일반적 개념 설정도 하지 못한 채, 단지 암중모색 상태에서 이 구호에서 저 구호로 옮겨 다니면서 비엔나의 프롤레타리아는 거듭해서 몇 번이고 격전 속으로 돌진했다. 그런데 프롤레타리아의 지도력이 당시 유일하게 활동적인 **민주주의자** 집단인 **학생**들의 손에 넘어갔다는 사실을 충분히 주목해 볼 필요가 있다. 당시 학생들은 자신들의 활동 덕분에 대중에게 엄청난 영향을 미쳤으며, 따라서 사건의 추이에도 커다란 영향을 미쳤다. 그들이 바리케이드 선상에서 용감하게 싸웠으며 명예롭게 노동자들과 동지애로 결속될 수 있었다는 점은 의심할 바 없다. 그러나 거리의 '독재적인 권위'를 넘겨받은 학생들이 계속되는 혁명의 발전 과정을 지도할 수는 결코 없었다.

　조직화돼 있지 못했고 정치적 경험이나 독자적인 지도력도 없었던 프롤레타리아는 학생들의 뒤를 따랐다. 위급한 매 순간마다 노동자들은 변함없이 '머리로 일하는 양반들'에게 '손으로 일하는 자신들의 도움'을 제공해 주었다. 학생들은 어떤 순간에는 노동자들에게 싸울 것을 촉구했으며, 또 다른 순간에는 학생들 스스로 변두리에서 도시로 진입하는 노동자들의 길을 가로막았다. 때때로 학생들은 자신들의 정치적 권위를 활용하면서, 그리고 사관생도대의 무력에 의존하면서, 노동자들이 자신들의 독자적인 요구들을 전면에 내세우는 것을 막았다. 이것은 명백히 프롤레타리아 **위에 군림하는** 시혜적(施惠的)인 혁명적 독재의 고전적 형태였다. 이러한 사회적 관계의 결과는 무엇이었을까? 왜 다음과 같은 결과가 나왔을까? 즉, 5월 26일 비엔나의 모든 노동자가 학생들의 부름에 따라 사관생도대의 무장 해제를 막으려고 과감히 일어섰을 때, 수도의 주민 전체가 도시 곳곳에 바리케이드를 설치하고 엄청난 힘으로 비엔나를 점령했을 때, 오스트리아 전체가 무장한 비엔나 편을 들었을 때, 군주제가 도피 행각을 벌이면서 모든 위신을 상실했을 때, 민중의 압력의 결과로 군대가 완전히 수도에서 철수했을 때, 그리고 오스트리아 정부가 후임 정부를 지명하지도 않은 채 사퇴했을 때, 국가 권력을 장악할 만한 정치 세력은 어디에도 존재하지 않았다.

자유주의 부르주아지는 그러한 강탈적 방식으로 확보한 권력은 잡지 않겠다고 고의적으로 거절했다. 그들은 오직 티롤 지방으로 도망친 황제의 복귀만을 꿈꾸고 있었다.

노동자들은 반동 세력을 패퇴시킬 정도로 충분히 용감했지만 이들의 자리를 대신 점유할 수 있을 정도로 충분히 조직돼 있지는 못했으며, 그러한 의식도 없었다. 강력한 노동 운동이 존재했음에도 명확한 정치적 목적을 지닌 프롤레타리아의 계급투쟁은 아직 충분히 발전하지 못했던 것이다. 권력을 장악할 수 없었기에 프롤레타리아는 이처럼 위대한 역사적 과업을 완수할 수 없었으며, 종종 그러하듯이 아주 시급한 순간에 부르주아 민주주의자들은 살그머니 뺑소니를 쳤다.

이러한 도망자들이 그들의 의무를 수행하게끔 하려면, 프롤레타리아에게 임시 노동자 정부를 수립하는 데 필요한 것만큼의 활력과 성숙한 의식이 필요했을 것이다.

결국, 그 당시 어떤 사람이 정확히 지적한 것처럼 다음과 같은 사태가 발생했다. "현재 비엔나에 공화국이 수립돼 있는 셈인데 불행하게도 아무도 이 점을 간파하지 못하고 있다." 이렇게 해서, 아무도 알아차리지 못한 공화국은 합스부르크 왕가에 자리를 넘겨주고 오랫동안 무대에서 퇴장당했다. 일단 흘려보낸 기회는 결코 다시 돌아오지 않는 법이다.

라살은 헝가리와 독일 혁명의 경험에서, 이제부터 혁명은 오직 프롤레타리아의 계급투쟁에서만 그 지주(支柱)를 발견할 수 있다는 결론을 이끌어 냈다. 라살은 마르크스에게 보내는 1849년 10월 24일자 편지에서 다음과 같이 쓰고 있다.

> 헝가리에서 투쟁은 다른 어느 나라보다도 성공적인 결과를 가져올 기회가 있었다. 그것은 특히 헝가리의 당이 서유럽과는 달리 분열이나 날카로운 대립 상태에 처해 있지 않았기 때문이었다. 또한, 그 혁명은 특히 민족 독립을 위한 투쟁의 형태를 취했기 때문이었다. 그럼에도 헝가리는 패배했다. 그것도 정확히 말해서 **민족적 국민당**의 배신 때문에 말이다.

라살은 계속해서 말한다.

> 이러한 경험과 그리고 1848~1849년의 독일 역사는 나로 하여금 어떠한 혁명도 애초부터 그것이 순전히 사회주의적인 것이라고 선언하지 않는다면 유럽에서는 성공할 수 없다는 결론에 도달하게끔 만들었다. 만일 '사회 문제'들이 투쟁 속에 일종의 어렴풋한 요소로 들어가서는 단지 그 투쟁의 배경에만 머물러 있게 된다면, 그리고 민족의 부활이나 부르주아적 공화주의 깃발 아래서 투쟁을 수행한다면 어떠한 투쟁도 성공할 수 없을 것이다.

우리는 이러한 단호한 결론들을 비판하는 데 주저하지 않을 것이다. 그러나 벌써 19세기 중반에 정치적 해방이라는 문제가 전 국민의 압력이라는, 만장일치로 합의되는 전술로써 해결할 수 없게 됐다는 점은 의심할 여지가 없는 사실이다. 자신의 계급적 입장에 근거해서—그리고 오직 그러한 입장에 근거해서만—투쟁을 위한 힘을 결집시킨다는, 오직 프롤레타리아의 독자적인 전술들만이 혁명의 승리를 보장해 줄 수 있게 된 것이다.

1905년의 러시아 노동 계급은 결코 1848년 당시의 비엔나 노동자들과 닮지 않았다. 이 점을 가장 잘 증명해 주는 것은 러시아 전역에서 노동자 대표들로 구성된 소비에트들이 출현했다는 사실이다. 이 소비에트들은 봉기의 순간에 노동자들이 권력을 장악하는 것을 목적으로 전부터 미리 준비한 음모적인 조직들이 아니었다. 결코 그렇지 않았다. 소비에트들은 대중의 혁명적 투쟁들을 서로 연결하기 위해서 대중 자신이 고안했고, 또한 그렇게 해서 건설된 기구들이다. 그리고 대중이 선출했고 대중에게 책임지는 이 소비에트들은 의심할 여지없는 민주적 제도로서, 혁명적 사회주의에 근거한 아주 단호한 계급 정책을 수행하는 역할을 한다.

러시아 혁명의 사회적 특성은 특히 국민을 무장시키는 문제에서 명확히 드러나고 있다. 국민방위군이라는 일종의 민병대 창설은 모든 혁명마다 제일 먼저 제기되는 요구였으며, 제일 먼저 따내는 성과였다. 1789년에도 그러했으며 1848년 파리, 이탈리아의 모든 지방 국가들, 비엔나, 베를린에서도 그러했다. 1848년의 경우에 국민방위군은, 즉 유산계급과 '교육받은 계층'의 무장은 정부와 대립한 부르주아지 전체의 요구였다. 심지어 가장 온건한 부르주아 분파까지도 여기에 가담했다. 그들의 목적은 이미 획득한 자유들, 아니 더 정확히 말하자면 위로부터의 보수적인 의지에 어긋나게 '수여된' 자유들을 지키는 것이었을 뿐 아니라 부르주아지의 사유재산을 프롤레타리아의 공격으로부터 보호하는 것이기도 했다. 따라서 민병대 창설 요구는 명확히 부르주아지의 계급적 요구였다. 이탈리아의 통일을 연구한 영국의 어느 자유주의 역사가는 다음과 같이 말하고 있다. "무장한 시민들의 민병대 때문에 전제정치가 앞으로 더 지속될 수 없다는 것을 이탈리아인들은 잘 이해하고 있었다. 이 밖에도 그러한 민병대는 장차 있을지도 모르는 무정부 상태와 하층 계급이 어떠한 종류의 교란을 야기하는 상황에서도 유산 계급을 보호해 줄 수 있는 확실한 방책이다."3) 그래서, 무정부 상태, 즉 혁명적 대중에 대처할 수 있을 만큼 충분한 수의 병력을 작전의 요충지에 갖고 있지 못했던 반동적 통치 세력은 부르주아지를 무장시켰던 것이다. 절대주의는 먼저 공민(즉, 재산세를 내는 시민)에게 노동자들을 제거하고 진압하는 것을 허용해 주었다. 그리고 그 다음에는 공민들을 무장 해제시키고 진압했다.

　러시아에서는 민병대 창설 요구가 부르주아 정당들한테서 지지를 받지 못하고 있다. 자유주의자들은 무장력이 갖는 중대한 의미를 이해할 수조차 없다. 이 점에 대해서 절대주의가 그들에게 몇 개의 실제적인 교훈을 주었는데도 말이다. 그러나 그들도 프롤레타리아와 별개인, 또는 프롤레타리아에 대항하는 민병대를 러시아에서 창설한다는 것이 절대 불가능하다는 점은 이해하고 있다. 상점 주인들, 학생들, 법률가들이 어깨에 왕실 근위대의 장총을 메고 허리에는 군도를 찬 반면에 자신들은 겨우 곡괭이와 돌로 무장했던 1848년의 노동자들과 러시아의 노동자들은 닮지 않았던 것이다.

　러시아에서는 혁명을 무장시키는 것이 무엇보다도 맨 먼저 노동자들을 무장시키는 것을 의미한다. 자유주의자들은 바로 이 점을 알고서 두려워하고 있기 때문에, 결국 민병대 이야기를 끄집어내는 것조차 삼가고 있는 것이다. 그들은 한 번 싸워 보지조차 않은 채 절대주의에게 자신들의 입장을 양보하고 있다. 마치 노동자들을 무장시키는 것을 피하려는 이유만으로 파리와 프랑스를 비스마르크에게 굴욕적으로 넘겨

---

3) Bolton King, *History of Italian Unity*, Russia translation, Moscow 1901, vol 1, p. 220.

준 저 부르주아 정치가 티에르[16]처럼 말이다. 자유민주주의자들의 합동 선언문에서 — 그들의 논문집의 제목은 ≪입헌 국가≫다 — 지벨레고프는 혁명의 가능성을 논하면서, "사회는 필요한 순간에는 스스로 자신의 헌정을 수호하기 위해서 일어설 각오가 돼 있어야만 한다"고 전적으로 옳은 말을 하고 있다. 그러나 이러한 지적에서 도출되는 논리적 귀결이 민중의 무장에 대한 요구인 이상, 이 자유주의 철학자는 반동으로의 복귀를 방지하기 위해서 "모든 사람이 무기를 소지할 필요는 전혀 없다"[4]고 "부연 설명할 필요성"을 느꼈다. 단지 필요한 것은 사회 자신이 저항할 채비를 하고 있으면 된다는 것이다. 그러나 어떠한 저항 방식인지는 이야기하지 않고 있다. 만일 이러한 견해에서 어떠한 결론이 도출될 수 있다면, 그것은 우리의 민주론자들의 마음에는 무장된 프롤레타리아에 대한 공포가 전제주의 군대에 대한 공포보다 더 크게 자리 잡고 있다는 것이다.

바로 이러한 이유 때문에 혁명을 무장시키는 과제는 전적으로 프롤레타리아에게 달려 있다. 1848년 당시 부르주아지의 계급적 요구인 시민 민병대 창설이 러시아에서는 그 시초부터 민중의 무장을 위한 요구, 즉 무엇보다도 먼저 프롤레타리아의 무장을 위한 요구다. 러시아 혁명의 운명은 바로 이 문제와 결부돼 있다.

---

4) *The Constitutional State*, a symposium, 1st edition, p. 49.

4
혁명과 프롤레타리아

　혁명은 권력 투쟁에서 사회 세력들 간의 세력 관계에 대한 공개적 척도다. 국가 그 자체가 목적은 아니다. 국가는 단지 지배하는 사회 세력들의 수중에 있는 기관일 뿐이다. 모든 기관처럼 국가도 자신의 추진 장치, 전달 장치, 실행 장치를 갖고 있다. 국가의 추진력은 계급 이익이다. 즉, 국가 기관의 추진 장치는 선동, 언론·교회·학교를 통한 선전, 정당, 가두집회, 청원, 그리고 봉기다. 전달 장치는 신의 의지로 표상되거나(절대주의) 국민의 의지로 표상되는(의회주의) 카스트적·왕조적·신분적·계급적 이익의 입법 조직이다. 끝으로 실행 장치는 경찰을 갖춘 행정, 감옥을 갖춘 법정, 그리고 군대다.
　국가 그 자체는 목적이 아니라 사회관계를 조직하고 해체하며 재조직하기 위한 거대한 수단이다. 국가는 누가 그것을 통제하느냐에 따라 혁명을 위한 강력한 지렛대가 될 수도 있고 계통화(系統化)된 정체를 위한 도구가 될 수도 있다.
　모든 명실상부한 정당은 정치권력을 장악함으로써 국가가 자신이 대변하는 계급에게 봉사하게끔 만들려고 노력한다. 프롤레타리아의 정당인 사회민주주의자들은 당연히 노동 계급의 정치적 지배를 위해 노력한다.

프롤레타리아는 자본주의가 성장함에 따라 성장하고 더 강력해진다. 이러한 의미에서 자본주의의 발전은 또한 독재를 지향하는 프롤레타리아의 발전이다. 그러나 권력이 노동 계급의 손으로 넘어가는 정확한 시간은 직접적으로는 생산력의 수준이 아니라 계급투쟁에서 여러 관계들, 국제적 상황, 그리고 궁극적으로는 노동자들의 전통과 선제 주도력(이니셔티브)과 투쟁 각오 등의 수많은 주관적인 요인들에 달려 있다.

경제적 후진국의 노동자들이 선진국의 노동자들보다 더 일찍 권력에 다다를 수 있다. 1871년에 노동자들은 쁘띠부르주아적인 파리에서 계획적으로 권력을 수중에 장악했지만—두 달 동안에 불과했지만 어쨌든 사실이다—영국이나 미국과 같은 대자본가적 중심부에서는 노동자들이 단 한 시간도 권력을 장악해 본 적이 없었다. 프롤레타리아 독재가 어떤 점에서는 한 나라의 기술 발전과 자원에 자동적으로 의존한다는 [플레하노프의] 생각은, 단순화돼 어리석은 발상이 돼 버린 '경제적' 유물론의 편견이다. 이러한 관점은 마르크스주의와는 전혀 관계가 없다.

우리의 관점에 의하면, 러시아 혁명은 부르주아 자유주의 정치가들이 자신들의 통치술을 충분히 발휘할 기회를 갖기도 **전**에 노동자들의 수중으로 권력이 넘어올 수 있는—혁명이 승리하려면 그래야만 한다—조건들을 창출할 것이다.

마르크스[17]은 1848~1849년의 혁명과 반혁명을 요약해 미국의 신문인 <트리뷴>에 다음과 같이 썼다.

독일 부르주아지가 영국과 프랑스 부르주아지에 뒤져 있듯이, 독일 노동 계급은 사회·정치 발전에서 영국과 프랑스 노동 계급에 훨씬 뒤져 있다. 고용주나 피고용인이나 마찬가지다. 수많은, 강력한, 집중된, 그리고 총명한 프롤레타리아 계급의 존재 조건의 발전은 수많은, 부유한, 집중된, 그리고 강력한 중간 계급[부르주아지]의 존재 조건의 발전과 병행한다. 노동 계급 운동 그 자체는 중간 계급의 서로 다른 모든 분파들, 특히 가장 진보적 분파인 대규모 매뉴팩처 경영자들이 정치권력을 장악해 자신들의 필요에 따라 국가를 재구성하고 나서야 비로소 독립적으로 되며, 비로소 전적으로 프롤레타리아적 성격을 갖는다. 그 때야 비로소 고용인과 피고용인 사이의 불가피한 갈등이 급박하게 돼 더는 연기될 수 없게 된다.

이 인용문은 최근에 교조적인 마르크스주의자들이 상당히 남용해 왔기 때문에 틀림없이 독자들에게 친숙할 것이다. 그들은 러시아의 노동 계급 정부라는 개념에 반대하는 반박할 수 없는 논거로서 이 인용문을 제시해 왔다. "고용주나 피고용인이나 마찬가지다." 그들의 주장은, [러시아의] 자본가 부르주아지가 (국가) 권력을 장악할 수 있을 만큼 충분히 강하지 못한데, 하물며 어떻게 노동자 민주주의, 즉 프롤레타리아의 정치적 지배를 확립하는 것이 가능할 수 있겠느냐는 것이다.

마르크스주의는 무엇보다도 분석 ― 원전 본문의 분석이 아니라 사회관계의 분석 ― 방법이다. 러시아에서 자본가 자유주의가 유약하다는 것이 불가피하게 노동 운동이 유약하다는 것을 뜻한다는 말은 참인가? 러시아에서 부르주아지가 권력을 장악했을 때에만 비로소 독자적인 노동 운동이 가능하다는 말은 참인가? 마르크스의 역사적으로 상대적인 언급을 초역사적인 공리(公理)로 바꾸려는 시도 뒤에 얼마나 구제 불능의 형식주의가 자리 잡고 숨어 있는지를 이해하기 위해서는 이러한 질문들을 던지는 것만으로도 충분하다.

공업 호황기에 러시아의 공업 발전은 '미국적' 성격을 띠었으나, 러시아 자본주의 공업의 실제 규모는 미국의 공업과 비교할 때 어린애다. 러시아에서는 경제 활동 인구의 16.6퍼센트인 500만 명이 제조업에 종사하고 있고, 미국에서는 경제 활동 인구의 22.2퍼센트인 600만 명이 제조업에 종사하고 있다. 이 숫자만으로는 여전히 별반 설명해 주는 게 없지만, 러시아 인구가 미국 인구의 거의 두 배임을 상기해 본다면 러시아 자본주의 공업의 실상을 극명하게 보여 줄 것이다. 그러나 이 두 나라 공업의 실제 규모를 평가하기 위해서는 1900년에 미국의 공장과 대규모 사업장에서 2500만 루블에 해당하는 상품이 생산됐음에 반해, 같은 기간에 러시아의 공장은 250만 루블에도 못 미치는 상품을 생산했다는 점에 주목해야 한다.[5]

공업 프롤레타리아의 수, 집중도, 문화 수준, 정치적 중요성은 자본주의 공업의 발전 정도에 의존한다는 것은 의심의 여지가 없는 사실이다. 그러나 이 의존이 직접적인 것은 아니다. 주어진 시점에서 한 나라의 생산력과 그 나라 계급들의 정치적 역량 사이에는 일국적·국제적 성격의 다양한 사회·정치 요인들이 개입하며, 이 요인들이 경제 관계의 정치적 표현을 굴절시키고 심지어 때때로 완전히 바꿔 놓기도 한다. 미국의 생산력이 러시아보다 10배나 더 크다는 사실에도 불구하고 러시아 프롤레타리아의 정치적 역할, 국내 정치에 미치는 영향력, 가까운 장래에 세계 정치에 영향력을 행사할 가능성은 미국 프롤레타리아의 역할과 영향력보다 비교할 수 없을 정도로 더 크다.

카우츠키는 미국 프롤레타리아에 관한 최근 저작에서 프롤레타리아와 부르주아지의 정치 역량과 자본주의 발전의 수준 사이에는 직접적

---

5) D Mendeleyev, *Towards the Understanding of Russia*, 1906, p. 99.

인 관계가 없음을 지적하고 있다. 그는 다음과 같이 말한다.

> 두 나라[미국과 러시아]는 서로 정반대다. 한 나라[미국]에서는 부르주아지가 불비례하게, 즉 자본주의 생산양식의 발달 수준에 조응하지 않게 발달해 있고, 다른 나라[러시아]에서는 다른 한 요소, 즉 프롤레타리아가 불비례하게 발달해 있다. 다른 어떤 나라보다도 미국에서야말로 자본의 독재를 말할 수 있는 충분한 근거가 있다. 반면에, 다른 어떤 나라도 러시아만큼 투쟁적인 프롤레타리아가 중요성을 갖고 있는 나라는 없다. 또한 이 중요성은 증대하고 있음이 틀림없고 또 반드시 증대할 것인데, 그것은 이 나라가 최근에야 비로소 근대적인 계급투쟁에 참가하기 시작했기 때문이며, 또 최근에야 비로소 이러한 투쟁을 위한 어느 정도의 행동반경을 제공했기 때문이다.
> (독일은 어느 정도는 러시아에서 자신의 미래를 배울 것 같다고 지적하면서 계속 말하기를, — 트로츠키) 러시아 프롤레타리아가 우리에게 미래를 보여 준다는 것이 자본의 발전 정도가 아니라 노동 계급의 저항으로서 표현되는 한에서, 이 점은 실로 매우 특별한 의미가 있다. 러시아가 자본주의 세계의 최대 국가들 중 가장 후진적인 나라라는 사실은 경제 발전이 정치 발전의 기초라는 유물론적 역사관과 모순되는 것처럼 보인다. 그러나 실제로, 그 사실은 유물론적 역사관을 탐구 방법이 아니라 단지 이미 만들어진 판에 박힌 문구로 여기는 우리의 반대자들과 비판자들이 묘사하는 그러한 유물론적 역사관과 모순될 뿐이다.6)

특히, 우리는 사회관계를 독자적으로 분석하지 않고, 생활의 모든 경우에 적용하기 위해 선택한 원전 본문을 연역하는 데 그치는 러시아

---

6) K Kautsky, *American and Russian Workers*, Russian translation, St. Petersburg, 1906, pp. 4 and 5.

마르크스주의자들에게 이러한 시각을 권하고자 한다. 이 자칭 마르크스주의자들만큼 마르크스주의의 신용을 떨어뜨리는 자들이 또 누가 있겠는가.

그러므로 카우츠키의 분석에 따르면, 러시아는 경제적 측면에서는 상대적으로 낮은 수준의 자본주의 발전으로, 정치적 측면에서는 자본가 부르주아지의 보잘것없음과 혁명적 프롤레타리아의 강력함으로 특징지워진다. 이것은 다음과 같은 사실로 귀결된다.

러시아 **전체의 이익을 위한 투쟁은** 러시아에 **현존하는 유일한 강력한 계급**, 즉 공업 프롤레타리아의 역할이 됐다. 이런 이유로 공업 프롤레타리아는 러시아에서 막대한 정치적 중요성이 있으며, 또 이런 이유로 절대주의의 숨 막히는 압박에서 러시아를 해방시키기 위한 투쟁은 **절대주의와 공업 프롤레타리아 사이의 단일한 전투**, 농민이 상당한 지원을 제공할 수는 있으나 지도적인 역할을 수행할 수는 없는 단일한 전투로 전환해 버린 것이다.

러시아의 "피고용인"이 그 "고용주"보다 더 일찍 권력을 장악할 것이라고 결론지을 수 있는 근거를 이 모든 것이 제공하고 있지 않은가?

* * *

정치적 낙관주의는 두 가지 형태를 취할 수 있다. 우리는 혁명적 상황에서 우리의 역량과 우리에게 유리한 점들을 과장해, 세력들 간의 주어진 상관관계 때문에 정당화할 수 없었던 임무들에 착수할 수도 있다. 그러나 다른 한편으로 우리는 우리가 처한 입지의 논리 때문에 불가피하게 내몰려서 넘어서지 않을 수 없는 혁명적 임무들을 낙관적으로 제한할 수도 있다.

우리는 혁명이 그 객관적 목표와, 따라서 그 필연적 결과가 **부르주아적** (성격)이라고 주장하면서 이 부르주아 혁명의 주역이 혁명의 전체 경로에 따라 권력을 향해 나아가지 않을 수 없는 프롤레타리아라는 사실에 눈을 감음으로써 혁명의 모든 문제의 범위를 제한할 수 있다.

부르주아 혁명이라는 틀 내에서 프롤레타리아의 정치적 지배는 단지 일시적인 에피소드일 따름이라며, 프롤레타리아가 일단 권력을 장악하고 나면 무장력으로 권력을 탈취당할 때까지 필사적인 저항을 하지 않고는 권력을 내놓지 않을 것이라는 사실을 망각해 버림으로써 우리는 우리 자신을 안심시킬 수도 있다.

러시아의 사회 조건들이 아직 사회주의 경제를 시행하기에 성숙하지 않았다며, 권력을 장악한 프롤레타리아가 자신들이 처한 입지의 논리 그 자체에 의해 불가피하게 산업의 국영화로 나아가지 않을 수 없다는 사실을 간과해 버림으로써 우리는 우리 자신을 안심시킬 수도 있다.

일반적인 사회학 용어인 **부르주아 혁명**은 어떤 **주어진** 부르주아 혁명의 역학이 제기하는 정치적·전술적 문제들, 모순들, 그리고 난점들을 결코 해결하지 못한다.

18세기 말, 혁명의 객관적 과제가 자본 지배의 확립이었던 부르주아 혁명의 틀 내에서, **상퀼로트** 독재는 실현될 수 있었던 것으로 판명났다. 이 독재는 단지 일시적인 에피소드가 아니었다. 그것은 19세기 전반에 걸쳐 그 흔적을 남겼는데, 그것도 부르주아 혁명이라는 포위 장벽에 부딪혀 곧 분쇄됐다는 사실에도 불구하고 그러했다.

그 직접적·객관적 과제가 역시 부르주아적인 20세기 초의 혁명에서, 가까운 전망으로서 프롤레타리아의 정치적 지배가 불가피하거나 적어도 가능한 것으로 대두하고 있다. 프롤레타리아 자신은 이 지배가, 어떤 속물 현실주의자들이 바라고 있는 바처럼, 단지 일시적인 '에피소드'가 결코 되지 않도록 주의를 기울일 것이다. 그러나 지금조차도 우리는 다음과 같은 의문을 던질지도 모른다. 프롤레타리아 독재가 부르주아 혁명의 장벽에 부딪혀 분쇄되는 것이 불가피한 일인가, 아니면 주어진 **세계사적** 조건에서 프롤레타리아 독재가 일단 그 장벽을 깨뜨리고 승리의 전망을 열 수 있는 가능성이 있는가? 여기에서 전술과 관련된 문제가 제기된다. 즉, 혁명의 발전이 그러한 단계에 근접함에 따라 우리가 의식적으로 노동자 정부를 지향해 활동해야 할 것인가, 아니면 우리가 그 순간에 정치권력을, 부르주아 혁명이 노동자들에게 전가한, 피하는 편이 더 나은 불행으로 생각해야 할 것인지의 문제와 직면하게 된다.

우리가 '현실주의' 정치인 폴마르[18]이 1871년의 파리코뮌 참여자들에 대해 "그들은 권력을 잡지 말고 차라리 잠을 잤더라면 더 나았을 텐데"라고 했던 말을 우리 자신에게 적용해야 한다는 말인가?

권력을 장악한 프롤레타리아와 농민

혁명이 결정적으로 승리한 경우, 권력은 투쟁에서 주도적인 역할을 하는 계급, 다시 말해서 프롤레타리아의 손에 넘어갈 것이다. 이것은 프롤레타리아가 아닌 사회 집단들의 혁명적 대표들이 정부에 참여하는 것을 배제하는 것이 결코 아님을 일단 지적해 둘 필요가 있다. 그들도 정부에 참여할 수 있으며 참여해야 한다. 건실한 정책을 시행하려면 프롤레타리아는 도시 쁘띠부르주아지와 지식인과 농민의 영향력 있는 지도자들을 권력에 참여시킬 수밖에 없다. 단지, 모든 문제의 핵심은 '누가 정부 정책의 실질적인 내용을 결정할 것이며, 누가 정부 내에서 확고한 다수를 형성할 것인가?' 하는 점이 될 것이다.

노동자들이 다수파를 점하고 있는 정부에 민중의 다른 민주주의적 계층들의 대표들이 참여하는 것과 프롤레타리아의 대표들이 어느 정도 대접받는 인질의 자격으로서 명백히 부르주아·민주주의적인 정부에 참여하는 것은 전혀 별개의 문제다.

자유주의 자본가 부르주아지의 정책은 그들이 갖가지 동요와 후퇴와 배신행위를 드러냄에도 전적으로 명확한 것이다. 그러나 프롤레타리아의 정책은 훨씬 더 명확하고 확정적이다. 반면에, 지식인이나 농민이나 도시 쁘띠부르주아지의 정책은 전적으로 불명확하며, 무정형이고, 개연성들로 가득 차 있으며, 따라서 많은 돌발 사태를 유발시킬 수 있다. 그것은 이들 집단의 사회적 성격 때문이다. 즉, 지식인들은 사회적으로 중간적 존재로서, 정치적으로 볼 때 너무 큰 신축성이 있다. 그리고 농민들은 사회적 다양성과 중간적 위치와 원시적 성격이 그 특징이다. 도시 쁘띠부르주아지도 역시 중간적 위치에 속하는데, 앞의 두 집단들과 달리 이들은 고유의 성격도 없고 정치적 전통도 완전히 결여돼 있다.

이러한 세 집단이 어떤 정책을 펼칠 수 있으리라는 생각이 그 자체로 무의미하다는 것을 깨닫기 위해서는 프롤레타리아 대표들이 없는 혁명적 민주주의 정부를 상상해 보는 것만으로도 충분할 것이다. 만일 어떤 혁명 정부가 사회민주주의자들이 거기에 참여하는 것을 거부한다면, 그러한 정부는 실로 존립할 수 없을 것이며, 따라서 혁명에 대한 배신으로 귀착될 것이다. 그러나 어떤 정부에 프롤레타리아가 참여한다는 것은, 그것이 **통치권과 주도권을 쥔 참여**일 경우에만 객관적으로 실현 가능하며 원칙적으로 허용될 수 있는 일이다. 물론 그러한 경우에 정부 형태는 프롤레타리아와 농민의 독재나 프롤레타리아와 농민과 인텔리겐챠(지식인)의 독재, 또는 심지어 노동 계급과 쁘띠부르주아지의 독재와 같은 다양한 형태들 중 하나가 될 수 있다. 그러나 그럼에도 여전히 다음과 같은 질문을 해결해야 한다. 정부 내에서, 그리고 나라 전체에서 누가 헤게모니를 쥐어야만 하는가? 따라서 우리는 노동자 정부라는 말을 사용함으로써, 그 헤게모니는 노동 계급에 속해야 된다는 것을 명확히 해야 한다.

자코뱅 독재의 의결 기구였던 국민공회는 결코 자코뱅들만으로 구성돼 있지는 않았다. 더구나 자코뱅은 거기서 소수파였다. 그러나 국민 공회 밖에서 **상퀼로트**들이 행사한 영향력과, 나라를 구하기 위해서는 단호한 정책이 필요하다는 요구는 권력을 자코뱅 수중에 안겨 주었다. 따라서 국민공회는 **형식적으로는** 국민 전체의 대의 기구로서 자코뱅과 지롱드 그리고 그 사이에 통상 늪지대파(Le Marais)라는 이름으로 알려져 있는, 동요하는 다수의 중도파로 구성된 반면, **본질적으로는** 자코뱅의 독재를 위한 기구였다.

우리가 노동자 정부라는 말을 쓰는 것은, 그 안에서 노동 계급의 대표들이 다수파의 위치에서 지도하는 정부를 목표로 삼기 때문이다. 프롤레타리아는 자신의 권력을 공고히 하기 위해서 혁명의 토대를 확장할 수밖에 없다. 오직 혁명의 전위, 즉 도시 프롤레타리아들이 국가 권력을 장악하고 난 다음에야 노동 대중의 많은 부분이 — 특히 농촌의 경우 — 혁명 속으로 이끌려 들어올 것이며, 정치적으로 조직될 것이다. 그 경우, 혁명적 선동과 조직화 작업은 국가 자원의 도움을 받아 가며 수행될 것이다. 입법상의 권력 그 자체만으로도 대중을 혁명화시키는 강력한 도구가 될 것이다. 우리의 모든 사회적·역사적 관계의 특성 때문에 부르주아 혁명의 모든 힘겨운 과제는 프롤레타리아의 어깨 위에 놓이게 됐다. 그 때문에 노동자 정부는 엄청난 어려움을 겪게 될 것이다. 그러나 또한, 바로 그렇기 때문에 적어도 노동자 정부의 초기에는 비할 바 없이 유리한 조건들이 만들어질 수도 있다. 바로 이러한 사실이 프롤레타리아와 농민의 관계에 영향을 미치게 될 것이다.

1789~1793년과 1848년의 혁명에서는 무엇보다도 먼저 권력이 절대주의 체제에서 부르주아지 중 온건한 분파 쪽으로 옮겨갔다. 그리고 혁명적 민주주의자들이 권력을 장악하거나 장악할 준비를 채 갖추기도 전에 농민을 해방시킨 것은 — **어떻게** 해방시켰냐는 것은 별개의 문제

이지만—바로 부르주아지였다. 일단 해방된 농민은 '도시 사람들'의 정치 곡예에 완전히 흥미를 잃어 버렸다. 즉, 혁명이 계속 진전돼 가고 있는 상황에서 마치 육중한 주춧돌처럼 스스로 '구질서'의 터전이 돼 버림으로써 농민들은 혁명을 배신하고, 혁명을 황제 정치의 신봉자들, 즉 구체제의 절대주의 반동 세력에게 넘겨주었던 것이다.

러시아 혁명에서는, 민주주의의 가장 초보적인 과제들을 해결할 수도 있을 부르주아적 헌정 질서 수립은 결코 가능하지 않으며, 앞으로 오랫동안 그럴 것이다. 비테나 스톨리핀 같은 개혁 추진 관료들의 모든 '계몽적인' 노력들은 허사가 되고 있는데, 그것은 러시아에서는 그들조차도 살아남기 위한 투쟁에 온 힘을 쏟아야 하기 때문이다. 따라서 러시아에서는 가장 초보적인 개혁 조치들을 요구하는 농민들의 운명조차도—그리고 심지어는 하나의 **단일 계급**[19]으로서 농민 **전체**의 이익조차도—혁명 전체의 운명, 즉 프롤레타리아의 운명과 결부돼 있다.

권력을 장악한 프롤레타리아는 농민 앞에 그들을 해방시킨 계급으로서 등장하게 될 것이다. 프롤레타리아의 통치는 비단 민주주의적 평등, 자유로운 자치(自治), 부유한 계층에게 세금 부담 전체를 떠맡기는 것, 상비군의 해체와 민중의 무장화, 그리고 강제적인 교회세 폐지를 의미할 뿐 아니라, 농민이 수행하는 토지 관계에서 모든 혁명적 변화(토지의 몰수)를 인정하는 것을 의미한다. 프롤레타리아는 이러한 변화들을 장차 국가가 시행할 농업 정책을 위한 출발점으로 삼을 것이다.

이러한 조건들에서 러시아의 농민들은 혁명의 초기, 즉 가장 어려운 시기에 프롤레타리아 정부(노동자 민주주의)를 수호하는 데 관심을 보일 것이다. 적어도 그들의 열성은, 총검을 동원해 가면서까지 새로운 토지 소유자들의 신성불가침한 권리를 보장해 준 나폴레옹 보나파르트 군사 정부를 수호하기 위해서 프랑스 농민들이 발휘한 열성 이상이 될 것이다. 따라서 농민의 지지를 확보한 프롤레타리아의 지도력 아래 소집되는 국민의 대의 기구는 다름 아닌 바로 프롤레타리아의 통치를 위한 민주주의적 외피일 뿐일 것이다.

그러나 농민이 프롤레타리아를 밀쳐내고 대신 들어앉는 것이 가능하지 않을까? 그러한 일은 절대 불가능하다. 지금까지의 모든 역사적 경험들에 비추어 보아 이러한 가정은 결코 실현될 수 없다. 역사적 경험들은 농민이 어떤 **독자적인** 정치적 역할을 수행하는 것이 절대로 불가능하다는 것을 보여 주고 있다.7)

---

7) 두마에서 농민 연맹과 노동단(트루도비키)이 활동하고 있다는 사실이 우리의 논거에 대한 반증이 될 수 있을까? 결코 그렇지 않다. 농민 연맹이란 무엇인가? 그것은 민주주의 혁명과 농업 개혁 강령에 기초한 연맹으로서, 거기에는 농민 중에서 더 의식이 있는 분자들과 더불어, 대중의 지지를 구하고 있는 몇몇 급진적 민주주의자들이 포함돼 있다. 물론 이 연맹에 참여한 농민들은 **결코** 최하층 농민들이 아님은 명백한 사실이다.

농민 연맹의 존재 이유인 농업 강령('토지의 사용의 평등')으로 말하자면, 다음과 같은 사실을 주목해야 한다. 농민 운동의 발전이 더 확장되고 깊이를 더해 감에 따라, 그리고 토지 몰수와 분배[재분배]의 시점이 더 빨리 도래함에 따라, 농민 연맹은 더 빠른 해체 과정을 맞이하게 될 것이다. 그것은 이 연맹이 안고 있는 무수한 모순들 ― 계급적·지역적·일상적·기술적 성격의 ― 때문이다. 이 연맹의 구성원들은 촌락 내의 농업 혁명 기구인 농민위원회에서 자신들에게 할당된 영향력을 행사할 수 있을 것이다. 그러나 **경제적·행정적 성격의 제도**인 농민위원회가 도시에 대한 농촌의 **정치적 종속**을 철폐할 수 없으리라는 것은 자명한 일이다. 그런데 그러한 종속이야말로 근대 사회의 기본 성격들 중 하나다.

노동단의 급진주의와 무정형성은 농민의 혁명적 열망이 내포돼 있는 모순적 성격의 발로였다. 제헌의회의 환상이 우세하던 기간 동안에 노동단은 어쩔 수 없이 무기력하게도 '카데츠'(입헌 민주주의자들)의 뒤를 따라야만 했다. 두마가 해체되는 시점에 노동단은 자연히 사회민주주의자 조직의 지도를 따

자본주의의 역사는 농촌의 도시에 대한 종속의 역사다. 유럽 도시들의 순조로운 공업 발전은 농업에서 봉건적 관계들의 유지를 불가능한 것으로 만들어 버렸다. 그러나 농촌 그 자체만으로는 봉건제 폐지라는 혁명적 과제를 담당할 수 있는 계급을 결코 창출해 내지 못했다. 농업을 자본에 종속시킨 도시는 농촌에 대한 정치적 헤게모니를 쥐고서 국가와 소유 관계에서의 혁명을 농촌까지 확산시키는 혁명 세력을 창출해 냈다. 발전이 계속 진행되면서 농촌은 결국 자본에 대한 경제적 예속 상태로 빠져들었으며, 농민은 부르주아 정당들에 대한 정치적 예속 상태로 빠져들었다. 부르주아 정당들은 농민을 자신들의 선거 사냥을 위한 대상물로 전락시킴으로써 의회 정치 안에서 봉건주의를 부활시켜 왔다. 현대 부르주아 국가는 조세와 군국주의를 통해서 농민을 고리대금업자의 자본이 뻗치는 악랄한 마수 속에 밀어 넣고 있다. 또한 국가의 사제들과 학교를 통해서, 그리고 병영 생활의 부패를 조장함으로써 농민을 고리대금업자들의 정치적 희생물로 삼고 있다.

러시아의 부르주아지는 혁명적 지위 전체를 프롤레타리아에게 양보하게 될 것이다. 또한 그들은 농민에 대한 혁명적 헤게모니도 양보할 수밖에 없을 것이다. 따라서 프롤레타리아에게 권력을 양보할 수밖에 없는 이러한 상황에서 농민이 할 수 있는 일은 오직 노동자 민주주의 체제의 편을 드는 것밖에는 아무것도 없다. 만일 농민이 통상 부르주아 체제의 편을 들 때와 거의 동일한 의식 수준으로 프롤레타리아 체제의 편을 든다 할지라도, 그것이 그리 중대한 차이를 낳지는 않을 것이다. 그러나 농민의 표를 차지한 모든 부르주아 정당이 권력을 이용해서 농민

르게 됐다. 이처럼 독자성의 결여라는 농민 대표들의 특징은 특히 확고한 주도적 선제 행동(이니셔티브)이 필요한 순간에, 즉 혁명가들이 권력을 장악해야만 하는 시기에 명확하게 부각될 것이다.

을 기만하고 사취하는 데 급급해 하는 동안, 그리고 설상가상으로 자기들끼리 권력 놀음을 하고 있는 동안, 농민의 지원을 받는 프롤레타리아는 농촌의 문화 수준을 향상시키고 농민의 정치의식을 발전시키기 위해 전력을 다할 것이다. 지금까지 우리가 이야기해 온 것에서, 우리가 '프롤레타리아와 농민의 독재'라는 관념을 어떻게 보고 있는지 명확해졌을 것이다. 실제로 그것은, 우리가 그러한 관념을 원칙상 받아들일 수 있는 것으로 여기느냐 하는 문제나, 또는 '우리가 그러한 형태의 정치적 협력 관계를 원하는가 원하지 않는가' 하는 문제가 아니다. 우리는 솔직히 프롤레타리아와 농민의 독재라는 관념은 실현될 수 없다 — 적어도 그러한 관념이 직접적으로 의미하는 바로는 — 고 생각한다.

더구나 그러한 연립은 기존의 부르주아 정당들 중 어느 하나가 농민에 대한 영향력을 독점하는 정부나, 그렇지 않으면 농민 스스로 곧 자신의 강력한 독자 정당을 건설하는 경우를 전제로 한다. 그러나 우리는 이 두 가지 경우 모두 불가능하다는 것을 입증하고자 했다.

프롤레타리아 정권

프롤레타리아는 전 국민의 봉기와 열광적인 지지를 받음으로써만 권력을 쟁취할 수 있다. 프롤레타리아는 국민의 혁명적 대표로서, 절대주의와 봉건적 야만성에 맞선 투쟁에서 국민이 인정하는 지도자로서 정부를 이루게 될 것이다. 그러나 권력을 장악한 프롤레타리아는 새 시대, 즉 혁명 입법과 단호한 정책의 시대를 펼칠 것이다. 그리고 이 점과 관련해서 생각해 볼 때, 프롤레타리아는 전 국민의 의지에 대한 공인된 대변자 역할을 계속 유지할 수 있을지는 결코 확신할 수 없다. 구체제의 케케묵은 외양간을 말끔히 청소하고 그 안에 거주하는 자들을 몰아내기 위해서 프롤레타리아가 취할 최초의 조치들은 국민 전체의 적극적인 지지를 얻게 될 것이다. 비록 거세된 자유주의자들은 인민 대중 속에 아직도 어떤 편견들이 완강히 지속되고 있다고 말하더라도.

이러한 정치적 일소 작업에는 모든 사회관계와 국가 관계의 민주적 재조직화 작업이 수반될 것이다. 노동자 정부는 대중의 직접적인 압력과 요구의 영향을 받기 때문에 모든 관련 사태에 결정적인 개입을 하지 않을 수 없을 것이다.

노동자 정부의 첫째 과제는 민중의 피로 얼룩져 있는 자들을 군대와 행정부에서 추방하는 것과 반민중적인 범죄로 오염돼 있는 무리들을 면직하고 해산하는 것이어야만 할 것이다. 이 과제는 반드시 혁명의 초기에 이루어져야만 한다. 즉, 사병들이 장교를 선출하고 선출된 장교는 사병들에 대해 책임을 지는 제도의 도입과 전국적인 민병대 조직이 장차 실현될 수 있게 하기 위한 것이다. 그러나 문제는 여기서 끝나지 않을 것이다. 노동자 민주주의는 즉시 노동 시간에 관한 문제, 농업 문제, 실업 문제 등에 직면하게 될 것이다.

여기서 한 가지 점은 분명하다. 즉, 시간이 지남에 따라 권력을 장악한 프롤레타리아의 정책은 더 깊숙이 뿌리를 내리게 될 것이며, 더욱더 **계급적 성격**을 확고히 할 것이다. 이와 병행해서, 프롤레타리아와 국민 사이의 혁명적 유대는 결렬될 것이며, 농민 내의 계층 분열은 정치적 형태를 띠게 될 것이다. 그리고 노동자 정부의 정책이 자기 규정성을 더해 갈수록, 즉 더 이상 일반 민주주의 정책이 아니라 계급 정책이 돼 갈수록, 분열된 농민 내에서 각 계층 사이의 적대 관계는 더욱 심화될 것이다.

농민과 인텔리겐챠 사이에 부르주아 개인주의적 전통이나 반(反)프롤레타리아적 편견이 존재하지 않는다는 사실은 프롤레타리아가 권력을 쟁취하는 데 도움이 될 것이다. 그러나 다른 한편, 이러한 편견의 결여는 정치의식 때문이 아니라 바로 정치적 야만성, 사회의 무정형성, 원시성, 특징의 부재에서 비롯하는 것임을 명심할 필요가 있다. 이러한 후진적인 특성들 중 그 어느 것도 결코 지속적이고 적극적인 프롤레타리아의 정책을 위한 신뢰할 수 있는 토대를 마련해 줄 수 없다.

봉건제 철폐는 그 제도 내에서 모든 부담을 떠맡는 계급[원문은 신분(estate)]인 농민 **전체**한테서 지지를 얻을 것이다. 누진 소득세 부과 역시 농민 대다수의 지지를 받을 것이다. 그러나 농업 프롤레타리아를 보호할 목적으로 취하는 어떠한 입법 행위도 농민 다수의 적극적인 공감을 얻지 못할 뿐 아니라 심지어 소수 농민들의 적극적인 반발에 부딪히게 될 것이다.

결국, 프롤레타리아는 촌락에서도 계급투쟁을 수행할 수밖에 없는 입장에 처하게 될 것이다. 그리고 이러한 투쟁적인 방식을 통해서, 모든 농민들 사이에 명백히 존재하고 있는 이익 공동체를 비록 비교적 제한된 범위 내에서이기는 하지만 어쩔 수 없이 파괴하게 될 것이다. 따라서 권력을 장악한 초기부터 프롤레타리아는 부유한 마을과 가난한 마을 사이의 적대 관계, 그리고 농업 프롤레타리아와 농업 부르주아지 사이의 적대 관계 속에서 지지 세력을 발견해 낼 필요가 있다. 농민의 계급적 이질성이 프롤레타리아의 정책에 여러 가지 어려움을 안겨 주고 그 정책의 기반을 협소하게 만드는 반면, 농민 내의 계급 분화가 불충분한 경우에는 농민 내에 발전적인 계급투쟁을 도입하는 데에서 난관이 발생할 것이다. 그런데 도시의 프롤레타리아가 의지할 수 있는 것은 바로 그러한 발전적인 계급투쟁이다. 따라서 농민의 원시성은 프롤레타리아를 향해 적대적인 얼굴로 모습을 바꿀 것이다.

농민의 냉담함과 정치적 수동성, 게다가 농민 상층부의 적극적인 반발은 일부 지식인들과 도시의 쁘띠부르주아지에게 일정한 영향을 끼칠 수밖에 없다.

따라서 권좌에 오른 프롤레타리아의 정책이 더욱 단호하고 명확하게 될수록 프롤레타리아가 딛고 서 있는 기반은 더욱더 협소해지고 위태로워질 것이다. 이 모든 것은 거의 확실한 일이며, 심지어는 거의 불가피한 일이기도 하다.

프롤레타리아가 동맹 세력들한테서 반발을 사게 될 프롤레타리아 정책의 중요한 두 가지 특징은 **집산주의**와 **국제주의**다.

농민의 원시성과 쁘띠부르주아적 성격, 농촌에 한정된 그들의 시야, 국제정치적 유대와 헌신으로부터 고립 등은 프롤레타리아 권력의 혁명 정책을 공고히 하는 데 심한 어려움을 안겨 줄 것이다.

임시 정부에 참여해서 여러 혁명적 민주개혁의 기간 동안 그 정부를 이끌어 가면서, 그러한 개혁 조치들이 더 철저하게 근본적인 성격을 띠도록 조직화한 프롤레타리아에 의지해 싸우고, 그리고 나서 민주주의의 강령이 완전히 실현된 후에는 스스로 닦아 놓은 터전을 떠남으로써 부르주아 정당들에게 길을 열어 주고, 자신은 야당으로 돌아가 의회 정치 시대의 막을 열어 주는 것이 사회민주당의 임무라고 생각하는 것은, 노동자 정부라는 생각 자체의 신용을 떨어뜨리는 식으로 상황을 상상하는 것이다. 이것은 그러한 단계론이 '원칙적으로' 받아들일 수 없는 것이기 때문이 아니라—'원칙적'이라는 추상적 형태로 문제를 제기하는 것은 전혀 무의미한 일이다—바로 그것이 절대로 비현실적이며 가장 나쁜 종류의 공상—일종의 속물 혁명가의 공상—이기 때문이다.

그 이유는 다음과 같다.

우리의 강령을 최대강령과 최소강령으로 구분하는 것은 권력이 부르주아지의 수중에 있는 동안에는 아주 중대하고 원칙적인 의의가 있다. 부르주아지가 권력을 잡고 있다는 사실 자체는 우리의 최소강령에서 생산수단의 사적 소유와 양립할 수 없는 모든 요구를 제외시키게 한다. 그러한 요구들(즉, 최대강령을 이루는 요구들)은 사회주의 혁명의 내용을 형성하며 프롤레타리아 독재를 전제하기 때문이다.

그러나 권력이 사회주의자들이 다수파인 혁명 정부로 넘어가게 되면, 그 즉시 우리의 강령을 최대강령과 최소강령으로 나누는 것은 전혀 무의미하게 된다. 그것은 원칙이나 즉각적인 실천에서도 마찬가지다.

프롤레타리아 정부는 결코 어떠한 상황에서도 자신을 그러한 제약 내에 한정시킬 수 없다. 하루 8시간 노동 문제를 예로 들어보자. 알다시피, 이 문제는 결코 자본주의 관계들과 모순되지 않는다. 따라서 사회민주당의 최소강령의 어느 한 항목이 될 것이다. 그러나 혁명 기간 동안에, 즉 계급의 열정이 격화하는 시기에 이러한 방침을 실제로 도입한다고 상상해 보자. 그 경우, 이러한 방침이 공장 폐쇄와 공장 가동 중지라는 형태로 나오는 자본가들의 조직적이고도 단호한 저항에 부딪히게 될 것임은 의심할 여지가 없다.

그 결과, 수십만 명의 노동자들이 거리를 헤매게 될 것이다. 이 때 정부는 무엇을 해야만 하는가? 그것이 만일 부르주아 정부라면 아무리 급진적인 정부라 할지라도 결코 사태를 그러한 지경에 이르게 허용하지 않을 것이다. 왜냐하면, 그러한 정부는 공장 폐쇄에 직면해서는 권력(힘)을 상실한 상태가 되기 때문이다. 따라서 정부는 어쩔 수 없이 사임하게 될 것이며, 하루 8시간 노동제는 도입되지 않을 것이고 항의하는 노동자들은 해고될 것이다.

프롤레타리아가 정치적으로 지배하는 상황에서는 하루 8시간 노동제의 도입은 전혀 상반되는 결과를 낳을 것이다. 자유주의와는 달리 자본이 아니라 프롤레타리아에게 의지하고 있으며, 부르주아 민주주의가 주장하는 소위 '공정한' 중재자 역할을 수행할 의사가 없는 정부에게 공장 폐쇄 행위는 당연히 노동 시간을 연장시키기 위한 구실이 될 수 없다. 노동자 정부에게는 오직 한 가지 해결책밖에 없다. 즉, 폐쇄한 공장들을 몰수하고, 사회화된 토대에 기초해서 몰수된 공장들의 생산 활동을 조직화하는 것이다.

물론 다음과 같은 주장을 펼 수도 있을 것이다. 즉, 자신의 강령에 충실한 노동자 정부는 하루 8시간 노동제를 위한 법령을 공포하게 될 것이다. 그리고 만일 자본이 사유재산 제도에 기초한 민주주의 강령이 취할 수 있는 모든 조치를 가지고도 진압할 수 없는 강력한 저항을 꾀한다면, 사회민주주의자들은 사임하는 동시에 프롤레타리아에게 직접 호소할 것이다. 그러나 그러한 해결책은 단지 정부에 참여하고 있는 집단의 관점에서 도출된 해결 방식이다. 그리고 그러한 해결 방법은 결코 프롤레타리아나 혁명의 발전을 위한 것이 못 된다. 사회민주주의자들이 사임한 후에 상황은 처음 그들이 권력을 잡지 않으면 안 됐던 때와 똑같이 될 것이다. 자본의 조직화된 반발 앞에서 도망치는 것은 애당초 권력을 장악하기를 거부하는 것보다도 훨씬 더 큰 혁명에 대한 배신이 될 것이다. 정부에 참여해서 자신의 약점을 노출하고 그 다음에 도망치는 것보다는 처음부터 정부에 참여하지 않는 것이 실제로 노동 계급의 당을 위해서 훨씬 더 나은 일이 될 것이다.

또 다른 예를 들어보자. 프롤레타리아 권력은 실업 문제를 해결하기 위해서 가장 적극적인 조치들을 채택할 수밖에 없다. 왜냐하면 정부 내에 있는 노동자 대표들이 해고된 노동자들의 요구에 대해서 혁명의 부르주아적 성격을 근거로 들이대며 대답할 수 없다는 것은 명백한 일이기 때문이다.

그러나 만일 정부가 실업자들을 부양하는 책임을 맡는다면 ─ 그러한 부양책이 어떠한 형태로 이루어질까 하는 문제는 여기서는 중요하지 않다 ─ 그것은 경제적 권한이 즉시 그리고 완전히 실질적으로 프롤레타리아에게로 넘어가는 것을 의미하게 될 것이다. 노동자들을 억압할 때 언제나 산업 예비군의 존재를 활용해 온 자본가들은 자신들이 **경제적으로** 무력해지고 있음을 느끼게 될 것이다. 그리고 그와 동시에 혁명 정부는 그들에게 **정치적** 무능력이라는 낙인을 찍는 것이다.

실업자들을 지원하는 과정에서 정부는 파업자들을 지원하게 된다.

만일 정부가 파업자들을 지원하지 않는다면, 정부는 그 즉시 돌이킬 수 없을 정도로 자신의 존재 기반 자체를 손상당하게 된다.

정부가 그러한 지원 조치를 취하면 자본가는 공장 폐쇄에 의지하는 수밖에는 다른 어떤 방법도 남아 있지 않게 된다. 고용주들이 노동자들보다 훨씬 오랫동안 조업 중단을 견뎌 낼 수 있음은 매우 명확한 사실이다. 따라서 노동자 정부가 전반적인 공장 폐쇄 사태에 대응할 수 있는 길은 단 한 가지뿐이다. 즉, 공장들을 몰수하고 되도록 많은 공장에 국영 생산방식이나 공동 생산방식을 도입하는 것이다.

이와 유사한 문제들이 단순히 토지를 몰수한다는 사실만으로도 농업에서 발생하게 된다. 프롤레타리아 정부는 대규모 생산을 수행하는 대규모 사유지들을 몰수하자마자 그 즉시 그것들을 분할해서 소규모 경작자들에게 매각해야 한다고 생각해서는 결코 안 된다. 이 문제에서 프롤레타리아 정부에게 유일하게 가능한 길은 공동으로 통제하는 협동 생산방식을 조직하거나, 아니면 직접 국가가 통제하는 생산방식을 조직하는 것이다. 그리고 이것이 바로 사회주의를 향한 길이다.

이 모든 것은 매우 명확히 무엇이 문제의 핵심인지 보여 준다. 즉, 만일 노동자들에게 최소강령에 대해서는 **양보하지 않겠다**고 미리 약속했다면, 그리고 동시에 부르주아지에게는 최소강령을 **넘어서지 않겠다**고 약속했다면, 사회민주주의자들은 혁명 정부에 참여할 수 없다. 그러한 양면적인 약속을 실현하는 것은 절대 불가능하기 때문이다. 프롤레타리아의 대표자들이 무기력한 인질로서가 아니라 지도 세력으로서 정부에 참여한다는 사실 자체 때문에, 최소강령과 최대강령 사이의 경계선은 무너지고 만다. 즉, **집산주의가 당면 과제로 등장하게 되는 것이다**. 프롤레타리아가 이러한 방향으로 전진하는 과정에서 봉착하게 되는 한계점은 세력 관계에 달려 있는 것이지, 결코 프롤레타리아 당의 원래 의도에 달려 있는 것이 아니다.

바로 이러한 이유 때문에, 부르주아 혁명에서 어떤 **특별한** 형태의 프롤레타리아 독재, 즉 **민주주의적인** 프롤레타리아 독재 (또는 프롤레타리아와 농민의 독재) 따위를 결코 이야기할 수 없는 것이다. 노동 계급은 민주주의 강령의 한계를 과감히 넘어서지 않고서는 자신들이 행하는 독재의 민주주의적 성격을 보존할 수 없다. 이 점에 대해서 조금이라도 환상을 갖는 것은 치명적이다. 그러한 환상이야말로 사회민주당에 대한 신뢰를 처음부터 실추시키는 일이다.

일단 권력을 잡은 프롤레타리아는 끝까지 자신의 권력을 공고히 하기 위해 싸워야 한다. 권력의 유지와 강화를 위한 이러한 투쟁에서 중요한 무기 중 하나가 선동과 조직화 작업 — 특히 농촌의 경우는 더욱 그렇다 — 이라면, 집산주의 정책 역시 그러한 무기 중 하나다. 집산주의는 당이 권력을 잡자마자 서 있게 될 최초의 위치에서 앞으로 더 나아가기 위한 필연적인 수단일 뿐 아니라 프롤레타리아의 지원 아래 그 위치를 고수하기 위한 수단이기도 하다.

연속혁명이라는 생각은 이미 사회주의 신문에서는 정식화돼 있다. 즉, 그것은 점증하는 사회 갈등과 새로운 부문들에서 일어나는 대중 반란들, 그리고 지배 계급의 경제적·정치적 특권에 대한 프롤레타리아의 끊임없는 공격과 더불어, 절대주의와 봉건제 일소를 사회주의 혁명과 연계시키는 생각이다. 그런데 이에 대해서 우리의 소위 '진보적'인 신문들은 일제히 분노에 차서 외치고 있다. "이런, 우리는 많은 것을 참아 왔지만 이것만은 용납할 수 없다. 혁명은 합법화될 수 있는 길이 아니다. 예외적인 조치의 적용은 예외적인 상황에서만 받아들여질 수 있는 법이다. 해방을 위한 운동의 목적은 혁명을 연속적으로 만드는 데 있는 것이 아니라 혁명을 가능한 한 빨리 법의 통로로 유도하는 데 있다." 기타 등등.

이러한 진보적 민주주의를 더 근본적으로 대변하는 자들은 이미 확보된 입헌적 '성과들'이라는 관점에서 보더라도 감히 혁명에 반대하는 태도를 취하는 모험을 감수하지는 않는다. 그들의 견해로는, 의회주의 자체가 실현되기 전에 나타나는 이러한 의회에 대한 과대망상증은 프롤레타리아 혁명에 반대하는 투쟁에서 강력한 무기가 되지 못한다는 것이다. 따라서 그들은 다른 길을 택하고 있다. 그들은 자신들의 입장을 법률이라는 기반 위에 기초하지 않고 오히려 그들이 사실적으로 생각하는 기반들, 즉 역사적 '가능성'과 정치적 '현실주의'라는 기반 위에 기초하고 있다. 그리고 끝내는 '마르크스주의'까지 끌어들이고 있다. 왜 안 그러겠는가? 저 신앙심 두터운 베네치아의 부르주아인 안토니오가 아주 적절하게 말했듯이, "악마는 자신의 목적을 위해서 성서까지도 인용할 수 있다."

이러한 근본적 민주주의자들은 러시아에서 노동자 정부라는 생각은 환상에 지나지 않는다고 여긴다. 뿐만 아니라, 장차 도래할 역사적 전환기에도 유럽의 사회주의 혁명은 불가능하다고까지 단언한다. 그들은 "혁명의 선행 조건들이 아직 보이지 않는다"고 말한다. 이 말은 사실일까? 물론 사회주의 혁명의 일정을 정하는 것은 불가능한 일이지만, 혁명의 현실적인 역사적 전망을 지적하는 것은 필요한 일이다.

7
사회주의의 선행 조건들

 마르크스주의는 사회주의를 과학으로 발전시켰다. 그러나 이것이 어떤 '마르크스주의자'들이 마르크스주의를 하나의 공상으로 변질시키는 것을 막지는 못한다.
 사회화와 협동 생산에 관한 강령을 반박하면서 로슈코프는 "마르크스가 확고하게 제시한, 미래 사회에 필요한 선행 조건들"이라는 것을 다음과 같은 방식으로 해석한다.

 개인적인 이윤 추구 동기, 금전욕(?), 개인적인 노력과 진취성과 모험심 등을 최소화할 수 있으며 사회화된 생산방식을 가장 중요한 문제로 부각시킬 수 있을 정도로 기술이 발전해야 하는데, 현재 그러한 객관적인 물질적 선행 조건들이 이미 존재하고 있는 것일까? 그러한 기술 수준은 경제의 모든(!) 분야에서 대규모 생산방식이 완전히(!) 우세해지는 것과 아주 밀접한 연관이 있다. 그러한 단계에 이미 도달했는가? 프롤레타리아의 계급의식 성장과 같은 주관적·심리적 선행 조건들조차도 아직 결여돼 있는 상태다. 즉, 프롤레타리아의 계급의식이 민중의 압도 다수를 정신적으로 단결시킬 수 있는 수준까지 성장하지 못했다. 프랑스 알비에 있는 유명한 유리 제조업과 같은 생산자 조합과 역시 프랑스의 몇몇 농업 생산의 협동 형태들 그리고 프랑스 전체의 경험을 통해서, 우리는 프랑스와 같은 선진국의 모든 경제 조건조차도 협동 생산방식이 우세할 수 있을 정도로 충분히 발전해 있지 못하다는 사실을 아주 명확하게 알 수 있다. 그러한 협동 기업들의 규모는 단지 평균 수준일 뿐이며, 그들의 기술 수준도 일반 자본주의 기업들의 수준을 넘어서지는 못하고 있다. **그러한 협동 기업들은 선두에서 산업 발전을 이끌고 있는 것이 아니라 단지 평범한 평균 수준에 접근해 가고 있다.**

개별의 협동 기업들이 경제 활동 전반에 걸쳐 주도적인 역할을 하기에 이르렀을 때에만 비로소 새로운 경제 체제에 접근해 가고 있다고 말할 수 있으며, 그러한 체제가 존재하는 데 필요한 모든 조건이 마련됐다고 확신할 수 있다.8)

로슈코프 동지의 원래 의도는 충분히 존중해 줄 수 있지만, 우리는 유감스럽게도 사회주의의 선행 조건들로 알려진 것과 관련해서 그가 드러낸 혼란스런 견해는 부르주아의 문헌에서조차도 거의 찾아볼 수가 없다는 사실을 인정할 수밖에 없다. 어느 정도 자세히 이러한 혼동을 다뤄 볼 필요가 있다. 그것은 로슈코프 동지를 겨냥해서가 아니라 적어도 문제 자체의 본질을 밝히기 위한 것이다.

"개인적인 이윤 추구의 동기, 금전욕(?), 개인적인 노력과 진취성과 모험심 등을 최소화할 수 있으며 사회화된 생산방식을 가장 중요한 문제로 부각시킬 수 있을 정도로 아직은 기술이 발전하지 못했다"고 로슈코프는 선언하고 있다.

---

8) N Rozhkov, *On the Agrarian Question*, pp. 21 and 22.

이 구절이 함축하는 바를 정확히 찾아내는 일은 아주 어려운 것 같다. 그러나 아마도 로슈코프는 다음과 같은 것을 말하고자 한 것 같다. 첫째, 현대의 기술은 공업 분야에서 인간의 노동력을 축출하는 것을 아직까지 충분히 달성하지 못하고 있다. 둘째, 이러한 축출 작업이 확고한 것이 되기 위해서는 경제의 **전 분야**에 걸쳐 대규모의 국가 기업들이 '거의' **완전한 지배** 형태를 이루어야 하며, 따라서 한 나라 인구 전체의 '거의' **완전한 프롤레타리아화**가 이루어져야 한다. 이 두 가지 점이 소위 "마르크스가 확고히 제시했다"는 사회주의의 선행 조건들이라는 것이다.

여기서, 로슈코프에 따르면, 사회주의가 도래할 때 그것이 마주치게 될 자본주의적 관계들이라는 배경을 상상해 보자. 자본주의에서는 "대기업이 산업 전 분야를 거의 완전히 장악한다"는 것은 앞에서 말한 것처럼 농업과 공업 분야에서 모든 중소 생산자의 프롤레타리아화, 즉 전 인민의 프롤레타리아화를 의미한다. 그러나 대기업들에서 자동 생산 기술이 완전히 지배적으로 될 경우 인력 고용은 최대한 축소될 것이며, 따라서 한 나라의 인구 중 압도 다수가 — 가령 90퍼센트 정도 — 국가의 비용으로 빈민 구제소에서 살아가는 노동 예비군으로 전락하게 될 것이다. 우리는 인구의 90퍼센트 정도가 그렇게 될 것이라는 상상을 해 봤는데, 그러나 논리적인 관점에서만 본다면, 생산의 전 과정이 단 하나의 자동화된 기계 장치로 구성돼 있고, 이것을 단 하나의 연합 기업이 소유하며, 단 한 마리의 훈련된 오랑우탄만 산 노동으로서 필요하게 되는 상황을 상상하는 것조차도 아무런 문제가 없다. 알다시피, 바로 이러한 논리가 투간-바라노프스키 교수의 현란하고도 일관된 이론이다. 그런 상황에서라면 "사회화된 생산방식"은 "전면"에 위치할 뿐 아니라 전 분야를 지배하게 된다. 더구나, 이러한 상황에서라면 트러스트를 소유하고 있는 10퍼센트를 제외하고 국민 전체가 공공 비용으로 빈민 구제소에서 살 것이라는 사실 때문에 **소비** 또한 자연스럽게 **사회화**될 것이다. 따라서 로슈코프 뒤에는 투간-바라노프스키의 낯익은 얼굴이 웃고 있음을 발견하게 된다. 이제 사회주의가 무대에 등장할 수 있게 됐다고 한다면, 국민은 모두 빈민 구제소에서 탈출해서 소유 집단의 재산을 몰수한다. 물론, 여기서는 어떠한 혁명이나 프롤레타리아 독재도 필요하지 않다.

한 나라가 사회주의를 위해 성숙돼 있다는 두 번째 경제적 표지는, 로슈코프에 따른다면, 그 나라에서 협동 생산방식이 지배적일 수 있는 가능성이다. 그러나 프랑스에서조차도 알비에 있는 유리 공업과 같은 대규모 협동 생산방식은 다른 자본주의 기업들보다 더 높은 단계에 와 있지 않다. 물론 사회주의 생산방식은 협동 생산 활동이 **선도 기업**으로서 **공업 발전의 전면에** 자리 잡을 때만 가능하다는 것이다.

이상과 같은 그의 논거 전체는 시종일관 공허한 순환 논법에 기초하고 있다. 협동 생산 활동이 공업 발전에서 주도적인 역할을 할 수 없다면, 그것은 경제 발전이 충분히 이루어지지 않았기 때문이 아니라 오히려 **너무 많이** 이루어져 있기 때문이다. 의심할 여지없이, 경제 발전은 협동 생산을 위한 토대를 창출해 준다. 그러나 어떠한 종류의 협동 생산을 위한 토대인가? 물론, 임노동에 기초한 자본주의적 협동 생산을 위한 토대다. 모든 공장 하나하나가 우리에게 그러한 자본주의적 협동 생산의 구체적인 모습을 보여 주고 있는 것이다. 기술의 발전과 더불어, 그러한 협동 생산의 중요성 역시 증가한다. 그러나 어떠한 방식으로 자본주의 발전이 협동 생산방식의 기업들을 '공업의 중심부'에 위치하게 만들 수 있겠는가? 대체 무엇에 근거해서 로슈코프는 협동 생산방식의 기업들이 신디케이트와 트러스트를 누르고 공업 발전의 주도적인 위치를 대신 차지할 수 있다는 희망을 품게 됐을까? 만일 이러한 일이 실제로 일어난다면, 협동 생산방식의 기업들이 단지 다른 모든 자본주의적 기업을 자동으로 몰수해 버리기만 하면 될 것임이 분명하다. 이후로는, 협동 생산방식의 기업들이 모든 시민에게 직장을 제공할 수 있도록 노동 시간을 충분히 단축하고, 공황을 방지하기 위해서 상이한 생산 분야들의 생산량을 조절하는 것밖에 남아 있지 않을 것이다. 이렇게 해서 사회주의의 주된 특징들이 정착된다. 여기서는 어떠한 혁명이나 노동 계급 독재도 전혀 필요하지 않을 것이라는 점이 재차 명백해진다.

세 번째 선행 조건은 심리적인 것이다. "프롤레타리아의 계급의식이 민중의 압도 다수를 정신적으로 단결시킬 수 있는 수준까지 도달해 있어야만 한다"는 것이다. 이 경우에 "정신적 단결"이라는 것은 명백히 의식적인 사회주의적 유대를 의미하는 것이 틀림없기 때문에, 따라서 사회주의의 심리적 선행 조건을 "민중의 압도 다수"가 사회민주당 내에서 조직화된 상태라고 로슈코프 동지는 생각하는 것 같다. 요컨대, 명백히 로슈코프는 자본주의가 소생산자들을 프롤레타리아화하고 프롤레타리아 대중을 노동 예비군으로 전락시킴으로써 사회민주주의가 인민의 압도 다수(90퍼센트 정도?)를 정신적으로 단결시키고 계몽할 수 있는 가능성이 발생할 것이라고 가정하고 있는 것 같다.

자본주의 경쟁의 틀 내에서 협동 생산방식이 우세한 것이 불가능하듯이, 야만적인 자본주의 세계 내에서 이것은 실현될 수 없는 일이다. 그러나 만일 이것이 실현될 수 있다면, 그렇다면 물론 의식적으로 그리고 정신적으로 단결된 국민의 "압도 다수"는 아무런 어려움 없이 극소수의 거대한 자본의 제왕들을 분쇄할 것이며, 혁명과 독재를 거치지 않고 사회주의 경제를 조직할 것이다.

그러나 여기서 다음과 같은 의문들이 발생한다. 로슈코프는 마르크스를 자신의 스승으로 여기고 있다. 그러나 마르크스는 ≪공산주의 선언≫에서 "사회주의를 위한 필수적인 선행 조건들"을 요약한 후에 1848년 혁명을 사회주의의 직접적인 서곡으로 간주했다. 물론 60년이 지난 오늘날, 마르크스가 당시에 잘못 생각했다는 것을 깨닫는 데 그리 많은 통찰력이 필요하지는 않을 것이다. 왜냐하면 자본주의 세계는 여전히 존재하고 있기 때문이다. 그러나 어떻게 마르크스가 이런 잘못을 저지를 수 있었겠는가? 대체 그는 당시에 대기업들이 산업 전반에 걸쳐서 아직 지배적으로 되지 못하고 있던 사실을 간과하지 못했단 말인가? 생산자들의 협동조합은 아직 대기업의 선두에 있지 못했고 인민의 압도 다수가 아직 ≪공산주의 선언≫에 제시돼 있는 사상에 기초해서 단결돼 있지 못했다는 사실을 간과하지 못했단 말인가? 우리 시대에서조차도 이러한 사실들을 찾아볼 수 없는데, 대체 어떻게 마르크스가 1848년 당시에 이러한 것이 전혀 존재하지 않았다는 점을 간과할 수 있었겠는가? 오늘날 마르크스주의의 많은 완벽한 자동인형과 비교해 볼 때, 아마도 1848년의 마르크스는 한낱 공상적인 젊은이였나 보다!

따라서 비록 로슈코프 동지가 결코 마르크스를 비난하는 사람들에 포함되지는 않을지라도, 그가 사회주의의 필수적 선행 조건인 프롤레타리아 혁명을 완전히 폐기하고 있다는 사실을 우리는 깨닫게 된다. 물론 로슈코프는 우리 당의 양대 경향[볼셰비키와 멘셰비키] 안에 있는 많은 마르크스주의자의 공통된 견해들을 아주 논리 정연하게 표현한 것에 불과하다. 따라서 그가 저지른 오류들의 원칙과 방법적 기초들을 좀 더 자세히 분석해 볼 필요가 있다.

언뜻 보기에는, 협동 생산의 필연적인 발전에 관한 로슈코프의 논거는 그 자신의 독창적인 견해인 것처럼 보일 것이다. 그러나 생산의 집중화와 인민의 프롤레타리아화 현상이 어쩔 수 없이 증가할 것이라고 믿으면서, 동시에 프롤레타리아 혁명에 앞서 우선 생산자 협동조합들이 지배적인 역할을 할 것이라고 믿는 사회주의자들을 우리는 결코 어디서도 만나 본 적이 없다. 처음의 두 선행 조건들을 통합하는 것은 실제 경제 발전의 과정에서는 머리속에서보다도 훨씬 더 어렵다. 더구나 우리는 맨 마지막 선행 조건은 언제나 불가능한 것으로 생각했다.

그러나 여기서 우리는 더 전형적인 편견을 심어 주고 있는 처음 두 개의 "선행 조건들"을 취급해 보고자 한다. 의심할 여지없이, 생산의 집중화, 기술의 발전, 그리고 대중의 의식 성장은 사회주의를 위한 필수적인 선행 조건이다. 그러나 이러한 과정들은 동시에 발생하며, 따라서 각자 서로 다른 과정을 촉진시킬 뿐 아니라 서로 상대방을 억제하고 **제한한다**. 이 과정들 중 어느 하나가 좀 더 높은 수준에 있을 경우에 그것은 상대적으로 낮은 수준에 머물러 있는 나머지 과정들이 어느 정도 일정한 수준으로 발전하도록 촉구한다. 그러나 어느 한 과정의 완전한 발전은 나머지 다른 과정들의 완전한 발전과 양립할 수 없다.

의심할 여지없이 기술 발전의 이상적인 극한점은, 자연계라는 모태에서 원료를 추출해서 그것을 완성된 소비재 형태로 인간의 발아래 던져 놓은 단일한 자동화 생산 장치에 있다. 만일 자본주의 체제의 존속이 계급 관계와 그것에서 발생하는 혁명적 투쟁으로 제한되지 않는다면, 기술은 자본주의 체제의 틀 내에서 단일한 자동 생산의 그러한 이상에 근접해 감으로써 자본주의 자체를 자동적으로 폐기시킬 것이라고 추측할 근거가 어느 정도 있을지도 모른다.

경쟁의 법칙에서 발생하는 생산의 집중화 현상은 그 자체로 전 인민의 프롤레타리아화를 촉진하는 내재적인 경향이 있다. 이 경향을 따로 분리해서 생각할 경우, 자본주의가 이상적인 종말을 맞이하기까지 계속해서 자신의 과제를 수행해 나갈 것이라고 가정하는 데도 일리가 있다.

즉, 만일 프롤레타리아화 과정이 혁명으로 중단되지 않는다면 말이다. 그러나 일정한 세력 관계가 존재하는 이상, 자본주의 국민의 대다수를 감옥과도 같은 막사에 수용된 노동 예비군으로 전락시켜 버리기 훨씬 전에 혁명은 이미 불가피한 것으로 등장할 것이다.

더구나, 일상 투쟁의 경험과 사회주의 당의 의식적인 노력 덕택에 의심할 나위 없이 의식은 계속 성장한다. 그리고 이러한 의식의 성장 과정을 따로 분리해 생각할 경우, 민중의 대다수가 노동조합과 정치 조직에 포섭될 때까지, 그리고 그렇게 해서 정신적 유대감과 단일한 목적으로 단결될 때까지 계속 의식이 성장해 갈 것이라고 상상할 수도 있다. 만일 실제로 이러한 과정이 질적인 변화 없이 단지 양적으로만 확대돼 간다면, 사회주의는 아마도 21세기나 22세기쯤 돼서 '시민의 만장일치의 결의'라는 의식적인 행위로써 평화적으로 실현될 수 있을 것이다.

그러나 문제의 요점은, 사회주의를 위해서 역사적으로 선행돼야 할 과정들이 서로 고립적으로 발전하는 것이 아니라, 상호 제약적이고 어떤 일정한 단계에 도달해서는 많은 상황 변수를 매개로 질적 변화를 겪는다는 사실에 있다. 더구나 그러한 질적 변화의 단계는 이 과정들의 수학적 극한점과는 전혀 동떨어진 지점에 위치하고 있다. 따라서 이 과정들의 복합적인 결합으로 이루어지는 그러한 질적 변화는 우리가 보통 사회혁명이라고 부르는 것을 발생시킨다.

끝으로 맨 나중에 언급한 과정, 즉 의식 성장 과정에 대해 살펴보자. 알다시피, 이 과정은 학술 활동들 속에서 발생하는 것이 아니다. 오히려 그 속에서는 프롤레타리아를 50년이나 100년 아니면 500년 동안이라도 인위적으로 붙잡아 매 두는 것이 가능할 법하다. 의식의 성장은 자본주의 사회의 다양한 일상생활 과정에서, 그리고 지칠 줄 모르는 계급투쟁을 기반으로 이루어지는 것이다. 역으로, 프롤레타리아의 계급의식 성장은 이러한 계급투쟁을 변화시킨다. 즉, 계급투쟁에 더 심도 있고 더 합목적적인 성격을 부여하게 되는데, 여기에 맞서 지배 계급도 적극적인 대응책을 마련하게 된다. 결국 부르주아지에 맞선 프롤레타리아의 투쟁은 대기업들이 산업 전 분야를 장악하기 시작하기 훨씬 전에 그 결말을 볼 것이다.

물론, 정치의식의 성장이 프롤레타리아 수의 증가에 달려 있음은 사실이며, 프롤레타리아 독재는 프롤레타리아 수가 부르주아 반혁명의 저항을 극복할 수 있을 정도로 충분히 많아야 한다는 것을 전제로 한다. 그러나 이것은 결코 인구의 "압도 다수"가 프롤레타리아여야만 하고 프롤레타리아 중의 "압도 다수"가 의식적인 사회주의자여야만 한다는 것을 의미하는 것은 아니다. 물론, 계급의식으로 무장된 프롤레타리아 혁명 진영이 자본의 반혁명 진영보다 강할 것임은 틀림없다. 그 반면, 인구 중에서 중간적이거나 자신이 없는 계층, 무관심한 계층은 유보하는 입장을 취할 것임이 틀림없다. 따라서 강력한 프롤레타리아 독재 체제는 그러한 계층들을 반혁명 쪽으로 밀어내는 것이 아니라, 오히려 그들을 혁명 쪽으로 끌어들이게 될 것이다. 당연히 프롤레타리아 정책은 이 점을 의식적으로 고려해야만 한다.

이 모든 것은 결국 농업에 대한 공업의 헤게모니, 그리고 농촌에 대한 도시의 지배를 전제로 한다.

* * *

이번에는 사회주의의 선행 조건들을 더 구체적이고 더 복합적으로 검토해 보자.

1. 사회주의는 평등한 분배의 문제일 뿐 아니라 계획 생산의 문제이기도 하다. 사회주의, 즉 대규모 협동 생산방식은 생산력 발전이 소기업보다 대기업이 훨씬 더 생산적인 단계에 도달했을 때만 비로소 가능하다. 대기업들이 소기업들보다 큰 비중을 차지함에 따라, 즉 기술이 더욱더 진보함에 따라, 사회화된 생산방식은 더욱더 경제적으로 유리한 조건을 갖추게 된다. 그리고 그에 따라서 계획 생산에 기초한 평등한 분배의 결과로서 인구 전체의 문화적 수준은 더욱 향상될 게 틀림없다.

사회주의를 위한 이러한 객관적인 첫 번째 선행 조건은 이미 오래 전부터 —사회적 노동 분업이 매뉴팩처에서 노동 분업을 초래한 때부터— 존재해 왔다. 그리고 매뉴팩처가 공장, 즉 기계 생산으로 대체된 후부터는 이러한 선행 조건은 훨씬 더 큰 범위에서 존재하게 됐다. 대기업 방식은 더욱더 유리해졌으며, 또한 이 사실은 그러한 대기업들의 사회화를 통해서 사회의 부를 더욱더 증대시킬 수 있음을 의미했다. 모든 수공업적인 작업장이 수공업 종사자들의 공동 소유로 전환될 경우, 분명히 노동자들은 단지 약간의 여유만이 생기게 될 것이다. 반면, 매뉴팩처들을 거기에 종사하는 노동자들의 공동 소유로 전환하거나 공장들을 그렇게 할 경우—아니, 좀 더 정확히 말해서, 대공장들의 모든 생산수단을 국민 전체의 손에 넘겨 줄 경우—국민의 물질적 수준은 명백히 향상할 것이다. 그리고 대규모 생산방식이 더욱더 높은 단계에 도달할수록 이러한 향상의 폭은 더욱 커질 것이다.

사회주의 문헌들에서는 영국의 하원의원 벨러스[20]의 예가 자주 인용되는데, 그는 1696년, 즉 바뵈프의 음모보다도 1세기 전에 필요한 모든 물품을 생산할 수 있는 협동 단체 설립 안을 하원에 독자적으로 제출한 사람이다. 그의 제안에 따른다면, 각 생산자 조합은 200~300명의 인원들로 구성된다. 물론 우리는 여기서 그의 주장을 검증할 수 없으며, 그것은 우리의 목적에 비춰볼 때 전혀 필요하지도 않다. 중요한 것은 집산 경제가 이미 17세기 말에 — 비록 그것을 단지 100, 200, 300 또는 500명 단위의 집단으로 구상했다 할지라도 — 생산의 관점에서 볼 때 더 유리한 것으로 여겨졌다는 사실이다.

19세기 초에 푸리에는 생산자·소비자 연합체인 '팔랑스테르'[21]에 대한 계획을 설계했는데, 여기서는 구성 인원의 수가 2000~3000명으로 불어나 있다. 푸리에의 이러한 계산이 정확한지 어떤지는 결코 판별해 본 적이 없었다. 그러나 어쨌든, 그 때까지 매뉴팩처의 발전은 푸리에에게 벨러스의 구상보다 훨씬 더 규모가 큰 경제적 집산체의 가능성을 제시해 주었다. 그러나 명백하게도 존 벨러스의 공동체와 푸리에의 팔랑스테르는 모두 그 성격상 무정부주의자들이 꿈꾸고 있는 자유로운 경제 공동체와 아주 흡사하다. 그리고 거기에 담겨 있는 것은 공상적 이상주의인데, 그것은 그러한 공동체들이 '불가능'하거나 '인간 본성'에 어긋나기 때문이 아니라 — 미국에 존재하고 있는 공산주의적 공동체들은 그런 것들이 가능함을 입증해 준다 — 오히려 그들이 주장하는 공동체들이 경제 발전이 이루어 놓은 진보에 비춰 볼 때 100년 내지 200년 정도 뒤쳐지기 때문이다.

한편으로는 노동의 사회적 분업의 발달이, 그리고 다른 한편으로는 기계적 생산방식의 발달이 결국 다음과 같은 주장을 뒷받침할 수 있게 됐다. 즉, 오늘날 대규모 집단 생산방식의 장점들을 충분히 활용할 수 있는 유일한 협동체는 바로 국가라는 주장이다. 더욱이 사회주의적인 생산방식은 정치적·경제적 이유들 때문에 개별 국가들의 제한적인 범위 내에 갇혀 있을 수가 없다.

독일의 사회주의자로서 마르크스의 관점을 채택하지 않았던 아틀란티쿠스(Atlanticus)는 19세기 말에 독일과 같은 단위 국가에 사회주의 경제를 적용할 경우 발생하게 될 장점들을 계산해 봤다. 아틀란티쿠스는 결코 유별난 상상의 나래를 펼친 것이 아니었다. 그의 생각은 전반적으로 자본주의 경제의 일상적인 순환 과정 내에서 이뤄졌을 뿐이다. 그는 현대의 권위 있는 농업학자들과 기술자들의 저술에 근거해서 논거를 세웠다. 이것은 그의 논거를 약화시키기보다는 오히려 더욱 강화시켰다고 볼 수 있는데, 왜냐하면 그렇게 함으로써 그는 부당한 낙관주의를 멀리할 수 있었기 때문이다. 어쨌든, 아틀란티쿠스는 다음과 같은 결론에 도달했다. 즉, 사회주의 경제를 알맞게 조직화함으로써, 그리고 1890년대 중반의 기술 자원들을 활용함으로써, 노동자들의 수입은 2배~3배 증가할 수 있으며 노동 시간은 반으로 줄어들 수 있다는 것이다.

그러나 사회주의의 경제적 장점들을 최초로 입증해 준 이가 아틀란티쿠스였다고 생각할 필요는 없다. 아틀란티쿠스의 사회주의적 부기법보다도 훨씬 더 설득력 있게 사회주의의 필연성을 입증하는 것은 바로 대기업들 내에서 엄청난 노동생산성과 생산의 계획화에 대한 필연성이다. 아틀란티쿠스의 공헌이라면 단지 그가 이러한 장점들을 개략적인 수치로 나타냈다는 데 있다.

지금까지 이야기해 온 것들에서 당연히 다음과 같은 결론에 도달할 수 있다. 즉, 인간의 기술 수준이 앞으로 더 발전할수록 사회주의는 더욱더 자본주의보다 유리한 것으로 부각될 것이다. 그리고 집단 생산을 이룩하기에 충분할 정도의 기술적 선행 조건들은 이미 100년이나 200년 전부터 존재해 왔다. 더구나 현 시점에서 사회주의는 일국의 틀 내에서뿐 아니라 상당히 많은 나라를 포괄하는 세계적인 차원에서도 **기술적으로 유리한 것이 되고 있다.**

사회주의를 실현하기 위해서는 그것의 단순한 기술적 장점들만으로는 충분하지 않다. 18세기와 19세기에 걸쳐서 대규모 생산방식의 장점들을 입증해 온 것은 사회주의가 아니라 오히려 자본주의였다. 벨러스의 생각이나 푸리에 생각은 결코 실현되지 않았다. 도대체 왜 그랬을까? 그것은 바로 당시에는 그들의 생각을 실천할 준비가 돼 있고 그럴 능력이 있는 사회 세력이 결코 존재하지 않았기 때문이었다.

2. 여기서는 사회주의의 생산·기술의 선행 조건들에서 **사회·경제적** 선행 조건들로 이야기를 바꿔 보자. 만일 우리가 여기서 계급적 적대관계로 분열돼 있는 사회가 아니라 어떤 동질의 공동체, 즉 의식적으로 경제 형태를 선택할 수 있는 동질의 사회를 취급하고 있다면, 사회주의 건설을 시작하기 위해서는 의심할 여지없이 아틀란티쿠스의 계산만으로도 충분할 것이다. 아틀란티쿠스 자신도 통속 사회주의자였기 때문에 실제로 자신의 작업을 그러한 목적을 위한 것으로 여겼다. 오늘날 그러한 견해는 단지 어느 한 개인이나 회사의 사적 영리 추구 활동의 한계 내에서나 적용할 수 있는 것이다. 새로운 기계류나 원료, 새로운 형태의 경영이나 보수 체계 등의 도입과 같은 개별경제 개혁안이 가져다주는 상업적 이점이 입증되기만 한다면, 언제나 기업 소유주들은 그것을 채택할 것이며, 또한 사람들이 이렇게 생각하는 데는 어떠한 잘못도 없을 것이다. 그러나 우리가 여기서 사회 전체의 경제를 대상으로 하고 있는 한, 그러한 관점만으로는 충분하지 않다. 여기서는 대립하는 이해관계들이 서로 상충하고 있다. 즉, 어느 한 계급에 유리한 것은 다른 계급에게는 불리한 것이 된다. 어느 한 계급의 이기주의는 다른 계급의 이기주의에 적대적인 것으로 작용할 뿐 아니라 그 사회 전체에도 불리하게 작용한다. 그러므로 사회주의를 실현하려면 자본주의 사회의 적대적 계급들 중에서 자신의 객관적 조건 때문에 사회주의를 실현하는 데 관심이

있는 사회 세력이 존재하는 것이 필요하다. 그리고 이 세력은 사회주의를 실현하는 데 적대적이며 저항하는 다른 세력을 제압할 수 있을 정도로 충분히 강력한 힘이 있어야 한다.

과학적 사회주의가 이룩한 중요한 공헌들 중 하나가 바로 이 점이다. 즉, 과학적 사회주의는 그러한 사회 세력이 프롤레타리아라는 것을 이론적으로 밝혔다. 그와 동시에 과학적 사회주의는, 자본주의와 더불어 필연적으로 성장하는 프롤레타리아는 오직 사회주의에서만 구원받을 수 있으며, 프롤레타리아가 처한 총체적인 조건은 그들이 사회주의를 지향하도록 만들고 사회주의 이론은 궁극적으로는 프롤레타리아의 이데올로기가 될 수밖에 없다는 사실을 증명했다.

그러므로 아틀란티쿠스가 얼마나 후진적인 입장을 취하고 있는지를 이해하는 것은 쉬운 일이다. 그는 다음과 같이 단언했다. "생산수단을 국가의 수중에 이전시킴으로써 일반적인 복지뿐 아니라 노동 시간 단축도 확보할 수 있다는 사실이 증명된 이상, 자본의 집중과 사회의 중간 계층들의 소멸에 관한 이론이 사실로 판명되느냐 그렇지 않느냐의 문제는 상관없는 일이다."

아틀란티쿠스에 따른다면, 사회주의의 장점들이 일단 입증된 이상, "경제 발전에 대한 맹목적인 숭배에 희망을 거는 것은 쓸모없는 일이며, 사람들은 사적 생산 제도에서 국가나 사회화된 생산 제도로 이행하기 위해서 광범하게 연구하고 포괄적으로 철저한 준비를 시작(!)해야 한다"는 것이다.9)

사회민주주의자들의 순전히 비판적이기만 한 전술을 반박하면서, 그리고 사회주의로 전환할 준비를 즉시 "시작"할 것을 촉구하면서, 아틀

---

9) Atlanticus, *The State of the Future*, published by 'Dyelo', St. Petersburg, 1906, pp. 22 and 23.

란티쿠스는 그렇게 하는 데 필요한 권력을 사회민주주의자들이 아직 장악하지 못했다는 사실과 빌헬름 2세를 위시해서 뷜로프와 독일 의회의 다수파가 그들의 손에 권력을 쥐고 있음에도 사회주의를 도입할 의사가 티끌만치도 없다는 사실을 망각하고 있다. 푸리에의 도식들이 복위한 부르봉 왕가에게 전혀 설득력이 없었듯이, 마찬가지로 아틀란티쿠스의 도식들은 호엔촐레른 왕가에 전혀 먹혀들지 않을 것이다. 그러나 적어도 푸리에는 경제 이론의 분야에 대한 열정적인 환상에 입각해 정치적 공상주의를 내세웠다. 반면에 아틀란티쿠스는 그 이상의 공상적인 정치학을 가지고, 설득력 있으면서도 냉담하고 속물적인 부기 활동에 근거해 의견을 내세웠다.

사회주의를 위한 두 번째 선행 조건이 실현되려면 사회 분화 과정은 어떤 수준에 도달해야만 하는가? 다시 말해서, 프롤레타리아의 상대적인 수적 우세는 어느 정도가 돼야만 하는가? 인구의 절반이나 3분의 2 아니면 10분의 9가 돼야만 할까? 여기서 단순히 산술적인 한계를 규정지으려 노력하는 것은 절대적으로 무익한 작업일 것이다. 무엇보다도 먼저, 만일 우리가 그러한 도식적인 노력을 한다면, 누가 '프롤레타리아'의 범주에 속하느냐는 질문을 해결해야만 하기 때문이다. 그럴 경우, 우리는 반(半)프롤레타리아적인 반(半)농민들로 구성된 광범한 계층을 포함해야 하는가? 또한 도시 프롤레타리아 출신의 실업자 집단들도 포함해야 할까?(이들의 일부는 도둑이나 거지와 같은 기생적인 룸펜프롤레타리아로 전락하며, 또 다른 일부는 경제 체제 전체에 대해 기생적인 역할을 하는 소매상인으로서 도시의 거리에 나서게 된다.) 결국 이러한 문제는 결코 단순한 것이 아니다.

프롤레타리아가 차지하는 비중은 전적으로 그들이 대규모 생산 활동에서 수행하는 역할에 달려 있다. 부르주아지는 정치적 지배를 위한 자신들의 싸움에서 그들의 경제력에 의존한다. 정치권력을 확보하는 데 성공하기에 앞서, 부르주아지는 국가의 생산수단을 자신의 손아귀에 집중시킨다. 이것이 바로 사회에서 그들이 지니는 특별한 비중을 결정짓는 것이다. 그러나 프롤레타리아는 그 모든 주마등과도 같은 협동 생산의 환상에도 불구하고 현실적으로 사회주의 혁명이 발생할 때까지는 여전히 생산수단을 박탈당한 채 있을 것이다. 프롤레타리아의 사회적 위력은 부르주아지의 손 안에 있는 생산수단들을 오직 프롤레타리아만이 가동할 수 있다는 사실에서 나온다. 부르주아지의 관점에서 본다면, 프롤레타리아 역시 생산수단들 중 하나로서 다른 것들과 결합해서 하나의 단일화된 기계 장치를 구성하는 일종의 부속품일 뿐이다. 그러나 프롤레타리아는 이러한 기계 장치 중에서 유일한 비자동적 부분으로서, 아무리 부르주아지가 애를 쓴다 하더라도 결코 자동인형의 상태로 축소될 수 없는 존재다. 프롤레타리아의 이러한 객관적 조건은 부분 파업이나 총파업을 통해서 사회 전체의 경제적 기능을 — 부분적으로 또는 전체적으로 — 마음대로 차단할 수 있는 힘을 부여해 준다. 바로 이러한 사실 때문에, 프롤레타리아의 중요성은 명백히 — 그들의 수가 고정돼 있다고 가정할 경우 — 그들이 가동하는 생산력의 양과 비례해서 증가한다. 다시 말해서, 큰 공장에서 일하는 어느 한 명의 노동자가 다른 모든 것이 동일한 경우 수공업에 종사하는 어느 한 명의 노동자보다 더 큰 사회적 비중을 차지하며, 도시 노동자가 농촌 노동자보다 더 큰 사회적 비중을 갖는다. 즉, 프롤레타리아의 정치적 역할은 대규모 생산이 소생산을 지배함에 따라, 공업이 농업을 지배하고 도시가 농촌을 지배함에 따라, 더욱더 중요한 것으로 부각된다. 영국이나 독일 프롤레타리아가 전체 인구에서 차지하는 비율이 현재 러시아의 프롤레타리아가 차지하는 비율과 동일한 수준의 시기에 그 나라들의 역사를 살펴보면, 당시에 영국이나 독일 프롤레타리아는 오늘날 러시아 프롤레타리아가 하고 있는 것과 같은 역할을 수행하지 못했을 뿐 아니라, 그들이 차지하고 있던 객관적 중요성으로 미뤄 볼 때 그러한 역할을 수행할 수도 없었다는 사실을 깨닫게 될 것이다.

우리가 이미 2장에서 살펴봤던 것처럼, 도시에 대해서도 동일한 설명을 적용할 수 있다. 독일에서 도시 인구가 전체 인구의 15퍼센트만을 차지하고 있던 당시에 — 오늘날 러시아가 그와 동일한 수준에 와 있다 — 독일의 도시들은 정치·경제 활동에서 오늘날 러시아의 도시들이 수행하고 있는 것과 같은 역할을 결코 할 수 없었다. 대규모 공업 시설과 상업 시설들이 도시에 집중됨으로써, 그리고 철도망을 통해서 도시와 시골이 연계됨으로써 러시아의 도시들은 전체 인구에 대한 도시 거주자들의 단순한 수적 구성 비율을 훨씬 능가하는 중요성을 차지하게 됐다. 즉, 러시아 도시들의 성장은 그 중요성에서 도시 거주자들의 단순한 수적 증가를 훨씬 앞지르고 있고, 도시 인구의 증가율은 국가 전체의 자연 인구 증가율을 앞지르고 있다. …… 1848년 당시 이탈리아의 경우, 수공업자들은 — 프롤레타리아들뿐 아니라 독립 장인들도 포함해서 — 전체 인구의 약 15퍼센트 정도였다. 즉 오늘날 러시아에서 프롤레타리아와 수공업자들이 차지하는 비율과 동일한 수준이거나 그 이상의 수준이었다. 그러나 그들이 한 역할은 현재 러시아의 공업 프롤레타리아가 한 역할과 비교할 수 없을 정도로 미미했다.

이러한 사실에서, 정치권력을 쟁취할 시점이 되려면 전체 인구 중에서 프롤레타리아가 차지하는 비중이 어느 정도가 돼야만 하는지를 미리 결정하려는 노력이 무익한 것임을 명백히 깨달을 수 있을 것이다. 그러한 노력 대신에, 우리는 현재 선진국에서 프롤레타리아가 차지하고 있는 상대적인 수적 강세를 보여 주는 일차적인 수치들을 몇 개 제시하고자 한다. 1895년 독일에서 일정한 직업을 가진 인구는 2050만 명이었다.(이 숫자에는 군인과 국가 공무원, 그리고 일정한 직업이 없는 사람들은 포함되지 않았다.) 이 중에서 프롤레타리아는 1250만 명이며(농업·공업·상업 분야의 임노동자들과 하인들이 여기에 포함된다), 그 가운데 농업과 공업 노동자들의 수는 1075만 명이다. 나머지 800만 명 중 많은 부분도 실제로는 프롤레타리아들로서 가내 공업이나 가족 단위의 작업장 등에서 일하는 사람들이다. 농업 분야의 임노동자들만을 따로 파악할 경우 그 수는 575만 명이다. 그리고 농업 인구는 이 나라 전체 인구 중에서 36퍼센트를 차지하고 있다. 거듭 반복해서 말하건대, 이것들은 1895년의 수치들이다. 그 후로 11년이 흘렀으므로, 그 사이에 틀림없이 엄청난 변화가 있었을 것이다. 즉, 1895년과 비교해서, 농촌 인구에 대한 도시 인구의 비율이 증가했을 것이며(1882년에 농촌 인구는 전체의 42퍼센트였다), 농업 프롤레타리아에 대한 공업 프롤레타리아의 비율이 증가했을 것이고, 마지막으로 공업 노동자 1명당 차지하는 생산 자본의 양도 증가했을 것이다. 그러나 1895년을 대상으로 한 수치들조차도 독일 프롤레타리아는 이미 오래 전부터 이 나라의 지배적인 생산력을 이끌어 왔음을 보여 준다.

700만 명이 살고 있는 벨기에는 전적으로 공업 국가다. 직업이 있는 인구 중에서 100명당 41명은 엄밀한 의미에서 공업 분야에 고용돼 있으며 단지 21명만이 농업에 종사하고 있다. 불규칙적인 보수를 받고 있는 300만 명의 고용인들 가운데 약 180만 명이, 즉 60퍼센트 가량이 프롤레타리아다. 만일 첨예하게 분화돼 있는 프롤레타리아의 수에 그들과 사회적으로 연결돼 있는 계층들, 즉 소위 외형상으로만 독립적일 뿐 실제로는 자본에 예속돼 있는 '독립' 생산자들과 하급 장교들이나 사병들 등을 추가한다면 이 수치는 훨씬 더 의미심장한 것이 될 것이다.

그러나 경제의 공업화 과정 그리고 인구의 프롤레타리아 과정과 관련해서 제일 먼저 주목해야 할 나라는 틀림없이 영국일 것이다. 이 나라의 경우 1901년에 농림 어업에 종사하는 인구수는 230만 명이었다. 반면, 상공업과 운수업에 고용된 인구수는 1250만 명이었다. 우리가 보다시피, 유럽의 주요 국가들에서 도시 인구는 수적으로 농촌 인구를 압도하고 있다. 그러나 이처럼 도시 인구가 엄청나게 압도적인 양상은 단지 그들이 만들어 내는 막대한 양의 생산력뿐 아니라 질적인 인적 구성에도 근거하는 것이다. 도시는 농촌에서 가장 활력적이고 지적이며 능력 있는 분자들을 끌어들이고 있다. 이 점을 통계로 증명하는 것은 어려운 일이다. 단지 도시 인구와 농촌 인구의 연령 구성을 비교해 보면 간접적인 증거가 나타날 뿐이다. 그러나 이러한 사실도 그 자체로 어떤 의의가 있다. 1896년 독일의 경우, 농업 인구와 공업 인구는 각각 800만 명으로 추산됐다. 그러나 연령 분포에 따라 인구를 분할해 보면, 14세와 40세 사이의 활동력 있는 인구가 농촌보다 도시에 100만 명 이상이나 더 많은 것을 알 수 있다. 이 사실은 우선적으로 농촌에 남는 인구는 '노인과 어린이'들이라는 것을 보여 준다.

이러한 사실들에서 결국 다음과 같은 결론에 도달하게 된다. 즉, 경제 발전은 — 공업의 성장, 대기업들의 증가, 도시의 성장, 프롤레타리아 일반과 특히 공업 프롤레타리아의 성장 등 — 정치권력을 위한 프롤레타리아의 **투쟁**뿐 아니라 그 권력을 **정복하기** 위한 싸움터를 이미 마련해 놓고 있다.

3. 마지막으로, 사회주의의 세 번째 선행 조건인 프롤레타리아 독재에 대해 이야기해 보자. 정치는 사회주의의 객관적 선행 조건들이 주관적 선행 조건들과 서로 맞물리는 분야다. 어떤 일정한 사회·경제 조건

들에서 어떤 하나의 계급은 스스로 일정한 목적 ― 정치권력 쟁취 ― 을 추구하게 된다. 즉, 그 계급은 힘을 결집하고 적의 힘을 가늠해 보며 상황을 평가하게 된다. 그러나 이러한 경우조차도 프롤레타리아는 절대적으로 자유로울 수는 없다. 주관적 요인들 ― 의식, 각오, 선제 주도력(이니셔티브) 등의 발전 과정 역시 고유한 논리가 있다 ― 외에도, 프롤레타리아는 정책을 수행할 때 지배 계급의 정책이나 기존의 국가 제도들(군대와 계급 도구로서 학교, 국가, 교회 등과 같은 것들), 그리고 국제 관계 등과 같은 많은 객관적 요인과 부딪혀야 한다.

그러나 여기서는 무엇보다도 먼저 주관적 조건들 ― 사회주의 혁명을 위한 프롤레타리아의 각오 ― 을 다뤄 보고자 한다. 물론, 기술 수준이 사회적 노동생산성이라는 관점에서 볼 때 사회주의 경제를 더 유리한 것으로 만들어 놓았다는 사실만으로는 충분하지 않다. 마찬가지로, 이러한 기술에 기초한 사회적 분화가 수적인 측면이나 경제적인 역할에서 주된 계급으로 부각되는, 그리고 객관적으로 사회주의와 이해를 같이하는 프롤레타리아를 창출했다는 것만으로는 충분하지 않다. 이 계급이 자신의 객관적인 이익을 **의식하는 것**이 더욱 필요하다. 다시 말해서, 프롤레타리아가 사회주의 말고는 자신의 이익을 위한 어떠한 다른 출구도 없다는 사실을 **이해하는 것**이 필요하다. 또한 이 계급이 단결해서 충분히 강력한 군대를 이룸으로써 공공연한 전투를 통해서 정치권력을 쟁취하는 것이 필요하다.

프롤레타리아가 이러한 방식으로 혁명을 준비할 필요성을 부인한다면 그것은 이제는 어리석은 태도일 것이다. 오직 구태의연한 블랑키주의자들만이 대중과 유리되는 고립된 방식으로 형성된 음모 조직들의 지도를 받으면서 혁명이 성공하리라는 희망을 가질 수 있을 것이다. 반면, 그들과 정반대의 태도를 취하는 무정부주의자들은 대중의 자발적이고 원초적인 폭발에 희망을 걸겠지만, 그러한 자생적인 폭발이 어떻게 끝날지는 아무도 말할 수 없으리라. 이들과 달리, 사회민주주의자들은 권력 쟁취를 **혁명적 계급의 의식적인 행동**으로서 말한다.

그러나 많은 사회주의적인 관념론자는(즉, 모든 것을 형이상학적으로 파악하는 자들은) 프롤레타리아가 도덕적으로 재생된다는 의미로서 사회주의를 노동자 대중에게 이야기하려 든다. 즉, 프롤레타리아와 '인류' 전체는 무엇보다도 먼저 그들의 낡은 이기주의 본성을 벗어 던져야 하며 애타주의(愛他主義)가 사회생활을 지배하는 원리가 돼야 한다는 등의 소리를 한다. 그러한 상태에 도달하는 것은 아직 요원한 일이며 '인간 본성'은 대단히 느리게 변하기 때문에, 사회주의는 그 말대로라면 수세기 뒤에나 가능할 법하다. 이러한 관점은 아마도 대단히 현실적이고 진화론적인 것처럼 보이지만, 실제로는 단지 얄팍한 도덕론 이외는 아무것도 아니다.

사회주의자적인 심리는 사회주의가 도래하기 전에 발전하는 것이라는 생각이 있다. 다시 말해서, 대중이 자본주의에서 사회주의자적인 심리를 습득하는 것이 가능하다는 것이다. 그러나 여기서 사회주의를 향한 의식적인 노력을 사회주의자적인 심리와 혼동해서는 안 된다. 후자의 경우는 경제 활동에 이기주의적인 동기가 존재하지 않는 것을 전제로 한다. 반면 사회주의를 향한 노력과 투쟁은 프롤레타리아의 계급 심리에서 발생하는 것이다. 프롤레타리아의 계급 심리와 무계급적인 사회주의자적 심리 사이에 아무리 많은 접촉점들이 존재한다 할지라도, 어떤 깊은 심연이 둘을 여전히 갈라놓고 있다.

착취에 맞선 공동 투쟁은 이상주의, 동지적 유대, 그리고 자기희생의 찬란한 새싹들을 돋아나게 한다. 그러나 동시에 생존을 위한 개인적 투쟁, 언제나 아가리를 벌리고 있는 궁핍의 심연, 노동자들 내의 계층 분화, 아래로부터 나오는 무지한 대중의 압력, 그리고 대중을 타락시키는 부르주아 정당들의 영향력 등은 이러한 찬란한 새싹들이 충분히 성장하는 것을 허용하지 않는다. 그럼에도 평균적인 노동자는 그가 여전히 속물적인 이기주의자로 남아 있을지라도, 그리고 '인간적인' 가치에서 부르주아 계급의 평균적인 대표치를 능가하지 못할지라도, 경험을 통해서 **그의 가장 단순한 요구나 자연적인 욕망조차도 오직 자본주의 체제가 몰락할 때에만 충족될 수 있다는 것을 알고 있다.**

이상주의자들은 사회주의에 어울릴 법한 먼 훗날의 미래 세대의 모습을 그리고 있는데, 그것은 기독교인들이 초기 기독교 공동체 구성원들의 모습을 그리는 일과 조금의 차이도 없는 행위다.

초기 그리스도교인들의 심리 상태가 어떠한 것이었든지 간에 ─ 우리는 사도행전을 통해서 공동 재산 횡령에 관한 이야기들을 알고 있다 ─ 그리스도교는 더욱더 확산됨에 따라 결국 국민 전체의 영혼을 소생시키는 데 실패했을 뿐 아니라, 스스로 타락했으며 물질주의적이고 관료제적인 것으로 변질됐다. 즉, 박애적인 상호 가르침의 실천에서 교황제일주의로, 그리고 방랑의 구걸 고행에서 수도원의 기생주의로 변질했다. 요컨대, 그리스도교는 자신이 성장해 온 환경의 사회 조건들을 지배하는 데 실패했을 뿐 아니라, 오히려 자신 스스로 그러한 환경들에 예속당했다. 이것은 기독교 사제들과 교부들의 능력이 모자랐거나 탐욕스러웠기 때문에 일어난 결과가 아니었다. 오히려, 인간 심리는 사회생활과 노동 조건들에 종속돼 있다는 냉혹한 법칙에서 기인한 결과였다. 그리고 교부들과 사제들은 몸소 이러한 종속의 법칙을 입증시켜 주었다.

만일 사회주의가 기존 사회의 한계 내에서 새로운 인간성을 창조하는 것을 목표로 한다면, 그것은 도덕론자들의 새로운 형태의 공상 이외에는 아무것도 아닐 것이다. 사회주의는 사회주의에 대한 선행 조건으로서 사회주의자적인 심리를 창조하는 것을 목적으로 삼고 있는 것이 아니다. 그것은 사회주의자적인 심리에 대한 선행 조건으로서 사회주의적인 생활 조건을 창조하는 것을 목적으로 하고 있다.

러시아에서 노동자 정부와 사회주의

앞에서 우리는 사회주의 혁명을 위한 객관적 선행 조건들이 선진 자본주의 국가들의 경제 발전을 통해서 이미 조성돼 있는 상태라는 것을 보여 주었다. 그러나 이와 관련해서, 러시아에 관한 한 우리는 무엇을 이야기할 수 있을까?

러시아 프롤레타리아의 손에 권력이 이전되는 것은 우리의 국민 경제가 사회주의로 전환되는 과정의 시초가 될 것이라고 예상할 수 있는 것일까? 1년 전에 우리는 이러한 질문에 대한 대답을 어떤 문건을 통해서 발표했는데, 그 문건은 우리 당 양대 분파의 조직들에게서 가차없이 쇄도해 오는 비판의 집중 포화를 받아야만 했다. 그 문건에서 우리는 다음과 같은 말을 했다.

마르크스는 우리에게 "파리의 노동자들이 코뮌에서 어떤 기적을 요구한 것은 아니었다"고 말하고 있다. 오늘날 우리 역시 프롤레타리아 독재에서 어떤 즉각적인 기적을 바라서는 안 될 것이다. 정치권력은 전지전능한 것이 아니다. 자본주의를 사회주의로 대체하기 위해서는 단지 프롤레타리아가 권력을 잡고 몇 개의 법령을 공포하는 것만으로 충분할 것이라고 생각한다면, 그것은 터무니없는 생각이다. 경제 체제는 정부 활동의 산물이 아니다. 프롤레타리아가 할 수 있는 최선의 것은 집산주의를 향한 경제 발전의 길을 더 쉽게 만들고 더 단축할 수 있도록 가능한 한 자신의 모든 노력을 기울여 정치권력을 행사하는 것이다.

프롤레타리아는 이른바 최소강령으로 표현되는 개혁안들에서 시작할 것이다. 그리고 프롤레타리아가 처한 객관적 입지 그 자체의 논리 때문에 프롤레타리아는 어쩔 수 없이 이러한 개혁 조치들에서 집산주의적 조치들로 즉각 이행해 가게 될 것이다.

하루 8시간 노동제와 누진 소득세의 도입은 비교적 쉬운 일이 될 것이다. 비록 이것을 시행할 때조차도, 문제의 핵심은 '법' 제정에 있는 것이 아니라 실천 조치들을 효율적으로 조직하는 데 있을지라도 말이다. 그러나 주된 난관은 이러한 법률 제정에 대한 반발로서 공장주들이 문을 닫아 버린 공장들을 국영 생산방식으로 조직하는 데 있을 것이다. 그리고 이러한 작업을 통해서만 집산주의로 이행하는 것이 가능해진다! 상속권을 폐지하기 위한 법을 제정하고 그 법을 실제로 시행하는 것은 비교적 쉬운 과제가 될 것이다. 화폐자본 형태로 남아 있는 자본의 잔재들이 프롤레타리아를 난처하게 하거나 그들이 운용하는 경제에 짐이 되지는 않을 것이다. 그러나 토지와 산업 자본[생산수단]의 접수자로서 행동하는 것은 노동자 정부가 사회적 생산의 조직화를 수행할 준비가 돼 있어야만 함을 의미한다.

그러나 좀 더 범위를 확장해, 몰수에 관해서 ─ 보상을 하든 보상을 하지 않든 간에 ─ 이와 똑같이 말할 수 있다. 보상을 해 주는 몰수는 정치적으로는 유리하지만 재정적으로는 어려운 문제다. 반면 보상이 없는 몰수는 재정적으로는 유리하지만 정치적으로는 어려운 문제다. 그러나 가장 어려운 난관에 봉착하게 되는 것은 바로 생산의 조직화 문제일 것이다. 거듭 말하건대, 프롤레타리아 정부는 기적을 이룰 수 있는 정부가 아닙니다.

생산의 사회화는 가장 어려움이 적은 분야들에서 시작될 것이다. 초기에는, 생산의 사회화가 마치 사막의 오아시스처럼 극소수 기업들에서 이루어질 것이며, 사회화된 기업들은 상품의 유통 법칙에 의해 사(私)기업들과 연결될 것이다. 사회화된 생산 분야가 더 확장될수록, 그의 장점은 더 명백히 드러날 것이다. 따라서 갓 탄생한 정치 체제는 더욱 자신감을 느끼게 될 것이며, 프롤레타리아가 앞으로 취하게 될 경제 조치들은 더욱 대담한 것이 될 것이다. 이러한 과정에서, 프롤레타리아는 단지 일국의 생산력에만 의지하는 것이 아니라 한층 더 나아가서 전 세계의 기술에 의지하게 될 것이다. 프롤레타리아가 혁명 정책에서 일국에 한정된 계급 관계의 경험들뿐 아니라 전 세계 프롤레타리아의 총체적인 역사적 경험들에 의지하게 되는 것과 마찬가지로 말이다.

프롤레타리아의 정치적 지배는 그들의 경제적 예속과 양립할 수 없다. 어떠한 정치적 깃발 아래 권력에 도달했든지 간에, 프롤레타리아는 사회주의 정책의 길로 들어설 수밖에 없는 것이다. 프롤레타리아는 부르주아 혁명의 내적 메커니즘 때문에 권력을 잡을 수 있었기 때문에 자신의 사명을 부르주아지의 사회적 지배를 위한 공화주의·민주주의 조건들을 조성해 주는 데 국한해야 한다고 생각한다면, 그것은 아주 허황된 몽상이다. 프롤레타리아의 정치적 지배는, 비록 그것이 일시적일지라도, 언제나 국가의 후원이 필요한 자본의 저항을 엄청나게 약화시킬 것이며, 프롤레타리아의 경제 투쟁에 엄청난 위력을 부여해 줄 것이다. 노동자들은 혁명 정부에게 파업자들을 원조해 줄 것을 요구할 수밖에 없으며, 노동자들을 기반으로 하는 정부는 이 요구를 거절할 수 없다. 그런데 이것은 산업 예비군을 활용해서 노동자들의 요구를 탄압하려

드는 자본가들의 술책을 무력하게 만들어 버리는 것을 의미하고, 따라서 노동자들은 정치 영역뿐 아니라 경제 영역에서도 지배적인 역할을 하게 되는 것을 의미하며, 또 생산수단의 사적 소유를 무용지물로 만들어 버리는 것을 의미한다. 프롤레타리아 독재에서 필연적으로 도출되는 이러한 사회・경제적 결과들은, 정치 제도의 민주화가 달성되기 훨씬 전에 아주 신속히 완전한 모습을 드러내게 될 것이다. 소위 말하는 '최대'강령과 '최소'강령 사이의 장벽은 프롤레타리아가 권력에 도달하자마자 그 즉시 사라져 버린다.

프롤레타리아 정부를 수립하자마자 다뤄야 할 첫째 과제는 농업 문제를 해결하는 것이다. 그것은 러시아 대다수 국민의 운명이 바로 이 문제와 결부돼 있기 때문이다. 다른 모든 과제와 마찬가지로 이 문제를 해결하고자 할 때에도, 프롤레타리아는 자신이 취하는 경제 정책의 근본 목적과 일치하는 방향으로 나아갈 것이다. 즉, 사회주의 경제의 조직화를 수행할 수 있는 분야를 가능한 한 광범하게 장악하려는 정책을 펼칠 것이다. 그러나 프롤레타리아가 자신의 재량에 따라 활용할 수 있는 물질적 수단들의 한계가 이러한 농업 정책의 시행 속도와 그 형태를 결정할 수밖에 없다. 그리고 그 때, 잠재적인 동맹 세력들이 반혁명 분자들의 대열로 넘어가지 않도록 하기 위해 배려하는 세심한 조치들도 고려해야만 한다.

농업 문제, 즉 농업의 사회관계들에서 규정되는 농업의 운명에 관한 문제를 전적으로 **토지** 문제, 즉 토지 소유 형태 문제로만 환원할 수는 없다. 그러나 비록 토지 문제를 해결하는 것이 농업 발전을 미리 결정짓는 것은 아닐지라도, 최소한 그것이 프롤레타리아의 농업 정책을 미리 규정해 주는 것임은 의심할 여지가 없다. 다시 말해서, 프롤레타리아 정부의 토지 정책은 농업 발전의 경로와 필요성에 대한 이 정부의 일반적인 입장과 밀접히 연관돼 있어야 한다. 바로 이 때문에 토지 문제가 일차적인 중요성을 차지하는 것이다.

사회혁명당이 제시한 토지 문제 해결책은 모든 토지의 사회화인데, 이것이 담고 있는 실제 내용을 살펴보면 그들이 현재 누리고 있는 그럴싸해 보이는 인기와는 전혀 걸맞지 않는 것임을 알 수 있다. 즉, 모든 토지의 사회화란, 이 표현을 치장해 주고 있는 서구적인 포장을 벗겨 버리고 나면, '토지 사용의 평등'(또는 '토지 재분배')을 의미할 뿐이다. 따라서 토지의 평등한 분배라는 강령은 모든 토지의 몰수를 전제한다. 다시 말해서 사유지 일반, 즉 농민 개인이 소유한 토지뿐 아니라 마을의 공유지도 몰수해야만 한다. 새로 탄생할 정부가 맨 처음 취해야 할 조치들 중 하나가 바로 이러한 몰수이며, 반면 상품 생산에 기초한 자본주의적 관계는 여전히 사회 전체를 지배한다고 가정해 보자. 그럴 경우, 이러한 몰수 조치의 맨 처음 '희생자'는 다름 아닌 바로 농민들 자신일 것이다. 더 정확히 말해서, 농민은 본인들이 희생자라고 느끼게 될 것이다. 농민들은 수십 년 동안이나 자신들에게 할당된 토지를 개인 소유로 만들기 위해서 상환금을 지불해 왔다. 그리고 그들 중 더 유복한 일부 농민은 대단히 많은 땅을 개인 소유로 만들 수 있었다.(물론, 그렇게 하기 위해서 그들은 엄청난 희생을 감수했으며, 그 부담은 현재의 자손들에게까지 이어져 오고 있다.) 이러한 사실들을 생각해 볼 때, 공동 소유의 토지(공유지)와 사적 소유의 토지(사유지)를 모두 국가 소유(국유지)로 전화하려는 시도가 엄청난 저항을 불러일으킬 것이라는 사실을 쉽사리 상상할 수 있다. 만일 새로 수립될 정부가 이러한 방식으로 행동한다면, 농민들 가운데 많은 부분이 처음부터 이 정부에 대항해 들고일어날 것이다.

대체 무슨 목적으로 공동 소유의 토지와 개인 소유의 소규모 토지들을 국가 소유로 전환하려는 것일까? 그것은 결국 현재의 토지 없는 농민들과 농업 노동자들을 포함한 모든 토지 소유자가 경제적으로 '평등'하게 토지를 이용하게 하는 데 도움이 되기 위해서다. 따라서 새로 수립된 정부는 공동 소유의 토지와 소토지들을 몰수함으로써 **경제적으로는** 아무것도 얻을 것이 없을 것이다. 왜냐하면 재분배 이후에는 국유지나 공유지가 사적 소유물처럼 경작될 것이기 때문이다. 그리고 **정치적으로는**, 이러한 정부는 대단히 커다란 오류를 범하는 셈이 될 것이다. 그러한 정책으로 정부는 혁명 정책의 지도자인 도시 프롤레타리아와 다수 농민들을 대립시키게 될 것이기 때문이다.

더구나, 토지의 평등한 분배는 농업 노동자의 고용을 법으로 금지하는 것을 전제로 한다. 임노동의 폐지는 경제 개혁의 **귀착점**일 것이며, 그렇게 돼야만 한다. 그러나 그것은 법률의 금지 조치로써 선결할 수 있는 것은 아니다. 지주 자본가의 임노동자 고용을 금지하는 것만으로 충분하지가 않다. 그보다는 농업 노동자들에게 생존권을 확보해 주는 것이 — 그것도 사회·경제 측면에서 합리적인 방식으로 말이다 — 가장 필요한 일이다. 토지의 평등한 경작이라는 계획 아래 임노동 사용을 금지하는 것은, 한편으로 토지 없는 노동자들에게 얄팍한 몇 조각의 땅 덩어리에 정착하도록 강요하는 것을 의미하며, 다른 한편으로는 그들에게 강요된 이처럼 사회적으로 비합리적인 정착을 위해서 정부가 필요한 물품들과 농기구들을 조달해 줘야 하는 것을 의미한다.

물론, 농업의 재조직화 작업에 대한 프롤레타리아의 개입은 흩어져 있는 농업 노동자들을 흩어져 있는 땅 조각들에 묶어 두는 것에서 시작하는 것이 아니라, 오히려 국가에 의한 대토지 경작이나 공동 경작에서 시작할 것임은 자명하다. 생산의 사회화가 제대로 정착됐을 때에만 비로소 더 발전한 사회화 과정으로 나아갈 수 있으며, 따라서 임노동 금지 조치도 가능할 수 있다. 집단경작 방식 정착은 소규모의 자본주의 영농 방식을 불가능하게 만들 것이다. 그러나 자급자족 내지는 반자급자족적인 영농을 위한 공간은 여전히 남겨 둘 것이다. 그것을 강제로 몰수하는 것은 사회주의를 지향하는 프롤레타리아의 강령에 결코 들어 있지 않다.

어떠한 경우라도, 우리는 토지의 균등 분배를 시행하겠다는 약속을 할 수 없다. 그러한 계획은, 한편으로 소토지들에 대한 무의미하고 순전히 형식적인 몰수를 전제로 하며, 또 다른 한편으로는 대토지들을 완전히 산산조각 내는 것을 요구하기 때문이다. 그것은 경제적인 관점에서 볼 때 완전히 소모적인 일이다. 따라서 이 정책은 단지 반동적이고 공상적인 저의만을 내포하는 것으로서, 무엇보다도 먼저 혁명 정당의 정치적인 약화를 의도하는 것이 될 것이다.

* * *

그런데, 노동 계급의 사회주의 정책은 러시아의 경제 조건들에서 어느 정도 적용될 수 있는 것일까? 우리는 확신을 가지고 이 하나만은 장담할 수 있다. 즉, 사회주의 정책이 러시아의 기술적 후진성에 걸려 더 나아가지 못하게 되면 그 즉시 노동자 정부는 정치적 난관에 봉착하게 될 것이다. 유럽 프롤레타리아들의 국가적 차원의 직접적인 지원이 없다면, 러시아 노동 계급은 권력을 계속 유지할 수 없으며 일시적인 지배를 지속적인 사회주의 독재로 전환시킬 수 없다. 이 점에 대해서는 어떠한 의심도 결코 있을 수 없다. 그러나 서구의 사회주의 혁명이 우리가 노동 계급의 일시적인 지배를 사회주의 독재로 직접 전환시키는 것을 가능하게 해 줄 것이라는 사실 역시 명백하다.

1904년, 카우츠키는 러시아 사회 발전의 전망에 관한 논의와 더 일찍 혁명이 일어날 수 있는 가능성에 대한 계산을 하면서 다음과 같이 썼다. "러시아에서 혁명은 그 즉시 사회주의 체제로 귀결될 수 없을 것이다. 이 나라의 경제 조건은 그렇게 될 수 있을 정도로 성숙하지 않다." 그러나 러시아 혁명은 확실히 다른 유럽 국가들의 프롤레타리아 운동에 강한 자극을 줄 것이며, 일단 불붙은 투쟁의 결과로서 독일 프롤레타리아가 권력을 쟁취할 가능성이 있다는 것이었다. 이어서 카우츠키는 다음과 같이 이야기했다.

이러한 결과는 틀림없이 유럽 전체에 영향을 미칠 것이다. 결국 서유럽에서는 프롤레타리아의 정치적 지배로 귀결될 것이며, 동유럽에서는 프롤레타리아가 사회 발전의 단계를 축약시키고 독일의 예를 따라서 **인위적으로 사회주의 제도를 구축할 수 있는** 가능성이 생길 것이다. 하나의 전체로서 사회는 그것이 밟아야 하는 발전 단계들 중 어느 하나도 인위적으로 건너뛸 수 없다. 그러나 사회의 각 구성 부분이 더 발전한 나라들을 모방함으로써 지체된 발전을 촉진하는 것은 가능하다. 그리고 바로 이러한 가능성 덕분에, 심지어 그들은 발전의 최첨단부에 위치할 수도 있다. 왜냐하면 그들은 오랜 역사를 지닌 선진국들이 거추장스럽게 끌고 다닐 수밖에 없는 전통의 부담에 시달리지 않기 때문이다. …… 아마도 지금까지 이야기한 것들이 실제로 일어날 수도 있다. 그러나 이미 우리가 말한 것처럼, 여기서 우리는 역사의 필연성의 영역을 벗어나 **가능성**의 영역으로 들어가게 되는 것이다.

독일 사회민주당의 지도적 이론가인 카우츠키는 혁명이 러시아에서 먼저 일어날 것인가 아니면 서구에서 먼저 일어날 것인가 하는 문제를 고찰하면서 이 글을 썼다. 그 직후에 러시아의 프롤레타리아는 우리 사회민주주의자들이 가장 낙관적인 분위기 속에서조차도 감히 예상할 수 없었던 엄청난 힘을 보여 주었다. 러시아 혁명의 경로는 그것의 본질적 특징에 관한 한 이미 결정된 것이다. 불과 2~3년 전만 하더라도 **가능한 것으로만** 여겼던 것[러시아에서 혁명의 가능성]이 **거의 틀림없는 것**으로 나타났으며, 그리고 모든 것은 거의 틀림없는 것이 **필연적인 것**으로 되기 직전의 상태에 놓여 있다는 사실을 보여 준다.

유럽과 혁명

1905년 6월 우리는 다음과 같이 썼다.

1848년 이래로 반세기 이상이 지났다. 이 시기는 자본주의가 세계 전역을 끊임없이 정복해 온 반세기였다. 또한 부르주아 반동 세력과 봉건 반동 세력의 상호 협력의 반세기였다. 이 기간 동안 부르주아지는 지배하려는 광적인 욕망에 가득 차 있었으며, 이를 위해서 야만스럽게 싸우는 것도 주저하지 않았다.

영구 기관[22]를 발명하려고 애쓰는 사람은 언제나 새로운 장애물과 마주치기 마련이며, 그는 이것을 극복하기 위해 항상 새로운 도구들을 만들게 된다. 이와 마찬가지로 부르주아지는 자신에게 적대적인 세력과 '초법적인' 갈등을 피해 가면서 자신이 장악한 국가 기구를 수정하고 재구성해 왔다. 그러나 영구 기관을 발명하려고 헛되이 노력하는 우리 주변의 사람은 궁극적으로 에너지 보존 법칙이라는 뛰어넘을 수 없는 마지막 장애물에 부딪히게 마련이다. 이와 마찬가지로 부르주아지도 결국 자신의 궤도 내에서 뛰어넘을 수 없는 마지막 장애물과 마주칠 수밖에 없다. 필연적으로 충돌을 통해서만 해결할 수밖에 없는 계급 적대 관계가 바로 그것이다.

  자본주의는 모든 나라를 자본주의 생산양식과 교역을 통해 서로 결속해 가면서, 전 세계를 하나의 단일한 경제적·정치적 유기체로 전환시켜 왔다. 근대적인 신용 제도는 무수히 많은 기업을 보이지 않는 끈으로 결속시키고 있으며, 믿을 수 없을 정도로 커다란 유동성을 자본에게 부여하고 있다. 이 이동성은 많은 사소한 파산들을 예방해 주고는 있지만, 그와 동시에 경제의 전반적 위기의 범위가 전례 없이 확장될 수밖에 없는 원인이 되고 있다. 이와 마찬가지로 자본주의의 모든 경제적·정치적 노력들, 자본주의적인 세계 교역, 엄청난 국채 제도, 모든 반동 세력을 일종의 범세계적인 주식회사 형태로 결속시켜 주고 있는 개별 국가들 사이의 정치 연합 등은 모든 개별적인 정치 위기 상황들을 견뎌 낼 수 있게 해 주었지만, 근원적으로 볼 때 이 모든 것은 또한 전대미문의 엄청난 규모의 사회적 위기를 만들어 내고 있는 셈이다. 부르주아지는 모든 불건전한 과정을 깊숙이 은폐해 왔으며, 모든 난관을 우회해 왔다. 또한 국내 정치와 국제 정치의 모든 심각한 문제를 뒤로 미뤄 왔으며, 모든 모순을 얼렁뚱땅 넘겨 왔다. 요컨대, 부르주아지는 최종 결말을 뒤로 미루는 데 급급해 왔던 것이다. 그러나 바로 이 때문에 부르주아 지배를 근본으로 청산하는 것이 세계적 규모로 일어나게 될 것이다. 부르주아지는 게걸스럽게 모든 반동 세력을 부여잡았다. 그 반동 세력들의 배출처가 어떠한 것이든지 간에 말이다. 교황과 술탄조차도 그들의 친구에 속했다. 부르주아지가 중국 황제와 '우정'의 결속을 맺지 않았던 유일한 이유는 그가 아무런 힘도 없었기 때문이었다. 금고에 있는 돈을 줘 가면서 중국 황제를 파수꾼으로 고용하기보다는 그의 영토를 약탈하는 것이 부르주아지에게는 훨씬 더 이익이었던 것이다. 따라서 우리는 세계 부르주아지가 국가 체제의 안정을 전(前)부르주아적인 반동 세력의 불안정한 요새에 의존하게 만들어 버렸음을 이해할 수 있다.

이러한 사실들은 현재 전개되고 있는 사건들에 국제적인 성격을 부여해 주며, 폭넓은 시야를 갖게 해 준다. 노동 계급이 지도하는 러시아의 정치적 해방은 지금까지 역사에서 볼 수 없었던 수준으로 이 계급을 부상시킬 것이다. 러시아의 노동 계급은 막강한 권력과 자원을 획득하게 될 것이고, 세계 자본주의를 일소하는 데서 주창자가 될 것이며, 이것을 위해 역사는 모든 객관적 조건을 만들어 냈다.[10]

만일 러시아 프롤레타리아가 일시적으로나마 권력을 장악한 후에 자신이 주도해서 혁명을 계속 유럽 지역으로 전파하지 않는다 하더라도, 유럽의 봉건적·부르주아적 반동 세력들 때문에 러시아 프롤레타리아는 **그렇게 하지 않을 수 없을 것이다.** 물론, 현 시점에서 러시아 혁명이 유럽의 낡은 자본주의 체제를 공격할 방법들을 미리 규정하려 한다면, 그것은 한가한 짓이다. 그러한 방법들은 전혀 예기치 않게 나타날 수도 있다. 혁명적인 동유럽과 혁명적인 서유럽 사이의 고리로서 폴란드를 예로 들어보자. 물론, 이 예는 우리의 생각을 더 잘 설명하기 위한 것이지 현실적인 예언은 아니다.

러시아 혁명의 승리는 폴란드에서 혁명의 필연적인 승리를 의미할 것이다. 러시아가 통치하는 폴란드의 10개 주(州)에 혁명 정부가 들어선다면 필연적으로 갈리치아와 포즈난 지방에서도 반란이 일어날 것이라는 점은 어렵지 않게 상상할 수 있다. 이에 대해 호엔촐레른 왕가와 합스부르크 왕가의 정부들은 폴란드 국경으로 군대를 급파함으로써 응수할 것이다. 물론 그 군대는 폴란드 중심부, 즉 바르샤바로 진군해 들어가 혁명 세력을 진압할 목적이다. 러시아 혁명이 서쪽에 위치한 혁명

---

10) Trotsky's foreword to F Lassalle's Address To the Jury, published by 'Molot'를 참조.

의 전위를 프러시아와 오스트리아 군대에게 짓밟히도록 내버려 둘 수 없다는 것은 아주 자명한 일이다. 이러한 상황에서 빌헬름 2세의 정부와 프란츠 요제프의 정부에 맞서는 전쟁이 발생한다면, 그것은 러시아 혁명 정부의 편에서는 자기 방어의 행위일 것이다. 그렇다면 오스트리아와 독일의 프롤레타리아는 어떤 태도를 취해야 하는가? 자기 나라의 군대가 반혁명 원정을 수행하고 있는 동안 그들이 잠잠한 채 숨죽이고 있을 수 없으리라는 것은 명백한 일이다. 봉건적·부르주아적 독일과 혁명적 러시아 사이의 전쟁은 필연적으로 독일에서 프롤레타리아 혁명을 일으킬 것이다. 이러한 단언이 너무 낙관적인 것으로 생각되는 사람들에게 우리는, 독일 노동자들과 반동들이 서로 공개적으로 힘의 대결을 벌이도록 강요할 가능성이 이보다 더 많은 역사적 사건이 있으면 어디 한번 생각해 보라고 말할 것이다.

우리의 10월 내각[23]이 갑자기 폴란드에 계엄령을 선포했을 당시, 그러한 조치는 직접 베를린의 지시에 따른 것이라는 취지의 대단히 그럴듯한 소문이 떠돌아 다녔다. 두마 해산 직전에 정부 기관지들은 베를린과 비엔나 사이의 협상에 관해 보도했다. 그것은 이 두 나라 정부가 반란을 진압할 목적으로 러시아 내정에 무력 개입을 할 의도가 있다는 보도였으며, 물론 정부는 그것을 민중에 대한 위협 수단으로 활용했다. 장관들이 아무리 그 사실을 부인해도 이러한 보도가 준 충격을 상쇄할 수는 없었다. 서로 인접한 이들 세 나라의 궁정에서 잔혹한 반혁명적 복수의 음모가 획책되고 있었음은 분명한 사실이다. 그 밖에 어떤 다른 것이 가능할 수 있겠는가? 혁명의 불꽃이 자기 나라의 국경을 넘실거리고 있는데, 어떻게 반봉건 군주 체제가 수동적으로 방관만 하고 있을 수 있겠는가?

러시아 혁명은, 비록 그 때까지 승리가 요원한 상태였지만, 그럼에도 이미 폴란드를 거쳐 갈리치아까지 파급 효과를 미치고 있었다. 올해 5월 리보프에서 열린 폴란드 사회민주당의 회합에서 다신스키는 다음과 같이 외쳤다. "1년 전만 하더라도 누가 현재 갈리치아에서 일어나고 있는 일을 예견할 수 있었겠는가? 이처럼 거대한 농민 운동은 오스트리아 전역을 흔들어 놓았다. 즈바라즈에서는 사회민주당원이 지방의회의 부의장으로 선출됐다. 농민들은 "적기"라는 이름의 일종의 사회혁명당적 농민 신문을 간행하고 있으며, 3만여 명의 건장한 농민들이 참가한 대규모 대중 집회들이 열리고 있고, 적기와 혁명가로 뒤덮인 행렬이 갈리치아 지방의 마을들을 활보하고 있다. 이 마을들은 이전에는 그토록 조용하고 냉담했건만……. 러시아에서 토지 국유화를 요구하는 함성이 가난에 찌든 이 농민들에게 와 닿을 때, 대체 어떤 일이 일어날 것인가?" 2년 전 폴란드 사회주의자 루스냐와 벌인 논쟁에서, 카우츠키는 더는 러시아를 폴란드의 발밑을 위협하는 장전된 포탄으로 여겨서는 안 된다고 지적했다. 그리고 그는 폴란드를 야만스런 모스크바가 지배하는 초원을 파고 들어가는, 혁명적인 유럽의 동부군(東部軍)으로 여겨야 한다고 말했다. 카우츠키에 따르면, 러시아에서 혁명이 전개되고 그 혁명이 승리하는 경우, "폴란드 문제는 다시금 날카롭게 부각될 것이다. 그러나 그것은 루스냐가 생각한 방향과는 다른 방향으로 나갈 것이다. 그것은 폴란드가 러시아에 대항하는 것이 아니라 오스트리아와 독일에 대항하는 것이 될 것이다. 폴란드가 혁명의 대의에 봉사하는 한, 폴란드의 임무는 러시아에 맞서 혁명의 확산을 막는 것이 아니라 오스트리아와 독일에 혁명을 확산시키는 것이 될 것이다." 이 예언은 정작 카우츠키 자신이 생각한 것보다 훨씬 더 실현될 가능성이 높다.

그러나 혁명적인 폴란드만이 유럽 혁명의 유일한 출발점은 결코 아니다. 우리는 위에서 부르주아지가 대내·대외 정치에 영향을 끼치는 많은 심각한 문제를 해결하는 것을 용의주도하게 기피해 왔다고 지적했다. 그러나 엄청나게 많은 사람을 군대로 떠민 부르주아 정부들은 국제 정치의 복잡한 분규를 단칼에 해결할 능력이 없다. 국민의 본질적인 이익이 전쟁에 걸려 있기 때문에, 국민의 지지를 받는 정부나 아니면 지지 기반을 상실했기 때문에 절망적인 최후의 몸부림을 치고 있는 정부만이 오직 수천, 수만 명의 사람들을 싸움터로 내보낼 수 있다. 현대의 정치 문화, 군사 기술, 보통선거, 징병제 등의 조건에서는, 오직 정부에 대한 국민의 깊은 신뢰나 정부의 광적인 모험주의만이 서로 다른 두 국민을 충돌로 몰아넣을 수 있다. 1870년 보불전쟁 당시에, 한쪽에는 독일의 프러시아화를 위해 노력하고 있던 비스마르크가 있었으며, 다른 한쪽에는 파렴치하고 무기력하며 국민에게 경멸을 받고 있는 나폴레옹 3세 정부가 있었다. 비스마르크의 정책은 결국 독일 민족의 통일을 의미하는 것이었으며, 따라서 모든 독일인은 그 필요성에 동의하고 있었다. 반면, 국민의 신뢰를 잃은 나폴레옹 3세 정부는 수명을 조금이라도 더 연장시킬 수 있는 것이라면 어떠한 모험도 마다하지 않을 태세였다. 러일전쟁에서도 이와 동일한 배역을 발견할 수 있다. 한편에는 일본 천황 미카도(Mikado)의 정부가 있었는데, 이 정부는 그 때까지 혁명적 프롤레타리아의 방해를 받지 않은 채 극동에서 일본 자본의 지배를 위해서 싸우고 있었다. 그리고 다른 한편에는, 이미 몰락기에 접어들었는데도 국내의 패배를 해외의 승리를 통해서 만회하려고 애쓰는 전제 정부가 있었다.

　노후한 자본주의 국가들의 경우, '국민적' 요구라는 것은 존재하지 않는다. 즉, 하나의 **전체로서 부르주아 사회**의 요구라는 것은 존재하지 않으며, 단지 현재 지배하고 있는 부르주아지만이 그것의 수호자로 자처할 수 있다. 프랑스, 영국, 독일, 그리고 오스트리아 정부는 국민 전쟁을 수행할 능력이 없다. 대중의 사활적인 이해관계를 실현하기 위해서라든가, 피억압 민족의 이해관계를 실현하기 위해서라든가, 또는 인접 국가의 야만스런 국내 정치를 해결하기 위해서라는 등의 명분조차도 어떤 부르주아 정부가 해방적, 따라서 국민적 성격을 띠는 전쟁을 수행할 수 있게 해 주지는 못한다. 한편, 때때로 정부들을 부추겨서 세계를 상대로 요란한 군사적 시위를 하도록 교사하는, 자본가적 약탈에 관한 이해관계는 대중 속에서 아무런 반응도 불러일으킬 수 없다. 그러한 이유 때문에 부르주아지는 국민 전쟁을 선전포고할 수도 없고 하지도 않을 것이다. 우리 시대의 반(反)국민적 전쟁이 어떠한 것으로 귀결될 것인지는 최근의 두 경험에서 — 남아프리카와 극동의 경험에서 — 명확히 알 수 있다.

영국에서 제국주의적인 보수당의 참패는 궁극적으로는 보어전쟁의 교훈 때문이 아니다. 제국주의 정책이 맞이하게 될 훨씬 더 심각하고 위협적인 — 부르주아지에 대해서 — 결말은 영국 프롤레타리아의 정치적 자결권 요구다. 왜냐하면 일단 움직이기 시작한 프롤레타리아는 엄청나게 빠른 속도로 전진할 것이기 때문이다. 러일전쟁의 결과가 러시아 정부에 끼친 영향[1905년 혁명]으로 말하자면, 너무나 잘 알려져 있기 때문에 더 말할 필요가 없을 것이다. 그러나 이러한 두 경험이 없었다 할지라도, 유럽 정부들은 프롤레타리아가 독자적인 입장을 내세우기 시작한 이래로 전쟁인가 혁명인가 하는 양자택일의 상황을 프롤레타리아에게 제시하는 것을 언제나 두려워해 왔다. 프롤레타리아의 반란에 대한 바로 이러한 공포 때문에, 엄청난 예산의 군사비를 승인하면서조차도 부르주아 정당들은 어쩔 수 없이 평화를 위한 엄숙한 선언문들을 발표하고, 국제사법재판소나 심지어 유럽합중국 같은 것들을 생각할 수밖에 없는 것이다. 물론, 이러한 졸렬한 선언문들은 결코 국가 간의 적대 관계나 군사 충돌을 일소할 수 없다.

보불전쟁 이후 유럽에서 출현한 무장된 평화는 일종의 힘의 균형에 기반을 둔 것이었다. 그런데 그러한 균형은 터키의 신성불가침성, 폴란드 분할, 잡다한 민족들이 모자이크를 이루고 있는 오스트리아의 보존을 전제로 했다. 뿐만 아니라, 머리끝까지 무장한 러시아 전제주의를 유럽 반동 세력의 파수꾼으로 삼았다. 그러나 전제주의가 최전선을 담당하고 있는, 이러한 인위적으로 유지돼 온 균형 체제는 러일전쟁의 패배로 가차없이 타격을 입게 됐다. 러시아가 일시적으로 이러한 힘의 공조 체제에서 떨어져 나갔으며, 그 결과 힘의 균형이 깨져 버렸다. 다른 한편, 일본의 성공은 자본가 부르주아지의 공격적인 본능을 자극했다. 특히, 현대 정치에서 대단히 큰 역할을 담당하는 주식시장들을 자극했다. 유럽에서 전쟁 가능성이 대단히 높아진 것이다. 이제 어느 곳에서나 분쟁의 위험이 절박하게 대두하고 있다. 그리고 비록 지금까지는 외교 수단들을 통해서 그러한 위험들을 완화해 왔다 할지라도, 이 수단들이 앞으로도 오랫동안 성공을 거두리라는 보장은 더는 존재할 수 없다. 물론 유럽에서 전쟁은 필연적으로 유럽에서 혁명을 의미하게 될 것이다.

러일 전쟁 동안 프랑스 사회당은, 만일 프랑스 정부가 러시아 전제주의의 편을 들기 위해서 그 전쟁에 개입한다면 그것은 프롤레타리아에게 가장 단호한 행동들 — 반란까지도 — 을 취하라고 부추기는 셈이 될 것이라고 선언했다. 모로코를 놓고 프랑스와 독일이 서로 충돌 일보 직전에 있었던 1906년 3월, 사회주의 인터내셔널 사무국은 다음과 같이 결의했다. "전쟁의 궁극적인 위협 앞에서, 우리는 최상의 행동 방법을 동원해서 인터내셔널의 모든 사회주의 당과 조직화된 전체 노동 계급이 전쟁을 예방하거나 종결시킬 수 있도록 할 것이다." 물론 이 말은 단지 하나의 결의였을 뿐이다. 이 결의의 실제 의의를 시험해 보려면 전쟁이 실제로 일어나야만 한다. 그러나 부르주아지는 당연하게도 그러한 시험을 회피할 것이다. 그럼에도 부르주아지에게는 불행스럽게도 국제 관계의 논리[국제적 이해관계]가 외교의 논리[전쟁을 예방하려는 외교적 노력]보다 훨씬 더 강력하다.

관료 집단이 국사 운영을 잘못한 것이 누적돼서 파탄이 오든지, 아니면 혁명 정부가 구체제의 죄악에 대한 지불 정지를 선언함으로써 파탄이 오든지, 여하튼 러시아 국가의 파산은 프랑스에 심각한 영향을 미칠 것이다. 현재 프랑스의 정치 운명을 손에 쥐고 있는 급진주의자들은 직접 권력을 장악함으로써 자본의 이익을 보호하는 모든 기능도 떠맡아 왔다. 바로 이 때문에, 러시아의 파산으로 발생하게 될 재정 위기는 그 즉시 심각한 정치 위기 형태로 프랑스에서 재현될 것이며, 프랑스 프롤레타리아가 권력을 장악함으로써만 그러한 위기가 종식될 수 있다고 가정할 만한 충분한 근거가 있는 것이다. 어쨌든, 폴란드 혁명을 통해서, 아니면 유럽 전쟁의 결과로, 또는 러시아 국가의 파산 때문에, 혁명은 노쇠한 자본주의가 지배하는 유럽 영토를 가로지르게 될 것이다.

그러나 전쟁이나 국가의 재정 파산 같은 외부 사건들의 압력이 없다 할지라도, 혁명은 극단적인 계급투쟁의 첨예화의 결과로서 유럽 어느 한 나라에서 가까운 장래에 발생할 수도 있다. 유럽에서 어느 나라가 최초로 혁명의 길로 접어들 것인지에 대해서는 지금 여러 가지 가설을 세워 볼 필요가 없다. 단지 이 한 가지는 분명한데, 그것은 근래에 유럽의 모든 국가에서 계급 모순이 아주 팽배해 있다는 사실이다. 준(準)절대주의적인 헌법의 틀 내에서 독일 사회민주당의 엄청난 성장은 냉혹한 필연성에 의해 프롤레타리아를 봉건·부르주아 군주제에 맞선 공개적인 투쟁으로 인도할 것이다. 정치적 쿠데타에 맞서 총파업으로 대항하는 문제는, 작년에 독일 프롤레타리아의 정치 활동에서 핵심 문제들 중 하나로 떠올랐다. 프랑스에서는 권력이 급진주의자들에게 이양됨으로써 모든 프롤레타리아가 단결할 수 있는 결정적인 계기가 마련됐다. 프랑스 프롤레타리아는 민족주의와 교권주의에 대한 투쟁에서 오랫동안 어쩔 수 없이 부르주아 정당들과 협력 관계에 있을 수밖에 없었다. 지나간 혁명들이 남겨 놓은 불멸의 전통들을 풍부히 지니고 있는 사회당과, 급진주의 가면 뒤에 자신을 은폐하고 있는 보수 부르주아지는 이제 정면으로 맞서고 있다. 한 세기 동안이나 두 부르주아 정당이 규칙적으로 의회 정치의 시소게임을 벌여 온 영국에서도 모든 일련의 요인들의 영향을 받은 프롤레타리아가 최근 정치적 독자성의 길로 접어들었다. 즉, 이미 진전되고 있는 7개 단체의 동맹이 이루어질 것이다. 이러한 과정에 도달하기까지 독일에서는 40년이 걸린 반면, 막강한 노동조합들이 있으며 경제 투쟁 경험이 풍부한 영국 노동 계급은 단시일 내에 대륙의 사회주의 투사들을 능가하게 될 것이다.

러시아 혁명이 유럽의 프롤레타리아에게 미치는 영향은 엄청나다. 그것은 유럽 반동 세력의 주된 힘인 러시아 절대주의를 분쇄하는 것 외에도 유럽 노동 계급의 의식과 정신에 혁명을 위해 필요한 선행 조건들을 창출해 줄 것이다.

사회주의 당의 임무는, 자본주의 발전이 사회관계들을 혁명적으로 만들었던 것과 마찬가지로, 노동 계급의 의식을 혁명적으로 만드는 일이었으며 지금도 그렇다. 그러나 프롤레타리아의 대열을 조직하고 선동하는 작업에 일종의 내적 타성이 있다. 유럽의 사회주의 정당들 내에서는, 그리고 특히 그들 중 가장 규모가 큰 독일 사회민주당 내에서는, 더 많은 대중이 사회주의를 수용하고, 조직화되고, 훈련되면서 차츰차츰 일종의 보수적인 견해들이 성장하고 있다. 그 결과, 프롤레타리아의 정치적 경험을 구현하는 조직으로서 사회민주당은 어느 순간에는 노동자들과 부르주아 반동의 공개적인 싸움에 직접적인 장애 요소가 될 수도 있다. 다시 말해서, 프롤레타리아 당의 임무를 사회주의 선전 활동에만 국한하는 보수주의는 어느 시점이 되면 권력을 위한 프롤레타리아의 직접 투쟁을 만류하게 될 수도 있다. 그러나 러시아 혁명의 엄청난 영향력 덕분에 그러한 유럽 사회주의 정당의 판에 박힌 듯한 일상 활동과 보수주의는 사라져 버릴 것이다. 그리고 프롤레타리아와 자본가 반동 사이의 공개적인 힘겨루기 문제가 당면 과제로 떠오를 것이다. 오스트리아와 독일의 작센 그리고 프러시아에서 일고 있는 보통선거권 쟁취를 위한 투쟁은 러시아에서 발생했던 10월 총파업[1905년 혁명 당시의 사건]에 직접적인 영향을 받아서 더 첨예화됐다. 동구의 혁명은 서구 프롤레타리아들을 혁명적 이상주의로 감염시킬 것이며, 그들에게 자신들의 적을 상대로 '러시아식으로' 응수하고자 하는 욕망을 불러일으킬 것이다. 만일 러시아의 프롤레타리아가 권력을 장악한다면, 그리고 그것이 단지 부르주아 혁명적인 요소들의 일시적인 결합으로 생겨난 우연한 결과였다면, 그들은 전 세계 반동 세력들의 조직적인 적대 행위에 직면하게 될 것이다. 그러나 또한 전 세계 프롤레타리아들한테서 조직된 지원을 받을 수 있을 것이다.

　　단지 자신들의 능력에만 의지할 수밖에 없게끔 고립될 경우, 러시아 노동 계급은 농민이 자신들에게 등을 돌리는 순간 어쩔 수 없이 반혁명에게 분쇄당할 것이다. 러시아 프롤레타리아에게는 자신들의 권력의 운명과 그리고 더 나아가서 러시아 혁명 전체의 운명을 유럽 사회주의 혁명의 운명과 연계하는 것밖에는 다른 어떤 대안도 있을 수 없게 될 것이다. 부르주아 혁명적인 상황들의 돌발적인 결합에 의해 러시아 프롤레타리아에게 엄청난 국가 권력이 주어질 경우, 그들은 전 세계 자본주의에 맞선 계급투쟁과 자신들의 운명을 같이하게 될 것이다. 자신들이 쟁취한 국가 권력과 더불어, 배후에 있는 반혁명과 전면에 있는 유럽 반동 세력 사이에 위치한 러시아 프롤레타리아는 전 세계 모든 동지에게 이전부터 외쳐 온 구호를 전파할 것이다. 그리고 이번에는 그것이 최후의 공격을 위한 호소가 될 것이다.

만국의 노동자여, 단결하라!

10
권력을 위한 투쟁[11]

우리의 강령과 전술에 대한 문건 하나가 지금 우리 앞에 놓여 있다. 그것의 제목은 "러시아의 프롤레타리아가 직면한 임무들—러시아에 있는 동지들에게 보내는 편지"다. 그리고 이 문건에는 악셀로드, 아스트로프, 마르티노프, 마르토프, 그리고 셈코프스키의 서명이 들어 있다.

이 "편지"에는 혁명의 문제가 대단히 일반적인 형태로 요약돼 있는데, 저자들이 전쟁이 야기한 상황에 대한 서술에서 정치적 전망과 전술적 결론들로 넘어가면서 명확함과 정확성이 더욱 희박해지고 있다. 즉, 용어 자체도 산만해지고 사회적 정의들도 애매모호해지고 있다.

해외에서 볼 때, 두 가지 분위기가 러시아에 팽배해 있는 것으로 보인다. 그것은 첫째는 '조국 방어'에 대한 관심의 고조—로마노프 왕가부터 플레하노프에 이르기까지—이며, 둘째는 전반적인 불만의 고조—정부에 반대하는 관료 정치가 프론데부터 빈번히 발생하는 거리 폭동에 이르기까지—다. 이처럼 확대되고 있는 두 가지 분위기 때문에

---

11) *Nashe Slovo*(Paris), October 17, 1915.

일종의 환상도 등장하고 있다. 즉, 조국 방위라는 대의로써 장차 민중은 자유를 획득할 수 있으리라는 것이다. 그러나 '민중 혁명'의 문제가 불명확한 형태로 제기되는 것에 대한 대부분의 책임은 바로 이러한 두 가지 분위기가 팽배한 데 있다. '민중 혁명'을 형식적으로나마 '조국 방어' 문제와 대립시키고자 하는 경우조차도 마찬가지다.

현재의 전쟁 자체는 러시아가 겪은 일련의 패배들과 더불어 혁명의 문제를 야기하지도 않았으며, 그것을 해결해 줄 어떠한 혁명 세력도 발생시키지 못했다. 우리를 위한 역사는 바르샤바가 바바리아 대공에게 항복한 사실에서 시작하는 것이 아니다. 현재의 혁명적 모순들과 사회 세력들은 우리가 1905년 당시에 처음으로 목격했던 바와 동일한 것들이다. 단지 그 외양만 지난 10년 사이에 아주 많이 달라졌을 뿐이다. 전쟁은 오직 현 체제의 객관적인 파산만을 극명하게 드러냈을 뿐이다. 또 동시에, 사회의식에 혼란을 가져다주었다. 즉, '모든' 사람은 힌덴부르크[독일군 총사령관]에게 대항하겠다는 욕망과 더불어 '6월 3일 체제'[24]에 대한 증오에 감염돼 있는 것으로 보인다. 그러나 '인민의 전쟁'을 조직하는 일은 애초부터 짜르의 경찰과 부딪혔으며, 따라서 이것은 러시아의 '6월 3일 체제'는 하나의 현실인 반면 '인민의 전쟁'은 한낱 허구임을 명백히 드러내 준다. 그러므로 처음부터 '민중 혁명' 방식은 플레하노프가 주장하는 사회주의 경찰론과 대립하는 것이었다. 만일 그의 뒤에 케렌스키, 밀류코프, 구치코프, 그리고 일반적으로 비혁명적이고 반혁명적인 국민—민주주의자들과 국민—자유주의자들이 서 있지 않다면 플레하노프야말로 그의 모든 추종자와 더불어서 일종의 허깨비로 여겨질 수 있을 것이다.

물론 앞에서 말한 "편지"가 국민의 계급적 분열이나, 국민은 혁명을 통해서 전쟁의 재앙과 현 체제에서 벗어나야만 한다는 점을 간과할 리는 없다. "국수주의자들과 10월당원들(Octobrist), 진보주의자들, 입헌주의자들, 기업가들과 급진적 지식인들의 일부조차도(!) 모두 한 목소리로 현재의 관료 체제는 나라를 방어하는 데 무능력하다고 외치고 있으며, 조국 방어의 대의를 위해 모든 사회 세력을 동원할 것을 요구하고 있다. ……" "조국 방어라는 대의명분 하에 현재 러시아의 통치권자들, 관료들, 귀족들, 그리고 장군들과 단결"하는 것을 상정하는 이러한 입장의 반혁명적 성격과 관련해 편지는 올바른 결론을 이끌어 내고 있다. 또한 온갖 종류의 부르주아 애국자들의 반혁명적 입장에 대해서도 올바르게 지적하고 있다. 여기에다 우리는 사회주의 애국자들도 추가할 수 있을 것이다. 그러나 편지는 이들에 관해서는 전혀 언급하지 않고 있다.

이상의 사실에서 우리는 다음과 같은 결론을 내릴 수밖에 없다. 즉, 사회민주당은 가장 일관된 입장을 지닌 가장 혁명적인 당일 뿐 아니라 러시아에서 단 하나의 유일한 혁명 정당이다. 그리고 사회민주당과 나란히, 혁명적인 방법들을 실천하는 데 덜 단호한 단체들뿐 아니라 비혁명적인 정당들이 서 있다. 다시 말해서, 사회민주당은 혁명적인 방식으로 문제들을 제기함으로써 "전반적인 불만의 고조"에도 불구하고 **공개적인 정치의 무대에서는** 완전히 고립돼 있다. 이러한 첫 번째 결론은 대단히 중요한 것으로서 아주 심각하게 고려할 필요가 있다.

물론, 당은 계급이 아니다. 어떤 당의 입장과 그 당이 의거하고 있는 사회 계급의 이익 사이에 일종의 불일치 현상이 나타날 수 있으며, 그것은 후에 심각한 모순으로 변질될 수도 있다. 또한 당의 진로가 대중의 감정에 영향을 받음으로써 변할 수도 있다. 이러한 사실들은 명백한 것이다. 그러므로 우리는 어떤 당의 구호나 전술과 같은, 그다지 안정적이지 못하고 그다지 믿을 수도 없는 요소들에 기초해서 그 당의 성격을 판단해서는 안 된다. 오히려 그보다는 국민의 사회적 구조, 계급 간의 세력 관계, 발전의 경향과 같은 더 안정된 역사적 요인들에 의거할 필요가 있다.

그러나 "편지"의 저자들은 이러한 문제들을 완전히 회피하고 있다. 도대체 1915년 러시아 상황에서 '민중 혁명'이란 말은 무엇을 뜻한단 말인가? 저자들은 단순하게도 그것은 프롤레타리아와 민주주의자들이 **이루어야만 하는** 것이라고 우리에게 말하고 있다. 우리는 프롤레타리아가 무엇인지는 알고 있다. 그러나 대체 '민주주의자들'이란 무엇인가? 그들이 하나의 정당이라도 되는가? 위에서 이야기한 바로는 명백히 그렇지 않다. 그러면 그들은 대중을 의미하는 것일까? 도대체 어떤 대중 말인가? 명백히 그들은 중소 상공업자들과 지식인들 그리고 농민들이다. 저자들이 말하고 있는 대상은 바로 이들일 수밖에 없다.

"전쟁 위기와 정치 전망"이라는 제목으로 발표된 일련의 논설들을 통해서 우리는 혁명에서 이들과 같은 사회 세력들이 지닐 수 있는 비중에 대한 일반적인 평가를 제시했다. 1905년 혁명의 경험에 기초해서, 우리는 지난 10년 동안 1905년 당시에 이루어진 세력 관계에 어떠한 변화들이 발생했는지를 고찰해 보았다. 즉, 그러한 변화들이 민주주의자들(부르주아지)에게 **유리한** 것들이었는지 아니면 **불리한** 것들이었는지 하는 문제 말이다. 이 문제는 혁명의 전망과 프롤레타리아의 전술들을 결정하는 데 핵심적인 역사적 문제다. 러시아에서 1905년 이래로 부르주아 민주주의자들은 더욱 세력이 강화돼 왔는가 아니면 훨씬 더 몰락해 왔는가? 과거에 우리 사이에 있었던 모든 논쟁은 부르주아 민주주의의 운명에 관한 문제를 중심으로 한 것들이었다. 그리고 아직도 이 문제에 대한 해답을 제시할 수 없는 사람들은 여전히 어둠 속에서 헤매고 있는 셈이다. 실제로 혁명적인 부르주아 민주주의자들이 존재하지 않기 때문에 부르주아 국민 혁명은 러시아에서 불가능하다고 말함으로써 우리는 이 문제를 해결했다. 적어도 유럽에서는, 국민 전쟁을 위한 시대가 지나가 버렸듯이 국민 혁명을 위한 시대도 지나가 버렸다. 국민 전쟁과 국민 혁명 사이에는 내적 연관성이 있다. 현재 우리는 식민지 정복을 위한 체제일 뿐 아니라, 동시에 국내에서는 일정 정도 확고한 체제를 정립하는 것을 전제로 하는 제국주의 시대에 살고 있다. 제국주의는 부르주아 국민국가를 구체제와 대립시키지 않는다. 오히려 프롤레타리아를 부르주아 국민국가와 대립시키고 있다.

1905년 혁명에서 중소 상공업자들은 이미 미미한 역할밖에 하지 못했다. 그리고 지난 10년 동안 이 계층의 사회적 비중이 훨씬 더 쇠퇴해 왔음은 명백한 사실이다. 러시아 자본주의는 과거 다른 나라들의 경제 발전 과정과 비교해 볼 때 훨씬 더 격렬하고 가혹하게 중간 계층들을 다뤄 왔다. 물론 지식인들의 경우는 수적으로 성장했으며 경제적 역할도 증대해 왔다. 그러나 동시에, 그들이 과거에는 환상적으로나마 지니고 있었던 '지식인의 독자성'이라고 하는 것이 완전히 소멸해 버렸다. 이제 지식인들의 사회적 의의는 전적으로 자본주의 사회와 부르주아 여론을 조직하는 데 그들이 담당하고 있는 기능에 의해 결정되고 있다. 지식인들은 자본주의와 물질적으로 연계돼 있기 때문에 제국주의적인 경향으로 가득 차 있다. 이미 앞에서 인용한 것처럼, "급진적 지식인들의 일부조차도 …… 조국 방위의 대의를 위해 모든 사회 세력을 동원할 것을 요구하고 있다"고 "편지"는 말하고 있다. 이 말은 절대로 사실이 아니다. 즉, 일부 급진적 지식인들이 아니라, 그들 **전체**가 그것을 요구하고 있다. 그리고 더 사실대로 말한다면, 급진적 지식인들 전체뿐 아니라 사회주의적 지식인들의 상당 부분까지도 — 비록 다수는 아닐지라도 — 그렇다고 봐야 한다. 우리는 지식인들의 성격을 더 짙게 색칠함으로써 소위 말하는 '민주주의자'들의 대열을 과대평가해 줄 수는 없다.

따라서 상공업 부르주아지의 정치적 비중은 훨씬 더 쇠진했으며, 지식인들은 그들의 혁명적 입장을 포기해 버렸다. 도시의 민주주의자들은 혁명적 인자로서 거론할 가치조차 없다. 오직 농민만이 남아 있다. 그러나 우리가 알고 있는 한, 악셀로드나 마르토프도 농민의 독자적인 혁명적 역할에 큰 기대를 걸고 있지 않다. 그러나 혹시 이 두 사람이 생각을 바꿔서, 지난 10년 동안 농민들 사이에서 계속 이루어져 온 계급 분화 때문에 그러한 역할이 증대했다는 결론에 도달한 것이 아닐까? 그러한 가정은 모든 이론적 귀결과 모든 역사적 경험에 정면으로 위반되는 것으로 보인다.

이렇게 놓고 볼 때, "편지"는 어떠한 종류의 '민주주의자'들을 이야기하고자 하는 것일까? 그리고 어떤 의미에서 저자들은 '민중 혁명'을 이야기하는 것일까?

제헌의회라는 구호는 혁명적 상황을 전제로 한다. 그런데 지금 혁명적 상황이 존재하는가? 물론 존재하고 있다. 그러나 그것은 이른바 부르주아 민주주의 탄생으로 표출되고 있는 것이 결코 아니다. 비록 저자들은 부르주아 민주주의가 이제 제정 체제를 청산할 수 있으며 그렇게 하려 한다고 주장하지만 말이다. 그 반대로, 만일 현재의 전쟁이 실로 명확하게 드러내 준 것이 있다면 그것은 바로 이 나라에는 혁명적 민주주의자들이 결코 존재하지 않는다는 사실이다.

국내의 혁명적인 문제들을 제국주의를 통해서 해소해 보려는 러시아의 '6월 3일 체제'의 시도는 명백히 대(大)실패로 끝나고 말았다. 이러한 실패는 '6월 3일 체제'에서 책임을 맡고 있거나 반쯤 책임을 맡고 있는 정당들이 혁명의 길로 접어들 것임을 의미하지 않는다. 오히려, 군사적 대(大)실패 때문에 완전히 노출돼 버린 혁명의 문제는 지배 계급을 더한층 제국주의의 길로 몰아넣을 것이며, 동시에 이 나라에서 유일한 혁명적 계급인 프롤레타리아의 중요성을 배가시킬 것이다.

'6월 3일 체제' 내의 결속은 내부 마찰과 갈등 때문에 약화되고 분열됐다. 이것은 10월당원들과 입헌주의자들이 권력을 혁명의 문제로 간주하면서 관료 집단들과 귀족의 거점을 쓸어버릴 준비를 하고 있음을 의미하는 것이 아니다. 그러나 그것은 혁명적 압력에 저항하는 정부 권력이 일정 기간 동안은 명백히 약화될 것임을 의미한다.

제정과 관료 체제의 신용은 실추됐다. 그러나 이것은 그들이 싸워 보지도 않은 채 권력을 포기할 것임을 의미하지는 않는다. 두마 해산과 최근의 내각 개편은 이러한 지레짐작이 얼마나 사실과 동떨어진 것인지를 모든 사람에게 보여 주었다. 그러나 관료 체제의 불안정한 정책은 사회민주당이 프롤레타리아를 혁명적으로 결집하는 데 상당한 도움이 된 것만은 틀림없다. 그리고 그러한 관료 체제의 불안정은 앞으로도 계속 확대될 것이다.

도시와 농촌의 하층 계급들은 더욱더 지치고, 기만당하고, 불만스럽고, 분노할 것이다. 이것은 혁명적 민주주의자들이라는 한 독자 세력이 프롤레타리아와 나란히 나아가게 될 것임을 의미하지 않는다. 그러한 [독자적인 혁명적 민주주의] 세력을 위한 사회적 기반이나 지도적인 인물이 존재하지 않는다. 그러나 하층 계급들의 심각한 불만이 노동 계급의 혁명적 압력에 도움이 되리라는 사실은 의심할 여지가 없다.

프롤레타리아가 부르주아 민주주의의 출현을 뒷바라지하지 않으면 않을수록, 그리고 쁘띠부르주아지와 농민의 수동성과 한계에 순응하지 않으면 않을수록, 프롤레타리아의 투쟁이 더욱더 단호하고 가차없는 것이 돼 끝까지 나아가려는 각오, 즉 권력 쟁취를 위한 각오가 더욱 확실해질수록, 프롤레타리아가 아닌 대중을 결정적인 순간에 자신들의 편으로 끌어들일 가능성이 훨씬 더 커질 것이다. 물론, '토지 몰수' 등과 같은 단순한 구호들을 앞세움으로써 이루어질 것은 아무것도 없다. 정부의 붕괴 여부가 좌지우지되는 군대의 경우는 훨씬 더 그렇다고 볼 수 있다. 대다수 사병들은 프롤레타리아가 지금 단순히 불만을 표출하는 시위가 아니라 권력 쟁취를 위한 투쟁을 하고 있으며 그것을 쟁취할 가능성이 어느 정도 있다는 확신이 설 경우에만 비로소 이 혁명적 계급에게 기울게 될 것이다. 지금 이 나라에는 전쟁과 그 전쟁에서 겪은 일련의 패배들 때문에 명약관화하게 드러난 혁명의 문제 — 즉, 정치권력의 문제 — 가 객관적으로 존재하고 있다. 지배 계급의 점차적인 해체 과정이 발생하고 있는 것이다. 또한 도시와 농촌의 대중 사이에서는 불만이 고조되고 있다. 그러나 이러한 상황을 유리하게 활용할 수 있는 유일한 혁명적 인자는 바로 프롤레타리아다. 현 시점에서 볼 때, 이 점은 1905년 당시보다도 훨씬 더 명확하고 일반적인 사실이다.

"편지"는 어느 한 구절에선가 문제의 이러한 핵심에 접근하는 듯이 보였다. 즉, 러시아 사회민주주의 노동자들은 "짜르의 6월 3일 체제를 전복시키기 위한 국민 투쟁에서 주도권을 쥐어야 한다"고 말하고 있다. "국민적" 투쟁이 무엇을 의미할 수 있는지는 이미 바로 위에서 지적했다. 그러나 만일 "주도권을 쥔다"는 것이 단순히 선진 노동자들은 너그럽게 — 스스로 어떤 목적을 위해서인가라는 질문도 하지 않은 채 — 피를 흘려야 하는 것을 의미하는 것이 아니라, 노동자들이 투쟁의 전 과정에 걸쳐 — 특히 그것이 프롤레타리아의 투쟁이 될 것이기 때문에 — **정치적 지도력**을 장악해야 함을 의미한다면, 그렇다면 다음과 같은 사실은 명백한 것이다. 즉, **이 투쟁에서 승리할 경우 권력은 투쟁을 지도해 온 계급, 즉 사회민주주의 프롤레타리아에게 넘어가야 한다.**

따라서 문제는 단순히 '임시 혁명 정부'의 문제가 아니다. 그것은 한낱 공허한 문구로서, 장차 역사적 과정을 통해서 그 속에 어떤 종류의 내용이 채워지게 될 것이다. 문제는 **노동자 혁명 정부**, 즉 러시아 프롤레타리아의 권력 쟁취다. 국민 제헌의회, 공화국 수립, 하루 8시간 노동제, 지주 소유의 토지 몰수 등의 요구들은 즉각 전쟁을 종결할 것, 민족자결권, 유럽합중국 등의 요구들과 더불어 사회민주당의 선동 활동 가운데 커다란 비중을 차지할 것이다. 그러나 혁명은 그 무엇보다도 권력의 문제다. 국가 형태(제헌의회, 공화국, 합중국 등과 같은)의 문제로서가 아니라 그 정부가 내포하는 사회적 내용의 문제로서 말이다. 프롤레타리아가 권력 쟁취를 위해 싸울 태세가 돼 있지 않다면, 제헌의회와 토지 몰수의 요구들은 현재 상황에서는 모든 직접적인 혁명적 의의를 상실하게 된다. 왜냐하면 만일 프롤레타리아가, 제정을 고수하려는 자들의 손아귀에서 권력을 무력으로써 탈취하지 않는다면, 그렇게 할 사람이 아무도 없기 때문이다.

혁명 과정의 속도[템포 또는 리듬]는 특별한 문제다. 그것은 많은 군사적·정치적·일국적·국제적 요인들에 달려 있다. 이러한 요인들은 혁명 과정을 지체시키거나 촉진할 수 있으며, 혁명 승리를 용이하게 만들거나 또 다른 패배로 이끌 수 있다. 그러나 그 조건들이 어떻든지 간에, 프롤레타리아는 자신의 길을 명확히 알아야 하며 용의주도하게 그 길을 밟아 나가야 한다. 그 중에서도 특히, 프롤레타리아는 환상들에서 벗어나야 한다. 그리고 프롤레타리아가 지금까지 고통받아 온 전 역사에 걸쳐서 가장 해로운 환상은 언제나 다른 계급들에 대한 신뢰와 의존이었다.

2부

연속혁명

베를린에서 출판된 초판(러시아어판)에 붙이는 서문

이 책은 3차에 걸친 러시아 혁명의 역사와 밀접히 연관돼 있는 논쟁을 다루고 있다. 그러나 그 논쟁은 단지 러시아 혁명의 역사와 연관된 것만은 아니다. 그 논쟁은 최근 몇 년 동안 소련 공산당 내부 투쟁에서 엄청난 역할을 했다. 또한 코민테른 내로 확산돼 중국 혁명의 전개 과정에 결정적인 역할을 했다. 그리고 동양의 나라들에서 혁명 투쟁과 연관된 문제들에 관한 모든 중요한 정책을 결정하는 중요한 계기가 됐다. 이 논쟁은 연속혁명론과 관련된 것이다. 그리고 연속혁명론은 레닌주의의 속물적 모방자들(지노비예프, 스탈린, 부하린 등)의 가르침에 따르면 '트로츠키주의'의 원죄(原罪)를 대표하는 것이다.

연속혁명의 문제는 오랜 간격을 두고 1924년에 재차 제기됐다. 그것도 언뜻 아주 예기치 않게 말이다. 거기에는 정치적으로 어떠한 정당한 근거도 없었다. 그 문제는 이미 지나가 버린 과거에 있었던 의견 차이의 문제였기 때문이었다. 그러나 거기에는 심리적으로 중요한 동기가 내재해 있었다. 이전에 나에 대해서 공격의 포문을 열었던 소위 '전통 볼셰비키' 집단은 '볼셰비키의 고참'의 자격으로서 나에게 반대하기 시작했다. 그러나 그들의 앞길에 놓여 있는 가장 큰 장애물은 1917년이었다. 이념 투쟁과 그 준비에 관한 1917년 이전의 역사가 아무리 중요했다 할지라도, 당 전체뿐 아니라 상이한 개인들에게도 이 모든 준비기의 의의는 10월 혁명이라는 최고의 명확한 시험을 통해서 그 진가를 인정받을 수 있었다. 그러나 **그 스스로 레닌인 척하는 자들 중 단 한 명도 그 시험을 견뎌 낼 수 없었다.** 예외 없이 그들은 모두 1917년 2월 혁명 당시에 통속 좌파 민주주의자들의 입장을 채택하고 있었다. 그들 중 단 한 명도 노동자의 권력 투쟁을 구호로 제기하지 않았다. 그들은 모두 사회주의 혁명을 향한 길을 터무니없는 것으로, 또는 — 한술 더 떠서 — '트로츠키주의'로 간주했다. 그들은 이러한 정신에 입각한 채, 레닌이 국외에서 돌아와 저 유명한 4월 테제를 발표할 때까지 당을 이끌어 갔다. 레닌이 4월 테제를 발표한 후에도, 이미 레닌과 직접 맞서고 있던 카메네프는 볼셰비즘 내에 민주주의자 분파를 형성하려고 공공연히 노력했다. 레닌과 함께 도착한 지노비예프도 카메네프의 뒤를 따랐다. 자신의 애국적 사회주의 입장으로 심각하게 신용이 손상된 스탈린은 옆으로 물러섰다. 그는 당으로 하여금 그가 3월의 결정적인 몇 주 동안 쓴 보잘것없는 논설들과 연설문들을 잊게끔 유도했으며, 차츰차츰 레닌의 입장의 언저리를 맴돌기 시작했다. 바로 이 때문에 다음과 같은 질문이 자동으로 제기된 것이다. 이들 '전통 볼셰비키' 지도자들 중 **단 한 명도** 가장 중요하고 가장 위태로운 역사적 순간에 당의 이론과 실천적 경험들을 독자적으로 적용시킬 수 없었다면, 대체 그들은 레닌주의에서 무엇을 배웠단 말인가? 어떠한 대가를 치르더라도 이 질문에서 사람들의 주의를 분산시켜 놓아야만 했다. 그러자면 그것을 다른 질문으로 대체할 필요가 있었다. 바로 이 목적 때문에 레닌주의의 속물적 모방자들은 연속혁명론에 공격을 집중할 결심을 한 것이었다. 물론, 나의 적대자들은 투쟁의 가공적인 축을 인위적으로 고안해 내는 와중에, 스스로 깨닫지도 못하는 사이에 어쩔 수 없이 그 속에 휘말려 들어갈 수밖에 없으며, 그 속에서 역으로 자신들만의 고유한 새로운 세계관을 만들어 낼 수밖에 없다는 사실을 미리 예견하지 못했다.

연속혁명론의 본질적인 특징들은 내가 1905년 혁명 이전에 이미 정식화했다. 그 당시 러시아는 부르주아 혁명에 접근해 가고 있었다. 러시아 사회민주주의자들 중 어느 누구도(당시에 우리는 모두 사회민주주의자로 불렸다) 우리가 일종의 **부르주아 혁명**에 접근해 가고 있다는 데 의심을 품지 않았다. 즉, 자본주의 사회의 생산력 발전과, 농노와 중세적인 제도를 기반으로 여전히 국가 권력을 장악하고 있던 낡은 특권 계급들 사이의 모순 때문에 야기될 혁명이라는 것이었다. 그 당시, 나로드니키와 무정부주의자들에 대한 투쟁 과정에서 나는 임박해 있는 혁명의 부르주아적 성격에 대한 마르크스주의적 분석에 많은 논설들과 연설문들을 할애해야만 했다.

그러나 혁명의 부르주아적 성격은 어떤 계급들이 민주주의 혁명의 과제들을 해결할 것이며 이 계급들 간의 상호 관계는 어떠한 것이 될 것인지의 문제를 미리 해결해 줄 수 없었다. 근본 전략 문제들이 제기되기 시작한 것은 정확히 바로 이 점에서였다.

플레하노프, 악셀로드, 자술리치, 마르토프, 그리고 그들을 추종하던 멘셰비키 모두 부르주아 혁명에서 지도적인 역할은 권력의 당연한 계승자인 자유주의 부르주아지에게 귀속된다는 생각을 출발점으로 삼았다. 이러한 사고방식에 따르면, 프롤레타리아 당은 민주 전선 내에서 좌파 역할을 담당하도록 돼 있다. 사회민주주의자들은 반동 세력에 맞서 자유주의 부르주아지를 지원해야 할 것이며, 동시에 자유주의 부르주아지에 맞서 프롤레타리아의 이익을 수호해야 한다. 다시 말해서, 멘셰비키는 부르주아 혁명을 전적으로 자유입헌주의에 의한 개혁으로 이해했던 것이다.

레닌은 전혀 다른 방식으로 문제를 제기했다. 레닌에게는, 농노제적 질곡에서 부르주아 사회 생산력의 해방이라는 것은 무엇보다도 먼저 농업 문제의 근본 해결, 즉 지주 계급의 완전한 일소와 토지 소유권의 혁명적 재분배를 의미했다. 이것과 불가분하게 연결돼 있는 것이 바로 제정 체제의 파괴였다. 레닌은 실로 혁명적인 대담성으로 인구의 압도 다수의 사활적 이해가 걸려 있으며, 동시에 자본주의 시장의 기본 문제가 되고 있는 농업 문제에 착수했던 것이다. 노동자들을 적으로 대하고 있는 자유주의 부르주아지는 대토지 소유제와 무수한 유대 관계로써 밀접히 묶여 있었기 때문에, 농민의 참된 민주주의적 해방은 오직 노동자와 농민의 혁명적 협력으로써만 실현할 수 있다. 레닌에 따르면, 구체제에 맞선 양자의 결합된 봉기는 만일 승리할 경우에 '프롤레타리아와 농민의 민주주의 독재'의 확립으로 귀결될 것이다.

이 공식은 현재 코민테른에서 일종의 초역사적인 교리로서 암송되고 있다. 마치 우리가 1905년 혁명, 1917년 2월 혁명, 그리고 끝으로 10월 혁명에 결코 참가해 본 적이 없는 양, 지난 4반세기의 생생한 역사적 경험들을 분석해 보려는 어떠한 시도도 하지 않은 채 말이다. 그러나 그러한 역사적 분석은 '프롤레타리아와 농민의 민주주의 독재' 체제가 결코 역사에 존재한 적이 없기 때문에 훨씬 더 필요한 것이다.

1905년 당시, 이 공식은 레닌에게는 계급투쟁의 실제 경로에 따라 앞으로 검증해야 할 전략적 가설의 문제로 남아 있었다. '프롤레타리아와 농민의 민주주의 독재'라는 공식은 상당 부분에서는 고의적으로 대수적(代數的) 성격을 취하고 있는 듯 보인다. 레닌은 이처럼 가설적인 민주주의 독재의 두 장본인인 농민과 프롤레타리아 사이의 정치적 관계가 어떠한 것이 될까 하는 문제는 미리 해결해 놓지 않았다. 그는 농민이 혁명에서 하나의 독자 정당으로 표출될 수 있는 가능성을 배제하지 않았다. 즉, 농민이 부르주아지뿐 아니라 프롤레타리아에 대해서도 독자적인 정당을 결성하고, 동시에 자유주의 부르주아지에 대항해서 프롤레타리아 당과 동맹을 맺음으로써 민주주의 혁명을 실현할 수 있는 가능성 말이다. 또한 레닌은—곧 우리가 뒤에서 살펴보게 되겠지만—농민의 혁명적 당이 민주주의 독재 정부에서 다수파를 구성할지도 모른다는 가능성조차 용인했다.

우리의 부르주아 혁명의 운명에서 농업 혁명이 지니고 있는 결정적인 비중의 문제로 말하자면, 나는 최소한 1902년 가을부터, 즉 나의 첫 번째 해외 망명 시절부터 레닌의 견해에 따랐다. 농업 혁명과 그에 따른 전반적인 민주주의 혁명은 오직 자유주의 부르주아지에 맞선 노동자와 농민의 단결된 투쟁으로써만 실현될 수 있다는 생각은, 최근에 허위로 날조된 중상모략과는 달리, 나에게는 의심할 수 없는 사실이었다. 그러나 나는 '프롤레타리아와 농민의 민주주의 독재'라는 공식에는 반대했다. 왜냐하면 나는 그 공식이 어떤 계급이 실질적인 독재권을 행사할 것인가 하는 문제를 유보하고 있다는 점에서 그 공식의 약점을 봤기 때문이다. 나는 농민이 엄청난 사회적 비중과 혁명적 중요성을 갖고 있음에도 실제로 독자 정당을 건설할 능력이 없으며, 혁명적 권력을 그러한 당의 수중에 집중할 능력은 더더구나 없다는 점을 입증하려고 노력했다. 16세기 독일의 종교개혁 이래로 또는 그 이전부터, 농민들은 혁명에서 도시 부르주아지의 어느 한 분파를 지지해 왔으며 종종 부르주아지의 승리를 보장해 주었다. 그와 마찬가지로, 농민은 우리의 때늦은 부르주아 혁명에서 투쟁이 정점에 달했을 경우에 프롤레타리아를 지지할 수 있으며 프롤레타리아가 권력을 장악하는 데 도움이 될 수 있다. 나는 이런 사실에서 우리의 부르주아 혁명은 오직 수백만 명의 농민의 도움을 받는 프롤레타리아가 혁명적 독재권을 자신의 수중에 집중할 수 있음이 판명될 경우에만 자신의 과제들을 근본으로 해결할 수 있다는 결론을 도출해 냈다.

이러한 독재의 사회적 내용은 어떠한 것이 될까? 그것은 무엇보다도 먼저 농업 혁명과 국가의 민주적 개혁을 철저히 수행하는 것이 돼야 한다. 다시 말해서, 프롤레타리아 독재는 역사적으로 때늦은 부르주아 혁명의 과제들을 해결하기 위한 도구가 될 것이다. 그러나 문제가 거기서 머무를 수는 없다. 일단 권력을 쟁취한 프롤레타리아는 사적 소유 관계 전반에 더 깊숙이 개입할 수밖에 없으며, 그것은 바로 사회주의 정책의 길로 들어서는 것이다.

1905년부터 1917년 사이에 스탈린, 리코프, 그리고 몰로토프 같은 자들은 수십 번이나 내게 이렇게 반문했다. "그러나 당신은 러시아가 사회주의 혁명을 할 수 있을 정도로 성숙했다고 정말로 믿고 있는가?" 이러한 질문에 나는 언제나 다음과 같이 대답해 왔다. 아니다, 그렇게 믿지 않는다. 그러나 하나의 전체로서 세계 경제는, 그리고 특히 유럽 경제는 사회주의 혁명을 위해 충분히 성숙해 있다. 러시아의 프롤레타리아 독재가 사회주의로 나아갈 것인가 그렇지 못할 것인가, 어떠한 속도로 그리고 어떠한 단계를 거쳐서 사회주의에 도달할 것인가 하는 문제들은 유럽과 세계 자본주의의 운명에 달려 있을 것이다.

원래 1905년 초기에 구상된 연속혁명론의 본질적인 특징은 위와 같은 것이었다. 그 이후로 세 차례에 걸쳐 혁명이 발생했다. 러시아 프롤레타리아는 농민 봉기의 강력한 물결을 타고 권력을 쟁취했다. 프롤레타리아 독재는 바로 러시아에서 하나의 현실로 나타났다. 그것도 훨씬 더 발전한 다른 나라들보다도 앞서서 말이다. 연속혁명론의 역사적 예지가 실로 엄청난 위력으로써 입증된 지 채 7년도 안 된 1924년, '레닌주의자'라고 자처하는 작자들이 이 이론에 대한 광적인 공격을 시작했다. 이 속물적 아류들은 내가 그 때까지 까맣게 잊어버리고 있던 내 옛날 저작들에서 개별 문장들과 논쟁적인 표현들을 문맥과는 전혀 다른 의미로 사취해서는 제멋대로 허위 날조했다.

여기서, 1차 러시아 혁명은 부르주아 혁명의 물결이 유럽을 휩쓴 지 거의 반세기 이상이나 뒤늦게, 그리고 파리코뮌보다는 35년이나 늦게 발생했다는 사실을 기억할 필요가 있다. 그 사이에 유럽은 과거의 혁명들에서 멀어질 충분한 시간적 여유가 있었다. 그러나 그 때까지 러시아는 어떠한 혁명도 경험한 적이 없었다. 따라서 혁명의 모든 문제는 새롭게 제기됐다. 그 당시 우리에게 다가올 혁명이 얼마나 미지의 가상적인 중요성을 지니고 있었는지를 독자들은 쉽사리 이해할 수 있을 것이다. 모든 집단이 각자 고유의 방식대로 내놓은 공식들은 일종의 작업 가설들이었다. 이미 역사적 사건이 실제로 일어난 지금에 와서 1905년의 분석들과 평가들을 단지 지나간 과거의 글로만 여긴다면, 그것은 틀림없이 역사적 예언 능력과 거기에 관련된 방법적 이해력의 완전한 결핍을 보여 주는 셈이다. 나는 종종 나 자신과 내 친구들에게 내가 1905년에 제시한 예언들이, 이미 역사적 사건이 일어난 지금에 와서는 쉽사리 지적할 수 있는 많은 결점을 내포하고 있었다는 사실은 의심할 여지가 없다고 말해 왔다. 그러나 나에 대한 비판들은 더 멀리 그리고 훨씬 더 잘 보고 있는 것이었을까? 이미 오랫동안 내 옛날 저작들을 다시 읽어보지 못한 채, 나는 기꺼이 그 속에 어떤 심각하고 중대한 결점들이 있으리라는 점을 미리 인정하고 들어갔다. 그것도 실제 사실보다 더 비판적으로 말이다. 그러나 1928년 나는 알마아타로 추방당함으로써 일종의 정치적 휴지기를 맞게 됐으며, 그것은 나에게 연속혁명 문제들에 대한 내 옛날 저작들을 다시 읽고 정리할 기회를 주었다. 그 결과, 나는 그 속에서 발견되는 결점들은 현실적으로 그다지 중요한 것이 아니었음을 확신하게 됐다. 그리고 독자들 역시 이 책을 읽음으로써 이 점을 전적으로 확신하게 되기를 바란다.

그러나 서문이 허락하는 한도에서, 연속혁명론의 기본 핵심 내용들과 이 이론에 대한 가장 중요한 반론들은 가능한 한 정확히 소개할 필요가 있다. 양자 간의 논쟁은 그 폭과 깊이에서 갈수록 심각한 것으로 드러났으며, 그 결과 이 논쟁은 현재 세계 혁명 운동의 모든 핵심 문제를 포괄하고 있다.

마르크스가 규정한 의미의 연속혁명은 어떤 한 형태의 계급 지배와 타협하거나 민주주의 단계에 멈추지 않고 사회주의 정책으로 전환해 나아가는, 그리고 외부의 반동 세력에 맞선 전쟁으로 나아가는 혁명을 의미한다. 즉, 혁명의 모든 연속 단계는 그 이전 단계와 중첩되며, 혁명은 오직 계급 사회의 완전한 해소로만 종결될 수 있다.

연속혁명론을 중심으로 야기돼 온 혼란을 일소하기 위해서는, 이 이론에 통합돼 있는 핵심적인 세 가지의 개념적 측면을 구분할 필요가 있다.

첫째, 이 이론에는 민주주의 혁명에서 사회주의 혁명으로 전환하는 문제가 포함돼 있다. 본질적으로는 이 문제가 바로 연속혁명론의 역사적 기원이다.

연속혁명의 개념은 19세기 중반의 위대한 공산주의자들인 마르크스와 그의 공동 협력자들이 제시한 것으로서, 그것은 우리가 알다시피 '합리적인' 또는 민주주의적인 국가의 설립과 함께 모든 문제가 개량적, 즉 점진적인 조치들로써 평화적으로 해결될 수 있다고 주장하는 민주주의 이데올로기와 대립하는 것이었다. 마르크스는 1848년의 부르주아 혁명을 프롤레타리아 혁명의 직접적인 서곡으로 간주했다. 마르크스가 '잘못 판단했던' 것이다. 그러나 그의 오류는 역사적 사실에 비춰 그랬다는 것이지 방법론적인 것은 아니었다. 1848년 혁명은 사회주의 혁명으로 전환되지 않았다. 그러나 바로 이 때문에 1848년 혁명은 민주주의를 달성할 수 없었다. 1918년의 독일 혁명으로 말하자면, 부르주아 혁명의 민주주의적 완성이 아니었다. 그것은 사회민주당(SPD)에 의해 참수당한 프롤레타리아 혁명이었다. 아니, 더 정확히 말하자면, 그것은 부르주아 **반혁명**으로서, 프롤레타리아를 패퇴시킨 후에도 어쩔 수 없이 사이비 민주주의의 형식을 보전할 수밖에 없었다.

통속 '마르크스주의'는 억지로 역사 발전의 패턴을 고안해 냈다. 이 패턴에 따르면, 모든 부르주아 사회는 조만간 민주주의 체제를 확보하게 되며, 그 다음에, 즉 민주주의적 환경에서 프롤레타리아가 사회주의를 위해 점진적으로 조직화되고 의식화된다는 것이다. 이에 따라서, 사회주의로 실제 이행하는 과정은 다양하게 구상됐다. 즉, 공인된 개량주의자들은 그 이행 과정을 민주주의 체제에 사회주의의 내용을 개량적으로 채워 넣는 것으로 묘사했다(장 조레스). 반면에 형식적으로나마 혁명적인 자들은 사회주의로 이행하는 과정에서 혁명적 폭력을 사용하는 게 어쩔 수 없다고 인정했다(쥘 게드). 그러나 양자 모두 민주주의와 사회주의는 어느 나라든 어느 국민에게도 사회 발전에서 상이한 두 단계라고 여겼다. 즉, 민주주의와 사회주의는 전적으로 별개의 단계일 뿐 아니라 시간상으로도 대단히 멀리 떨어져 있다는 것이다. 이 견해는 1905년 당시에 제2인터내셔널의 좌파에 속했던 러시아 마르크스주의자들 사이에서도 지배적이었다. 러시아 마르크스주의의 시조인 명석한 플레하노프도 프롤레타리아 독재라는 생각을 당시 러시아에서나 볼 수 있는 망상이라고 여겼다. 멘셰비키뿐 아니라 볼셰비키 지도자들 중 대다수도 그와 동일한 입장을 취했다. 특히, 현 러시아 공산당 지도자들은 예외 없이 그 당시에 완강한 민주주의 혁명론자들이었으며, 이들은

1905년뿐 아니라 1917년 직전까지도 사회주의 혁명의 문제를 먼 미래의 어렴풋한 음악 소리 정도로 여기고 있었다.

1905년에 주창된 연속혁명론은 이러한 생각들과 분위기에 전쟁을 선포한 셈이었다. 이 이론은, 우리 시대에는 후진적인 부르주아 국가의 민주주의 과제들은 직접 프롤레타리아 독재로 귀결되며, 프롤레타리아 독재는 사회주의 과제들을 당면 문제로 제기하게 된다는 점을 지적했다. 또한 바로 그것이 이 이론의 핵심 사상이었다. 어느 정도 오랜 기간 동안 민주주의를 거쳐서 프롤레타리아 독재에 도달한다는 전통적인 견해와 달리, 연속혁명론은 후진국에서 민주주의를 향한 길은 직접 프롤레타리아 독재로 통한다는 사실을 정립한 것이다. 따라서 민주주의는 앞으로 수십 년 동안 충분히 자족할 수 있는 체제가 아니라 오직 사회주의 혁명을 위한 직접적인 서곡일 뿐이다. 이 양자는 절단될 수 없는 고리로 서로 묶여 있다. 따라서 민주주의 혁명과 사회주의 건설 사이에서 혁명은 연속적으로 발전해 나아갈 수밖에 없는 것이다.

'연속혁명론'의 둘째 측면은 사회주의 혁명 그 자체와 관련 있다. 예측할 수 없을 정도로 오랫동안 항구적인 내적 투쟁 과정에서 모든 사회 관계는 변화를 겪게 마련이다. 사회는 끊임없이 탈바꿈하게 된다. 변화의 모든 단계는 각각 그 이전 단계들에서 직접적으로 발생한다. 이러한 과정은 필연적으로 정치적 성격을 유지하게 된다. 즉, 그것은 변하고 있는 사회 내의 다양한 집단들 사이의 충돌을 통해서 발전해 가기 때문이다. 내전과 외세를 상대로 한 전쟁이 상대적으로 '평화적인' 개혁기와 계속 교차하게 된다. 경제, 기술, 과학, 가족 제도, 도덕, 그리고 일상생활에서의 혁명들이 복합적인 상호 작용 속에서 발전해 가면서 사회가 균형 상태에 도달하는 것을 허용하지 않는다. 사회주의 혁명 그 자체의 연속적인 성격은 바로 이 점에 있는 것이다.

연속혁명론의 셋째 측면은 바로 사회주의 혁명의 국제적 성격이다. 그것은 현재 인류가 처한 경제와 사회 구조의 상태에서 비롯한다. 국제주의는 결코 추상적인 원칙이 아니라, 세계 경제의 성격, 생산력의 국제적 발전, 그리고 세계적 차원의 계급투쟁에 대한 이론적·정치적 반영이다. 사회주의 혁명은 일국의 기반 위에서 시작된다. 그러나 그것은 결코 일국의 기반 내에서 완성될 수 없다. 일국의 틀 내에서 프롤레타리아 혁명을 유지하는 것은 단지 일시적인 상황일 수밖에 없다. 비록 그것이 소련의 경우에서 보듯이 상당히 오랫동안 지속된다 할지라도 말이다. 프롤레타리아 독재가 고립될 경우, 그것이 달성한 성과들과 비례해서 필연적으로 내적·외적 모순들이 증가하게 마련이다. 만일 프롤레타리아 독재가 계속 고립된 채로 남아 있게 되면, 프롤레타리아 국가는 반드시 이러한 모순들의 희생물로 전락할 수밖에 없을 것이다. 고립된 프롤레타리아 국가의 유일한 출구는 선진국에서 프롤레타리아 혁명이 승리하는 데 있다. 이러한 관점에서 볼 때 일국의 혁명은 그 자체로 자족적인 하나의 총체가 아니다. 그것은 오직 국제적인 사슬의 한 고리일 뿐이다. 세계 혁명은 비록 일시적인 퇴조와 썰물이 있다 할지라도 연속적인 과정이다.

레닌주의의 속물 모방자들은 이러한 연속혁명론의 세 측면을 모두 공격하고 있다. 이 세 측면이 서로 불가분한 관계로 결합돼 하나의 총체를 이루고 있는 이상, 그들에게 어떠한 다른 방도가 있을 수 있겠는가? 속물적 아류들은 **민주주의 독재**와 **사회주의 독재**를 기계적으로 분리하고 있다. 그들은 또한 **일국** 사회주의 혁명과 **국제** 사회주의 혁명을 분리하고 있다. 그들은 본질적으로 일국의 틀 내에서 권력을 장악하는 것이 혁명의 '시작'이 아니라 오히려 혁명의 '끝'이라고 생각하고 있다. 권력장악 후에는 개혁의 시기가 뒤따를 것이며, 그 결과로 일국사회주의 사회가 도래한다는 것이다. 1905년 당시에, 이들은 서유럽보다 러시아에서 먼저 프롤레타리아가 권력을 쟁취할 수 있다는 생각을 시인할 수조차 없었다. 1917년에, 이들은 러시아에서 자족적인 민주주의 혁명을 설교했으며, 프롤레타리아 독재라는 생각은 일축해 버렸다. 그리고 1925~1927년에, 이들은 중국 혁명의 경로를 국민 부르주아지가 주도하는 국민 혁명의 방향으로 설정했다. 따라서 이들은 중국에 대해서 프롤레타리아와 농민의 민주주의 독재라는 구호를 설정했으며 프롤레타리아 독재의 구호에 반대했다. 이들은 소련에서 고립되고 자급자족적인 사회주의 사회를 건설할 수 있다고 선언했다. 이들에게 세계 혁명이란 승리의 필수 불가결한 조건이 아니라 단지 소련에게 유리한 하나의 우연한 상황으로 전락해 버렸다. 연속혁명론에 대한 그야말로 연속적인 투쟁 과정을 통해서 이 속물 아류들은 결국 마르크스주의와 이처럼 심각하게 단절하는 데까지 나아간 것이다.

역사적 추억들의 인위적인 재생과 과거에 대한 위조에서 시작한 이들의 투쟁은 끝내 혁명의 지배 계층[관료를 말함]의 세계관이라는 완전한 변질로 이어졌다. 이미 반복해서 설명한 것처럼, 가치에 대한 이러한 재평가는 소련 관료 집단의 사회적 요구에 영향을 받아서 이루어졌다. 즉, 훨씬 더 보수적으로 변질된 관료군(群)은 국내 질서만을 안정적인 것으로 만들려고 애썼으며, 또한 이미 완성된 혁명만으로도 관료 집단의 특권적 위치가 보장될 수 있기 때문에, 이제는 일국 내에서 사회주의를 평화적으로 건설하는 것만이 현실적이라고 독려하게 됐다. 우리는 여기서 이 문제를 새삼 거론하고 싶지 않다. 단지, 관료 집단은 자신들의 물적 위치와 이데올로기적 입장이 '일국사회주의'론과 유기적으로 결합돼 있음을 전적으로 의식하고 있다는 점을 지적하는 것으로 충분하다. 현재 스탈린의 통치 기구가 전에 자신이 예상하지 못했던 모순들의 압박 때문에 최선을 다해 좌측으로 급선회하면서 과거에 자신을 지지한 우익 지도자들에게 아주 가혹한 타격을 가하고 있음에도, 아니 더 정확히 말하면, 그 사실 때문에 이러한 현상은 터무니없이 표현되고 있다. 스탈린주의자들은 급히 서둘러서 마르크스주의적 반대파의 구호들과 주장들을 도용했다. 그러나 우리가 알다시피, 좌익반대파에 대한 관료들의 적대심은 조금도 수그러들지 않고 있다. 공업화를 향한 당의 노력을 지지할 목적으로 재입당 문제를 제기하는 반대파들에게 무엇보다도 먼저 연속혁명론을 비난하고 — 비록 간접적으로나마 — 일국사회주의론을 승인할 것을 요구하고 있다. 바로 여기서 스탈린주의 관료들은 일국 내의 개혁이라는 **전략적** 기초를 담보로 한 좌측으로의 급선회가 순전히 **전술적**인 것이라는 속셈을 드러내고 있다. 이것이 무엇을 의미하는지는 설명할 필요도 없을 것이다. 즉, 전쟁과 마찬가지로 정치에서도 전술은 궁극적으로 전략에 종속되게 마련이다.

이 문제는 '트로츠키주의'에 대한 투쟁이라는 특정 양상을 이미 오래 전에 넘어선 것이다. 그것은 점차 확산돼 가면서, 오늘날에 와서는 그야말로 혁명적 세계관의 모든 문제를 포괄하게 됐다. 연속혁명이냐 **아니면** 일국사회주의냐? 이러한 양자택일의 문제는 소련 국내의 문제, 동양에서 혁명의 전망, 그리고 끝으로 전체 코민테른의 운명 등을 모두 포괄하는 것이 됐다.

이 책은 이 문제를 그 **모든** 측면에 걸쳐 검토하고 있지는 않다. 이미 다른 저술들에서 이야기된 것들을 다시 반복할 필요가 없기 때문이다. ≪코민테른 강령 초안 비판≫에서, 나는 일국사회주의의 경제적·정치적 비현실성을 이론적으로 밝혔다. 코민테른의 이론가들은 내 지적에 대해 함구하고 있다. 사실, 그들이 할 수 있는 일은 입 다무는 일밖에는 없다. 나는 이 책에서, 특히 연속혁명론을 러시아 혁명의 내적 문제들과 관련지어서 1905년에 정식화했던 대로 복원시켰다. 또한 그 당시 내 입장이 레닌의 입장과 진짜로 다른 점은 무엇이었으며, 왜 어떻게 해서 모든 결정적인 상황에서는 양자의 입장이 일치하게 됐는지를 보여 주고자 한다. 끝으로, 연속혁명의 문제는 후진국의 프롤레타리아에게, 따라서 전체 코민테른에게 결정적인 의미가 있다는 점을 설명하고자 한다.

도대체 레닌주의의 속물 아류들은 연속혁명론에 대해 어떤 중상모략을 한 것일까? 만일 나에 대한 비판들이 안고 있는 무수한 상반되는 점들을 무시해 버린다면, 이들의 주장은 다음과 같이 요약할 수 있다.

1. 트로츠키는 부르주아 혁명과 사회주의 혁명 사이의 차이를 무시했다. 그는 이미 1905년에 러시아 프롤레타리아가 사회주의 혁명의 과제들에 직면해 있다고 생각했다.
2. 트로츠키는 농업 문제를 완전히 망각하고 있다. 농민의 존재는 안중에도 없다. 그는 혁명을 단순히 프롤레타리아와 제정 체제 사이의 투쟁의 문제로만 묘사했다.
3. 트로츠키는 세계 부르주아지가 러시아에 프롤레타리아 독재가 존재하는 것을 조금도 용납하지 않을 것이라고 믿고 있다. 따라서 만일 서구의 프롤레타리아가 단시일 내에 권력을 장악해서 우리를 원조해 주지 않는다면, 러시아에서 프롤레타리아 독재가 붕괴하는 것은 필연적이라고 여기고 있다. 결국 트로츠키는 서유럽 프롤레타리아가 그들 나라의 부르주아지에 가하는 압력을 과소평가하고 있다.
4. 트로츠키는 러시아 프롤레타리아의 힘과 독자적으로 사회주의를 건설할 수 있는 능력을 전적으로 믿고 있지 않다. 그가 자신의 모든 희망을 국제 혁명에 걸었으며 지금도 여전히 그러는 이유는 바로 이 때문이다.

바로 이상과 같은 주장들이 지노비예프, 스탈린, 부하린, 그리고 그 추종자들의 저술과 연설에서 무수히 반복해서 나타났다. 뿐만 아니라, 이 주장들은 소련 공산당과 코민테른의 가장 권위 있는 결의 사항으로 정식화됐다. 그러나 이 모든 것에도 불구하고, 이 주장들이 무지와 거짓의 혼합에 기초한 것임은 어쩔 수 없는 사실이다.

위의 비판들 가운데 처음 두 주장은, 뒤에서 보게 되겠지만, 그 근본부터가 거짓이다. 오히려, 나는 바로 혁명의 부르주아·민주주의적 성격에서 출발해서, 농업 위기의 심각성 때문에 후진적인 러시아에서는 프롤레타리아가 권력을 잡을 수 있다는 결론에 도달한 것이었다. 내가 1905년 혁명 직전에 주장한 것은 정확히 바로 이 생각이었다. 또한, 혁명을 '연속적'이라고 명명한 것도, 즉 연속적인 혁명으로서 부르주아적인 단계에서 사회주의 단계로 즉각 전환한다고 규정한 것도 정확히 바로 이 생각이었다. 레닌은 후에 이와 동일한 생각을 표현하는 데 사회주의 혁명으로 **성장·전환**하는 부르주아 혁명이라는 멋진 용어를 썼다. 훗날(1924년에) 스탈린은 이러한 '성장·전환'이라는 개념을 연속혁명에 대립하는 것으로 곡해했다. 그는 연속혁명을 전제주의 체제에서 직접 사회주의 체제로 도약하는 것이라고 비난했다. 이처럼 꼴사나운 '이론가'는 다음과 같은 문제를 전혀 숙고해 보지조차 못했던 것이다. 즉, 만일 혁명의 **연속성**, 즉 **연속적인** 발전 과정에 내포된 뜻이 단순한 도약을 의미한다면 도대체 어떤 의미가 있을 수 있겠는가?

세 번째 비난으로 말하자면, 그것은 프롤레타리아의 '기민하게' 조직화된 압력 단체한테 도움을 받음으로써 **제국주의** 부르주아지를 무한정 **중립화**하는 것이 가능하다는 속물적 아류들의 얄팍한 믿음에서 기인하는 것이다. 1924년부터 1927년에 걸쳐, 스탈린의 중심 생각은 바로 이것이었다. 영·러 위원회'은 바로 이러한 생각의 결실이었다. 퍼셀, 라딕, 라폴레트, 그리고 장제스의 도움을 받아서 세계 부르주아지의 손과 발을 묶어 놓을 수 있으리라는 생각이 실패로 돌아가자, 그로 인한 실망은 결국 곧 전쟁이 밀어닥칠 것이라는 공포에 가득 찬 격렬한 발작 증세로 나타났다. 그리고 코민테른은 아직도 이러한 발작기를 겪고 있는 중이다.

연속혁명론에 대한 네 번째 반박은 다름이 아니라, 단지 내가 1905년에 일국사회주의론 관점을 견지하지 않았다는 비난일 뿐이다. 그런데 일국사회주의론은 스탈린이 1924년에 창시한 것으로써 소련 관료집단을 위한 것이다. 결국 이 비난은 역사적으로 볼 때 정말 기묘한 것이다. 이 비난에 따르면, 사람들은 실제로 나의 적대자들이 1905년에 벌써 — 조금이라도 그들이 그 당시에 정치적으로 사고할 능력이 있었다면 말이다 — 당시의 러시아가 독자적인 사회주의 혁명으로 나아갈 수 있을 정도로 성숙했다는 견해를 지녔을 것이라고 믿을 법하다. 사실로 말하자면, 1905~1917년 사이에 이들은 지칠 줄 모르고 나를 공상주의자라고 비난했다. 내가 당시에 서유럽 프롤레타리아들보다도 먼저 러시아 프롤레타리아가 권력에 도달할 수 있다는 가능성을 제시했기 때문이다. 카메네프와 리코프는 1917년 4월 레닌을 공상주의자라고 비난하면서, 레닌에게 아주 소박한 언어로 이렇게 설명했다. 즉, 사회주의 혁명은 영국과 다른 선진국들에서 먼저 일어나야 한다. 러시아는 그 다음이라고 생각했다. 1917년 4월 4일까지는 스탈린도 동일한 관점을 내세웠다. 민주주의 독재와 대비되는 것으로서 프롤레타리아 독재라는 레닌의 공식을 받아들이는 것은 그에게는 아주 많은 노력과 시일이 필요한 어려운 일이었다. 1924년 봄까지만 하더라도, 스탈린은 여전히 다른 사람들이 한 말을 되풀이하고 있었다. 즉, 따로 분리해서 본다면 러시아는 사회주의 사회를 건설할 수 있을 정도로 성숙해 있지 못하다고 주장했다. 1924년 가을에야 비로소 스탈린은 연속혁명론을 비난하는 과정에서 처음으로 러시아에서 고립된 사회주의를 건설할 수 있는 가능성을 찾아냈다. 그 때부터 당에 속한 학자들은 스탈린을 위해 소위 "트로츠키의 유죄"를 입증해 주는 인용문들을 수집하기 시작했다. 1905년에 벌써 트로츠키는, 러시아는 오직 서구 프롤레타리아의 도움을 받음으로써만 사회주의에 도달할 수 있을 것이라 믿었다고 주장했다. 이 얼마나 끔찍한 일인가!

4반세기에 걸친 이념 투쟁의 역사를 따로 떼어 내서, 그것을 미세한 조각들로 세분한 다음에, 그 미세한 조각들을 뒤죽박죽 섞어서는, 장님에게 그 조각들을 한데 붙여 보라고 명령한다면, 그보다 더 무의미한 역사적 혼합물은 결코 없을 것이다. 그런데 레닌주의의 속물 아류들은 바로 이것으로 독자들과 청중들을 현혹시켰던 것이다.

과거의 문제가 오늘의 문제와 연결돼 있다는 사실을 더 분명히 하기 위해서는 여기서 비록 개괄적으로나마 코민테른 지도부, 즉 스탈린과 부하린이 중국 혁명에 대해서 어떤 일들을 저질렀는지 상기해 볼 필요가 있다.

이들은 중국의 당면 문제는 민족 해방 혁명이라는 구실 아래, 1924년에 중국 부르주아지를 지도 세력으로 규정했다. 국민 부르주아 정당인 국민당이 바로 그 지도력을 쥔 정당이라고 공식적으로 승인했다. 도대체 1905년, 러시아의 멘셰비키조차도 입헌민주주의자들(자유주의 부르주아 정당)에 대해 그렇게까지 평가하지는 않았다.

그러나 코민테른의 지도부는 여기서 멈추지 않았다. 이들은 중국 공산당에게 국민당으로 들어가서 국민당의 규율에 복종할 것을 강요했다. 스탈린이 급파한 지령에 따라서, 중국 공산당원들은 농민 운동을 억제하도록 강요당했다. 반란을 일으킨 노동자들과 농민들이 자신들의 고유한 소비에트를 구성하는 것을 금지했다. 그것은 장제스와 소원해지지

베를린에서 출판된 초판에 붙이는 서문

않기 위해서였다. 1927년 4월 초 모스크바에서 열린 당 내 회합에서 스탈린은 좌익반대파에 맞서서 장제스를 "신뢰할 수 있는 동맹"이라고 옹호했다. 그러나 그로부터 며칠도 채 못 가서 상하이에서는 장제스가 주도한 반혁명 쿠데타가 발생했다.

부르주아지의 지도력에 대한 공산당의 공식적인 복종, 그리고 소비에트 구성에 대한 공식적인 금지령 등은(스탈린과 부하린은 국민당이 "소비에트를 대신한다"고 가르쳤다) 1905~1917년에 멘셰비키가 한 모든 행위보다도 훨씬 더 노골적이고 파렴치하게 마르크스주의를 배신한 행위였다.

장제스가 일으킨 1927년 4월 쿠데타 이후에, 왕징웨이(汪精衛)가 주도하는 국민당 좌파는 일시적으로 국민당에서 떨어져 나왔다. 왕징웨이는 즉시 <프라우다>에 신뢰할 수 있는 동맹으로 부각됐다. 그러나 본질적으로 말해서, 장제스에 대한 왕징웨이의 관계는 밀류코프에 대한 케렌스키의 관계와 동일한 것이었다. 단지 중국의 경우 밀류코프와 코르닐로프가 장제스라는 단 한 명의 인물 속에 합쳐져 있다는 것이 다를 뿐이었다.

1927년 4월 이후, 따로 독립한 국민당 '좌파'에 가담해서 중국의 케렌스키의 규율에 복종하라는 명령이 중국 공산당에 떨어졌다. 즉, 그 중국의 케렌스키에 맞서 공공연한 적대 행위를 보여서는 안 된다는 것이었다. 이 "신뢰할 수 있는" 왕징웨이 역시 공산당을 탄압했다. 그리고 이와 더불어서, 스탈린이 신뢰할 수 있는 동맹이라고 선언했던 장제스 못지않게 가혹하게 노동자·농민 운동을 탄압했다.

비록 멘셰비키가 1905년에 그리고 그 후에도 밀류코프를 지지했지만, 그러나 그들은 자유주의 정당에 들어가지는 않았다. 비록 멘셰비키가 1917년에 케렌스키와 손을 잡았을지라도, 그들은 여전히 자신들만의 고유한 조직을 유지하고 있었다. 스탈린의 중국 정책은 마치 멘셰비즘을 악의적으로 희화한 모습과 같다. 중국 정책의 가장 중요한 첫 번째 국면은 바로 이렇게 돼 버렸다.

그러한 정책의 불가피한 결론들—노동자·농민 운동의 완전한 쇠퇴, 공산당의 사기 저하와 와해—이 명백해지자, 코민테른 지도부는 "좌로 급선회하라!"는 명령을 내렸으며, 즉시 노동자·농민의 무장봉기로 전환할 것을 촉구했다. 바로 어제까지만 하더라도, 태어난 지 얼마 안 되는 공산당은 압살당하고 절단당한 채 장제스와 왕징웨이가 탄 마차의 보조 바퀴 구실을 했다. 따라서 공산당에게는 독자적인 정치적 경험이 전혀 없었다. 그런데 지금 갑자기 이 당에게 농민과 노동자들을 국민당에 맞선 무장봉기로 이끌고 가라는 명령을 내린 것이다. 그러나 노동자들과 농민들로 말하자면 어제까지도 코민테른 때문에 국민당에 붙잡혀 있었다. 그리고 국민당은 그 사이에 권력과 군대를 완전히 장악할 시간적 여유를 얻었다. 여하튼, 코민테른의 새로운 명령에 따라 24시간 내에 일종의 가상적인 소비에트가 광둥 지방에 즉흥적으로 만들어졌다. 소련 공산당의 15차 전당대회 개막과 일치하게끔 사전에 미리 시간이 조정된 무장봉기는 중국의 선진 노동자들의 영웅적인 모습뿐 아니라 코민테른 지도자들의 비열한 범죄적 성격을 여실히 보여 주었다. 이들은 광둥 봉기를 전후로 하찮은 모험담만 남겨 놓았다. 이것이 바로 코민테른의 중국 전략의 두 번째 국면이다. 이것은 볼셰비즘을 가장 꼴사납게 희화한 모습이라고 할 수 있다.

결국, 자유주의적 기회주의 정책과 모험주의 정책이 차례로 중국 공산당에 타격을 가했다. 중국 공산당이 이 타격에서 회복될 수 있으려면, 앞으로 올바른 정책을 편다 할지라도 상당한 시일이 걸릴 것이다.

코민테른 6차 대회는 이 모든 일에 관한 대차대조표를 작성했다. 그리고 만장일치로 그것을 승인했다. 대회를 이 목적 때문에 소집했다는 사실을 감안한다면, 그것은 결코 놀라운 일이 아니다. 더구나 6차 대회는 앞으로의 정책으로서 '프롤레타리아와 농민의 민주주의 독재'라는 구호를 내세웠다. 이러한 유형의 독재가 국민당 좌파나 우파의 독재와 어떻게 다르며 프롤레타리아 독재와는 어떻게 다른가 하는 문제를 중국 공산당원들에게 해명도 하지 않은 채 말이다. 물론, 코민테른이 그것을 해명하는 것은 불가능한 일이다.

코민테른 6차 대회는 민주주의 독재라는 구호를 주장하면서도 동시에 민주주의 구호들(제헌의회, 보통선거, 언론과 출판의 자유 등)을 허용할 수 없는 것으로 규정하고 있다. 따라서 6차 대회는 중국 공산당을 군벌 독재의 면전에서 완전히 무장 해제시킨 꼴이 되고 말았다. 오랜 기간에 걸쳐서 러시아 볼셰비키는 민주주의 구호들을 중심으로 농민과 노동자들을 결집시켰었다. 민주주의 구호들은 1917년에도 커다란 역할을 담당했다. 오직 소비에트 권력이 현실적으로 존재하기 시작했을 때, 그리고 그것이 정치적으로 제헌의회와 충돌했을 때에야 비로소 우리 당은 비타협적으로 전체 국민을 대변해서 형식적 민주주의 구호들과 제도들을 일소해 버렸다. 다시 말해서 참된 소비에트 민주주의, 즉 프롤레타리아 민주주의를 위해 부르주아 민주주의를 일소해 버렸던 것이다.

코민테른 6차 대회는 스탈린과 부하린의 지도하에 이 모든 교훈을 송두리째 뒤집어엎었다. 한편으로는 당에게 '프롤레타리아' 독재가 아니라 '민주주의' 독재를 전략으로 강요하면서, 다른 한편으로는 이런 독재를 실현하기 위해서 민주주의 구호들을 활용하는 것을 금지한 것이다. 따라서 중국 공산당은 무장 해제당한 셈일 뿐 아니라 완전히 알거지가 돼 버린 셈이다. 이 당에게 유일한 위안이 있다면, 그것은 반혁명이 제멋대로 날뛰는 동안만은 소비에트라는 구호를 활용할 수 있다는 허락을 받은 것이다. 물론 이 구호를 혁명의 고양기에 사용해서는 결코 안 된다는 금지 조항과 함께 말이다. 러시아 민요에 나오는 아주 잘 알려진 주인공들 중에는, 장례식에서는 결혼축가를 부르고 결혼식에서는 장송곡을 부르는 인물이 있다. 이 자는 양쪽 어느 곳에서나 늘씬 두들겨 맞는다. 만일 코민테른 현 지도부의 전략가들을 두들겨 패서 교정시키는 것으로만 문제가 끝난다면, 아마도 그 정책을 참고 감수할 수 있을지도 모른다. 그러나 훨씬 더 중대한 문제가 걸려 있다. 즉, 여기서 문제가 되는 것은 바로 프롤레타리아의 운명이다. 코민테른의 전술은 중국 혁명을 무의식적으로 ─ 그러나 바로 그 때문에 더욱 교묘하게 조직적으로 ─ 사보타지했던 것이다. 이 사보타지는 확실히 성공했다. 왜냐하면 코민테른이 1924~1927년에 시행한 멘셰비키 우파의 정책을 온갖 볼셰비키적 권위들로 치장했으며, 동시에 소비에트 권력의 보호를 받았기 때문이다. 다시 말해서, 소련의 현 집권 세력은 이러한 기회주의 정책을 좌익반대파의 비판으로부터 보호하려고 강력한 탄압 조치들을 취했던 것이다.

결과적으로, 우리는 스탈린이 제시한 전략의 완벽한 실험 장면을 끝까지 목격한 셈이다. 더구나 이 실험은 시종일관 연속혁명에 대한 반대 투쟁의 기치를 펄럭이면서 수행됐다. 따라서 국민 부르주아적인 국민당에 대한 중국 공산당의 종속을 창안해 낸 스탈린의 핵심 참모가 마르티노프라는 것은 전혀 이상한 일이 아니다. 이 마르티노프라는 작자는 1905년부터 1923년까지 줄곧 연속혁명론을 비판해 온 멘셰비키의 핵심 이론가로서, 1923년부터는 볼셰비키 대열 안에서 자신의 역사적 사명을 수행하기 시작했다.

이 책의 기원과 관계되는 기본 사실들은 1장에서 이야기하고 있다. 알마아타에서 나는 레닌주의의 속물 아류들에 대한 이론적 논쟁을 서

두름 없이 준비할 수 있었다. 연속혁명론은 거기서 많은 비중을 차지하고 있었다. 작업에 몰두하고 있는 동안, 나는 라데크가 쓴 원고 하나를 받았는데, 거기서 그는 연속혁명을 레닌의 전략 노선과 대립시키고 있었다. 말하자면 라데크는 이처럼 돌발적인 출구를 만들 필요가 있었다. 왜냐하면 그는 스탈린의 중국 정책에 완전히 귀를 기울이고 있었기 때문이다. 라데크는 (지노비예프와 함께) 중국 공산당의 국민당에 대한 종속을 장제스의 쿠데타 이전에도 옹호했을 뿐 아니라 심지어 그 후에도 옹호했다.

프롤레타리아가 부르주아지에게 예속당해야만 하는 근거를 제시하기 위해서, 라데크는 당연히 농민과 동맹할 필요성과 이 필요성에 대한 나의 '과소평가'를 제시한다. 스탈린을 추종함으로써 라데크 역시 볼셰비키적인 말투를 통해서 실제로는 멘셰비키적인 정책을 옹호한 것이다. 스탈린에 뒤이어 다시금 프롤레타리아와 농민의 민주주의 독재라는 공식을 내세움으로써, 라데크는 중국의 프롤레타리아가 바로 그 공식 때문에 농민 대중의 선두에 서서 독자적인 권력 투쟁을 전개할 수 있는 기회를 빼앗겼다는 사실을 새삼 은폐하려고 했다. 내가 그의 이러한 이데올로기적 기만을 폭로했을 때 라데크는, 레닌을 인용해 가면서 정체를 가장하고 있는 기회주의에 대한 나의 투쟁이 실제로는 연속혁명론과 레닌주의 사이의 모순에서 유래하는 것임을 시급히 입증할 필요성을 느꼈다. 자기 자신의 죄악에 대한 변호인의 자격으로 말을 하면서, 라데크는 마치 연속혁명론에 대한 검사의 기소처럼 말을 바꾸었다. 이러한 행동은 단지 그가 스탈린에게 투항하기 위한 구실에 불과한 것이었다. 내가 그의 동기를 이렇게 의심할 수 있는 것은 바로 수년 전에 라데크 자신이 연속혁명을 옹호하는 소책자를 쓸 계획이 있었기 때문이다. 그러나 나는 서둘러 라데크를 무시하지는 않았다. 나는 퇴로를 차단

하지는 않은 채, 그의 원고에 대해서 솔직하고 분명하게 응수했다. 이 책에 실려 있는 라데크에 대한 나의 답변은 바로 그 당시에 쓴 그대로다. 단지 주석을 몇 개 첨가하고 약간 문체를 수정했을 뿐이다.

라데크의 원고는 결코 신문에 게재되지 못했다. 그리고 그것은 앞으로도 게재되지 못할 것이라고 생각한다. 왜냐하면 1928년 당시에 쓴 원래의 형태로는 스탈린이 설치해 놓은 촘촘한 검열의 눈을 통과할 수 없기 때문이다. 심지어 라데크 자신에게조차도 그 원고는 현재 명백히 치명적일 것이다. 왜냐하면 그것은 그의 사상적 변화를 명확히 보여 주고 있기 때문이다. 그러한 변화야말로 6층 창문에서 뛰어 내리려는 사람의 '변화'와 아주 흡사하다.

이러한 이 책의 유래를 통해서 독자들은 왜 라데크가 실제로 그가 주장할 수 있는 권리보다 더 큰 비중을 이 책에서 차지하고 있는지를 충분히 이해할 수 있을 것이다. 라데크는 연속혁명론에 맞서 단 하나의 새로운 주장도 창안해 내지 못했다. 그는 한낱 속물 아류들 중의 속물 아류로서 등장했을 뿐이다. 따라서 나는 독자들에게 라데크를 단순히 라데크로만 보지 말고 오히려 마르크스주의를 포기하는 대가로 회원권을 얻을 수 있는 어떤 이익 집단을 대표하는 경우로 보라고 충고하고자 한다. 만일 라데크가 개인적으로는 너무나 많은 비난이 자신의 몫으로 떨어졌다고 느낀다면, 그 자신이 마음대로 적당한 상대를 물색해서 그것을 떠넘겨도 괜찮을 것이다. 그렇게 하든 하지 않든 간에 그것은 그 이익 집단의 사적인 문제다. 나는 거기에 대해서 어떤 반대도 제기할 생각이 없다.

독일 공산당 내의 다양한 집단들이 당권을 장악하거나 당권 싸움을 하는 데 동원하는 중요한 수단들 중 하나가 바로 연속혁명을 비판하는 연습을 통해서 각 집단이 지도부로서 자격을 입증하는 것이다. 그러나 마슬로프, 탈하이머 등이 쓴 저술들은 모두 너무 한심한 수준에 머물러 있어서 그것에 대한 비판적 응수를 할 구실조차 찾아 볼 수 없을 지경이다. 텔만, 레멜레 같은 작자들과 앞에서 말한 기준에 따라 선출된 현 지도부는 한결같이 연속혁명 문제를 대단히 저급한 수준에서 이야기하고 있다. 이 사람들 전부가 자신들의 개별적인 비판에서 성공한 것이 있다면, 그것은 단지 그들이 문제의 실마리조차도 제대로 찾을 능력이 없다는 사실을 입증해 준 것뿐이다. 바로 이러한 이유 때문에, 나는 그들을 애초부터 제쳐놓을 수밖에 없다. 마슬로프, 탈하이머, 그리고 다른 사람들이 행한 이론적 비판들에 관심이 있는 사람이면 누구나 이 책을 읽은 다음에 그들의 저술을 읽어보면 될 것이다. 그러면 틀림없이 이 저자들의 무지와 불성실함을 확신하게 될 것이다. 결국, 이것이야말로 내가 이 책의 독자들에게 제공해 주는 부록이 되는 셈이다.

            1929년 11월 30일 프린키포에서
                    레온 트로츠키

독일어판에 붙이는 서문

이 책을 독일어로 출간하는 현 시점에서, 세계 노동 계급의 모든 선진 부위는—그리고 어떤 의미에서는 '개화된' 인류 전체가—과거에 짜르의 왕국이었던 대부분의 지역에서 현재 진행 중인 경제적 급선회와 그 여파들을 아주 예리하게 관심을 가지고 주시하고 있다. 이와 관련해서 가장 큰 관심은 물론 농민들이 소유한 토지 집산화 문제에 쏠려 있다. 이것은 전혀 놀라운 일이 아니다. 이 분야에서 과거와의 단절은 특히 급진적이고 전면적인 양상을 띠게 마련이기 때문이다. 그러나 사회주의 혁명에 대한 총체적인 개념 설정이 없이는 집산화에 대한 올바른 평가가 불가능하다. 그리고 여기서, 차원을 높여서 말한다면, 우리는 다시 한 번 마르크스주의 이론 중에서 실천 활동에 영향을 끼치지 않는 것은 아무것도 없다는 사실을 확신하게 된 셈이다. 아무리 현실과 유리되고 '추상적'인 것처럼 보이는 이론적 차이라 할지라도, 만일 끝까지 관철된다면 언제나 실천으로 표출될 수밖에 없다. 그리고 실천은 단 하나의 이론적 오류도 그 대가를 치르지 않을 수 없도록 만든다.

물론, 농민 재산의 집산화는 어느 한 사회의 사회주의적 변형에 가장 필수적인 기본 요소다. 그러나 집산화의 범위와 속도는 정부 혼자만의 자의적인 뜻에 따라 결정되는 것이 아니라 궁극적으로는 경제 요인들에 따라 결정되는 것이다. 즉, 그 나라의 경제 수준, 공업과 농업의 상호 관계, 그리고 농업 자체의 기술 수준이 결정하는 것이다.

공업화는 현대 문명 전체의 추진력이며 더구나 사회주의를 위한 유일한 토대다. 소련의 상황에서, 공업화는 무엇보다도 먼저 지배 계급으로서 프롤레타리아의 기반 강화를 의미한다. 동시에 공업화는 농업 집산화를 위한 물적·기술적 선행 조건들을 창출해 준다. 이러한 두 과정의 진행 속도는 상호 의존적이다. 프롤레타리아는 공업화와 농업 집산화 과정이 가능한 한 가장 빠른 속도로 진행되기를 원하고 있다. 그럴 경우에만, 현재 생성 중에 있는 새로운 사회가 외부의 위협으로부터 가장 안전하게 보호받을 수 있으며, 노동 대중의 물질 수준을 체계적으로 향상시킬 수 있는 기반을 창출할 수 있기 때문이다.

그러나 이 속도는 그 나라의 전반적인 물질적·문화적 수준, 도시와 농촌의 관계, 그리고 대중의 당면 요구들에 따라 한계가 결정된다. 특히 대중은 **어떤 일정 정도까지만** 미래를 위해서 현재를 희생할 수 있다. 따라서 가장 적절한 속도, 즉 가장 유리한 최상의 속도는 바로 현 시점에서 공업화와 집산화 과정을 가장 신속하게 발전시키면서, 동시에 사회 체제의 필수적인 안정을 보장하는 것이다. 특히, 노동자와 농민의 동맹 관계를 강화해야 하는데, 그것은 이러한 동맹 관계의 강화야말로 미래의 성공 가능성을 마련해 주는 것이기 때문이다.

이러한 견지에서 볼 때, 당과 국가의 지도부가 계획화를 통해서 경제 발전을 관장할 때 따라야 할 총체적인 역사적 기준은 결정적인 의미를 지니게 된다. 여기서 양자택일의 대상이 될 수 있는 두 개의 주요 변수는 다음과 같다.

1) 세계의 프롤레타리아 혁명들이 승리할 때까지 프롤레타리아 독재를

경제적으로 강화하는 방향으로 나아가는 것(러시아 좌익반대파의 입장). 아니면 2) '가능한 한 최단 기간 내에' 폐쇄적인 일국사회주의 사회를 건설하는 방향으로 나아가는 것(현 지도부의 공식 입장).

이 두 입장은 완전히 상반되는 것으로서 궁극적으로는 사회주의에 대한 정반대되는 개념 설정들이다. 그리고 이 양자에서 근본적으로 상이한 노선과 전략과 전술이 도출된다.

이 서문에서는 일국에서 사회주의를 건설하는 문제를 상세히 다룰 여유가 없다. 나는 이 문제에 대해서 많은 글을 썼는데, 그 중에서 특히 ≪코민테른 강령 초안 비판≫을 참조하기 바란다. 여기서는 단지 이 문제의 기본 요소들만 이야기하겠다. 우선, 스탈린이 일국사회주의론을 최초로 정식화한 것은 1924년 가을이었으며, 그것은 마르크스주의의 모든 전통과 레닌의 가르침뿐 아니라 스탈린 자신이 그 해 봄에 쓴 글과도 모순된다는 점을 상기해 보자. 원칙의 견지에서 볼 때, 스탈린의 '교리'가 사회주의 건설에 관한 문제를 놓고 마르크스주의와 결별한 것은 1914년 가을 독일 사회민주당이 전쟁과 애국주의 문제로 마르크스주의와 결별한 것만큼이나 의미심장하고 돌발적인 일이다. 스탈린의 변절은 독일 사회민주당의 배신행위로부터 정확히 10년 후의 일이었다. 그리고 이 두 경우의 성격을 볼 때, 이러한 비교가 결코 우연한 것이 아님을 알 수 있다. 독일 사회민주당의 '오류'와 마찬가지로 스탈린의 '오류' 역시 **민족 사회주의**에 있는 것이다.

마르크스주의는 출발점을 세계 경제로 잡고 있다. 세계 경제는 개별적인 국민 경제들의 단순한 합이 아니라, 국제적 노동 분업과 세계 시장에 의해 이루어진 하나의 강력한 독자적인 실체로서, 우리 시대에는 일국의 시장들을 전체적으로 지배하고 있다. 자본주의 사회의 생산력 발전은 이미 오래 전에 일국의 틀을 넘어섰다. 제국주의 전쟁(1914~1918년)은 이러한 사실을 표현하는 것들 중 하나다. 생산 기술과 관련해서 생각해 본다면, 사회주의 사회는 틀림없이 자본주의보다 더 높은 단계를 의미한다. **일국에 고립된** 사회주의 사회의 건설을 목표로 하는 것은, 지금까지 모든 성공을 달성했음에도 생산력을 뒤로 후퇴시키겠다는 것을 의미한다. 심지어 자본주의보다도 더 후진적인 것으로 말이다. 세계라는 통일체의 한 부분을 이루고 있는 한 나라의 지리적·문화적·역사적 발전 조건들을 무시한 채, 일국의 틀 내에서 모든 경제 분야들 간의 폐쇄적인 균형 상태를 실현하겠다는 생각이야말로 반동적인 공상을 추구하는 것이다. 그럼에도 이 이론의 선구자들과 지지자들이 국제 혁명 투쟁에 참가한다면(이들이 거기서 어떠한 성공을 거두는지는 별개의 문제다), 그것은 바로 구제할 수 없는 절충주의자들인 그들이 추상적 국제주의를 반동적이고 공상적인 민족 사회주의와 기계론적으로 결합시키고 있기 때문이다. 이러한 절충주의의 가장 고매한 표현은 바로 6차 대회에서 채택된 코민테른의 강령이다.

일국사회주의 개념에 내재된 주요 이론적 오류들 중 하나를 명시적으로 폭로할 때, 최근 발표된 스탈린의 연설문을 인용하는 것보다 더 나은 방법은 없을 것이다. 이 연설문은 미국 공산주의의 내부 문제들을 다루고 있는 것인데, 여기서 스탈린은 다음과 같이 말하고 있다.[1]

미국 자본주의의 특수한 성격들을 무시하는 것은 잘못된 일일 것이다. 공산당은 활동할 때 그 특수성들을 고려해야만 한다. 그러나 공산당의 활동

---

[1] 스탈린은 1929년 5월 6일에 이 연설을 했다. 이것은 1930년 초에 처음으로 출판됐으며, 상황은 결과적으로 이 연설문이 일종의 '강령적' 의미를 갖게끔 만들었다.

을 이러한 특수성들에 기초하는 것은 더욱더 잘못된 일일 것이다. 왜냐하면 미국 공산당을 포함한 모든 공산당의 활동의 토대는 자본주의의 보편적 특징들이 돼야 하기 때문이다. 미국 공산당은 바로 거기에 근거해야 한다. 그리고 자본주의의 **보편적 특징**들은 모든 나라에서 **동일하다**. 공산당의 활동은 어떤 개별 국가의 특수성에 기초를 두어서는 안 된다. **공산당의 국제주의가 기초하고 있는 것은 바로 이러한 자본주의의 보편적 특징들이다**(<볼셰비키>,1호, 1930년. 강조는 레온 트로츠키).

이 문장들은 아무것도 명쾌하게 설명해 주고 있지 않다. 국제주의를 위한 정당한 경제적 근거를 제시하는 척하면서, 스탈린은 실제로는 일국사회주의를 위한 근거를 제시하고 있다. 세계 경제가 완전히 동일한 유형의 개별 국민 경제들의 단순한 합이라는 것은 틀린 생각이다. 특수성들이, 마치 얼굴에 난 사마귀처럼, "보편적 특징"들에 단순히 부수적으로 붙어 다니는 것이라는 말은 그릇된 생각이다. 실은, 일국의 특수성들은 세계 경제의 운동 과정의 기본 특징들이 일국 내에서 독특하게 결합된 것을 의미한다. 이러한 독특한 성격은 장기간에 걸쳐 혁명 전략에서 결정적인 의미를 지닐 수 있다. 이 점은 러시아라는 후진국의 프롤레타리아가 선진국 프롤레타리아보다 훨씬 일찍 권력에 도달한 사실을 떠올려보는 것만으로도 충분히 입증할 수 있다. 오직 이러한 역사의 교훈만으로도 ─ 스탈린이 아무리 뭐라 할지라도 ─ 공산당의 활동이 어떤 "보편적 특징들", 즉 일국 자본주의라는 추상화된 형태에 기초하는 것이 절대적으로 그릇된 것임을 알 수 있다. 더구나 "이것이 바로 공산당의 국제주의가 기초하고 있는 것"이라고 주장하는 것은 완전히 망발이다. 국제주의는 실은, 이미 오래 전에 전성기를 마감하고 지금은 생산력 발전에 장애가 되고 있는 국민국가의 파산에 의거한다. 일국 자본주의는 오직 세계 경제의 일부로서 이해할 수밖에 없으며, 홀로 독자적으로 재건될 수도 없다.

상이한 개별 국가들의 경제적 특수성은 결코 보편성에 종속되는 하위의 것이 아니다. 그것은 영국과 인도, 미국과 브라질을 비교해 봐도 충분히 알 수 있다. 그러나 일국 경제의 특수성들은 그것이 아무리 크다 할지라도 세계 경제라고 불리는 더 차원 높은 실체를 구성하는 부분들이다. 그리고 궁극적으로 공산당의 국제주의가 의거하는 것은 바로 이러한 세계 경제다.

일국의 특수성이 보편 유형에 대한 "단순한 부속물"이라는 스탈린의 정의는 그 자신이 자본주의의 불균등 발전 법칙을 이해하고 있다는 주장과 명백히 상반된다. 이것은 우연한 일이 아니며, 결국 이 법칙에 대한 그의 무지를 드러내는 것이다. 잘 알려져 있듯이, 스탈린은 이 법칙이야말로 가장 근본적이고 가장 중요하며 가장 보편적인 법칙이라고 선언했다. 스탈린은 불균등 발전 법칙의 도움을 빌어서 존재의 모든 수수께끼를 해결하려고 노력하고 있는 중인 것이다. 물론 그가 한 일은 이 법칙을 한낱 공허한 추상물로 전락시킨 것뿐이다. 따라서 **일국의 특수성은 오직 역사 발전의 불균등성의 가장 보편적인 산물이며 그것이 응축된 결과**라는 사실을 스탈린이 깨닫지 못한 것은 전혀 놀라운 일이 아니다. 이러한 불균등성을 모든 부분에까지 확장해서 생각하려면, 그리하여 전(前)자본주의 역사에까지 적용하려면 그 개념을 정확히 이해하는 것이 필요하다. 생산력의 더 신속한 발전이나 더 원만한 발전, 어떤 역사적 시기 전반의 팽창적 성격이나 수축적 성격 — 예를 들면, 중세, 길드 제도, 계몽적 절대왕권제, 의회주의, 경제의 상이한 분야들 간의 불균등 발전, 상이한 계급·상이한 사회 제도들·문화의 상이한 분야들 간의 불균등 발전 — 바로 이 모든 것이 일국의 '특수성'의 기저에 깔려 있는 것이다. 다시 말해서, 어떤 한 나라의 사회 유형의 특수성은 그 사회의 형성 과정이 가지고 있는 불균등성의 명확한 표현이다.

10월 혁명은 역사 과정의 불균등성의 가장 획기적인 구현이었다. 그리고 연속혁명론은 10월 혁명을 예언했다. 더구나 이 이론은 불균등 발전 법칙에 의거한 것으로서, 이러한 발전의 추상적인 형식을 빌어온 것이 아니라 오히려 러시아의 사회적·정치적 특수성이라는 불균등 발전의 물질적 구체화에 토대를 둔 것이었다.

스탈린이 불균등 발전 법칙을 억지로 채택한 것은 어느 한 후진국의 프롤레타리아가 권력을 쟁취하는 계기를 제때에 예견하기 위한 것이 아니었다. 1924년 이후의 사실들이 보여 주는 것처럼, 그것은 오히려 이미 승리한 프롤레타리아에게 일국사회주의 사회 건설이라는 과제를 억지로 떠맡기기 위한 것이었다. 그러나 불균등 발전 법칙이 적용될 수 없는 대상은 바로 그러한 과제다. 왜냐하면 일국사회주의는 세계 경제 법칙을 대신하지 못하며 그것을 폐지하지도 못하기 때문이다. 그 반대로, 일국사회주의는 세계 경제 법칙에 종속될 수밖에 없다.

불균등 발전 법칙을 물신(物神)으로 만들어 버린 후 스탈린은 그 법칙이야말로 일국사회주의를 위한 충분한 근거라고 선언하고 있다. 그것도 모든 나라에 공통되는 것으로서가 아니라 예외적이고 구세주적이며 전적으로 러시아적 형태로서 일국사회주의를 이야기하면서 말이다. 이렇게 함으로써 그는 러시아라는 일국의 특수성을 모든 자본주의 국가의 '보편적 특징들' 위로 끌어올렸을 뿐 아니라, 하나의 전체로서의 세계 경제를 초월하는 것으로 만들어 버렸다. 바로 여기에서 스탈린의 이론 체계의 치명적인 약점이 시작된다. 러시아의 특수성은 너무나도 강렬하기 때문에 다른 모든 나라에서 일어나고 있는 일들과 상관없이 오직 독자적이고 폐쇄적으로 러시아만의 일국사회주의를 건설하는 것이

가능할 수 있다는 망언이 바로 그것이다. 구세주의 사명을 부여받지 못한 다른 나라들의 특수성은 한낱 일반적 특징들에 "부수적으로 붙어다니는 것"으로서 단지 얼굴에 붙은 사마귀일 뿐이라는 것이다. 그리고 스탈린은 우리에게 "공산당의 활동을 이러한 특수성에 기초하는 것은 잘못된 것"이라고 가르치고 있다. 이 '교훈'은 미국, 영국, 남아프리카, 세르비아 공산당들에게는 유효하지만, "보편적 특징"이 아니라 바로 "특수성"에 활동의 기초를 두고 있는 소련 공산당에게는 유효할 수 없다. 이것이 바로 스탈린이 주장하고자 하는 논리다. 그리고 코민테른의 완전히 이원적인 전략은 바로 여기에서 비롯하는 것이다. 즉, 소련이 "계급을 일소하고" 사회주의를 건설하고 있는 동안, 다른 모든 나라의 프롤레타리아는 자신들이 처한 일국의 조건들을 완전히 무시하고 단일한 일정표에 따라 단일한 행동을 취해야 할 의무가 있다는 것이다. 이러한 이원주의는 코민테른 강령 전반에 걸쳐 나타나고 있으며, 바로 그 때문에 그 강령은 어떠한 원칙적 중요성도 지니지 못하고 있다.

우리가 만일 자본주의의 양극화된 경우로서 영국과 인도의 예를 든다면, 영국과 인도의 프롤레타리아는 같은 조건이나 같은 과제, 같은 방법에 기초하고 있지 않다고 말할 수밖에 없다. 반면, 이 두 나라의 프롤레타리아는 서로 분리될 수 없는 **상호의존성**에 기초하고 있다. 인도에서 해방 운동의 성공은 영국의 혁명 운동을 전제로 하며, 그 반대의 경우도 마찬가지다. 영국이나 인도 모두 **자립적인** 사회주의 사회를 건설하는 것은 불가능하다. 두 나라 모두 세계 경제의 일부일 수밖에 없다. 마르크스주의적 국제주의의 확고부동한 토대는 바로 여기에 있으며, 또한 오직 여기에 있을 수밖에 없다.

최근, 1930년 3월 8일자 <프라우다>는 스탈린의 꼴사나운 이론을 새롭게 해설하고 있다. 즉, "하나의 사회·경제 구성체로서 사회주의"

는, 다시 말해서 생산 관계의 완결된 체계로서 사회주의는 "소련이라는 일국의 차원에서" 완전히 실현될 수 있다는 것이다. 반면, 소련을 포위하고 있는 자본주의 세력의 침공에서 완벽한 안전 보장을 의미하는 "**사회주의의 최종 승리**"는 이와는 다른 것으로서, 사회주의의 최종 승리는 "현실적으로 몇몇 선진국들에서 프롤레타리아 혁명이 승리하는 것이 필요하다"는 것이다. 도대체 이론적 사고력이 얼마나 밑바닥으로 떨어졌기에, 그토록 기만적인 교조주의가 현학의 탈을 쓰고 감히 레닌 당의 중앙기관지에 버젓이 게재될 수 있단 말인가! 여기서 잠시 소련의 고립된 틀 내에서 하나의 완결된 사회 체제로서 사회주의가 실현될 수 있다고 가정해 보자. 이 경우, 일국사회주의의 실현은 "최종 승리"가 될 것이다. 자본주의 세력의 침공은 절대 불가능한 일이 될 것이기 때문이다. 사회주의 질서는 고도의 기술과 문화, 그리고 국민의 유대(紐帶)를 전제로 한다. 만일 소련이 독자적으로 사회주의를 완성했을 때 인구가 약 2억~2억 5000만 명 정도라고 가정한다면, 도대체 외부의 침공이 어떻게 가능할 수 있단 말인가? 이 경우, 도대체 어떤 자본주의 국가나 자본주의 국가 연합이 감히 침공할 생각을 품을 수 있단 말인가? 이 경우, 침공할 수 있는 유일한 나라는 오히려 소련이 될 것이다. 그러나 소련의 그러한 행동은 결코 필요하지 않다. 만일 수차례에 걸친 5개년개발계획을 통해서 독자적인 힘만으로 강력한 사회주의 국가를 건설할 수 있었던 후진국의 예가 있다면, 그것은 세계 자본주의에 치명타가 될 것이다. 또한 세계 프롤레타리아 혁명이 치러야 할 희생을 극소화시킬 것이다. 이상과 같은 가정을 잘 생각해 보면, 스탈린의 이론 체계는 실제로는 코민테른의 해체를 유도하는 것임을 명확히 알 수 있다. 그리고 만일 사회주의의 운명을 최고 권위 기구, 즉 소련의 국가계획위원회가 결정한다면, 코민테른이라는 것이 도대체 어떠한 역사적 의미가 있겠는가? 이 경우, 코민테른의 임무는 친소를 표방하는 저 유명한 "우정의 사절단"들과 함께 외부 개입으로부터 사회주의 건설을 보호하는 일, 즉 국경수비대 역할을 하는 일이 될 것이다.

　<프라우다>의 이 논설은 가장 최신의 경제학 논거들을 동원해서 스탈린의 이론 체계가 정당함을 입증하려 애쓰고 있다.

> …… 현재, 사회주의 유형의 생산 관계들이 공업뿐 아니라 농업에서도 더 깊게 뿌리 내리고 있다. 국영 농장들의 발전, 양적·질적인 측면에서 집단 농장 운동의 거대한 고양, 완전한 집산화에 기초해서 이루어진, 계급으로서의 쿨락[부농]의 일소 등이 실현된 것이다. 바로 이러한 시점에서 가장 명확히 드러나는 것은 트로츠키-지노비예프의 패배주의적인 이론의 비참한 파탄일 것이다. 이들의 이론이야말로 본질적으로는 "10월 혁명의 정당성에 대한 멘셰비키적 부정"(스탈린)이었던 것이다(<프라우다>, 1930년 3월 8일).

　이 문장들이야말로 실로 주목할 만한 것인데, 그것은 사고의 완전한 혼란을 은폐하기 위해서 이 문장들이 보여 주고 있는 유창한 어조 때문만은 아니다. 스탈린과 더불어 이 논설의 필자는 "트로츠키의 이론이 10월 혁명의 정당성을 부인하는 것"이라는 비난하고 있다. 그러나 10월 혁명이 일어나기 13년 전에 이 혁명의 **필연성을 예언한 것은** 바로 연속혁명론이었다. 그러면 스탈린은 어떠했는가? 그는 심지어 2월 혁명 이후에도, 즉 10월 혁명이 일어나기 불과 7~8개월 전에도, 저급한 혁명적 민주주의를 부르짖었다. 스탈린이 조심스럽게 그리고 살그머니 민주론 입장에서 사회주의 입장으로 미끄러져 가기 위해서는 레닌이 페트로그라드에 도착(1917년 4월 3일)하는 것이 필요했다. 그 당시에 레닌은 우쥴하고 있던 '고참 볼셰비키들'과 가차없는 투쟁을 벌였으며, 그들을 아주 우스꽝스럽게 만들었다. 어쨌든, 스탈린의 이러한 내적 '성장·전환'은 내가 서구의 프롤레타리아 혁명보다 먼저 발생하게 될 러시아 노동계급에 의한 권력 쟁취의 '정당성'을 증명한 지 12년이 지나서도 이루어지지 않고 있었다. 그리고 그의 성장·전환은 결코 완전하게 이루어진 것도 아니었다.

그러나 10월 혁명에 대한 이론적 전망을 구상하면서도 나는 러시아 프롤레타리아가 국가 권력을 쟁취함으로써 짜르의 제국을 세계 경제의 궤도에서 이탈시킬 것이라고 믿지는 않았다. 우리 마르크스주의자들은 국가 권력의 역할과 의미를 알고 있다. 그것은 부르주아 국가의 종복인 사회민주당이 묘사하는 것처럼 경제 진행 과정들의 수동적인 반영이 결코 아니다. 권력은 진보 세력뿐 아니라 반동 세력에게도 엄청난 의미가 있으며, 어떤 계급이 권력을 장악하느냐의 문제는 핵심 관건이다. 그럼에도, 국가 권력은 상부 구조에 속하는 일종의 도구다. 제정 체제와 부르주아지의 수중에서 프롤레타리아의 수중으로 권력이 넘어왔다는 사실만으로는 세계 경제의 전개 과정이나 그 법칙들을 폐기하지 못한다. 물론, 10월 혁명 후 일정 기간 동안은 소련과 세계 시장 간의 경제적 유대 관계가 약화됐다. 그러나 변증법적 전개 과정에 있는 한낱 단기적인 현상에서 일반화를 시도하는 것은 매우 위험한 실책이 될 것이다. 노동의 국제적 분업과 현대적인 생산력의 초국민국가적 성격은 소련에 여전히 그 영향력을 행사하고 있다. 뿐만 아니라, 소련의 경제 발전과 비례해서 그 영향력은 앞으로도 더욱 증가할 것이다.

자본주의에 통합된 모든 후진 국가는 다른 자본주의 국가들에 대한 종속에서 다양한 단계들을 거쳐 왔다. 즉, 경우에 따라서 종속 관계가 심화될 수도 있었고 그 반대로 약화될 수도 있었다. 그러나 일반적으로 자본주의의 발전 경향은 국제적 상호의존성의 비대화로 나아가고 있으며, 그것은 자본 수출을 비롯한 대외 무역량의 증가로 표현되고 있다. 물론, 인도에 대한 영국의 의존성은 영국에 대한 인도의 의존성과는 질적으로 다른 성격을 띠고 있다. 그러나 이 차이는 근본적으로 두 나라의 생산력 발전 수준의 차이에서 기인하는 것이지, 경제적 자립도의 차이에 따라 결정되는 것은 결코 아니다. 인도는 식민지인 반면, 영국은 이 식민지의 소위 말하는 모국이다. 그러나 만일 오늘날 영국이 경제 봉쇄를 당한다면, 인도가 그와 유사한 봉쇄 조치를 당하는 것보다도 훨씬 빨리 몰락할 것이다. 이것이야말로 세계 경제의 실재성을 입증해 주는 명쾌한 예들 중 하나일 것이다.

    자본주의의 발전은―《자본》 제2권에 나오는 추상적인 공식으로서가 아니라 역사적 실체로서(그 공식은 단지 **분석 과정의 한 단계로서**만 의미가 있을 뿐이다)―발전을 위한 토대의 체계적인 확장을 통해서만 가능했으며 또 그렇게 될 수밖에 없다. 모든 개별 국가의 자본주의는 발전 과정에서, 그리고 그러한 발전에 따르는 내적 모순들과의 싸움에서 더욱 가속화해서 '외부 시장', 즉 세계 시장을 확보하는 데 눈을 돌리고 있다. 자본주의의 항구적인 내적 위기의 소산인 이러한 통제 불가능한 팽창은 자본주의 자체에 대한 치명적인 힘으로 전환될 때까지만 그 효력이 있다.

    10월 혁명은 제정 러시아에서 자본주의의 내적 모순들뿐 아니라, 거기에 덧붙여서, 하나의 전체로서의 자본주의와 전(前)자본주의적 생산 형태들 간의 모순들도 물려받았는데, 이 모순들 역시 심각한 문제였다. 이 모순들은 일정한 물질적 특성이 있었으며 지금도 여전히 그런 식으로 존재하고 있다. 다시 말해서, 이 모순들은 도시와 농촌의 물질적 관계로 구현되고 있으며, 상이한 산업 부문들 간의 불균형 상태, 그리고 국민 경제 전반에 고질적으로 박혀 있다. 이러한 원인들 중 일부는 러시아의 지리 조건과 인구 분포 상황에서 직접 유래하는 것이다. 즉, 자연 자원의 고르지 못한 분포, 지역 간 인구 분포의 극심한 차이 등은 국토의 균형 발전을 저해해 왔다. 소비에트 경제의 강점은 생산수단의 국유화와 생산 활동의 계획화에 있다. 약점은 과거에서 물려받은 후진성과 혁명 이후부터 현재까지 지속돼 온 고립 상태에 있다. 이러한 고립은 사회주의 원칙이 아니라 자본주의 원칙에 근거해서조차도, 즉 정상적인 국제 금융 차관의 형식으로조차도 세계 경제의 재원을 활용할 수 없음을 의미하는데, 후진국들에게 그러한 국제 금융 차관은 아주 중요한 역할을 한다. 그 동안, 소련이 물려받은 자본주의적·전자본주의적 모순들은 자동으로 사라져 버리지도 않았으며, 오히려 다시금 기지개를 펴고 있다. 이 모순들은 소련 경제의 성장과 더불어 심화되고 있으며, 이것들을 극복하거나 완화하기 위해서는 세계 시장의 재원을 활용할 필요가 있다.

10월 혁명이 새롭게 각성시킨 광활한 영토에서 현재 일어나고 있는 일들을 이해하기 위해서는, 경제적 성공들 때문에 최근 다시금 나타나고 있는 과거의 모순들과 더불어 강력한 새로운 모순이 발생하고 있다는 사실을 명확히 고찰할 필요가 있다. 그리고 그것은 바로, 발전 속도를 유례없이 가속화할 수 있는 소비에트 공업의 집중화 현상과 세계 경제의 재원을 정상적으로 활용할 수 없게 만들고 있는 소련 경제의 고립 상태 사이의 모순이다. 낡은 모순들을 가중시키고 있는 이 새로운 모순은 결국 경제의 급속한 성공과 대조적으로 고통스러운 어려움을 야기하고 있다. 이러한 어려움은 모든 노동자와 농민이 일상적으로 느끼고 있는 데서 가장 직접적이고 가장 심각하게 표출된다. 즉, 노동 대중의 생활 조건은 경제의 전반적인 부흥과 더불어 향상되지 않고 있으며, 오히려 식량난 때문에 현재 더 악화돼 가고 있다. 소련 경제의 첨예한 위기는 자본주의가 창출한 생산력을 국내 시장만으로는 조절할 수 없으며 오직 국제적 차원에서만 사회주의적으로 연계되고 조화될 수 있다는 것을 상기시켜 주고 있는 셈이다. 다시 말해서, 소련 경제의 위기는 어린아이가 크면서 앓는 병과 같은 단순한 것이 아니라 그보다 훨씬 더 의미심장한 것으로서, 바로 세계 시장에서 고립됐다는 가혹한 현실을 의미한다. 그런데 세계 시장이라는 것은, 레닌의 말을 빌자면, "우리가 거기에 종속돼 있고 구속돼 있으며, 또한 거기에서 탈출할 수 없는" 바로 그러한 것이다(1922년 3월 27일 11차 전당대회 연설문).

그러나 지금까지 내가 이야기한 것에서 결코 10월 혁명의 역사적 '정당성'에 대한 부정이 도출되지는 않는다. 그러한 속단이야말로 파렴치한 속물적 태도다. 세계 프롤레타리아의 권력 쟁취는 단 한 번에 동시에 이룰 수 있는 행위가 아니다. 정치적 상부 구조에는—그리고 혁명도 이러한 '상부 구조'의 일부다—고유한 변증법이 있다. 그리고 이것은 세계 경제의 전개 과정에 강압적으로 개입하게 된다. 그러나 세계 경제의 기본 법칙들을 폐기하지는 못한다. 10월 혁명은 수십 년에 걸쳐서 필연적으로 확산될 **세계 혁명의 첫 단계**로서 '정당한' 것이다. 첫째 단계와 둘째 단계 사이의 휴지기가 전에 우리가 예상했던 것보다 훨씬 더 오래 가는 것으로 판명됐다. 그럼에도 휴지기는 여전히 휴지기일 뿐이다. 이 휴지기는 결코 일국사회주의 사회를 건설할 수 있을 만큼 충분히 긴 하나의 독자적인 역사적 시대로 전환될 수 없다.

혁명에 대한 상반된 개념 설정에서 소련 경제 문제에 관한 두 개의 상이한 지도 노선이 나올 수밖에 없다. 스탈린이 전혀 예상하지 못했던 최초의 신속한 경제적 성공은 1924년 가을 무렵에 그에게 일국사회주의론의 영감을 불러일으켰다. 고립된 국민 경제의 실천 전망에 대한 최고의 환상적인 형태로 말이다. 그리고 바로 이 시기에 부하린은 그의 유명한 공식을 내세웠다. 즉, 대외 무역에 대한 독점을 통해서 세계 경제로부터 우리 자신을 보호함으로써, 우리는 — 비록 "거북이걸음"과 같은 식일지라도 — 사회주의를 건설할 수 있을 것이라고. 이것은 중도파(스탈린)와 우파(부하린) 간의 블록의 공동 구호가 됐다. 이미 그 당시에, 스탈린은 우리의 공업화 속도는 오직 우리 자신만의 '고유한 문제'로서 세계 경제와는 결코 아무런 관련도 없다는 생각을 쉴 새 없이 설명하고 다녔다. 그러한 일국적 독선은 당연히 오래 지속될 수 없었다. 왜냐하면 그것은 최초의 아주 단기간의 경제 부흥만을 반영하는 것이었기 때문이다. 그러나 그러한 경제적 성공은 필연적으로 세계 시장에 대한 우리의 의존 관계를 다시금 부활시켰다. 일국사회주의론자들이 예상하지 못했던 이러한 의존 현상이 안겨 준 최초의 충격들은 경각심을 불러일으켰으며, 그것은 그 다음 단계에 가서는 공포로 변해 버렸다. 가능한 한 가장 신속한 속도로 공업화와 집산화를 실행함으로써 우리는 가능한 한 신속히 경제 '자립'을 달성해야 한다! 바로 이것이 최근 2년 사이에 일국사회주의의 경제 정책에서 일어난 변화다. 엉금엉금 기어가면서 구두쇠 노릇을 하던 것이 갑자기 모험주의로 대치됐다. 그러나 두 경우 모두 이론적 기초는 여전히 동일하다. 즉, 일국사회주의론이 바로 그 기초다.

지금까지 이야기한 것처럼, 근본적인 어려움은 객관적 상황에서 유래한다. 특히 소련의 고립 상태에서 유래한 것이다. 도대체 이러한 객관적 상황 자체가 어느 정도까지 지도부의 주관적 오류의 산물이었는지의 문제는 여기서 상세히 이야기하지 않겠다(1923년 독일에서 취한 그릇된 정책, 1924년 에스토니아와 불가리아에서 범했던 실책, 1926년 영국과 폴란드에서 범했던 실책, 1925~1927년 중국에서 저지른 오류, '제

3기' 규정에 따른 현재의 잘못된 전략, 기타 등등 ……). 그러나 현재 소련의 첨예한 위기는 현 지도부가 불가피한 일을 억지로 이념적으로 미화하려고 애쓰는 데서, 그리고 노동자 국가의 정치적 고립에서 경제적으로 폐쇄된 사회주의 사회를 목표로 하는 강령을 이끌어 내려고 애쓰는 데서 기인하는 것이다. 바로 이처럼 무모한 억지가 전자본주의적인 재산명세서를 토대로 농민 재산을 완전히 몰수해서 완전한 사회주의 집산화를 달성하겠다는 시도를 촉발시킨 것이다. 이것은 아주 위험한 모험으로서, 프롤레타리아와 농민의 협력 가능성 자체를 손상시킬 위험이 있다.

이처럼 급격한 집산화가 아주 첨예한 모습으로 부각됐을 때, 어제까지만 해도 "거북이걸음"식의 사회주의를 설파한 이론가인 부하린은 아주 잽싸게 현재의 공업화와 집산화의 '미친 듯한 질주'를 열정적으로 찬미하기 시작했다. 그러나 근심스럽게도, 그의 이러한 찬미 행위조차도 이제는 완전한 이단으로 몰릴 듯하다. 왜냐하면 이미 새로운 분위기가 감돌고 있기 때문이다. 경제 현실의 완강한 저항에 부딪혀 스탈린은 어쩔 수 없이 퇴각하기 시작한 것이다. 이제 위험은 공포의 발작으로 강요된 어제의 모험주의적 공세가, 공포에 녹초가 된 후퇴로 돌변할지도 모른다는 사실에 있다. 이처럼 양극단 사이에서 오락가락하는 것은 일국사회주의의 어쩔 수 없는 본질이다.

고립된 노동자 국가를 위한 현실적인 강령은, 세계 경제에서 '자립'하는 것을 자신의 목표로 삼을 수 없다. '단기간에' 일국사회주의를 건설하는 것은 더욱더 목표가 될 수 없다. 그러한 강령의 과제는 추상적인 최대 속도를 달성하는 데 있는 것이 아니라, 가장 적절한 속도, 즉 세계와 국내의 경제 조건들에서 도출되는 최량의 속도를 달성하는 데 있다. 그것은 곧, 프롤레타리아의 지위를 강화하고, 미래의 국제 사회주의 사회를 위한 일국적 토대를 준비하고, 동시에 프롤레타리아의 생활수준을 체계적으로 향상시키고(이 점이 가장 중요하다!), 농촌의 비착취 대중과 프롤레타리아의 동맹 관계를 강화하는 일이다. 이러한 전망은 준비기 전체에서 틀림없이 유효할 것이다. 다시 말해서 선진국들에서 프롤레타리아 혁명의 승리가 소련을 현재의 고립 상태에서 해방시켜 줄 때까지 유효할 것이다.

지금까지 여기서 이야기한 생각들 중 일부는 저자의 다른 글들, 특히 ≪코민테른 강령 초안 비판≫에서 더 상세히 다루었다. 나는 가까운 시일에 특히 소련 경제 발전의 현 단계 평가를 주제로 소책자를 하나 출판할 생각이다. 오늘날 연속혁명의 문제들이 제기되고 있는 방식에 대해 더 잘 알고자 하는 독자들에게 나는 방금 말한 글을 추천하고 싶다. 그러나 지금까지 여기서 제시한 고찰들만으로도 원칙에 관한 투쟁의 중요성이 충분히 밝혀졌다고 생각한다. 물론, 수년 전부터 지금까지 지속되고 있는 그 투쟁은 두 개의 상반되는 이론이 대립하는 형태를 취하고 있다. 즉, **일국사회주의 대 연속혁명**이 바로 그것이다. 우리가 이 책의 많은 부분을 할애해 가면서 외국의 독자들에게 러시아 마르크스주의자들 사이에 있었던 이론적 논쟁들과 혁명 전의 예측들을 소개하는 것은 바로 이 문제의 본질적 중요성 때문이다. 아마도 이 문제를 해명하는 데서 더 흥미 있는 다른 형태를 취할 수도 있었을 것이다. 그러나 이 책의 형태는 결코 내가 만들어낸 것도 아니며 내 자의적인 재량에 따라 마음대로 선택한 것도 아니다. 그것은 나의 적대자들이, 그리고 부분적으로는 정치 전개 과정의 경로가 나에게 강요한 것이다. 모든 학문 중에서 가장 추상적인 학문인 수학의 진리들조차도 그것들이 발견된 역사를 참조할 경우에 아주 올바르게 배울 수 있다. 더 구체적인 것, 즉 마르크스주의 정치학이라는 역사적으로 조건지워지는 진리들 역시 마찬가지인데, 이 경우 그러한 역사적 교훈은 훨씬 더 커다란 비중을 차지한다. 투쟁의 역사적 상황들에서 따로 떨어져 나온 정치사상들에 대한 교조적이고 현학적인 설명보다는, 혁명 전 러시아 상황에서 혁명에 대한 전망을 놓고 전개됐던 이론적 논쟁의 역사가 독자들로 하여금 세계 프롤레타리아의 혁명적 과제의 본질에 훨씬 더 구체적이고 더 밀접하게 다가가게 해 줄 것이라고 나는 생각한다.

1930년 3월 29일

1
이 책의 불가피성과 목적

지난 6년 동안[1923~1929년] 우파-중도파 연합의 지도하에 있는 당의 이론적 요구는 반(反)'트로츠키주의'가 충족시켜 왔다. 그리하여 반트로츠키주의야말로 자유롭게 배포된 무수히 많은 저술에서 엿볼 수 있는 유일한 내용이 됐다. 스탈린은 1924년에야 비로소 연속혁명에 반대하는 불후의 논설들로 이론 활동에 참여했다. 몰로토프조차도 이런 흐름을 타고 '지도자'로서 명명됐다. 곡해가 판을 치고 있다. 며칠 전 나는 레닌의 1917년 저작이 독일에서 출판된 것을 우연히 알게 됐다. 이것은 선진적인 독일 노동 계급에게 이루 말할 수 없이 값진 선물이다. 그러나 번역이나 특히 각주에 수없이 많은 왜곡이 있으리라는 점은 누구나 쉽게 상상할 수 있다. 차례의 맨 처음이 뉴욕에 있는 콜론타이에게 보내는 레닌의 편지들이라는 사실을 지적하는 것만으로도 충분할 것이다. 왜 그것들을 맨 앞에 실었을까? 그 이유는 단순히 그 편지들이 당시 멘셰비즘의 줄기에 신경질적인 극좌주의를 접목하고 있던 콜론타이한테서 나온 **완전히 날조된** 정보에 기초해 나에 대해 신랄하게 비난하고 있는 내용을 담고 있었기 때문이다. 러시아어판에서, 스스로 레닌인 척하는 자들은 레닌이 그릇된 정보에 기초했음을 비록 애매모호하게나마 밝히지 않을 수 없었다. 그러나 독일어판에서는, 이러한 구렁이 담 넘어가는 듯한 단서들조차 없으리라는 것을 쉽게 짐작할 수 있다. 그리고 콜론타이에게 보내는 레닌의 편지들에는, 당시 콜론타이가 연대하고 있었던 부하린에 대한 레닌의 격렬한 비판이 포함돼 있음을 덧붙일 수 있다. 하지만 이 점들은 당분간 삭제됐다. 그것들은 부하린에 대한 [스탈린의] 공개적인 비난이 시작될 때 비로소 공개될 것이다. 아마도 그리 오래 기다리지 않아도 될 것이다.2) 반면 수없이 많은, 매우 값진 레닌의 문서·논설·연설·의사록·편지 등은 스탈린과 그 동료들을 겨냥해 비판하고 있는데, 이것들을 '트로츠키주의'라는 신화를 약화시킨다는 단순한 이유만으로 여전히 공개하지 않고 은폐하고 있다. 당사(黨史)는 말할 것도 없고 세 번의 러시아 혁명의 역사에 대해서도 손질이 가해지지 않은 곳은 문자 그대로 단 한 곳도 없다. 레닌의 이론, 레닌에 대한 사실들, 레닌으로부터 내려온 전통들, 레닌이 물려준 유산 등 이 모든 것이, 레닌의 와병 이후 트로츠키에 대한 개인적인 투쟁으로 시작돼 조직화되고 나중에는 마르크스주의에 대한 투쟁으로까지 발전한 반(反)'트로츠키주의' 투쟁을 위해 왜곡되는 희생을 겪어 왔다.

이미 오래 전에 종식된 논쟁들을 쓸데없이 긁어모으는 것처럼 보이는 행위는, 사실은 그 시대의 무의식적인 사회적 필요, 본질적으로 과거의 논쟁의 연장선상에 있지 않은 그러한 필요를 충족하기 위함이라는 점이 다시 한 번 확인됐다. 사실, '낡은 트로츠키주의'에 반대하는 캠페인은 새로운 관료군(群)에게는 점점 더 그들을 속박하고 참을 수 없는 것이 돼 버린, 10월 혁명의 전통에 반대하는 운동이다. 그들은 자신들이

---

2) 이 예언은 그리 오래지 않아 이루어졌다.

제거하고자 하는 모든 것을 '트로츠키주의'로 규정하기 시작했다. 이리하여 반(反)트로츠키주의 투쟁은 점차 광범한 비(非)프롤레타리아권과 일부 프롤레타리아권에서 등장한 이론적·정치적 **반동**의 표현이 됐으며, 당 내부의 이러한 반동의 반영이었다. 특히 연속혁명을 '농민과의 동맹'이라는 레닌의 노선과 대립하는 것으로 만들려는, 희화화되고 역사적으로도 왜곡된 시도는 1923년에 절정에 달했다. 그러한 시도는 사회적·정치적 반동과 당 내 반동의 시기에 그러한 반동의 생생한 표현으로서 등장했다. 그리고 그것은 '연속적' 격동을 수반하는 세계 혁명에 대한 관료들과 소소유자들의 적대 의식을, 또 쁘띠부르주아지와 관리들의 안온함과 질서에 대한 열망을 표현하는 것이었다. 연속혁명에 대한 악의에 찬 비난은 결국 민족 사회주의의 최신판인 '일국사회주의'론의 토대를 명확히 밝혀 주었을 뿐이다. 물론 반(反)'트로츠키주의' 투쟁의 이러한 새로운 사회적 기초가 그 자체로 연속혁명론의 타당성을 증명해 주지는 못한다. 그러나 이러한 숨겨진 [사회적] 기초를 이해하지 않는다면, 이 논쟁은 필연적으로 보잘것없는 현학적 성격을 띠게 될 수밖에 없다.

    최근까지 나는, 1905년의 혁명기와 관련된 이전의 문제들이 주로 나 자신의 과거와 결부돼 있고 인위적으로 조작돼 내 과거를 비난하기 위해 이용돼 왔다고 해서, 새로운 문제들을 제쳐놓고 그 문제들로 되돌아갈 만한 여유는 없다고 생각했다. 과거의 의견 차이나, 특히 그것이 생겨나게 된 당시의 상황 배경에 대한 내 자신의 잘못에 대한 분석 ― 정치적으로 제2의 유아기로 퇴화해 버린 구시대 인물들[스탈린과 그 아류들]은 말할 것도 없고 새로운 젊은 세대들에게까지 이 논쟁과 잘못을 이해시켜 줄 만한 완벽한 분석 ― 을 위해서는 그 자체로 두꺼운 책 한 권 전체가 필요할 것이다. 중요한 새로운 문제들이 끊임없이 제기되고 있는 이 때, 그런 일에 나와 타인의 시간을 허비하는 것은 나로서는 도저히 이해할 수 없는 일이다. 독일 혁명의 과제, 영국의 장래에 관한 문제, 미국과 영국의 상호 관계 문제, 영국 프롤레타리아의 총파업[1926년]으로 촉발된 여러 문제들, 중국 혁명의 과제, 그리고 끝으로 가장 중요한 문제로서 우리 나라의 정치·경제·사회 모순과 과제 등 이 모든 것이 연속혁명에 관한 역사적·논쟁적 저술을 계속 뒤로 미루는 것을 충분히 정당화시켜 줬다고 나는 믿는다. 하지만 사회의식은 공백 상태를 혐오한다. 이미 언급한 바와 같이, 최근 수년 동안 이러한 이론적 공백이 반트로츠키주의라는 쓰레기로 메워져 왔다. 속물적 모방자들, 현학자들, 당 내 반동의 하수인들은 더욱더 타락해, 아둔한 멘셰비키 마르티노프에게 배워, 레닌을 짓밟고, 수렁에서 허우적대면서도, 이 모든 것을 반트로츠키주의 투쟁이라고 칭한다. 지난 수년 동안 그들은 부끄러워하지도 않은 채 공개적으로 언급할 만한 단 하나의 저작도 쓰지 못했으며, 그 나름대로 타당성이 있는 단 한 번의 정치적 평가도 내려 본 적이 없다. 확증된 예측이나 이데올로기적으로 진전된 슬로건에 대해서도 마찬가지다. 어디에나 쓰레기 같은 유치한 짓거리들뿐이다.

　스탈린의 ≪레닌주의의 문제들≫은 이러한 이데올로기적 쓰레기의 성문화이자, 편협증의 공식 편람이며, 진부한 말들의 집대성이다.(나는 가능한 한 가장 완곡한 표현을 사용하기 위해 최선을 다하고 있다.) 지노비예프의 ≪레닌주의≫는 바로 지노비예프식 레닌주의일 뿐 그 이상도 이하도 아니다. 지노비예프는 마치 루터의 원칙에 따라 행동하는 것처럼 보인다. 그러나 루터가 '나는 여기에 서 있다. 나는 달리 어쩔 수가 없다'라고 말했던 반면, 지노비예프는 이렇게 말한다. '나는 여기에 서 있다. …… 하지만 나는 다른 곳에서도 서 있을 수 있다.' 이 두 [스탈린의 ≪레닌주의의 문제들≫과 지노비예프의 ≪레닌주의≫] 속물적이고

서투른 모방의 이론적 소산들을 읽는 것은 둘 다 똑같이 참기 힘든 일이지만, 다음과 같은 차이가 있다. 지노비예프의 ≪레닌주의≫를 읽을 때는 얼기설기한 솜 때문에 숨이 막히는 느낌을 받는다면, 스탈린의 ≪문제들≫은 잘게 잘려진 억센 털 같은 느낌을 불러일으킨다. 두 책은 각각 독특한 방식으로 이데올로기적 반동의 시대의 상징이자 최고봉이다.

모든 문제를 — 우익한테서든 좌익한테서든, 위로부터든 아래로부터든, 앞으로부터든 뒤로부터든 — 트로츠키주의에 억지로 끼워 맞춤으로써, 레닌의 속물적 모방자들은 결국 모든 세계사적 사건이 1905년의 트로츠키의 연속혁명 전략에 직간접으로 좌우되는 문제인 것처럼 만들어 버리고 말았다. 왜곡으로 가득 찬 트로츠키주의라는 신화가 현대사의 한 요소가 됐다. 그리하여, 최근 수년 동안 우파-중도파 노선이 각 대륙에서 역사적으로 중요한 파국을 통해 자신의 신용을 실추해 왔는데도, 오늘날 코민테른에서 중도파 이데올로기에 대한 투쟁은 1905년 초부터 시작된 오랜 논쟁들과 예견들에 대한 평가 없이는 이미 생각할 수조차 없거나 아주 어려운 일이 돼 버리고 말았다.

당 내에서 마르크스주의적, 나아가 레닌주의적 사고의 부활은, 스스로 레닌인 척하는 속물들의 낙서 짓거리에 대한 논리적 처단과 당 기구의 하수인들에 대한 가차없는 이론적 처형 없이는 생각할 수조차 없다. 사실 그런 책을 쓰는 것은 그리 어려운 일은 아니다. 모든 준비가 다 돼 있다. 하지만 그런 책을 쓰는 것은 어려운 일이기도 하다. 그런 책을 쓰려면, 위대한 풍자시인 살티코프의 말대로, 'ABC 악취'[애써 만든 쓰레기]의 세계로 내려가 도저히 아름답다고 할 수 없는 분위기 속에서 상당 기간을 지내야만 하기 때문이다. 그런데 이제는 그 작업을 절대 미룰 수 없게 됐다. 왜냐하면, 인류의 절반 이상이 관련된 동양 문제에서 취해진 기회주의 노선을 방어하는 일이 바로 연속혁명에 반대하는 투쟁에 기초해서 이뤄지고 있기 때문이다.

내가 러시아 고전들을 여가 시간을 위한 것으로 제쳐놓고(잠수부들도 이따금 수면으로 올라와서 신선한 공기를 마셔야만 한다) 지노비예프와 스탈린과의 논쟁이라는 전혀 재미없는 임무를 막 시작했을 때, 뜻밖에도 연속혁명론과 레닌의 견해를 '매우 심오하게' 대립시키는 내용을 담은 라데크의 논문이 발표돼 유포되기 시작했다. 처음에 나는 나를 질식시키려고 하는 얼기설기한 솜과 잘게 잘려진 억센 털의 결합에 대한 주의를 흩뜨리지 않기 위해 라데크의 논문을 제쳐 두려 했다. 그러나 동지들한테서 온 많은 편지 덕분에 나는 더 주의 깊게 라데크의 저술을 읽어보게 됐고, 그 결과 다음과 같은 결론에 도달했다. 지시에 의해서가 아니라 독립적으로 사고할 수 있고 성실하게 마르크스주의를 학습하고 있는 사람들에게 라데크의 논문은 공식 문헌들보다도 더욱 위험하다. 이는 현실 정치에서 기회주위가 교묘하게 분장하면 할수록, 그것을 가리고 있는 개인적 명망이 높으면 높을수록 더욱더 위험한 것과 꼭 마찬가지다. 라데크는 내 절친한 정치적 동지 중 한 사람이다. 이는 근래의 사건들에서 충분히 입증됐다. 하지만 최근 몇 달 동안 많은 동지들이, 극단적 좌익반대파에서 우익반대파로 완전히 전향해 버린 라데크의 변신 과정을 걱정하며 지켜봐 왔다. 라데크의 가까운 동지인 우리는 모두 유별난 충동성과 감수성이 결합된 그의 명석한 정치적·문학적 자질이 집단 활동에서는 창의성과 비판 정신의 고귀한 원천이 될 수도 있으나, 고립된 상황에서는 전혀 다른 결과를 낳을 수도 있는 성질의 것임을 알고 있다. 라데크의 최근 저작을 ─ 이전의 여러 가지 활동과 관련해 ─ 보면, 라데크가 나침반을 잃어 버렸거나 아니면 그의 나침반이 강력한 자력 때문에 끊임없이 교란되고 있음을 알 수 있다. 라데크의 저작은 지나가 버린 에피소드적 탈선이 결코 아니다. 오히려 그것은, 불충분한 사고의 산물이긴 하지만, 이론적 신화를 가지고 공식 노선을 지지한다는 점에서 적지 않은 해악을 끼치고 있다.

현재의 반'트로츠키주의' 투쟁이 앞에서 특징지은 바와 같은 정치적 기능을 수행하고 있다는 사실이, 이데올로기적·정치적 반동에 대항하는 마르크스주의의 지주로서 형성된 반대파 내의 내부 비판—특히 과거의 나와 레닌과의 견해 차이에 대한 비판—이 용납될 수 없음을 의미하는 것은 결코 아니다. 오히려 그러한 자기청산 작업은 너무도 소중한 것이다. 그러나 여기에는, 어떤 경우든지 역사적 전망을 확고하게 유지하고, 과거의 견해 차이의 근원을 주의 깊게 검토하며, 과거의 차이를 현재의 투쟁이라는 관점에서 조명하는 것이 절대적으로 필요하다. 라데크에게는 이러한 것들의 흔적조차 찾아볼 수 없다. 마치 자기 자신이 무엇을 하고 있는지도 모르는 것처럼 일면적으로 취사선택한 인용문들과 인용문에 대한 날조된 공식 해석을 이용함으로써, 그는 무작정 반'트로츠키주의' 투쟁으로 빠져 들어가고 있다. 그가 자신의 견해와 공식 캠페인을 구별하는 것처럼 보일 때에도, 그것은 매우 애매모호한 방식이어서 실제로는 [공식 반트로츠키주의 선전에 대한] '중요한' 증언이라는 이중의 지원을 제공하고 있다. 이데올로기적으로 퇴행하는 경우에 항상 그렇듯이, 라데크의 최근 저작에서는 그의 정치적 통찰력이나 문학적 재능 같은 것은 털끝만큼도 찾아볼 수 없다. 그것은 단지 관점도 깊이도 결여한 인용만으로 이루어진 저작이며, 바로 그렇기 때문에 **평면적**이다.

라데크의 최근 저작은 어떠한 정치적 필요에서 나온 것일까? 그것은 반대파 내의 대다수와 라데크 사이에 있었던 중국 문제에 관한 의견 차이에서 나온 것이다. 사실, [반대파 진영 내에서] 중국 문제에 대한 의견 차이는 "오늘날 별다른 의미가 없다"(프레오브라젠스키)는 반대 의견도 약간 있었다. 그러나 이러한 반대는 진지한 고려의 대상이 될 만한 가치가 없다. 볼셰비즘 전체가 1905년의 경험들에 대한 비판과 소화를 통해 완전히 새롭게 형성되고 성장해 왔으며, 그 경험들은 바로 1세대 볼셰비키들의 **직접적 경험**이었다. 달리 어떤 과정이 있었겠는가? 그렇다면, 오늘날 새로운 프롤레타리아 혁명가 세대들이, 아직도 피비린내를 풍기고 있는 중국 혁명의 살아 있는 경험 외에 도대체 어떤 사건에서 배울 수 있단 말인가? 훗날 여가 시간에 '평온' 속에서 연구하기 위해 중국 혁명 문제를 '연기'할 수 있는 사람은 생명력을 잃은 현학자들뿐이다. 그런 것은 결코 볼셰비키적·레닌주의적일 수 없다. 왜냐하면, 동양의 혁명은 결코 역사의 일정표에서 삭제되지 않았으며, 언제 휴지기가 끝날지는 아무도 모르기 때문이다.

중국 혁명 문제에 대해 그릇된 입장을 취한 라데크는, 과거 나와 레닌의 의견 차이를 일면적으로 왜곡해 소개함으로써 자신의 입장을 소급해 정당화하려 했다. 바로 여기에서부터 라데크는 남의 무기고에서 무기를 빌어다가 나침반도 잃고서 엉뚱한 항로에서 헤매지 않을 수 없었다.

라데크는 내 친구지만, 나에게는 진리가 더욱 소중하다. 나는 라데크를 반박하기 위해서 혁명의 문제에 대한 방대한 저술을 잠시 제쳐 두지 않을 수 없다고 다시 한 번 생각하고 있다. 그냥 넘기기에는 너무나 중요한 문제들이 곧바로 제기됐다. 여기에서 나에게는 극복해야만 할 세 가지 어려움이 있다. 첫째 라데크의 저작에서 나타나고 있는 오류가 매우 다양하고 중첩돼 있다는 점, 둘째 라데크의 주장의 허구성을 반박할 23년(1905~1928년)에 걸친 문헌적·역사적 사실들이 매우 풍부하다는 사실, 셋째 소련의 경제 문제들이 전면에 부각되고 있기 때문에 이 저작에 몰두할 수 있는 시간적 여유가 많지 않다는 점이다.

이러한 여러 가지 사정이 이 저작[≪연속혁명≫을 말함]의 성격을 규정짓고 있다. 이 책은 결코 문제의 모든 측면을 완벽하게 다루고 있지는 않다. 생략된 내용이 많은데, 그것은 부분적으로는 그 생략된 부분이 다른 저작들, 특히 ≪코민테른 강령 초안 비판≫의 속편이 될 것이기 때문에 그렇다. 그리하여 생략된 문제에 관해 내가 긁어모은 산더미 같은 사실 자료들은, 속물 후계자들에 대항해, 즉 반동 시대의 공식 이데올로기에 대항해서 쓰기로 구상한 그 책을 쓸 때까지는 이용하지 못할 것이다.

연속혁명에 대한 라데크의 저작은 다음과 같은 결론을 내리고 있다.

당 내의 새로운 분파(반대파)는 프롤레타리아 혁명의 발전을 동맹자인 농민과 분리시키는 경향을 조장하는 위험에 빠져 있다.

무엇보다도 당 내의 '새로운' 분파에 대한 이러한 결론이 1928년 하반기에 **새로운** 결론으로서 도출되고 있다는 사실이 우리를 놀라게 한다. 우리는 이런 결론과 같은 중상모략을 이미 1923년 가을부터 끊임없이 되풀이해 들어 왔다. 그러나 라데크는 그 주된 공식 테제로 자신이 전향한 것을 어떻게 정당화하고 있는가? 그 역시 새로운 방법이 아니다. 즉, 그는 연속혁명론 문제로 되돌아오고 있다. 1924~1925년에 라데크는 연속혁명론이 프롤레타리아와 농민의 민주주의 독재라는 레닌의 슬로건과 역사적 전개 과정에 비춰 볼 때—즉 우리 나라의 세 번에 걸친 혁명의 경험에 비춰 볼 때—결코 서로 대립될 수 없으며 오히려 본질적으로 똑같은 것이라는 생각을 입증할 소책자를 쓰려고 몇 번이나 시도했다. 그 문제를 '새롭게' 철저히 검토하고 난 지금, 라데크는 연속혁명이라는 옛 이론이 당 내의 '새로운' 분파[반대파]를 농민과의 절교라는 위험에 빠뜨리고 있다는 결론에 도달했다.

그런데, 라데크는 이 문제를 '철저히 검토'했는가? 그는 이 점에 대해 약간의 정보를 제공해 준다.

우리는 트로츠키가 1904년에 마르크스의 ≪프랑스 내전≫에 붙인 서문과 1905년에 ≪우리의 혁명≫에서 제시했던 정식들을 가까이에 두고 있지 않다.

여기에는 연도들이 잘못 표기돼 있으나, 신경 쓸 문제는 아니다. 중요한 것은 혁명의 전개 과정에 대한 내 견해를 어느 정도 체계적으로 피력한 유일한 저작이 다소 긴 논설인 ≪평가와 전망≫(1906년 페테르스부르크에서 발행된 ≪우리의 혁명≫의 224~286쪽에 실림)뿐이라는 사실이다. 로자 룩셈부르크와 티스코가 편집한 폴란드어 기관지에 실린, 라데크가 위에서 언급한 내 논설(1909년)은 완벽하거나 포괄적인 것이 못 된다.(불행히도 그는 내 이 논설을 카메네프식으로 해석하고 있다.) 이론적으로 이 논설은 앞에서 말한 ≪우리의 혁명≫에 기초하고 있다. 이제는 그 누구도 이 책을 읽어야 할 필요는 없다. 그 때 이래로 매우 중요한 사건들이 일어났고 그것들에서 매우 많은 것을 배웠기 때문에, 사실대로 말해서 나는, 이미 우리가 수행한 혁명의 경험들과 관련돼 있는 게 아니라 **미래의 혁명이 어떠할 것인지를 둘러싸고 [과거에] 우리가 어떻게 예측했었는지에만** 관련돼 있을 뿐인 인용구들에 비춰 새로운 역사적 문제들을 생각하려는 속물들의 태도에 혐오감을 느낀다. 그러나 내가 이렇게 말한다고 해서, 라데크가 역사적·문헌적 측면에서 문제를 제기할 수 있는 자격이 있다는 사실을 묵살하고자 하는 것은 아니다. 하지만 그러려면 그것을 올바르게 수행해야만 한다. 그런데, 라데크는 거의 4반세기 동안의 연속혁명론의 운명을 조명한다고 하면서도, 내가 그 이론을 체계화했던 바로 그 문건을 "가까이에 두고 있지 않다"고 말하고 있다.

지금 레닌의 과거 저작들을 읽으면서 명확히 깨닫게 된 사실이지만, 레닌은 앞에서 언급한 기본 저작을 읽지 않았다는 사실을 여기서 밝혀 두고 싶다. 그것은 아마도 1906년에 출간된 ≪우리의 혁명≫이 곧바로 압수됐고 우리가 모두 곧 망명했던 사실뿐 아니라, 그 책의 3분의 2가 과거 논설들을 재발간한 것이었다는 사실 때문에 그랬다고 설명할 수 있다. 나는 나중에 많은 동지한테서 그 책이 과거의 논설들만을 재수록한 것이라고 생각해 읽지 않았다는 이야기를 들었다. 아무튼 연속혁명에 반대하는 레닌의 몇 안 되는 논박들은 거의 대부분, 내 소책자 ≪1월 9일 이전에≫에 붙인 파르부스의 머리말과 내가 전혀 알지 못했던 파르부스의 성명서 "짜르는 필요 없다!", 그리고 레닌과 부하린 일파 사이에 벌어진 내부 논쟁 등에 전적으로 의거하고 있다. 레닌은 어디에서도, 심지어 스쳐 지나가면서라도 ≪평가와 전망≫을 분석하거나 인용한 적이 단 한 번도 없었다. 또, 레닌이 연속혁명을 반박하면서도 나를 언급하지 않았다는 사실은 그가 그 책을 읽지 않았음을 직접 증명해 준다.3)

---

3) 실제로 1909년에 레닌은 마르토프를 반박하는 한 논설에서 나의 ≪평가와 전망≫을 인용했다. 그러나 레닌이 이것을 재인용, 즉 마르토프 자신의 글에서 인용했다는 사실을 증명하기는 그리 어려운 일이 아니다. 명백한 오해에 기초하고 있는, 나에 대한 레닌의 반박들 가운데 일부는 오직 이런 식으로 설명할 수밖에 없다.

1919년에 국립출판소는 ≪평가와 전망≫을 소책자로 출판했다. 연속혁명론은 특히 '오늘날' 주목할 만하다는 취지의 레닌 전집의 주석도 거의 같은 시기까지 거슬러 올라간다. 레닌이 1919년에 ≪평가와 전망≫을 읽었을까 아니면 단순히 훑어보기만 했을까? 여기에 대해서는 나는 아무것도 명확하게 이야기할 수 없다. 당시 나는 끊임없이 전국을 돌아다니고 있었으며 모스크바에는 겨우 며칠만 머무를 뿐이었다. 또, 당시에 — 내전이 절정에 달했던 때 — 내가 레닌과 만나는 동안 우리에게는 단편적인 이론적 회상을 즐길 만한 여유가 없었다. 그러나 요페(A A Joffe)는 바로 그 시기에 레닌과 연속혁명론에 대해 대화를 나누었다. 요페는 그가 죽기 직전에 나에게 쓴 작별의 편지에서 이 대화에 대해 이야기해 줬다(*My Life*, New York, pp. 535, 537을 참조. 한국어판은 ≪나의 생애 (상, 하)≫(범우사)를 보시오). 요페의 주장은, 레닌이 1919년에야 **비로소** ≪평가와 전망≫을 알게 됐으며, 또한 거기에 담긴 역사적 예측의 정확성을 인정했다는 의미로 해석할 수 있을까? 이 문제에 대해서 나는 기껏해야 심리학적 추측을 해볼 수 있을 뿐이다. 이러한 추측의 설득력은 논란이 되고 있는 문제 그 자체의 핵심에 대한 평가에 달려 있다. 레닌이 내 예측을 올바른 것으로 확신했다는 요페의 말은, 레닌 사후 시기의 이론적 영양식을 먹고 자란 사람들은 이해할 수 없는 것임이 분명하다. 반면, 레닌의 사상 전개를 혁명 그 자체의 발전과 연관지으면서 심사숙고하는 사람이라면 누구나 다음과 같은 사실을 이해하게 될 것이다. 즉, 내 입장 전체를 검토해 보지도 않고 단편적인 인용문들에 기초해 10월 혁명 이전의 여러 시기에 그가 스쳐 지나가면서 일관성 없이, 때로는 공공연하게 자기 모순적으로 단언했던 평가들과는 전혀 다르게, 레닌은 1919년에 연속혁명론에 대해 새로운 평가를 내려야만 했고 또 내릴 수밖에 없었다.

    1919년에 내 예측이 옳았다는 확신을 갖기 위해서 레닌은 내 입장과 그의 입장을 대립시킬 필요가 없었다. 두 입장을 역사적 발전 과정에서 고찰하는 것으로 충분했다. 레닌이 '민주주의 독재'라는 정식에 항상 부여했던 구체적 내용 — 가설적 정식보다는 계급 관계의 실제 변화에 대한 분석을 통해 얻은 구체적 내용 — 즉, 이 전술적·조직적 내용이 혁명적 현실주의의 고전적 모델로서 역사의 재산 목록에 영원히 보관되게 됐다는 것을 여기서 되풀이할 필요는 없다. 내가 나 자신을 전술적으로나 조직적으로 레닌과 대립시켰던 거의 모든 경우에, 어쨌든 매우 중요했던 경우는 언제나 그가 옳았다. 나의 과거의 역사적 예측들에 대해서, 그것을 단순히 역사적 회고의 문제로 생각하는 한, 그것을 옹호하려 하지 않는 것은 바로 그러한 이유 때문이다. 나는 그러나 레닌의 '레닌주의'가 바로 이런 식[남의 글을 읽지도 않고 비판하는 식으로]이라고 생각하는 것은 경솔한 짓이다. 그런데 라데크의 의견은 바로 그런 식인 듯하다. 어쨌든 내가 여기서 검토해야만 하는 라데크의 논설은, 그가 내 기본 저작을 "가까이에 두고 있지 않을" 뿐 아니라 그것을 읽어 본 적조차 없다는 사실을 보여 준다. 만약 그것을 읽었더라도 그것은 오래 전, 그것도 10월 혁명 이전일 것이다. 어쨌든 그는 그 책의 내용의 대부분을 기억하지 못하고 있다.

그러나 문제는 여기서 끝나지 않는다. 1905년이나 1909년에는 당시로서 문제가 될 만한 개별 논설에 대해서, 심지어 논설의 한 문장을 둘러싸고 논쟁을 벌이는 것이 ― 특히 분열된 상황에서는 ― 용납됐고 심지어 불가피하기조차 했다. 하지만 오늘날 이 위대한 역사적 시기를 거슬러 올라가 살펴보고자 하는 혁명적 마르크스주의자라면 다음과 같은 질문을 자기 자신에게 던지지 않으면 안 된다. 즉, 논란이 됐던 정식들을 어떻게 실천에 적용했는가? 그것들을 행동 속에서 어떻게 해석하고 분석했는가? 어떤 전술들을 적용했는가? 단지 《우리의 첫 번째 혁명》(나의 전집 제2권) 두 권만이라도 통독하는 수고를 기울였다면, 라데크는 감히 지금과 같은 논설을 쓰려고 하지 않았을 것이다. 아니면 어쨌든 그는 도매금으로 매도하는 식의 자신의 주장들을 전부 삭제했을 것이다. 최소한 나는 그가 그렇게라도 해 주길 희망해 본다.

라데크는 이 두 권의 책[《우리의 첫 번째 혁명》]에서, 무엇보다도 내 정치 활동에서 연속혁명이 결코 혁명의 민주주의 단계'나 혁명의 특정 단계들 중 어떤 것을 뛰어 넘는 것을 의미하지 않았다는 사실을 깨

속물 아류들의 연속혁명론에 대한 비판이 인터내셔널 전체에서 이론적 반동을 조장하기 시작할 뿐 아니라 중국 혁명의 직접적 사보타지의 수단으로 돼 버릴 때에만, 어쩔 수 없이 이 문제로 되돌아오게 된다.

달을 수 있었을 것이다. 그리고 비록 내가 1905년 내내 망명가들과 어떤 연계도 없이 러시아에서 비합법 생활을 했는데도, 혁명의 연속 단계에서의 임무들을 레닌과 정확히 동일한 방식으로 정식화했다는 사실을 그는 확신할 수 있었을 것이다. 그리고 1905년에 볼셰비키의 중앙 신문에 실렸던 농민에 대한 중요한 호소문을 내가 썼다는 사실, 레닌이 편집한 <노바야 지즌>의 편집 후기에서 <나찰로>에 실린 연속혁명에 관한 내 논설을 단호히 옹호하고 있다는 사실, 그리고 레닌이 <노바야 지즌>을 통해—그리고 때로는 레닌이 개인적으로—내가 기초했고 십중팔구는 내가 보고자였던 [노동자] 대표자 소비에트의 정치적 결의들을 변함없이 지지하고 옹호했다는 사실 등을 그는 알 수 있었을 것이다. 마지막으로, 12월의 패배 이후 내가 옥중에서 집필한 전술에 관한 소책자에서 프롤레타리아의 공세와 농민의 농업 혁명이 결합되는 것이야말로 중심적인 전략 문제임을 내가 지적했다는 사실, 레닌이 이 소책자를 볼셰비키 출판국 '노바야 볼나'에서 출판하도록 했으며 크누냔츠를 통해 나에게 진심 어린 찬성의 뜻을 전달한 사실, 그리고 레닌이 1907년의 런던 당 대회에서 농민과 자유주의 부르주아지에 대한 내 견해를 가리켜 볼셰비즘과 나 사이에 "굳건한 연대"가 형성됐다고 연설했다는 사실 등을 알 수 있었을 것이다. 라데크는 이 사실들 중 아무것도 알지 못하고 있다. 확실히 그는 아무것도 "가까이에" 두고 있지 못하다.

라데크는 레닌의 저작에 대해서는 어떻게 말하고 있는가? 그는 이것도 역시 잘하지 못하고 있다. 라데크는 레닌이 나를 지칭하고 있지만 흔히 실제로는 다른 사람들(예컨대 부하린과 라데크. 이에 대한 공개적인 언급은 라데크 자신에게서도 발견된다)을 겨냥했던 인용문들밖에 제시하지 못했다. 라데크는 나를 반박하는 새로운 인용문은 단 한 줄도 제시할 수 없었다. 그는 단순히 오늘날 거의 모든 소련 인민이 "가까이에 두고" 있는 기존 인용 자료들만 이용했을 뿐이다. 라데크는 단지 몇 개의 인용문을 추가했을 뿐인데, 그것도 단순히 레닌이 무정부주의자와 사회혁명당원들에게 부르주아 공화국과 사회주의의 차이에 대한 기초적 진실들을 설명해 주고 있는 문장들뿐이다. 그리고 라데크는 그것에 기초해, 마치 이 인용문들 역시 레닌이 직접 나를 반박하기 위한 것이었다는 듯이 묘사하고 있다. 거의 믿기 어려운 일이지만, 사실이다!

레닌이 매우 조심스럽고 신중하게, 그러나 중후하게 혁명의 기본 문제들에 대해 나와 볼셰비즘이 일치했다는 점을 인정했던 과거의 선언들을, 라데크는 완전히 회피하고 있다. 여기서 그러한 선언들이, 내가 볼셰비키 분파에 속하지 않았고 내가 [멘셰비키 분파와의] 화해론을 주장한 데 대해 레닌이 나를 무자비하게(그리고 완전히 정당하게) 공격했던 바로 그 때에 이뤄졌다는 사실을 잊어서는 안 된다. 레닌의 비판은 연속혁명에 대한 것이 아니라 나의 화해론, 즉 멘셰비키가 좌선회할 수 있으리라는 나의 기대에 국한된 것이었다. 레닌은 '화해론자' 트로츠키에 반대하는 개개의 논박들이라는 응징보다는 화해론 자체에 대한 투쟁에 훨씬 많은 관심이 있었다.

1917년 10월 나에 대항한 지노비예프의 행동을 옹호하면서 스탈린은 1924년 다음과 같이 썼다.

트로츠키 동지는 (지노비예프에게 보내는 ─ 트로츠키) 레닌의 편지와 그 의미와 목적을 이해하지 못하고 있다. 때때로 레닌은 의도적으로 앞질러 나가, 자칫하면 범할지도 모를 잘못을 전면에 부각시키고, 그러한 잘못에 대해 당의 주의를 환기시키면서 그것들로부터 당을 보호하기 위해, 저지를 수도 있는 잘못을 사전에 비판하기도 했다. 또한 동일한 교육적 목적에서 심지어 '침소봉대'하거나 '두더지가 파놓은 흙을 산더미로 묘사'하기도 했다. …… 그러나, 레닌의 이러한 편지들(그는 이러한 편지를 무척 많이 썼다)에서 '비극적'인 의견 차이를 추론해 내어 나팔 불고 다니는 것은 레닌의 편지를 이해하지 못하고 있음을, 레닌을 알지 못함을 의미한다(J Stalin, *Trotskyism or Leninism*, 1924).

여기서는 조악하게 정식화—'문체는 바로 그 사람을 나타낸다'—돼 있지만, 사고의 본질은 정확하다. 물론 스탈린의 지적은 도저히 "두더지가 파 놓은 흙"이라고는 할 수 없는 10월 혁명 기간 동안의 논쟁에서는 특히 적용되지 않는다. 그러나 레닌이 자신의 분파 내의 가까운 동료들에 대해 '교육상'의 과장이나 예방적 논쟁들을 이용했다면, 당시 볼셰비키 분파의 외부에 있으면서 화해론을 설교하던 사람에 대해서는 훨씬 더 그러했을 것이다. 라데크는 과거 인용문들에 대해 이러한 필수 교정 변수들을 전혀 고려하지 않았다.

나는 내 저서 ≪1905년≫의 1922년판 서문에다 선진국보다 러시아에서 먼저 프롤레타리아 독재가 수립될 가능성과 확실성에 대한 나의 예측이 12년 후에 현실로 입증됐다고 썼다. 라데크는 별로 매력도 없는 예를 들고 나서, 마치 내가 이러한 예측을 레닌의 전략 노선과 **대립**시켰던 양 표현했다. 그러나 서문을 보면, 볼셰비즘의 **전략** 노선과 **일치**하는 기본 특징들의 관점에서 내가 연속혁명론의 예견을 취급했다는 사실을 명확하게 알 수 있다. 내가 각주에서 1917년 초 당의 '재무장'을 이야기 했을 때 그것은, 레닌이 과거 당의 노선이 '잘못됐다'는 점을 인정했다는 의미가 아니라, 레닌이 귀국해서—비록 지체되기는 했으나 다행히 혁명의 성공을 위해서는 그것으로 충분했다—스탈린, 카메네프, 리코프, 몰로토프 등과 그 추종자들이 당시까지도 집착하고 있었던 '민주주의 독재'라는 낡은 슬로건을 거부하도록 당을 지도했다는 의미였다. '재무장' 이야기가 나오자 카메네프 일파들이 분개했던 것은 이해할 수 있는 일이다. 왜냐하면 그들을 겨냥해서 '재무장'을 착수했기 때문이다. 그런데 라데크는 어떤가? 그는 1928년에야 비로소, 즉 그 자신이 중국 공산당에 필요한 '재무장'에 반대하는 투쟁을 시작한 후에야 처음으로 분개하기 시작했던 것이다.

내 저서 ≪1905년≫(문제의 1922년판 서문을 포함)과 ≪10월 혁명≫이 레닌이 살아 있는 동안 양대 혁명에 대한 기본 역사 교과서의 역할을 했다는 사실을 라데크에게 상기시켜 주고 싶다. 이 책들은 외국어뿐 아니라 러시아어로도 셀 수 없이 거듭 출간됐다. 누구도 나에게 내 저서들이 두 노선을 대립시키는 내용을 담고 있다고 이야기한 적이 없다. 왜냐하면 당시에는, 즉 속물 후계자들의 수정주의적 편향이 있기 전에는, 건전한 사고를 갖춘 당원이라면 누구나 10월의 경험을 낡은 인용구들에 종속시키지 않고 오히려 낡은 인용구들을 10월 혁명에 비추어 바라봤기 때문이다.

이와 관련해 라데크가 용서받을 수 없는 방식으로 오용하고 있는 또 다른 주제가 있다. 그는, 내가 레닌이 나에 비해 옳았다는 사실을 인정했다고 말한다. 분명, 나는 인정했다. 그리고 이러한 인정에는 외교적 수식어라고는 털끝만큼도 없었다. 나는 레닌의 전체적인 역사적 여정, 그의 이론적 입장 전체, 전략, 당 건설 방식을 염두에 두고 있었다. 그러나 이러한 인정이, 오늘날 레닌주의에 적대적인 목적을 위해 흔히 오용되고 있는 논쟁적 인용문들 하나하나에까지 모두 적용되는 것은 분명 아니다. 지노비예프와 제휴하고 있던 1926년에 라데크는 나에게 이렇게 경고했었는데, 즉 지노비예프에게는 자신이 나에 비해 틀렸다는 사실을 다소나마 감추기 위해서 나에 비해 레닌이 옳았다는 나의 선언이 필요한 것이라고 말이다. 당연히 나는 이것을 매우 잘 알고 있다. 그리고 내가 코민테른 집행위원회(ECCI) 7차 전원회의에서, 내가 레닌과 그 당이 역사적으로 정당했다는 사실은 인정하지만 그렇다고 해서 현존하는 나에 대한 비판가들, 즉 레닌한테서 사취한 인용문들로 자신들을 변호하려고 애쓰는 자들의 정당성을 인정하는 것은 결코 아니라고 말했던 것은 바로 그 때문이었다. 오늘날 나는 불행히도 이 말을 라데크에게까지 확대하지 않을 수 없다.

나는 연속혁명이 **예견**의 문제이기 때문에 불가피하게 갖고 있는, 그 이론의 **결함**에 대해서만 이야기했을 뿐이다. 앞에서 말한 [코민테른 집행위원회의] 7차 전원회의에서 부하린은 트로츠키가 그 개념 전체를 포기하지는 않았다고 올바르게 강조했다. '결함'에 대해서는 또 다른 더 포괄적인 저작에서 이야기할 생각인데, 거기서 나는 세 번에 걸친 혁명의 경험과 그것이 이후 코민테른의 논의 과정, 특히 동양 문제에 어떻게 적용됐는지를 보여 주려고 한다. 다만 오해의 소지를 남기지 않기 위해 간략하게만 언급하고 싶다. 즉, 연속혁명론이 많은 결함이 있음에도 내 초기 저작, 특히 ≪평가와 전망≫(1906년)에 제시된 것만으로도 오늘날의 스탈린주의적·부하린주의적인 퇴행적 지혜는 물론 라데크의 최근 저작과도 비교할 수 없을 정도로 훨씬 더 마르크스주의 정신으로 충만해 있으며, 결과적으로 레닌과 볼셰비키 당의 역사적 노선에 훨씬 더 근접해 있다.

그렇다고 해서 내가 나의 혁명 개념을 내 모든 저작에서 한 치의 흔들림도 없이 일관되게 제시한 것은 결코 아니다. 나는 낡은 인용구들을 수집하는 일에 자신을 소모하진 않았으며 — 지금은 당 내 반동과 아류들의 속물주의 때문에 어쩔 수 없이 그렇게 하고 있지만 — 단지 잘 되든 못 되든 간에 현실의 생활 과정을 분석하려 했던 것이다. 12년(1905~1917년)에 걸친 나의 혁명적 문필 활동에서는, 투쟁 과정에서 불가피하게 발생하는 에피소드적 상황이나 에피소드적인 과장된 논쟁들이 전략 노선에서 일탈하면서까지 전면에 부각된 논설들도 있었다. 따라서 예를 들어, **계급**[4]으로서 농민 **전체**가 미래에 행한 혁명적 역할에 의문을 표하거나, 이와 관련해—특히 제국주의 전쟁 중에—다가올 러시아 혁명을 '일국적'인 것으로 규정하기를 거부했던 논문들도 찾아볼 수 있다. 그것은 그러한 일국적 규정이 헷갈리기 쉽다는 느낌을 받았기 때문이다. 하지만, 농민 내부의 과정들을 포함해, 우리의 관심 대상이 됐던 역사적 과정들은 그것들이 막 시작되고 있을 뿐이었던 당시보다는 그것들이 성취된 오늘날 훨씬 더 명확하다는 사실을 명심해야 한다. 또한, 레닌도—단 한 순간도 농민 문제의 위대한 역사적 중요성을 잊지 않았고, 우리에게 그것을 깨우쳐 주었다—2월 혁명 이후에조차 우리가 농민을 부르주아지와 분리시켜 프롤레타리아를 좇도록 할 수 있을지에 대해 불확실하게 생각했다는 사실을 지적해 두고 싶다. 나는 나에 대한 격렬한 비판자들에게 단지 일반적으로, 다른 사람의 4반세기에 걸친 신문 기고문들이 내포하고 형식적 모순들을 한 시간 만에 파헤치는 편이, 스스로 단 1년 동안만이라도 기본 노선의 통일성을 유지하는 것보다 훨씬 더 쉽다는 점만을 말해 두겠다.

이제 이 머리말에는 또 다른 완전히 허식에 가득 찬 사고에 대해 언급하는 일만이 남았다. 라데크는 이렇게 말하고 있다. 만일 연속혁명론이 옳았다면 트로츠키는 그에 기초해 대(大)분파를 끌어 모을 수 있었을 것이다. 그런데 그런 일은 일어나지 않았다. 따라서 그 이론은 오류였다는 결론이 도출된다.

라데크의 주장에서는, **만약 그것을 일반적 진술로 받아들인다면**, 변증법은 흔적조차 찾아볼 수 없다. 그런 식이라면 중국 혁명에 대한 반대파의 관점이나 영국 문제에 대한 마르크스주의의 입장이 잘못됐다고 결론지을 수 있다. 또한 미국, 호주, 원한다면 모든 나라의 개량주의자에 대한 코민테른의 입장이 잘못됐다는 결론을 내릴 수 있다.

만일 라데크의 주장을 일반적인 '역사 철학' 형태로서가 아니라 논의의 대상이 되고 있는 문제에만 한정되는 것으로서 받아들인다면, 라데크는 자승자박하는 꼴이 되고 만다. 만일 내가 연속혁명 노선이 볼셰비즘의 전략 노선과 **모순되고 갈등에 빠져** 있으며 그것으로부터 **점점 멀어지고** 있다고 생각했다면, 또는 훨씬 중요한 것으로서 역사적 사건들이 연속혁명 노선은 그러했다고 입증해 줬다면, 라데크의 주장은 약간의 의미가 있을 수도 있었을 것이다. 연속혁명론이 그렇기만 했다면 두 분파[연속혁명 전략을 채택하는 분파와 볼셰비즘 전략을 채택하는 분파, 즉 볼셰비키]가 존재해야 할 근거가 됐을 것이다. 그러나 라데크가 증명하려 했던 것은 바로 이 점이다. 오히려 나는 이 문제에 관한 분파 간 논쟁의 모든 과장과 억측스런 강조에도 불구하고 기본 전략 노선은 동일하다는 점을 보여 준다. 그렇다면 별도의 분파는 무엇에서 비롯했어야 하는가? 내가 1차 혁명에서 볼셰비키들과 손을 잡고 활동했으며, 또 후에 변절자 멘셰비키들의 비판에 대항해 국제 신문들을 통해 이러한 공동 활동을 옹호했음은 이미 판명난 사실이다. 1917년 혁명에서 나는 레닌과 함께, 오늘날 반동의 물결에 의해 고양되고 있고, 연속혁명에 대한 박해를 유일한 무기로 삼고 있는, '고참 볼셰비키들'의 민주주의적 기회주의에 대항해 투쟁했다.

끝으로, 나는 결코 연속혁명론에 기초해 분파를 만들려고 하지 않았다. 당 내에서 내 입장은 화해파였으므로, 내가 집단 형성을 도모했을 때 그것은 바로 화해론에 기초한 것이었다. 나의 화해론은 일종의 사회혁명적 숙명론에서 나온 것이다. 나는 계급투쟁의 논리에 따라 결국에는 두 분파가 동일한 혁명적 노선을 추구하게 될 것이라고 믿었다. 그 당시 레닌의 정책, 즉 진실로 혁명적인 당의 핵심 분자들을 결속하고 단련시키기 위해 이데올로기적 비타협성을 고수하고 필요하다면 분열도 불사하는 그의 정책이 갖는 위대한 역사적 의의가 나에게는 여전히 불명료했었다. 1911년에 레닌은 이 문제에 대해 다음과 같이 말했다.

> 화해론은 1908~1911년의 반혁명기에 러시아 사회민주당 앞에 제기된 역사적 과제의 본질과 불가분하게 결부돼 있는 태도, 지향, 관점들의 종합이다. 이 시기 동안에, 수많은 사회민주주의자들이 **전혀 서로 다른 전제들에서 출발해** 화해론에 빠져 버리게 된 것은 바로 이 때문이다. 트로츠키는 어느 누구보다도 훨씬 일관되게 화해론을 표방했다. 그는 아마도 이러한 경향에 이론적 기초를 제공하려고 시도했던 유일한 인물이었을 것이다.

어떤 대가를 치르고서라도 통합을 지향하려 함으로써, 나는 비자발적으로 그리고 불가피하게 멘셰비즘 내의 중도파 경향들을 이상화했다. 수차례에 걸쳐 반복된 나의 에피소드적 시도에도 불구하고, 멘셰비키와 공통의 과제에 도달했던 적은 없었으며, 그럴 수도 없었다. 하지만 동시에, 화해론의 노선 때문에 나는 볼셰비즘과 훨씬 첨예한 갈등에 빠질 수밖에 없었다. 그것은 레닌이 멘셰비키와는 대조적으로 화해론을 단호히 거부했으며, 또 그럴 수밖에 없었기 때문이다. 화해론을 기반으로는 어떤 분파도 꾸릴 수 없었음은 명백하다.

따라서 다음과 같은 교훈을 얻을 수 있다. 즉, 천박한 화해론을 위해 정치 노선을 유명무실하게 만들거나 약화시키는 것은 용납할 수 없고 파멸적인 일이다. 그리고 중도파가 헤매면서도 좌익을 향해 지그재그를 하고 있을 때 중도주의를 미화하는 것은 허용할 수 없다. 물론, 중도주의라는 망령을 소탕한답시고 진정으로 혁명적인 사상을 공유하고 있는 동지들과의 의견 차이를 과장하거나 부풀리는 것도 용납할 수 없다. 이것이 바로 내 잘못들에서 얻을 수 있는 진정한 교훈들이다. 이 교훈들은 매우 중요하며, 오늘날에도 완전히 유효하다. 그리고 이 교훈들에 대해 심사숙고해야 할 사람은 다름 아닌 라데크다.

스탈린은 언젠가 그의 특징인 이데올로기적 냉소를 띠며 "트로츠키가 레닌이 최후까지도 연속혁명론에 반대해 투쟁했다는 사실을 모를 리가 없다. 하지만 트로츠키에게는 그런 것쯤은 문제가 되지 않는다."고 말했다.

이것은 진실에 대한 조악하고 불성실한, 완전히 스탈린주의적인 희화화이다. 외국의 공산주의자들에게 보내는 발표문에서, 레닌은 공산주의자들 사이의 의견 차이는 그들과 사회민주주의자들 사이의 의견 차이와는 전혀 다른 것이라고 설명했다. 그는 볼셰비즘은 그러한 의견 차이를 과거부터 계속 겪어 왔노라고 말했다. 그러나 "…… 권력을 장악하고 소비에트 공화국을 창설한 순간, 볼셰비즘은 단결돼 있음을 증명했고, **볼셰비즘에 가장 가까웠던 사회주의 조류들 중 가장 뛰어난 부분을 자기편으로 끌어들였다.……**"

레닌이 이 글을 쓸 때 염두에 두고 있었던, 가장 가까웠던 사회주의 조류는 어떤 것이었을까? 마르티노프나 쿠시넨? 아니면 카생, 텔만, 스메랄? 레닌은 그들을 "가장 가까운 조류들 중 가장 뛰어난 부분"으로 생각했을까? 농민 문제를 포함한 모든 근본 문제들에 대해, 내가 대표했던 경향보다 더 볼셰비즘에 가까웠던 것이 도대체 무엇인가? 로자 룩셈부르크조차도 처음에는 볼셰비키 정부의 농업 정책에 지지를 표명하는 것을 두려워했다. 그러나 나에게는 그것에 대해 아무런 의문도 없었다. 레닌이 농업법 초안을 작성하고 있을 때, 나는 연필을 들고 와 함께 책상 앞에 있었다. 그리고 우리의 의견 교환은 12번도 채 안 되는 간단한 언급들로 모두 끝났다. 그 언급들의 의미는 다음과 같은 것이었다. 즉, 이 조치는 모순적인 것이지만, 역사적으로 볼 때 절대적으로 불가피하다. 다시 말해 프롤레타리아 독재 하에서, 그리고 세계 혁명의 진전에 따라 모순들은 해결될 것이다. 우리에게는 단지 시간이 필요하다. 만일 연속혁명론과 레닌의 변증법 사이에 농민 문제에 대한 근본적인 적대 관계가 존재했다면 라데크는 다음과 같은 사실을 어떻게 설명할 수 있겠는가? 즉, 1917년에 내가 대다수 볼셰비키 지도부의 대다수와는 달리, 혁명의 발전 경로에 대한 기본 관점을 포기하지 않고서도, 농민 문제에 대해 잠시도 주저하지 않았다는 사실을 어떻게 설명하겠는가? 오늘날의 반(反)트로츠키주의 이론가들과 정상배(政商輩)들 — 지노비예프, 카메네프, 스탈린, 리코프, 몰로토프 등 — 이 2월 혁명 후에 하나도 빠짐없이 프롤레타리아 입장이 아니라 천박한 민주주의 입장을 채택한 사실을 라데크는 어떻게 설명할 수 있을까? 자, 다시 한 번 물어 보자. 레닌이 볼셰비즘과 그것에 가장 가까운 마르크스주의 조류의 가장 뛰어난 분자들 간의 통합에 대해 언급했을 때, 그것은 무엇에 대해서, 그리고 누구에 대해서였을까? 그렇다면 과거의 의견 차이들의 **대차대조표를 도출**해 낸 이러한 평가는, 레닌이 결코 그것을 화해가 불가능한 두 가지 전략 노선으로 생각하지 않았다는 사실을 보여 주는 것이 아닌가?

이 점과 관련해 특히 주목할 만한 것은, 1917년 11월 1일(신력 14일) 페트로그라드 [당] 위원회 회의에서 레닌이 했던 연설이다.4) 그 회의에서는 멘셰비키와 사회혁명당이 합의하는 문제를 토의했다. 통합을 지지

---

4) 주지하는 바와 같이 이 역사적 회의의 방대한 의사록은 스탈린의 특별 명령에 의해 ≪혁명 기념 문헌집 *Jubilee Book*≫에서 찢겨졌으며 오늘날까지도 당은 그것을 은폐하고 있다.

하는 자들은 심지어 거기서도 — 매우 소심하면서도 확실하게 — '트로츠키주의'를 암시하려고 애를 썼다. 레닌은 어떻게 대답했는가?

합의라고? 나는 그것에 대해서는 진지하게 이야기할 수조차 없다. 트로츠키는 오래 전에 통합은 불가능하다고 말했다. 트로츠키는 이것을 잘 이해했으며 그 때 이래로 그보다 더 뛰어난 볼셰비키는 없었다.

나와 볼셰비즘을 분리시켰던 것은 연속혁명론이 아니라 화해론이었다는 것이 레닌의 생각이었다. 이미 살펴본 것처럼 "가장 뛰어난" 볼셰비키가 되려면 나는 멘셰비즘과 화해하는 것이 불가능함을 깨닫기만 하면 됐다.

하지만, 다름 아닌 연속혁명 문제에 대한 라데크의 태도 변화가 띠는 돌발적 성격은 어떻게 설명할 수 있을까? 나는 나에게는 한 가지 설명 요소가 있다고 믿고 있다. 그의 논문에서 알게 된 바와 같이, 1916년에 라데크는 '연속혁명'에 동의했다. 그러나 그의 동의는 부하린의 '연속혁명' 해석에 대한 것이었다. 부하린의 연속혁명론 해석에 따르면, 러시아에서 부르주아 혁명은 — 부르주아지의 혁명적 역할뿐 아니라, 또 심지어 민주주의 독재라는 슬로건의 역사적 역할뿐 아니라, 부르주아 혁명 그 자체도 — 이미 완수됐으며, 따라서 프롤레타리아는 순수하게 사회주의적인 기치를 내걸고 권력 장악을 향해 나아가야만 한다는 것이다. 라데크는 그 당시의 내 입장에 대해서도 역시 명백하게 부하린의 방식대로 해석했다. 그렇지 않고서는 나와 부하린 둘 다와 연대하는 것을 동시에 선언할 수는 없었을 것이다. 이는 또한 레닌이 자기와 협력하고 있던 부하린과 라데크에 대해 그들이 트로츠키인 양 거짓 행세하고 있다고 논박한 이유를 설명해 준다.(라데크는 자신의 논설에서 이 사실 역시 인정했다.) 그리고 나는 부하린의 사상적 동지이자 지칠 줄 모르고 역사적 도식을 조립해 아주 교묘하게 마르크스주의인 양 분장시키는 포크로프스키가 파리에서 나와 대화하다가, 그 문제를 놓고 라데크가 맺은 어찌될지 모르는 '연대'의 위험에 대해 경고한 것을 기억하고 있다. 실제 정치 활동에서 포크로프스키는 과거에나 지금이나 여전히 반(反)입헌 민주주의자일 뿐인데, 자기는 그것이 볼셰비즘이라고 진심으로 믿고 있다.

1924~1925년에도 라데크는, 내 입장과 계속 동일시하고 있던 1916년의 부하린주의 입장에 대한 이데올로기적 추억 속에서 여전히 살고 있었다. 라데크는 이러한 입장이 전혀 무망함을 올바로 깨닫고는, 그런 경우에 흔히 있는 것처럼—레닌의 저작들에 대한 주마간산식의 연구에 기초해—바로 내 머리 위에 180도 반원을 그려 정반대 방향으로 우선회했다. 이런 경우가 아주 전형적이라는 사실을 생각한다면 이런 일은 거의 틀림없이 있을 법한 일이다. 1923~1925년에 완전히 변신해 버린, 즉 극좌에서 기회주의자로 돌변해버린 부하린이 자기 자신의 이데올로기적 과거를 계속해서 나에게 뒤집어씌워 전가시키면서 그것을 '트로츠키주의'라고 사기치고 다니는 것도 앞의 경우와 마찬가지다. 나에 대한 반대 운동이 시작되던 무렵, 아직까지는 가끔씩 부하린의 논문을 읽어보려고 애쓰고 있었을 때, 나는 자주 이렇게 자문해 봤다. 그는 도대체 이런 착상을 어디서 얻었을까? 하지만 곧, 그가 자신의 옛날 일기장을 보고 있었구나 하는 생각이 들었다. 이제 나는 라데크가 연속혁명의 사도에서 박해자로 전향한 밑바닥에는 이와 동일한 심리학적 기초가 깔려 있는 것이 아닐까 하는 궁금증이 든다. 나는 감히 이 가정을 우길 생각은 없다. 하지만 나로서는 다른 설명을 찾을 수가 없다.

어쨌든, 프랑스의 속담처럼 술을 따라 주면 마셔야만 한다. 우리는 낡은 인용문들의 왕국으로 긴 여행을 하지 않으면 안 된다. 나는 될 수 있는 대로 인용 빈도를 줄이려고 했지만 여전히 많다. 나 자신을 정당화하기 위해 한 마디만 덧붙이게 해 주길 바란다. 나는 불가피하게 낡은 인용문들을 상세히 검토하는 과정에서 현재의 긴급한 문제들과 연결되어 그 인용문들을 관통하고 있는 실을 찾기 위해서 끊임없이 노력할 것이다.

2
연속혁명은 프롤레타리아에 의한 '비약'이 아니라 프롤레타리아 지도하의 국가의 재구성이다.

라데크는 이렇게 쓰고 있다.

'연속혁명'의 이론과 **전술**(강조는 트로츠키)이라 불리는 사상 체계가 레닌의 이론과 구별되는 본질적 특징은 부르주아 혁명 단계와 사회주의 혁명 단계를 혼동하는 데 있다.

이러한 근본적 비난과 관련해, 또는 그 결과로서 못지않게 심각한 다른 비난들도 있다. 즉, 트로츠키는 "러시아 상황에서는 민주주의 혁명에서 성장하지 않는 사회주의 혁명은 불가능하다"는 점을 이해하지 못했으며, 거기에서 "민주주의 독재의 단계를 뛰어넘는다"는 결론을 도출했다는 것이다. 또는, 트로츠키는 농민의 역할을 "부정"했는데, 바로 거기에 "트로츠키와 멘셰비키의 견해의 공통점"이 존재한다는 따위의 비난이 바로 그것이다. 이미 말했던 바와 같이, 이 모든 것은 간접 증거의 방식을 통해 중국 혁명의 근본 문제들에 대한 내 입장이 잘못됐음을 증명하려는 목적을 가지고 있다.

확실히 형식적이고 문자적인 측면에 관한 한, 라데크는 여기저기서 레닌을 인용할 수 있으며 실제로 그렇게 하고 있다. 이러한 인용 부분은 누구나 "가까이에 두고" 있다. 그러나 내가 지금 입증하려는 바와 같이, 나에 대한 레닌의 그러한 주장들은 단지 에피소드적 성격의 것에 불과했으며 부정확했다. 심지어 1905년에조차 나의 실제 입장이 어떠한 것이었는지를 결코 특징짓지 못한다. 레닌 자신의 저작들 가운데는, 혁명의 기본 문제에 대한 나의 태도에 관해서 그것과는 전혀 다르고 직접 대립하는, 훨씬 근거 있는 언급들이 많이 있다. 라데크는 다양하고 직접적으로 모순되는 레닌의 언급들을 통일시키거나 내 실제 견해와 그것들을 비교함으로써 이러한 논쟁적 모순들을 명확히 하려는 시도조차 해보지 않았다.5)

1906년에 레닌은 러시아 혁명의 동력에 관한 카우츠키의 논문에 레닌 자신의 서문을 덧붙여 출판했다. 그것을 전혀 모르고 나도 옥중에서 카우츠키의 논문을 번역했으며, 내 서문을 붙여서 그것을 내 저서 ≪당을 옹호하며≫에 포함시켰다. 레닌과 나는 모두 카우츠키의 분석에 대해 완전한 동의를 표시했다. 우리의 혁명은 부르주아적인가 사회주의적인가라는 플레하노프의 질문에 대해, 카우츠키는 더는 부르주아적이지 않지만 아직 사회주의적인 것은 아니라고, 즉 양자 간의 과도기적 형태를 대표한다고 대답했다. 이와 관련해 레닌은 자신의 서문에 이렇게 적

---

5) 코민테른 집행위원회(ECCI) 8차 전원회의에서 부하린이 똑같은 구절을 인용했을 때, 내가 그에게 다음과 같이 요구했던 생각이 난다. "그러나 레닌한테서는 그와 정반대되는 인용도 역시 할 수 있다"고. 잠시 동안 머뭇거리다가 부하린은 이렇게 응수했다. "그것은 알고 있습니다, 알고 있다구요. 하지만 나는 당신에게 필요한 것이 아니라 내게 필요한 것을 인용하고 있는 거요." 이것이 이 이론가의 침착함이다![이 주가 본문 중 어디에 조응하는지는 오식(誤植) 때문에 불명확하다. — 옮긴이]

고 있다.

우리 나라의 혁명은 그 일반적 성격에서 부르주아적인가 사회주의적인가? 이것은 낡은 도식이라고 카우츠키는 말한다. 그것은 문제 제기가 취해야 하는 올바른 방식, 즉 마르크스주의적 방식이 못 된다. 러시아에서 혁명은 부르주아적이지 않다. 왜냐하면, 부르주아지는 러시아의 당면한 혁명 운동의 추진 동력이 되지 못하기 때문이다. 하지만 러시아의 혁명은 사회주의적인 것도 아니다.

하지만 이 서문보다 앞이나 뒤에 쓰인 레닌의 글들 가운데 그가 러시아 혁명을 범주상 부르주아적이라고 칭하고 있는 구절들을 많이 찾아볼 수 있다. 이것은 모순인가? 만일 '트로츠키주의'에 대한 현재의 비판자들과 같은 방식으로 레닌에 접근한다면, 아무런 어려움 없이 수없이 많은 모순을 찾아낼 수 있을 것이다. 하지만 진지하고 양심적인 독자들이라면, 그것들이 여러 시기에 이루어진 접근 방식의 차이이며, 또한 레닌의 인식의 기본적 통일성을 결코 침해하지 않는다는 점을 명확하게 알 수 있을 것이다.

한편, 내가 혁명의 **부르주아적** 성격을 부정했던 것은 단지 혁명의 추동력과 전망이라는 의미에서였으며 결코 당면한 역사적 과제의 의미에서는 아니었다. 연속혁명에 관련된 그 시절(1905~1906년)에 내 기본 저작은 다음과 같은 문장으로 시작된다.

러시아 혁명[1905년 혁명]은 사회민주주의자들을 제외한 모든 사람에게 예기치 못하게 다가왔다. 마르크스주의는 오래 전에 러시아에서 혁명이 불가피함을 예견했다. 자본주의 발전과 화석화된 절대주의 체제 사이의 갈등의 결과로서 혁명이 일어나게끔 돼 있었다. 마르크스주의는 다가올 혁명의 성격을 예견했다. 마르크스주의는 러시아 혁명을 일종의 부르주아 혁명이라고 부름으로써, 그 혁명의 **즉각적·객관적** 과업들이 "부르주아 사회 전반의 발전을 위한 정상적인 조건들"을 창출하는 데 있음을 지적했다. 마르크스주의가 옳았음은 입증됐다. 이 점은 논의할 필요도 증명할 필요도 없게 됐다. 이제 마르크스주의자들 앞에는 완전히 다른 종류의 과업 하나가 기다리고 있다. 그것은 전개 과정 중에 있는 혁명의 내적 구조(메커니즘)를 분석함으로써 그것의 여러 가능성을 포착하는 것이다. …… 러시아 혁명은 완전히 특수한 성격을 띤다. 그 이유는 우리 사회 전반의 역사 발전의 특수한 추세 때문인데, 이번에는 혁명의 그러한 특수성이 전적으로 새로운 역사적 전망을 우리 앞에 펼쳐 보였다.……[5]

일반적인 사회학 용어인 **부르주아 혁명**은 어떤 주어진 부르주아 혁명의 역학이 제기하는 정치적·전술적 문제들, 모순들, 그리고 난점들을 결코 해결하지 못한다.[6]

따라서 나는 당시 일정에 올라 있던 혁명의 부르주아적 성격을 부정하지 않았으며, 민주주의와 사회주의를 혼동하지도 않았다. 하지만 나는 러시아에서 부르주아 혁명의 계급 변증법이 프롤레타리아가 권력을 장악하도록 이끌 것이며, 프롤레타리아 독재 없이는 민주주의 과제조차도 해결할 수 없음을 보여 주려 했다.

같은 논문(1905~1906년)에서 나는 이렇게 썼다.

프롤레타리아는 자본주의가 성장함에 따라 성장하고 더욱 강력해진다. 이러한 의미에서 자본주의의 발전은 또한 독재를 지향하는 프롤레타리아의 발전이다. 그러나 권력이 노동 계급의 손으로 넘어가는 정확한 시간은 **직접적으로는** 생산력의 수준이 아니라 계급투쟁에서 여러 관계들, 국제적 상황, 그리고 궁극적으로는 노동자들의 전통과 선제 주도력(이니셔티브)과 투쟁 각오 등의 수많은 주관적인 요인들에 달려 있다.

경제적 후진국의 노동자들이 선진국의 노동자들보다 더 일찍 권력에 다다를 수 있다. …… 프롤레타리아 독재가 어떤 점에서는 한 나라의 기술 발전과 자원에 자동적으로 의존한다는 [플레하노프의] 생각은, 단순화돼 어리석은 발상이 돼 버린 '경제적' 유물론의 편견이다. 이러한 관점은 마르크스주의와는 전혀 관계가 없다.

우리의 관점에 의하면, 러시아 혁명은 부르주아 자유주의 정치가들이 자신들의 통치술을 충분히 발휘할 기회를 갖기도 **전**에 노동자들의 수중으로 권력이 넘어올 수 있는 — 혁명이 승리하려면 그래야만 한다 — 조건들을 창출할 것이다.[7]

이 문장들은 천박한 '마르크스주의'에 대한 논쟁을 포함하고 있는데, 천박한 마르크스주의는 1905~1906년에 유행했을 뿐 아니라, 레닌이 귀국하기 전에 열린 1917년 3월 볼셰비키 당 협의회의 분위기를 지배했으며, 4월에 열린 당 협의회의 리코프 연설에서 매우 아둔한 형태로 표현됐다. 코민테른 6차 대회에서는 이런 사이비 마르크스주의, 즉 스콜라주의에 오염된 속물적 '상식'이 쿠시넨과 기타 많은 사람이 한 연설의 '과학적' 기초를 이루었다. 이것이 바로 10월 혁명의 10년 후였던 것이다!

여기서 ≪평가와 전망≫의 전체 사상 체계를 기술할 수는 없으므로, <나찰로>에 실렸던 내 논문(1905년)에서 하나만 더 요약해 인용해 보기로 한다.

우리 나라의 자유주의 부르주아지는 혁명이 절정에 달하기도 전부터 반혁명 세력으로 나서고 있다. 중요한 순간들마다 우리의 지식인 민주주의자들은 단지 자신들의 무능함만을 폭로하고 있다. 농민 전체는 반란에서 기본 세력으로 등장했다. 국가 권력을 장악하는 세력만이 농민을 혁명의 요구에 응하도록 만들 수 있다. 혁명에서 노동 계급의 전위적 위치, 그들과 혁명적 농촌 사이에 수립된 직접적 연계, 자신의 영향력 아래 군대를 끌어 모을 수 있게 하는 흡인력 등 이 모든 것은 필연적으로 노동 계급의 권력을 장악하게 만든다. 혁명의 완전한 승리는 프롤레타리아의 승리를 의미한다. 이는 이번에는 혁명의 한층 더 연속적인 성격을 의미한다.

결국, 여기서 프롤레타리아 독재의 전망은 명백하게 — 라데크가 적고 있는 바와는 완전히 모순되게도 — 부르주아·민주주의 혁명에서 생겨난다. 바로 이것이 그 혁명을 연속적이라고 부르는 이유다. 그러나 라데크가 주장하는 것처럼, 민주주의 혁명이 완성된 **후에** 프롤레타리아 독재가 출현하는 것은 아니다. 만약 그런 식이라면 러시아에서는 도저히 불가능했을 것이다. 왜냐하면 후진국에서는 농민의 과제가 선행 단계에서 해결되지 않는다면 수적으로 취약한 프롤레타리아가 권력을 획득할 수 없을 것이기 때문이다. 아니, 농업 혁명의 과제를 해결할 수 있는 다른 권력이나 방식이 존재하지 않았기 때문에, 프롤레타리아 독재는 부르주아 혁명의 기초 위에서 가능하며 심지어 필연적이기도 하다. 다름 아닌 바로 이것이 민주주의 혁명이 사회주의 혁명으로 성장·전화한다는 전망을 열어주는 것이다.

프롤레타리아의 대표자들이 무기력한 인질로서가 아니라 지도 세력으로서 정부에 참여한다는 사실 자체 때문에, 최소강령과 최대강령 사이의 경계선은 무너지고 만다. 즉, **집산주의가 당면 과제로 등장하게 되는 것이다**. 프롤레타리아가 이러한 방향으로 전진하는 과정에서 봉착하게 되는 한계점은 세력 관계에 달려 있는 것이지, 결코 프롤레타리아 당의 원래 의도에 달려 있는 것이 아니다.

바로 이러한 이유 때문에, 부르주아 혁명에서 어떤 **특별한** 형태의 프롤레타리아 독재, 즉 **민주주의적인** 프롤레타리아 독재 (또는 프롤레타리아와 농민의 독재) 따위를 결코 이야기할 수 없는 것이다. 노동 계급은 민주주의 강령의 한계를 과감히 넘어서지 않고서는 자신들이 행하는 독재의 민주주의적 성격을 보존할 수 없다. ……

일단 권력을 잡은 프롤레타리아는 끝까지 자신의 권력을 공고히 하기 위해 싸워야 한다. 권력의 유지와 강화를 위한 이러한 투쟁에서 중요한 무기 중 하나가 선동과 조직화 작업 — 특히 농촌의 경우는 더욱 그렇다 — 이라면, 집산주의 정책 역시 그러한 무기 중 하나다. 집산주의는 당이 권력을 잡자마자 서 있게 될 최초의 위치에서 앞으로 더 나아가기 위한 필연적인 수단일 뿐 아니라 프롤레타리아의 지원 아래 그 위치를 고수하기 위한 수단이기도 하다.[8]

더 살펴보자.

우리는 승리한 **상퀼로트**의 공포 독재가 자본가 부르주아지를 규제하기 위한 조건들을 준비했던 혁명의 고전적인 예(나는 이 글을 1908년에 멘셰비키인 체레바닌을 반박하기 위해 썼다)를 알고 있다. 그것은 도시 인구의 대부분이 장인과 상인 같은 쁘띠부르주아지로 이루어져 있었던 시대의 일이었다. 그들은 자코뱅의 지도를 따랐다. 오늘날 러시아 도시 인구의 대부분은 공업 프롤레타리아다. 이러한 비교는 '부르주아' 혁명의 승리가 오직 프롤레타리아의 권력 장악을 통해서만 가능한 역사적 상황의 가능성을 지적하고 있다. 노동 계급이 권력을 장악했다고 해서 혁명이 더는 부르주아적이지 않게 되는가? 그렇게 되기도 하고 그렇지 않게 되기도 한다. 이것은 형식적 규정이 아니라 이후 사태의 추이에 달려 있다. 만일 프롤레타리아가 자신들이 해방시켰던 농민을 포함한 부르주아적 계급들의 제휴에 의해 전복된다면, 혁명은 제한된 부르주아적 성격을 그대로 유지하게 될 것이다. 그러나 프롤레타리아가 러시아 혁명의 일국적 틀을 돌파하기 위해 모든 정치적 지배 수단을 동원할 수 있다면, 러시아 혁명은 전 세계의 사회주의적 대격변의 서곡이 될 수 있을 것이다. 러시아 혁명이 어느 **단계**에 도달할 것인가 하는 질문에 대해서는 당연히 조건부의 대답만이 가능하다. 단 한 가지 사실만은 절대적으로 의심의 여지없이 정당하다. 즉, 러시아 혁명을 부르주아적인 것으로 특징짓는 것만으로는 혁명의 내적 발전의 유형에 대해서 아무것도 알 수 없으며, 또한 그것이 프롤레타리아가 국가 권력에 대한 법률상 공인된 유일한 주장자인 부르주아 민주주의의 지도에 자신들의 전술을 순응시켜야만 함을 의미하는 것은 결코 아니다.

나는 같은 글에서 다음과 같이 썼다.

혁명을 발생시킨 당면 과제에 관한 한 부르주아 혁명인 우리의 혁명은, 공업 인구가 극도로 계급 분화를 한 결과, 어떠한 부르주아 계급도 자신의 사회적 비중과 정치적 경험을 인민 대중의 혁명적 에너지와 결합함으로써 선두에 나설 만한 능력이 없음을 알고 있다. 피억압 노동자들과 농민들은 — 자신들의 힘밖에는 기댈 곳이 없으므로 — 가차없는 투쟁과 냉혹한 패배로 단련되면서, 승리를 위해 필수적인 정치·조직 조건들을 자신들의 힘으로 창출해야만 한다. 이것 외에 다른 길은 없다.

가장 격렬한 공격의 대상이 되고 있는 농민 문제에 대해 ≪평가와 전망≫에서 한 번 더 인용을 해야겠다. "권력을 장악한 프롤레타리아와 농민"이라는 장에서 다음과 같이 서술하고 있다.

프롤레타리아는 자신의 권력을 공고히 하기 위해서 혁명의 토대를 확장할 수밖에 없다. 오직 혁명의 전위, 즉 도시 프롤레타리아들이 국가 권력을 장악하고 난 다음에야 노동 대중의 많은 부분이 — 특히 농촌의 경우 — 혁명 속으로 이끌려 들어올 것이며, 정치적으로 조직될 것이다. 그 경우, 혁명적 선동과 조직화 작업은 국가 자원의 도움을 받아 가며 수행될 것이다. 입법상의 권력 그 자체만으로도 대중을 혁명화시키는 강력한 도구가 될 것이다. ……

러시아에서는 가장 초보적인 개혁 조치들을 요구하는 농민들의 운명조차도 — 그리고 심지어는 하나의 **단일 계급**으로서 농민 **전체**의 이익조차도 — 혁명 전체의 운명, 즉 프롤레타리아의 운명과 결부돼 있다.

권력을 장악한 프롤레타리아는 농민 앞에 그들을 해방시킨 계급으로서 등장하게 될 것이다. 프롤레타리아의 통치는 비단 민주주의적 평등, 자유로운 자치(自治), 부유한 계층에게 **세금 부담 전체**를 떠맡기는 것, 상비군의 해체와 민중의 무장화, 그리고 강제적인 교회세 폐지를 의미할 뿐 아니라, 농민이 수행하는 토지 관계에서 모든 혁명적 변화(토지의 몰수)를 인정하는 것을 의미한다. 프롤레타리아는 이러한 변화들을 장차 국가가 시행할 농업 정책을 위한 출발점으로 삼을 것이다.

이러한 조건들에서 러시아의 농민들은 혁명의 초기, 즉 가장 어려운 시기에 프롤레타리아 정부(노동자 민주주의)를 수호하는 데 관심을 보일 것이다. 적어도 그들의 열성은, 총검을 동원해 가면서까지 새로운 토지 소유자들의 신성불가침한 권리를 보장해 준 나폴레옹 보나파르트 군사 정부를 수호하기 위해서 프랑스 농민들이 발휘한 열성 이상이 될 것이다. ……

그러나 농민이 프롤레타리아를 밀쳐내고 대신 들어앉는 것이 가능하지 않을까? 그러한 일은 절대 불가능하다. 지금까지의 모든 역사적 경험들에 비추어 보아 이러한 가정은 결코 실현될 수 없다. 역사적 경험들은 농민이 어떤 **독자적인** 정치적 역할을 수행하는 것이 절대로 불가능하다는 것을 보여 주고 있다.[9]

이 모든 것은 1929년도 1924년도 아닌 1905년에 썼다. 이 글이 "농민을 무시"하고 있는 것 같다고 생각해야 할까? 농업 문제의 "비약"이 어디에 있는가? 이제 좀 더 양심적이어야 할 때가 아닐까?

이제 이 문제에 대해 스탈린이 얼마나 '양심적'이었는지 살펴보자. 레닌이 제네바에서 쓴 논설들과 본질적으로 완전히 일치하는, 1917년 2월 혁명에 관해 내가 뉴욕에 쓴 논설들을 언급하면서 당 내 반동의 이론가는 다음과 같이 적고 있다.

…… 트로츠키의 편지는 그 취지로 보나 결론으로 보나 레닌의 편지와 '조금도 유사하지 않다'. 왜냐하면 그것들은 '짜르를 타도해 노동자 정부를 수립하자!'라는 트로츠키의 반(反)볼셰비키적 슬로건, 즉 농민 **없는** 혁명을 의미하는 슬로건을 전적으로 반영하고 있기 때문이다(1924년 11월 19일, 전국노동조합 중앙위원회에서 당내 분파에 대한 연설).

"반볼셰비키적 슬로건"(스탈린의 주장에 따르면 트로츠키의 슬로건)인 "짜르를 타도해 노동자 정부를"이라는 말의 어감은 아주 절묘하다. 스탈린에 의하면, 볼셰비키적 슬로건은 '노동자 정부 반대, 짜르 찬성'이 돼야 하는 모양이다. 이렇게 근거 없이 일컬어지는 "트로츠키의 슬로건"에 대해서는 나중에 이야기하기로 하자. 하지만 먼저, 덜 무식하긴 하지만 최소한의 이론적 양심마저도 영원히 버려 버린, 자기 딴에 현대 사상의 또 다른 대가인 체하는 사람의 말을 들어보자. 그는 바로 루나차르스키다.

1905년에 레프 다비도비치 트로츠키는 다음과 같은 관념에 경도돼 있었다. 즉, **프롤레타리아는 고립돼야 하며**(!) 부르주아지를 지지해서는 안 된다. 왜냐하면 그것은 기회주의니까. 하지만 당시 프롤레타리아는 총 인구의 7~8퍼센트에 불과했고, 그렇게 적은 수의 기간(基幹) 활동가들로는 승리할 수 없었기 때문에, 프롤레타리아만으로는 혁명을 완수하기가 매우 어려울 것이다. 그래서 레프 다비도비치는 프롤레타리아가 러시아에서 연속혁명을 지속시켜야만, 즉 이러한 대화재의 맹렬한 불길이 전 세계의 화약고를 날려 버릴 때까지 가능한 최대의 결과를 얻기 위해 투쟁해야만 한다는 결정을 내렸다.

맹렬한 불길이 화약고를 날려 버릴 때까지 프롤레타리아가 "고립돼야만 한다"니……. 당분간은 "고립"되지 않고 있는 많은 인민위원이, 그들의 얄팍한 지적 능력[10]이 처한 위험한 상황에도 불구하고 얼마나 멋진 글을 쓰고 있는가! 하지만 우리는 루나차르스키에게 너무 심하게 하고 싶지 않다. 사람들은 각자의 능력에 따라 천차만별인 법이다. 결국 그의 꾀죄죄한 불합리함이야 다른 사람들보다 특히 더 몰상식한 것은 아니지 않은가.

그렇지만, 트로츠키에 따르면 "프롤레타리아는 고립돼야만 한다"라니? 스트루베를 반박하는 내 소책자(1906년)에서 한 번 더 인용을 해보자. 어쨌든 당시에 루나차르스키는 이 저작에 엄청난 찬사를 보냈었다. 대표자 소비에트에 관해 다루고 있는 장에는, 부르주아 정당들은 각성된 대중들과 떨어져 "완전히 주변으로 밀려나 있는 반면에 정치 활동은 노동자 소비에트 주위에 집중되고 있다"고 기술돼 있다. 그리고는 계속해서 말하기를 "소비에트에 대한 쁘띠부르주아적 도시 대중의 태도는 (1905년에) 매우 의식 있는 것은 아니라 해도 명백히 동정적이었다. 억압받고 학대받던 모든 이들이 소비에트의 보호를 받기를 원했다. 소비에트의 대중성은 도시에 국한되지 않고 훨씬 폭넓게 확산돼 갔다. 소비에트는 불의에 시달리던 농민들의 '탄원'을 접수했고 농민들의 결의문이 쇄도했다. 촌락 공동체 대표들이 소비에트로 파견됐다. 왜곡되지 않은, 진정으로 민주적인 인민들의 사상과 동정이 여기, 바로 여기로 집중됐다."

이 모든 인용문—그 수는 손쉽게 두 배, 세 배, 열 배로 늘어날 수 있다—에서, 연속혁명은 소비에트로 조직화된 프롤레타리아 주위에 도시와 농촌의 피억압 대중을 결집시키는 혁명으로 묘사되고 있다. 즉, 프롤레타리아를 권좌로 끌어올리고 그럼으로써 민주주의 혁명이 사회주의 혁명으로 성장·전화해 나갈 수 있는 가능성을 열어 주는 국민 혁명으로 표현되고 있다.

연속혁명은 결코 프롤레타리아의 고립된 비약이 아니라, 오히려 프롤레타리아의 지도하에 국가 전체를 재구성하는 것이다. 이것이 바로 내가 1905년 이래 연속혁명의 전망을 묘사하고 설명해 온 내용이다.

라데크가 짜르 정부에서 사회민주주의 정부로의 "비약"이라는 파르부스의 사상에 대해 상투적인 문구들을 반복할 때, 역시 그는 파르부스—러시아 혁명에 대한 그의 관점은 1905년에 결코 나와 동일하지는 않았지만 매우 유사했었다—에 대해서도 그릇된 견해를 가지고 있다.6) 라데크가 그의 논설의 다른 부분에서 지나가는 말로, 하지만 매우 정확하게 혁명에 대한 내 견해는 파르부스의 견해와는 실제로 구별된다고 지적했을 때, 그는 사실상 자기 자신을 논박하고 있는 셈이다. 파르부스는 러시아에서 노동자 정부가 수립된다면, 그것은 사회주의 혁명의 방향으로 나아갈 수 있다는 견해, 즉 민주주의 과제를 수행해 나가는 과정에서 노동자 정부가 사회주의적 독재로 성장·전환할 수 있다는 견해를 가지고 있지 않았다. 라데크 자신이 추가한 1905년의 인용문이 증명

---

6) 당시 파르부스는 국제 마르크스주의의 극좌파에 속했다는 것을 명심해야만 한다.

하는 바와 같이, 파르부스는 노동자 정부의 과제를 **민주주의** 과제에 한정했다. 그렇다면 **사회주의로의** 비약은 어디에 있는가? 파르부스는 그때조차도 혁명의 결과로 '오스트레일리아형' 노동자 정권 수립을 염두에 두고 있었다. 또한 파르부스는 10월 혁명 후에 러시아와 오스트레일리아를 동렬에 놓았는데, 그 때 그는 이미 오래 전부터 사회개량주의의 극우파로 변신해 있었다. 부하린은 이와 관련해, 파르부스가 연속혁명에 관한 자신의 과거의 계획을 은폐하기 위해 이후에 오스트레일리아를 '발명'해 냈다고 주장했다. 그러나 그것은 그렇지 않다. 파르부스는 1905년에도 프롤레타리아의 권력 장악을 사회주의로의 길이 아니라 민주주의로의 길로 보았다. 즉, 그는 프롤레타리아가 러시아에서 10월 혁명의 초기 8~10개월 사이에 실제로 수행했던 바로 그 역할만을 프롤레타리아에게 부여했다. 이후의 전망에서도 파르부스는 그 때 이미 오스트레일리아식 민주주의를, 즉 노동자 정당이 통치하되 지배하지는 않으며 부르주아 강령에 대한 보완물로서 개량주의적 요구만을 수행하는 정부를 지향하고 있었다. 운명의 아이러니인지, 1923~1928년의 우익-중도파 연합의 기본 경향은 프롤레타리아 독재를 오스트레일리아형의 노동자 민주주의, 즉 파르부스의 예견 쪽으로 더 가까이 끌어가려는 데 있었다. 20~30년 전에 러시아의 쁘띠부르주아 '사회주의자'들이 오스트레일리아를 노동자와 농민의 나라로, 즉 높은 관세에 의해 외부 세계와 차단된 채 '사회주의적' 입법을 발전시키고 그런 방식으로 일국에서 사회주의를 건설하고 있는 나라로 끊임없이 묘사해 왔었다는 사실을 상기한다면, 이는 훨씬 더 명확해진다. 만일 라데크가, 내가 민주주의를 건너뛰어 비약한다는 황당한 우화를 반복하는 대신에 문제의 **이러한** 측면을 전면에 부각시켰다면, 그는 올바르게 행동했다고 할 수 있었을 것이다.

'민주주의 독재'의 세 가지 요소 : 계급, 임무, 정치역학

연속혁명 관점과 레닌주의 관점의 차이점은 정치적으로는 프롤레타리아와 농민의 '**민주주의 독재**'라는 슬로건과 농민의 지지를 받는 '**프롤레타리아 독재**'라는 슬로건의 대립으로 표현된다. 논쟁은 부르주아·민주주의 단계를 뛰어넘을 수 있느냐의 여부나 노동자와 농민의 동맹이 필요한가 아닌가에 관한 것이 아니다. 그것은 민주주의 혁명에서 프롤레타리아와 농민의 협력의 **정치역학**에 관한 것이다.

"마르크스주의와 레닌주의의 복합적 방법을 통해 철저하게 사고하지 못한" 사람들만이 민주주의 독재에 대한 **당 정치강령적 표현**의 문제를 제기할 수 있는 반면, 레닌은 모든 문제를 객관적인 역사적 과제에서 그 두 계급의 협력으로 환원시켰다는 라데크의 근거 없는 주장은 경솔할 뿐 아니라 너무나 염치없는 짓이다. 사실은 결코 그렇지 않다.

만일 주어진 문제에서 혁명의 주관적 요인, 즉 당과 강령—프롤레타리아와 농민의 협력의 정치·조직 형태—을 사상한다면, 동일한 혁명적 진영 내의 두 가지 미묘한 의견 차이를 대표하는 레닌과 나 사이의 의견 대립뿐 아니라 불행하게도 볼셰비즘과 멘셰비즘 사이의 의견 차이까지도 모두 사라져 버릴 것이다. 또한 궁극적으로는 1905년의 러시아 혁명과 1848년 혁명, 심지어는 1789년 혁명과의 구별도—어쨌든 후자의 경우와 관련해서도 프롤레타리아를 이야기할 수 있는 한에서는—사라질 것이다. 모든 부르주아 혁명은 도시와 농촌의 피억압 대중의 협력에 기초를 두었다. 바로 이것이 정도의 차이는 있을지언정 혁명에 국민적 성격, 즉 전체 인민을 포괄하는 성격을 부여했던 것이다.

우리[러시아 사회민주주의자들] 사이의 이론적·정치적 논쟁은 노동자와 농민의 협력 자체에 관한 것이 아니라 그러한 협력의 강령, 당의 형태와 정치 수단들에 관한 것이었다. 과거의 혁명들에서 프롤레타리아와 농민은 자유주의 부르주아지나 그들 내부의 쁘띠부르주아 민주주의 진영의 지도하에 '협력'했다. 코민테른은 중국의 노동자와 농민을 처음에는 민족주의적 자유주의자 장제스, 그리고 나중에는 '민주주의자' 왕징웨이(汪精衛)의 정치적 지도에 종속시키기 위해 최선을 다함으로써 새로운 역사적 상황에서 낡은 혁명들의 경험을 반복했다. 레닌은 자유주의 부르주아지에 비타협적으로 반대하는 노동자와 농민의 동맹 문제를 제기했다. 그러한 동맹은 이제까지의 역사에서 존재하지 않았다. 그것은 도시와 농촌의 피억압 대중의 협력에서 그 방법에 관한 하나의 새로운 실험이었다. 그럼으로써 협력의 정치적 형태라는 문제가 새롭게 제기됐다. 라데크는 이 점을 간단하게 간과해 버렸다. 바로 이 점이, 그가 우리를 연속혁명의 정식뿐 아니라 레닌의 '민주주의 독재'에서도 이탈하게 만들어 공허한 역사적 추상 속으로 이끌어 가는 이유다.

그렇다. 레닌은 여러 해 동안 프롤레타리아와 농민의 민주주의 독재의 당 정치강령적 조직과 국가 조직은 어떠한 것일까라는 문제를 **예단하기를** 거부했다. 그리고 그는 자유주의 부르주아지와의 연합 대신 이들 두 계급[노동 계급과 농민 계급]의 협력을 전면에 부각시켰다. 레닌은 일정한 역사적 단계에서는 민주주의 혁명의 임무를 수행하기 위한 노동 계급과 농민의 혁명적 동맹이 전반적인 객관적 상황에서 필연적으로 생겨난다고 말한다. 농민이 독자적인 당을 만들 수 있으며 또 그렇게 하는 데 성공할 수 있을까? 이 당이 독재 정부에서 다수일까 아니면 소수일까? 혁명 정부에서 프롤레타리아 대표들의 구체적인 비중은 얼마나 될까? 이러한 질문들 가운데 **선험적** 답변을 내릴 수 있는 것은 하나도 없다. "경험이 보여 줄 것이다!" 민주주의 독재라는 정식에 관한 한, 노동 동맹의 정치역학 문제는 반쯤은 미해결 상태이며, 따라서 어느 정도까지는 — 그렇다고 라데크의 불모의 추상으로 변형될 수는 없지만 — 미래의 매우 다양한 정치적 해석의 여지를 남겨 두고 있는 대수적 공식으로 남아 있다.

더욱이 레닌 자신도 독재의 계급적 토대나 객관적 역사적 목표가 이 문제를 완전히 해명할 것이라고는 결코 생각하지 않았다. 레닌은 주관적 요인들 — 목표, 의식적 방법, 당 — 의 중요성을 잘 이해했으며 그것을 우리 모두에게 가르쳤다. 레닌이 자신의 슬로건에 대한 주석에서, 역사상 최초의 독립적인 노동 동맹이 취할 수 있는 정치 형태의 문제에 대해서 개략적·가설적 판단을 하는 것을 완전히 포기하지는 않았던 것은 바로 이 때문이다. 그러나 이 문제에 대한 레닌의 접근은 시기마다 많은 편차를 보이고 있다. 레닌의 사상은 교조적으로가 아니라 역사적으로 고찰해야만 한다. 레닌은 시나이 산에서 완성된 계명을 받은 것이 아니라, 현실에 들어맞도록 개념들과 슬로건을 구체적이고 명확하게 다듬고 시기에 따라 상이한 내용들로 그것들을 채워갔던 것이다. 그러나 나중에 가서 결정적 성격을 띠게 됐으며 1917년 초에 볼셰비키 당을 분열 직전의 위기로 몰아넣었던 문제의 **이러한 측면**을 라데크는 전혀 탐구하지 않았다. 그는 이것을 간단하게 무시해 버렸다.

그러나 레닌이 이러한 가설적 해석들로 당을 속박하기를 꺼려해서, 두 계급의 동맹에 대한 가능한 한 당 정치강령적 표현과 정부 형태를 항상 동일한 방식으로 성격 규정하지는 않았다는 것도 사실이다. 이러한 신중함은 무엇 때문일까? 그 이유는 대수적 공식이 매우 중요하지만 정치적으로는 매우 불확실한 비중, 즉 **농민**을 포함하고 있다는 사실에서 찾을 수 있다.

나는 민주주의 독재에 대한 레닌의 해석 가운데 몇 가지 예만을 인용해 보고 싶다. 이 문제에 관한 레닌 사상의 **변천**을 전체적으로 알아보기 위해서는 별도의 저작이 필요할 것이다.

프롤레타리아와 농민이 독재의 토대가 될 것이라는 생각을 발전시키면서, 레닌은 1905년 3월에 다음과 같이 서술하고 있다.

가능하고도 바람직한 혁명적 민주주의 독재의 사회적 토대의 구성 그 자체는, 당연히 혁명 정부의 구성에 반영될 것이다. **그러한 구성이라면, 매우 다양한 혁명적 민주주의의 대표자들이 정부에 참여하고 심지어 우위를 차지하는 것은 필연적일 것이다.**(강조는 트로츠키)

이러한 말로써 레닌은 독재의 계급적 기초를 지적하고 있을 뿐 아니라, 독재의 특수한 정부 형태를 쁘띠부르주아 민주주의 대표자들의 우위가 가능한 것으로 개괄하고 있다.

1907년에 레닌은 다음과 같이 썼다.

여러분이 말하는 '농민의 농업 혁명'이 그 자체로서 농민 혁명으로 승리하기 위해서는 국가 전체에 걸쳐 중앙 권력을 접수해야만 한다.

이 정식은 한층 더 나아간다. 그것은 혁명 권력이 직접적으로 농민의 수중에 집중돼야만 한다는 의미로 이해할 수 있다. 하지만 이 정식에 대한 해석에는—실제 발전 경로 때문에 받아들여지게 됐던 더 광범한 해석에 따르면—10월 혁명이, 농민 혁명의 '동력'인 프롤레타리아에게 권력을 가져다주었다는 해석도 포함될 수 있다. 프롤레타리아와 농민의 민주주의 독재라는 정식에 대한 가능한 해석의 범위는 이토록 넓다. 우리는 이 정식의 강점이 어느 정도까지는 대수적 성격에 있지만, 그 위험성 역시 거기에 있다고 말할 수 있을 것이다. 이 위험성은 2월 혁명 후에 우리 안에서 명확하게 드러났으며, 중국에서는 재앙을 초래하고 있다.

1905년 7월 레닌은 이렇게 말했다.

당의 권력 장악에 대해서는 아무도 이야기하지 않는다. 우리는 혁명에 참여하는 것, **가능한 한** 지도적 참여에 대해서만 이야기하고 있다 …….

1906년 12월 레닌은 당의 권력 장악 문제에 대해 카우츠키에 동의할 수 있다고 생각했다.

카우츠키는 "혁명 과정에서 사회민주당이 승리할 가능성이 매우 높다"고 생각할 뿐 아니라, 미리 승리를 포기한다면 그 누구도 성공적으로 싸울 수 없으므로 지지자들에게 승리의 확신을 불어넣는 것은 사회민주주의자들의 임무라고 선언한다.

이 두 가지 레닌 자신의 해석의 차이는 레닌의 정식과 나 사이의 거리보다도 크다. 우리는 나중에 이런 것들을 훨씬 더 명확히 알게 될 것이다. 여기서 우리는 다음과 같은 의문을 제기하고 싶다. 즉, 레닌에게서 나타나는 이러한 모순들의 의미는 무엇인가? 그것들은 혁명의 정치 공식에서 '중요한 미지수', 즉 **농민**을 반영하고 있다. 급진적 사상가들이 때때로 농민을 러시아 역사의 스핑크스로 묘사했던 것도 전혀 근거 없는 것은 아니다. 혁명적 독재의 성격 문제는 ─ 라데크가 그것을 원하든 원하지 않든 간에 ─ 자유주의 부르주아지에 적대적이고 프롤레타리아와는 독립된 혁명적 농민 정당의 가능성 문제와 불가분하게 결합돼 있다. 후자의 문제의 결정적 의미를 포착하기란 어렵지 않다. 민주주의 혁명 시기에 농민들이 독자 정당을 만들 수 있다면 가장 진정하고 직접적인 의미의 민주주의 독재가 실현될 수 있을 것이며, 소수인 프롤레타리아의 혁명 정부 참여 문제는 중요하긴 하지만 부차적인 의미만을 갖게 될 것이다. 그러나 우리가, 농민들은 그 중간적 위치와 사회 구성의 이질성 때문에 독자 정책이나 정당을 건설할 수 없으며 혁명기에는 부르주아지 정책과 프롤레타리아 정책 사이에서 선택할 수밖에 없다는 사실에서 출발한다면, 사정은 완전히 달라질 것이다. 농민의 정치적 속성에 대한 바로 이러한 평가만이 프롤레타리아 독재가 민주주의 혁명에서 즉각 성장해 나갈 것이라는 전망을 제시해 준다. 당연히 여기에는 농민에 대한 '부정', '무시', '과소평가' 같은 것은 전혀 없다. 사회생활 전체에 대한 농업 문제의 결정적 중요성, 그리고 농민 혁명의 심오한 깊이와 거대한 추진력을 고려하지 않고서는, 러시아에서 프롤레타리아 독재에 대해서는 단 한 마디도 얘기할 수 없다. 그러나 **농업** 혁명이 **프롤레타리아** 독재를 위한 조건들을 창출했다는 사실은 농민이 자신들의 힘과 지도로 자신의 역사적 문제들을 해결할 수 없다는 사실에서 유래한 것이다. 부르주아 국가들, 심지어는 후진국들의 현재 상황에서 그들이 이미 자본주의 공업의 시대로 돌입했고, 철도와 전신으로 통일되게 결합돼 있는 한 ─ 이는 러시아뿐 아니라 중국과 인도에도 마찬가지로 적용된다―농민들이 지도적 역할이나 독자적 역할만이라도 할 수 있는 가능성은 과거 부르주아 혁명기보다도 적다. 연속혁명론의 가장 중요한 특징을 이루고 있는 이러한 개념을 내가 변함없이 꾸준하게 강조해 왔다는 사실이, 내가 농민을 과소평가한다는, 즉 완전히 부적절하고 아무런 근거 없는 비난의 구실을 제공하기도 했다.

농민 정당의 문제에 대한 레닌의 견해는 무엇이었는가? 이 질문에 대답하기 위해서는 1905년에서 1917년 사이의 러시아 혁명에 대한 레닌의 견해가 변천해 온 과정을 폭넓게 재검토할 필요가 있다. 여기서는 두 가지만 인용해 보자.

1907년에 레닌은 이렇게 적고 있다.

> 쁘띠부르주아지의 정치적 통일의 객관적 어려움이 당의 형성을 저지하고 농민 민주주의를 당분간 스폰지 같고, 형체 없고, 흐물흐물하고 트루도비키적인[7] 대중의 상태로 방치해 두리라는 것은 …… 있음직한 일이다.

1909년에 레닌은 동일한 주제를 다른 방식으로 표현했다.

> 혁명적 독재와 같은 고도의 발전 단계에 …… 이른 혁명이 더 굳건하고 강력한 혁명적 농민 정당을 만들어 내리라는 것은 털끝만큼의 의심의 여지도 없다. 사태를 다르게 판단하는 것은 성인이 돼서도 중요한 인체 기관의 크기, 형태, 발전 정도 등이 어린애 같은 상태로 남아 있을 수 있다고 가정하는 것이나 마찬가지다.

이러한 가정이 확증됐는가? 아니다. 그렇지 않았다. 하지만 바로 이

---
7) 트루도비키는 4차 두마에서 농민 대표였으며, 카데츠(자유주의자들)와 사회민주주의자들 사이에서 끊임없이 동요했다.

것이 레닌으로 하여금, 역사가 완전히 증명해 줄 때까지는 혁명 정부의 문제에 대해 대수적 대답만을 하도록 했던 것이다. 당연히 레닌은 자신의 가설적 공식을 현실보다 우위에 놓지 않았다. 프롤레타리아의 독자 정당을 위한 투쟁이 그의 생활의 주요 내용을 이루었다. 그러나 흉측한 속물들은 농민 정당을 추구함으로써, 결국 중국 노동자들을 국민당에 종속시켰고 인도에서는 '노동자와 농민의 당'이라는 미명 아래 공산주의를 교살했으며 농민 인터내셔널, 반제 동맹 등과 같은 위험스러운 허구를 만들어 냈다.

현재 유행하고 있는 공식 사상들은 앞에서 지적한 바와 같은 레닌[의 전략 개념]에 존재하는 모순들을 곰곰이 생각해 보려 하지 않고 있다. 그 모순들의 일부는 외양상의 것이고 일부는 사실이지만, 어쨌든 모든 것이 문제 그 자체에서 유래하고 있다. 굳은 기개가 아니라 더 심오한 무지에 의해 과거의 반동적 교수들과 구별되는 특수한 종류의 '적색' 교수들이 우리 가운데 생겨나니까 레닌의 모든 모순, 즉 그의 사상의 역동성은 학자답게 다듬어지고 제거됐다. 표준 인용문들은 여러 실에 따로따로 꿰어 있어서 '현 시기'의 필요에 따라 이 꾸러미 또는 저 꾸러미가 유통하게 된다.

정치적으로 '처녀'인 나라에서 혁명의 문제들은 위대한 역사적 휴지기, 다시 말해 유럽과 전 세계에서 오랜 반동의 시대를 겪은 후에 첨예화됐으며, 바로 그 때문에 많은 미지수를 안고 있다는 점을 망각해서는 안 된다. 프롤레타리아와 농민의 민주주의 독재라는 정식을 통해 레닌은 러시아 사회 조건의 특수성을 표현했다. 그는 이 정식에 대해 다양한 해석을 했으나, 러시아 혁명의 특수한 조건들을 철저하게 찾아 내지 못한 상태에서는 그것을 기각하지 않았다. 이러한 특수성은 어디에 있을까?

여타의 문제들의 토양 또는 하부 구조로서 농업 문제와 농민 문제 일반이 담당했던 거대한 역할, 그리고 농민들, 그들의 나로드니키적 이데올로기, 그들의 반자본주의적 전통, 그들의 혁명적 열정 등에 공감을 보냈던 수많은 사람과 농민 지식인들 등 이 모든 것은 전적으로, 만일 반(反)부르주아 농민 정당이 어디에선가 가능했다면 그것은 틀림없이 그리고 우선 러시아에서였을 것임을 의미한다.

그리고 실제로 (자유주의 정당이나 프롤레타리아 정당과는 구별되는) 농민 정당이나 노동자·농민 당을 만들려고 노력하는 과정에서, 비합법이나 의회주의 형태 또는 양자의 결합과 같이, 가능한 모든 다양한 정치적 형태들이 러시아에서 시도됐다. '토지와 자유', '인민의 의지', '토지 재분배', 합법적 나로드니키, 사회혁명당, 트루도비키, 인민사회주의자, 좌익 사회혁명당 등이 모두 그 예다. 사실 우리는 프롤레타리아 정당에 대해 독자적인 입장을 갖는 '반자본주의적' 농민 정당을 만들기 위해 반세기 동안 거대한 실험실을 운영해 온 셈이었다. 잘 알려진 바와 같이, 1917년에 대다수 농민 대중의 당을 실제로 구성했던 사회혁명당의 실험을 통해 매우 광대한 전망이 획득됐다. 그러나 어떤 일이 벌어졌는가? 이 당은 자신들의 지위를 이용해 농민들을 자유주의 부르주아지에게 팔아 넘겼다. 사회혁명당은 협상국(영국, 프랑스)측 제국주의자들과 제휴했으며 그들과 함께 러시아 프롤레타리아에 대한 무력 투쟁을 감행했다.

이러한 참으로 고전적인 실험을 통해 알 수 있는 것은, 농민에 기반을 둔 쁘띠부르주아 정당들은 부차적인 문제들만 일정에 올라 있는 단조로운 역사적 시기 동안은 독자 정책의 외관을 유지할 수도 있지만, 사회의 혁명적 위기가 근본적인 소유 문제를 제기하게 되면 쁘띠부르주아 '농민' 정당은 자동으로 프롤레타리아에 반대하는 부르주아지 수중의 무기가 돼 버린다는 것이다.

만일 과거의 나와 레닌의 의견 차이를 무분별하게 시대적 배경과 분리시킨 단편적 인용문들 수준에서가 아니라 올바른 역사적 시각으로 분석한다면, 다음과 같은 사실이 명백하게 드러날 것이다. 즉, 그 논쟁은, 적어도 나에게는, 민주주의 과제를 해결하기 위해 노동자와 농민의 동맹이 필요한가 아닌가에 관한 것이 아니라, 노동자와 농민의 혁명적 협력이 어떠한 형태의 당 정치 강령과 국가를 취할 수 있으며 또 그것이 이후의 혁명의 진전을 위해 어떠한 결과를 낳을지에 대한 것이다. 물론 나는 논쟁에서 취한 내 입장에 대해 이야기하고 있는 것이지, 당시의 부하린이나 라데크의 입장에 대해 말하고 있지는 않다. 그것에 대해서는 그들 스스로 답변해야만 한다.

'연속혁명'의 정식이 레닌의 정식과 얼마나 비슷했는지는 다음의 비교에서 단적으로 드러난다. 1905년 여름에, 10월 총파업과 모스크바의 12월 봉기 전에 라살 연설집의 서문에서 나는 다음과 같이 썼다.

> 부르주아지의 경우에서도 그랬듯이, 프롤레타리아가 농민과 도시 쁘띠부르주아지의 지지를 받아 자신의 사명을 완수하리라는 것은 자명하다. 프롤레타리아는 농촌을 지도하고, 농민을 혁명으로 끌어들이며, 농민들이 프롤레타리아의 계획이 성공하는 데 관심을 갖게 만든다. 하지만 프롤레타리아가 지도자가 되는 것은 불가피하다. 이것은 **프롤레타리아와 농민의 독재가** 아니라 **농민의 지지를 받는 프롤레타리아 독재다.**[8]

---

8) 이 인용문은, 다른 것들과 마찬가지로, 내가 농민의 존재와 농업 문제의 중요성을 인식하게 된 것이 1905년 혁명의 전야, 즉 마슬로프, 탈하이머, 텔만, 레믈레, 카생, 몽무소, 벨라 쿤, 페퍼, 쿠시넨, 기타 마르크스주의 사회학자들이 나에게 농민의 중요성을 설명하기 전부터였다는 것을 보여 주고 있다.

이제 내가 1905년에 썼고 1909년의 폴란드어 신문의 논설에서 내가 인용했던 이 문장들과 레닌이 마찬가지로 1909년에 썼던 다음의 글을 비교해 보자. 레닌의 글은 당 협의회가 로자 룩셈부르크의 압력 하에 과거의 볼셰비키 정식 대신에 '농민의 지지를 받는 프롤레타리아 독재'라는 정식을 채택한 직후에 쓰인 것이다. 레닌의 입장이 근본으로 변했다고 떠들어대는 멘셰비키들에게 레닌은 이렇게 응수했다.

> 이곳에서 볼셰비키들 스스로 채택한 정식에는 다음과 같이 적혀 있다. 즉, "**자신의 뒤를 따르는 농민들을 지도하는 프롤레타리아**"라고.[9]
> 이 모든 정식의 기본 개념이 동일하다는 것이 명확하지 않은가? 이 개념이 프롤레타리아와 농민의 독재를 분명하게 표현하고 있다는 것, 즉 **농민의 지지를 받는 프롤레타리아라는 '정식'이 바로 프롤레타리아와 농민의 독재의 범위 내에 완전히 머물러 있다**는 것이 명확하지 않은가?(강조는 트로츠키)

여기에서 레닌은 '대수적' 정식 위에서 **독자적인** 농민 정당이나 특히 혁명 정부에서 농민 정당의 지배적 역할과 같은 관념을 배제하는 개념을 제시하고 있다. 즉, 프롤레타리아가 농민을 지도하고 그들에게 **지지를 받으며**, 결국 혁명 권력은 프롤레타리아 당의 수중에 집중된다는 것이다. 하지만 이는 분명히 연속혁명론의 핵심을 이루는 것이다.

역사적 검증이 이루어진 오늘날, 독재 문제에 관한 과거의 의견 차이에 대해 이야기할 수 있는 것은 기껏해야 다음과 같은 것들뿐이다.

---

[9] 1909년 회의에서 레닌은 "자신의 뒤를 따르는 농민들을 지도하는 프롤레타리아"라는 정식을 제출했다. 그러나 결국에는 폴란드 사회민주주의자들의 정식과 연합해, 그 회의에서 멘셰비키에 맞서 다수파를 점할 수 있었다.

즉, 레닌은 항상 프롤레타리아의 지도적 역할에서 출발해서 모든 방식을 통해 노동자와 농민의 혁명적 민주주의 협력의 필요성을 강조하고 발전시켰던 ─ 또 이것을 우리 모두에게 가르쳤던 ─ 반면에, 나는 변함없이 이러한 협력에서 출발해, 이들 간의 제휴에서뿐 아니라 제휴를 이끌어 나가는 데 필요한 정부에서도, 프롤레타리아의 지도가 필요함을 역설했던 것이다. 이것 외에는 문제가 될 만한 차이는 전혀 없다.

앞의 이야기와 관련해 두 가지만 인용해 보자. 하나는 ≪평가와 전망≫에서 인용한 것인데, 그것은 나와 레닌의 견해가 적대 관계에 있다는 것을 증명하기 위해 스탈린과 지노비예프가 이용했다. 다른 하나는 레닌이 나를 비판하기 위해 썼던 논쟁적인 논문에서 인용한 것인데, 역시 라데크가 같은 목적으로 이용하고 있다.

처음 인용문은 아래와 같다.

어떤 정부에 프롤레타리아가 참여한다는 것은, 그것이 **통치권과 주도권을 쥔 참여**일 경우에만 객관적으로 실현 가능하며 원칙적으로 허용될 수 있는 일이다. 물론 그러한 경우에 정부 형태는 프롤레타리아와 농민의 독재나 프롤레타리아와 농민과 인텔리겐챠(지식인)의 독재, 또는 심지어 노동계급과 쁘띠부르주아지의 독재와 같은 다양한 형태들 중 하나가 될 수 있다. 그러나 그럼에도 여전히 다음과 같은 질문을 해결해야 한다. 정부 내에서, 그리고 나라 전체에서 누가 헤게모니를 쥐어야만 하는가? 따라서 우리는 노동자 정부라는 말을 사용함으로써, 그 헤게모니는 노동 계급에 속해야 된다는 것을 명확히 해야 한다.[11]

지노비예프는 내가 (1905년에!) 농민과 인텔리겐챠를 동일 수준에 놓았다는 심한 비난을 (1925년에!) 퍼부었다. 그는 앞에서 인용한 문장 밖에는 몰랐다. 인텔리겐챠에 대한 언급은 그들의 정치적 역할이 오늘날과는 전혀 달랐던 당시의 조건에서 나온 것이었다. 그 당시에는 오직 지식인 조직들만이 농민의 이름으로 말했다. 사회혁명당은 공식적으로 '3자', 즉 프롤레타리아와 농민과 인텔리겐챠에 기초해 건설됐으며, 내가 당시에 지적했듯이, 멘셰비키들은 부르주아 민주주의의 개화를 증명하기 위해 급진적 지식인들의 꽁무니만 따라다니고 있었다. 그 당시 나는 '독립적인' 사회 집단으로서 지식인의 무능력과 혁명적 농민의 결정적 중요성에 대해 수백 번도 더 이야기했었다.

그러나 결국, 내 자신이 변호할 의도가 전혀 없는 단 하나뿐인 논쟁적 문구를 가지고 우리가 여기서 왈가왈부하고 있는 것은 물론 아니다. 인용한 문장의 본질은 다음과 같이 요약할 수 있다. 나는 민주주의 독재에 대한 레닌주의의 내용을 완전히 수용했으며 단지 정치역학에 대해 좀 더 명확하게 규정할 것을 요구했던 것이다. 다시 말해서 쁘띠부르주아지가 다수를 차지하고 있는 가운데에 프롤레타리아는 볼모에 불과한 종류의 제휴를 배제할 것을 요구했던 것이다.

이제, 라데크 자신이 지적했듯이, "**형식적으로는** 트로츠키를, 하지만 **실제로는** 부하린, 피아타코프, 이 계통의 저술가들(라데크), 그리고 기타 여러 동지들을 비판"하기 위해 레닌이 저술한 1916년의 논설을 검토해 보자. 이 글은 당시 레닌이 나에 대해 논박했던 것은 단지 외관상 그랬던 것이었으며 내용에서는 — 내가 앞으로 보여 주려는 바와 같이 — 사실상 나에 대해 전혀 언급하지 않고 있다는 느낌을 분명히 확신시켜 주는 매우 값진 인정이다. 이 논설에는, 후에 속물들과 그 제자들의 주된 밑천이 됐던, 소위 내가 '농민을 부정'했다는 바로 그 비난이 (두 줄에 걸쳐) 포함돼 있다. 이 논설의 '요점'은 — 라데크에 따르면 — 다음의 구절이라고 한다.

즉, 레닌은 내 말을 인용하면서 다음과 같이 말했다.

만일 프롤레타리아가 지주의 토지를 몰수하고 군주제를 타도하도록 농촌의 비(非)프롤레타리아 대중을 견인해 낸다면, 그것은 '국민・부르주아 혁명'[12]의 완성일 것이며 또한 이것이 바로 러시아에서 **프롤레타리아와 농민의 혁명적 민주주의 독재의 내용**이리라는 것을 트로츠키는 고려하지 못했다.

앞에서 말한 모든 것뿐 아니라, 그 자신이 레닌 논설의 '요점'이라고 올바르게 평가했던 라데크의 인용문에서 보더라도, 레닌은 내가 농민을 '부정'한다는 비난을 '올바른 주소'로 보내지 않았으며 실제로는 혁명의 민주주의 단계를 사실상 뛰어넘으려 했던 부하린과 라데크를 겨냥했음이 명백하다. 실제 레닌은 프롤레타리아의 독자적이고 대담한 정책만이 "지주의 토지를 몰수하고 군주제를 타도하도록 농촌의 비(非)프롤레타리아 대중을 견인해 낼 수 있다"는 취지로 내 논설의 구절을 직접 인용하고 있으며, 또한 "트로츠키는 …… 이것이 바로 혁명적 민주주의 독재의 내용이리라는 것을 고려하지 못했다"고 덧붙이고 있다. 다시 말해서 레닌은, 트로츠키가 사실상 볼셰비키 정식의 실제 내용 전부(노동자와 농민의 협력과 이 협력의 민주주의적 과제)를 받아들이고 있지만, 다만 이것이 바로 민주주의 독재이자 국민 혁명의 완성이라는 사실을 인정하지 않고 있다는 사실을 확인 내지는 입증하고 있다. 따라서 이렇듯 보기에 매우 '첨예한' 논쟁적 논설에서 쟁점은 혁명의 다음 단계의 강령이나 그것을 추진하는 계급 세력의 문제가 아니라, 명백히 **이들 세력 간의 정치적 상관관계, 독재의 정치적・당적 성격**의 문제라는 결론이 도출된다. 당시 사태의 진전 과정 그 자체의 불명확성과 분파주의적 과정 때문에 **그 당시에는** 논쟁적인 오해가 불가피했고 또 이해될 수 있었지만, 어떻게 해서 라데크가 그 사건 이후에도 이 문제에 그러한 혼란을 주입하려고 애썼는지는 도저히 이해가 되지 않는다.

　나와 레닌의 논쟁은 본질적으로 혁명 과정에서 농민의 독자성의 가능성(그리고 독자성의 정도), 특히 독자적인 농민 정당의 가능성을 둘러싼 것이다. 이러한 논쟁 과정에서 나는 레닌이 농민의 **독자적** 역할을 과대평가하고 있다고 비판했다. 레닌은 나를 농민층의 **혁명적** 역할을 과소평가하고 있다고 비판했다. 이는 논쟁 그 자체의 논리적 귀결이었다. 20년이 지난 오늘날, 의견 대립의 실제 핵심이 무엇이었으며 말로만이 아닌 실제의 대립 영역이 무엇이었는지를 우리가 겪었던 매우 위대한 혁명적 경험에 비추어 명확히 하는 대신, 당시의 당적 관계라는 맥락에서 억지로 분리시키고 개개의 논쟁적 과장이나 에피소드적 실수에 절대적 의미를 부여하는 방식으로 이 인용문들을 이용하는 사람들을 경멸할 만하지 않은가?

　인용문 선정에 어쩔 수 없이 제한을 받고 있는 까닭에, 여기서는 혁명 단계들에 대한 레닌의 요약 테제에 대해서만 언급할 것이다. 레닌은 그것을 1905년 말에 썼지만 1926년에야 비로소 처음으로 출판돼 레닌 자료집 제5권에 수록됐다. 이 테제에서 레닌은—모든 스탈린주의적 논설도 모든 반대파 볼셰비키와 일치하는 판정을 내렸다.—'트로츠키주의'라는 범죄를 범하고 있음이 판명났기 때문에[13], 라데크를 포함한 반대파의 모든 인물이 이 테제의 출판을 자신들에게 주어진 가장 값진 선물로 생각했다는 사실을 상기해 보자. 트로츠키주의에 유죄 판결을 내렸던 코민테른 집행위원회 7차 전원회의 결의의 가장 중요한 요점은 레닌의 기본 테제와는 공공연하고도 고의적으로 대립하는 듯 보인다. 스탈린주의자들은 그것의 출판에 대해 이를 갈며 분노했다. 이 자료집 5권 편집자인 카메네프는 그의 특징인, 그다지 부끄러워하지 않는 '좋은 품성'으로, 만일 우리 사이의 제휴가 그 당시 준비되고 있지 않았다면 자신은 결코 이 문건의 출판을 허용하지 않았을 것이라고 나에게 단호하게 말했다. 끝으로 <볼셰비키>에 발표된 코스트르제바의 논설에서는, 레닌에게서 농민 전체, 특히 중농에 대한 트로츠키주의적 태도라는 혐의를 벗겨 주기 위해 이 테제들이 완전히 변조됐다.

나는 이에 덧붙여 나와의 의견 대립에 대한 레닌 자신의 평가(1909년)를 인용하겠다.

이 경우 트로츠키 동지 자신은 "민주주의적 인민의 대표자"가 "노동자 정부"에 "참여하는 것"을 승인한다. 즉, **프롤레타리아와 농민의 대표로 이루어지는 정부를 인정**하고 있다. 어떤 조건에서 혁명 정부에 프롤레타리아가 참여하는 것이 허용될 수 있느냐 하는 것은 별개의 문제이며, 볼셰비키들은 이 문제에 대해서는 트로츠키와 정면으로 대결하지 못할 뿐 아니라 폴란드 사회민주주의자들에 대해서도 역시 그러할 것이다. 그러나 혁명적 계급들의 독재의 문제는 결코 혁명 정부에서 '다수'를 차지하는 문제나 이러저러한 정부에 사회민주주의자들이 참여하는 것이 허용될 수 있는 조건들의 문제로 환원할 수 없다.(강조는 트로츠키)

레닌이 쓴 이 인용문으로 미뤄 볼 때, 트로츠키가 노동자와 농민의 대표들로 구성된 정부를 인정했으며, 따라서 농민을 "뛰어넘지" 않았다는 사실이 다시 한 번 확증된다. 더욱이 레닌은 독재의 문제를 정부 내에서 다수를 차지하는 문제로 환원할 수 없음을 강조하고 있다. 이것은 전혀 논쟁의 여지가 없는 사실이다. 여기에 함축돼 있는 내용은, 무엇보다도 우선 프롤레타리아와 농민의 공동 투쟁, 결국은 농민에 대한 영향력을 확보하기 위해 자유주의 부르주아지, 즉 국민[적] 부르주아지[14]에 대항하는 프롤레타리아 전위의 투쟁이다. 그러나 노동자와 농민의 혁명적 독재의 문제가 정부 내에서 다수를 차지하는 문제로 **환원할 수는 없**

지만, 그럼에도 이 문제는 혁명의 승리와 관련해서 결정적인 것으로 **제기된다**. 앞에서 본 바와 같이 레닌은, 만일 사태가 혁명 정부에 당이 참여하는 데까지 이르게 된다면 참여의 **조건을 둘러싸고** 트로츠키나 폴란드 동지들과 의견이 대립할지도 모른다는 취지로 조심스럽게(만일의 모든 경우에 대비해) 유보하고 있다. 따라서 이 문제는, 레닌이 민주주의 정부에 프롤레타리아 대표가 소수파로서 참여하는 것이 허용될 수 있다고 이론적으로 생각했던 경우에만 **생겨날 수 있었던** 의견 차이였다. 그러나 사태의 진전 과정은 우리 사이에는 아무런 차이도 생겨나지 않았음을 보여 주었다. 1917년 11월 당 수뇌부 내에서 사회혁명당과 멘셰비키의 연립 정부 문제를 둘러싸고 치열한 투쟁이 벌여졌을 때, 레닌은 원칙적으로 소비에트에 기초한 제휴에 대해 부정하지 않으면서도 볼셰비키가 다수파를 차지하도록 확실히 보장할 것을 단호하게 요구했다. 나는 레닌과 손을 잡고 보조를 같이했다.

이제 라데크의 이야기를 들어보자. 그는 프롤레타리아와 농민의 민주주의 독재 문제 전체를 무엇으로 환원시키고 있는가?

그는 다음과 같이 말한다. "1905년의 옛 볼셰비키 이론이 근본으로 옳다는 것이 어디에서 증명됐는가? 페트로그라드 노동자와 농민(페트로그라드 수비대의 병사들)의 공동 행동이 제정(帝政)을 타도(1917년에 — 트로츠키)했다는 사실에서였다. 결국, 1905년 정식은 계급 간의 상호 관계의 근본 원칙을 예측하지만 구체적인 정치적 기관을 예견하지는 못한다."

잠깐만! 레닌주의의 옛 정식을 '대수적'인 것으로 묘사했던 것이, 내가 그것을 — 라데크가 그토록 사려 없이 해치우듯이 — 공허한 진부함으로 환원시켜 버려도 좋은 것으로 생각하고 있다는 뜻은 아니다. "근본적인 것은 실현됐다. 즉, 프롤레타리아와 농민이 힘을 합쳐 제정을 타도했다." 그러나 이러한 "근본적인 것"은 승리했거나 반쯤 승리한 모든 혁명에서 예외 없이 실현됐다. 언제 어디서나 프롤레타리아나 그 전신, 즉 하층 사회 계급과 농민들이 황제, 봉건 영주, 사제들을 타도했다. 이미 16세기 독일에서, 심지어는 그 전에 이런 일이 발생했다. 중국에서도 '군벌들'을 타도했던 것은 역시 노동자와 농민이었다. 이것은 민주주의 독재와 무슨 관계를 맺고 있을까? 과거의 혁명들에서는 그러한 독재가 결코 이루어지지 않았으며, 그것은 중국 혁명에서도 마찬가지였다. 왜? 혁명이라는 고된 과업을 담당했던 프롤레타리아와 농민의 등 위에 부르주아지가 타고 있었기 때문이었다. 라데크는 감히 "정치적 기관"을 사상해 버린 결과, 혁명에서 "가장 근본적인 것", 즉 누가 혁명을 지도하고 권력을 장악하는가라는 문제를 망각해 버렸다. 그러나 혁명은 권력을 장악하기 위한 투쟁이다. 혁명은 계급들이 맨손이 **아니라** '정치적 기관들'(예컨대 정당)이라는 매개를 통해 수행하는 하나의 정치 투쟁이다.

라데크는 우리 죄인들에게 다음과 같이 성내어 소리를 지른다. "마르크스주의와 레닌주의 방법의 복합성을 최후까지 염두에 두고 사고하지 못하는 사람들은 다음과 같은 식으로 생각한다. 즉, '모든 것은 항상 노동자와 농민의 연립 정부로 귀결돼야만 한다'고. 그런데 어떤 사람들은 심지어 그것이 항상 노동자 당과 농민 정당의 연립 정부여야만 한다고까지 생각한다."

이 "어떤 사람들"은 얼마나 얼간이들인가! 그런데 라데크 자신은 어떻게 생각하고 있는가? 승리한 혁명은 혁명적 계급들 간의 특수한 상호 관계를 반드시 반영하거나 보증하지는 않는다고 생각하는 것인가? 라데크는 '사회학적' 문제를 그럴 듯한 공문구의 껍질밖에 남지 않을 정도까지 '심화'시켰다.

'민주주의 독재'의 세 가지 요소 273

노동자와 농민의 협력의 정치적 형태라는 문제를 사상하는 것이 얼마나 용납할 수 없는 짓인지는, 1927년 3월 공산주의자 대학에서 라데크 자신이 했던 연설에 나오는 다음 구절을 통해 매우 잘 드러난다.

1년 전에 나는 <프라우다>에 이 (광둥) 정부를 **농민과 노동자의 정부**로 규정하는 논문을 썼다. 편집위원회의 한 동지가 이것을 내 실수라고 생각해 그것을 **노동자와 농민의 정부**로 바꾸었다. 나는 이것에 항의하지 않고 그대로 노동자와 농민의 정부로 놔두었다.

따라서 (1905년이 아닌) 1927년 3월에 라데크는 노동자와 농민의 정부에 대비되는 농민과 노동자의 정부도 존재할 수 있다는 의견을 가지고 있었던 것이다. <프라우다> 편집자는 이것을 이해할 수 없었다. 나 역시 죽어도 그것을 이해할 수 없다는 점을 고백한다. 우리는 노동자와 농민의 정부에 대해서는 잘 알고 있다. 그러나 노동자와 농민의 정부와 대비되고 대립되는, 농민과 노동자의 정부는 도대체 무엇인가? 제발 이러한 수식구의 불가사의한 위치 전환에 대해 설명해 주었으면 좋겠다. 여기서 우리는 문제의 본질적 핵심에 접근하고 있다. 1926년에 라데크는 장제스의 광둥 정부가 농민과 노동자의 정부라고 믿었다. 1927년에도 그는 이러한 공식을 되풀이했다. 그러나 실제로 광둥 정부는 노동자와 농민의 혁명적 투쟁을 실컷 이용하고 나서는 그들을 피바다에 빠져 죽게 한 **부르주아** 정부임이 증명됐다. 이러한 오류를 어떻게 설명할 수 있을까? 단순히 라데크가 오판을 했던 것인가? 너무 멀리 떨어져 있기 때문에 잘못 판단하기가 쉽다. 만일 그렇다면 왜 "나는 이해하지 못했으며, 알 수 없었으므로 오류를 범했다"고 말하지 않는가? 하지만 실상은 그렇지 않다. 이것은 정보의 부족에서 기인하는 사실 판단상의 오류가 아니라, 오늘날 명백해진 바와 같이, 오히려 원칙상의 근본적 오류였다. 노동자와 농민의 정부에 대립하는 농민과 노동자의 정부는 국민당 이외의 다른 것일 수가 없다. 결코 그 밖의 다른 것을 의미할 수 없다. 만일 농민이 프롤레타리아의 뒤를 따르지 않는다면, 그들은 부르주아지를 따르는 것이 된다. 나는 이 문제가 '두 계급, 즉 노동자·농민의 당'이라는 분파주의적·스탈린주의적 관념에 대한 내 비판을 통해 명확하게 됐다고 믿고 있다.(≪코민테른 강령 초안 : 근본 원칙 비판≫ 참조) 노동자와 농민의 정부와 대비되는 광둥의 농민과 노동자의 정부라는 표현은 현재의 중국의 정치 정세를, 즉 프롤레타리아 독재와 대립되는 '민주주의 독재'를, 다시 말해서 코민테른이 '트로츠키주의적'이라고 낙인찍은 볼셰비키 정책과 대립하는 스탈린주의적인 대(對) 국민당 정책의 실체를 언어로 나타낼 수 있는 유일한 방법이기도 하다.

4
연속혁명론은 실천에서 어떻게 나타나는가?

　우리의 이론에 대한 비판 과정에서 라데크는, 앞에서 살펴본 것처럼 (비판 대상에) "그것에서 도출되는 전술"도 추가하고 있다. 이것은 매우 중요한 추가다. 이 문제에 관해 '트로츠키주의'에 대한 공식적인 스탈린주의자들의 비판은 용의주도하게 이론에만 국한돼 있다. …… 그러나 라데크에게는 이것만으로는 충분하지 않았다. 그는 중국에서 특정(즉 볼셰비키적) 전술 방침에 반대하는 투쟁을 수행하고 있다. 그는 연속혁명론에서 도출된 이 전술 방침의 신용을 실추시키려고 애쓰고 있으며, 그러기 위해서는 과거에도 이 이론에서 그릇된 전술 방침이 도출됐다는 사실을 증명하거나 누군가가 이미 그것을 증명한 것처럼 꾸미지 않으면 안 된다. 여기서 라데크는 독자들을 직접 기만하고 있다. 그가 직접 참여하지 못한 혁명의 역사에 대해 잘 알지 못한다는 것은 얼마든지 있을 수 있는 일이다. 그러나 그는 문건들을 통해서나마 이 문제를 검토하려는 최소한의 노력조차 하지 않았음이 명백하다. 그러나 이 문건들 중 중요한 것들은 나의 ≪전집≫ 제2권에 포함돼 있다. 글을 읽을 수 있는 사람이라면 누구든지 그것을 검토해 볼 수 있다. 또한, 내가 1905년 내내 러시아에서 비합법 생활을 했고 1906년을 감옥에서 보냈음에도, 사실상 1차 혁명의 전 과정에 걸쳐서 혁명 세력과 계속되는 임무를 평가함에 있어 내가 레닌과 완전히 의견이 일치했다는 사실을 라데크에게 알려 주고 싶다. 여기서는 최소한의 증명과 문건 검토에만 국한하지 않을 수 없다.

1905년 2월에 써서 3월에 출판했던 한 논설에서, 즉 볼셰비키 1차 대회(역사에는 3차 당대회로 기록돼 있다)의 2~3개월 전에 나는 다음과 같이 썼다.

> 승리 외에는 다른 아무것도 생각하지 않는 인민과 짜르 사이의 더 가열찬 투쟁, 이러한 투쟁의 정점으로서 전 국민적 봉기, 예로부터의 적들에 맞선 인민의 승리의 혁명적 정점으로서 임시 정부, 짜르 반동의 무장 해제와 임시 정부에 의한 인민 무장, 보통·평등·직접·비밀 선거에 기초한 제헌의회 소집 — 이것들이야말로 객관적으로 규정된 혁명의 단계들이다(《전집》, 2권, 1부).

근본 문제들을 '정식화하는 데서 나와 볼셰비키의 완전한 의견 일치를 확인하기 위해서는 이것을 1905년 5월의 볼셰비키 대회의 결의와 비교해 보는 것만으로도 충분할 것이다.

하지만 이것이 전부는 아니다. 페테르스부르크에서 크라신과 협의해 나는 당시에는 불법으로 간주되던 임시 정부에 관한 테제를 앞의 논설의 정신에 충실하게 정식화했다. 크라신은 볼셰비키 대회에서 이 테제를 옹호했다. 레닌은 이에 대해 다음과 같이 동의를 표했다.

> 나는 크라신 동지와 전적으로 견해를 같이한다. 한 사람의 문필가로서 내가 문제를 문필로 정식화하는 데 주의를 기울이는 것은 당연하다. 투쟁

목적의 중요성을 크라신 동지는 매우 정확하게 표현했으며 나는 그에게 완전히 동의한다. 투쟁의 목표 지점을 정확히 알지 못한 채 싸움에 참가할 수는 없는 것이다.……

내가 언급했던 크라신의 방대한 수정안의 주요 부분이 대회의 결의로 채택됐다. 내가 이 수정안의 작성자라는 사실은 내가 가지고 있는 크라신의 편지가 증명해 준다. 당사에서 이 모든 에피소드들은 카메네프와 그 밖의 사람들도 잘 알고 있다.

농민 문제, 농민을 노동자 소비에트 가까이 끌어들이고 농민동맹과 협력하는 문제가 날마다 더욱더 페테르스부르크 소비에트의 주의를 끌고 있었다. 라데크는 틀림없이 소비에트의 지도가 나에게 위임됐다는 사실을 알고 있을 것이다. 내가 당시 혁명의 전술적 임무에 대해 작성했던 수많은 정식화 중 하나가 여기에 있다.

프롤레타리아는 도시 '소비에트'를 창출해 도시 대중의 투쟁 활동을 감독하고 군대를 비롯한 농민과의 투쟁 동맹을 일정에 올린다(<나찰로>, 4호, 1905년 11월 17일).

내가 전제 정부에서 사회주의로 '도약'하는 것에 대해서는 입도 뻥긋한 적이 없다는 것을 증명해 줄 글들을 인용하는 것은 따분하고 심지어는 당혹스럽기까지 하다는 점을 고백한다. 그러나 어쩔 수가 없다. 예를 들어 1906년 2월에 나는 — 현재 스탈린을 추종하는 라데크가 중국에서 과거의 기회주의 정책의 흔적들을 이번에는 극좌주의라는 빗자루로 쓸어버리려고 허둥지둥하며 그렇게 하려고 하는 것과 달리, 제헌의회를 결코 소비에트와 대립시키지 않으면서 — 제헌회의의 임무에 대해 다음과 같이 서술했다.

해방된 인민은 자신들의 권력으로 제헌의회를 소집할 것이다. 제헌의회의 임무는 엄청날 것이다. 그것은 민주주의 원칙, 즉 절대적 인민의 절대 주권이라는 원칙에 근거해 국가를 재구성해야 할 것이다. 인민의 무력을 조직하고, 광범한 농업(토지) 개혁을 완수하며 8시간 노동제와 누진 소득세제를 도입하는 것이 그 의무가 될 것이다(≪전집≫, 2권, 1부).

그리고 다음은 1905년에 내가 썼다는, 사회주의의 '즉각적' 도입 문제에 대한 선동용 인쇄물에서 뽑은 것이다.

러시아에서 즉각적인 사회주의의 도입을 생각할 수 있을까? 아니다. 우리나라의 농촌은 너무나도 미개하고 무지하다. 아직도 농민들 가운데는 진정한 사회주의자는 너무도 적다. 우리는 먼저 인민 대중을 암흑 속에 가둬 놓고 있는 전제 정부를 타도해야만 한다. 농촌의 빈곤층에게는 모든 세금을 면제해 줘야 하며 누진소득세제와 보편적인 의무교육 제도를 도입해야만 한다. 끝으로 농촌 프롤레타리아와 반(半)프롤레타리아를 도시 프롤레타리아와 함께 단일한 사회민주주의 군대로 편제해야만 한다. 오직 이 군대만이 위대한 사회주의 혁명을 성취할 수 있다(≪전집≫, 2권, 1부).

따라서 라데크가 스탈린과 텔만의 뒤를 이어 나에게 설교하기 시작하기 훨씬 전부터, 내가 혁명의 민주주의 단계[15]와 사회주의 단계를 구별했다는 것을 알 수 있다. 22년 전에 나는 아래와 같이 썼다.

연속혁명이라는 생각은 이미 사회주의 신문에서는 정식화돼 있다. 즉, 그것은 점증하는 사회 갈등과 새로운 부문들에서 일어나는 대중 반란들, 그리고 지배 계급의 경제적·정치적 특권에 대한 프롤레타리아의 끊임없는 공격과 더불어, 절대주의와 봉건제 일소를 사회주의 혁명과 연계시키는

생각이다. 그런데 이에 대해서 우리의 소위 '진보적' 신문들은 일제히 분노에 차서 외치고 있다.[16]

무엇보다도 우선, 나는 이 구절에 포함돼 있는 연속혁명의 정의에 대해 주의를 환기시키고 싶다. 즉, 그것은 중세의 청산을 수많은 첨예한 사회적 충돌을 통한 사회주의 혁명과 결합시키고 있다. 그러면 어디에 비약이 있는가? 어디에서 민주주의 단계를 무시하고 있는가? 그리고 1917년에 실제로 일어났던 것이 바로 이것이 아닌가?

어쨌든 1905년, 연속 혁명에 대해 '진보적' 기관지들이 터뜨렸던 분노의 고함소리도, 4반세기가 지나고 나서야 비로소 사태에 개입한 오늘날의 사이비 문필가들이 외친, 조금도 진보적이지 못한 고함소리와는 [그 크기에서] 결코 비교할 수 없다는 사실은 주목할 만하다.

내가 연속혁명의 문제를 제기했을 때, 당시 볼셰비키의 지도적 기관지이자 레닌의 주의 깊은 편집을 거쳐 출판되던 <노바야 지즌>의 태도는 어떠했는가? 확실히 이 점은 매우 흥미로운 문제다. 트로츠키의 '연속혁명'에 대항해 '더 합리적인' 레닌의 견해를 보여 주려고 노력했던 '급진적' 부르주아 신문 <나샤 지즌>에 실린 논설에 대해 볼셰비키의 <노바야 지즌>(1905년 11월 27일자)은 다음과 같이 응답했다.

이러한 불필요한 가정은 완전히 난센스다. 트로츠키 동지는 프롤레타리아 혁명이 첫 단계에서 머무르지 않고 착취자를 축출하기 위해 계속 전진해 나갈 수 있다고 말했다. 반면에 레닌은 정치혁명은 첫걸음에 지나지 않음을 지적했다. <나샤 지즌>의 필자들은 여기에서 모순을 발견해 내고 싶어 한다. …… 모든 오해는 우선 사회혁명이라는 이름만으로도 <나샤 지즌>을 떨게 만드는 바로 그 두려움에서 나온다. 둘째는 사회민주주의자들 내부에서 무언가 첨예하고 격렬한 의견 대립을 찾아내고자 하는 그 신문의 열망에서, 셋째는 트로츠키 동지가 사용하는 "단번에"라는 표현의 특징에서 유래한다. <나찰로> 10호에서 트로츠키 동지는 자신의 생각을 상당히 명확하게 해명했다. 트로츠키 동지는 이렇게 쓰고 있다. "혁명의 완전한 승리는 프롤레타리아의 승리를 의미한다. 그러나 이 승리는 거꾸로 미래에 있을 혁명의 연속성을 내포하고 있다. 프롤레타리아가 근본적인 민주주의 과제를 실현하고 자신의 정치적 지배를 공고히 하기 위한 당면 투쟁의 논리 자체가 일정 시점에서 프롤레타리아 앞에 순수하게 사회주의 문제를 제기한다. (사회민주주의자의) 최소강령과 최대강령 사이에는 혁명적 연속성이 확립된다. 그것은 '단번'의 문제가 아니며 하루나 한 달의 문제도 아니다. 다만 전체 역사적 시기의 문제다. 그 기간을 미리 정하려고 하는 것은 어리석은 일일 것이다."

이 언급 하나만으로도 이 책의 주제를 모두 소화할 수 있다. 속물들의 온갖 비판들에 대해서, 레닌의 <노바야 지즌>이 완전한 동의를 표하면서 인용했던 내 이 논설에 포함돼 있는 반박보다 더 명백하고, 명확하며, 논쟁의 여지가 없는 반박이 있을 수 있겠는가? 내 논설은, 승리한 프롤레타리아가 민주주의 과제를 수행하는 과정에서 자신이 처한 상황의 논리 때문에, 필연적으로 일정 단계에서 순수하게 사회주의적인 문제에 직면하게 될 것이라는 점을 설명했다. 이것이 바로 최소강령과, 프롤레타리아 독재에서 필연적으로 생겨나는 최대강령 사이의 연속성이 놓여 있는 지점이다. 이것은 '단번'도 '비약'도 아니며 — 나는 당시 나에 대한 쁘띠부르주아지 진영의 비판자들에게 설명했다 — 하나의 역사적 시기 전체다. 또한 레닌의 <노바야 지즌>은 이러한 전망에 완전히 동조했다. 그리고 더 중요한 것은 그것이 (혁명) 발전의 실제 경로를 통해 입증됐고 결정적으로 1917년에 올바르다고 확증됐다는 사실이다.

1905년, 특히 1906년에 혁명의 패배가 시작된 이후, 민주주의를 건너뛰어서 사회주의로 가는 환상적 '비약'에 대해 떠들어댔던 사람들은 <나샤 지즌>의 쁘띠부르주아 민주주의자들을 제외하고는 주로 멘셰비키들이었다. 멘셰비키들 가운데도 이 분야에서 특히 두각을 나타냈던 인물은 마르티노프와 고(故) 요르단스키였다. 이들은 모두 나중에 용맹스러운 스탈린주의자가 됐다. "사회주의로의 비약"을 나에게 뒤집어씌우려고 하는 멘셰비키 저술가들에게, 나는 1906년에 쓴 특별 논설에서 그러한 주장의 오류뿐 아니라 어리석음에 대해서까지 자세히 알기 쉽게 설명했다. 그 논설을 거의 손대지 않고 다시 인쇄해 오늘날 속물들의 비판에 대응할 수도 있다. 하지만 여기에 그 논설의 요약된 결론을 제시하는 것만으로도 충분할 것이다.

나는 신문 논설에서 정치적 장애물을 비약하는 것은 실천 과정에서 그것을 극복하는 것과는 전혀 다르다는 것을 — 서평자(요르단스키)에게 확실하게 알려 두자면 — 완전히 이해하고 있었다(≪전집≫, 2권, 1부).

이 정도면 충분할까? 만일 충분하지 않다면, 나는 라데크와 같은 비판가들이 자신들이 그토록 거만하게 판결을 내려 버렸던 자료들을 "가까이에" 두고 있지 않다는 말도 꺼낼 수 없을 때까지 계속할 수 있다. 내가 1906년 감옥에서 집필했고 레닌이 출판했던 ≪우리의 전술≫이라는 소책자는 다음과 같은 특징적인 결론을 담고 있다.

프롤레타리아는 농촌을 비롯한 정치 활동의 중심인 도시의 봉기에 기초해 자신을 지탱할 수 있을 것이다. 그들은 자신들이 시작할 수 있었던 대의를 승리가 결정될 때까지 지켜 나갈 수 있을 것이다. 농민이라는 기본 세력의 열렬한 지지를 받고 그들을 지도함으로써 프롤레타리아는 반동에 맞서 최후의 승리의 일격을 가할 수 있을 뿐 아니라, 혁명의 승리를 어떻게 지킬 수 있는지를 알게 될 것이다(≪전집≫, 2권, 1부).

이것이 농민을 무시하는 것처럼 보이는가? 어쨌든 같은 소책자에서 다음과 같은 생각도 전개하고 있다.

거역할 수 없는 혁명의 발전에 기초해 계획된 우리의 전술은 당연히 혁명 운동의 필연적인 또는 가능한, 심지어는 단지 있을 법한 단계나 국면들조차도 무시해서는 안 된다(≪전집≫, 2권, 1부).

이것이 환상적인 비약처럼 보이는가?

≪최초의 소비에트의 교훈≫(1906년)이라는 논설에서 나는 이후 혁명의 발전에 대한(또는 실제 나타났던 바와 같이 새로운 혁명에 대한) 전망을 다음과 같은 방식으로 묘사했다.

역사는 되풀이되지 않는다. 새로운 소비에트는 50일 동안(1905년 10월에서 12월까지)의 사건들을 다시 한 번 경험하지 않아도 될 것이다. 대신에 이번 경험에서 행동 강령을 빌려올 수 있을 것이다.

이 강령은 완전히 명확하다. 즉, 군대, 농민, 그리고 도시 쁘띠부르주아지의 최하층 평민과의 혁명적 협력, 전제 정치의 철폐, 전제 정치의 물질적 조직의 파괴(부분적으로 재조직하고 또 한편에서는 군대를 즉각 해체하고 관료적 경찰 기구를 파괴함으로써 이루어진다), 1일 8시간 노동제, 인민 특히 프롤레타리아의 무장, 혁명적 도시 자치 기관으로 소비에트의 전화, 지방에서 농업 혁명 담당 기관으로서 농민 대표 소비에트(농민 위원회) 창출, 제헌의회 선거 조직, 그리고 명확한 행동 강령에 기초한 인민의 대표자가 되기 위한 선거 투쟁이다(≪전집≫, 2권, 2부).

이것이 농업 혁명을 건너뛰거나 농업 문제 전체를 과소평가하는 것으로 보이는가? 내가 혁명의 민주주의 과제들을 이해하지 못했던 것으로 보이는가? 아니다, 그렇지 않다. 하지만 그렇다면 라데크 자신이 그렸던 정치적 상(像)은 어떠한가? 아무것도 아니다.

라데크는 그가 왜곡한 1905년의 내 입장과 멘셰비키의 입장 사이에 관대하게, 그러나 매우 애매하게 선을 그었다. 그러면서도 그는 자신이 멘셰비키의 비판을 4분의 3쯤은 답습하고 있으리라고는 의심조차 해보지 않았다. 라데크는, 비록 트로츠키가 멘셰비키와 동일한 방법을 사용했던 것은 사실이지만 그의 목적은 전혀 달랐고, 목적을 위해 수단과 방법을 가리지 않는 사람처럼 설명했다. 라데크는 이러한 주관적 정식을 통해 자신의 접근 방식의 신용을 완전히 실추시키고 있다. 목적은 수단에 의존하며, 또 궁극적으로는 수단에 의해 결정된다는 것쯤은 라살도 알고 있다. 그는 심지어 이러한 주제로 희곡을 한 편(≪프란츠 폰 직킹언 *Franz von Sickingen*≫) 쓰기도 했다. 그러나 내 수단과 멘셰비키의 수단을 동일한 것으로 만든 것은 무엇인가? 농민에 대한 태도다. 그 증거로 라데크는 앞에서 인용했던 레닌의 1916년 논설에서 논쟁적 구절들을 끄집어내고 있다.(물론 거기서 라데크는 레닌이 트로츠키라는 이름을 거론했으나 실제로는 부하린과 라데크 자신을 논박했다는 사실을 간단히 언급하기는 한다.) 이미 본 것처럼, 레닌의 논설의 전체 내용을 통해 반박할 수 있는 인용 구절 외에 라데크는 트로츠키에 대해서도 언급한다. 1916년의 논설에서 나는 멘셰비키적 사고의 공허함을 폭로하기 위해 다음과 같은 질문을 던졌다. "만일 자유주의 부르주아지가 지도하지 않는다면, 그렇다면 누가 지도하게 될 것인가? 당신네 멘셰비키들은 결코 농민의 **독자적인** 정치적 역할을 신뢰하지 못하고 있다." 그런데 라데크는 나를 현행범으로 체포했다. 트로츠키는 농민의 역할에 대해서 멘셰비키에 동의했다는 것이다. 멘셰비키들은 농민과의 의심스럽고 신뢰할 수 없는 동맹을 위해 자유주의 부르주아지를 '배척'하는 것은 결코 허용할 수 없다고 주장했다. 이것이 바로 멘셰비키의 '방법'이다. 반면 내 방법은 자유주의 부르주아지를 일소하고 혁명적 농민에 대한 지도력을 장악하기 위해 투쟁하는 것이다. 이러한 기본 문제에 대해 나는 레닌과 아무런 차이도 없었다. 또한 내가 멘셰비키와 벌인 투쟁 과정에서 그들에게 "당신들은 결코 농민들에게 **지도적** 역할을 부여하려 하지 않고 있다"고 말했을 때, 그것은 라데크가 넌지시 암시하는 바와 같이 멘셰비키의 방법에 대한 동의가 아니라 양자택일의 대안을 더 명확하게 제시한 것이다. 자유민주주의 금권 정치의 독재 아니면 프롤레타리아 독재라고.

내가 1916년 멘셰비키를 반박하기 위해 제출했던 완전히 올바른 주장은—현재 라데크는 불성실하게도 이것 역시 나를 비난하기 위해 이용하려고 한다—9년 전인 1907년의 런던대회에서 내가 이용했던 것과 똑같은 것으로, 그 때 나는 비(非)프롤레타리아 정당들에 대한 태도에 관한 볼셰비키의 테제를 옹호했다. 나는 여기서 나의 런던 연설의 중요 부분을 인용하고자 하는데, 그것은 혁명 초기에 혁명 과정에서 모든 계급과 정당에 대한 볼셰비키의 태도를 표현해 주는 것으로서 논문집이나 교과서로 자주 다시 발간됐다. 여기에 인용하는 부분은 연속혁명론에 대한 간결한 정식화를 포함하고 있다.

멘셰비키 동지들에게는 자신들의 견해가 매우 복잡한 것처럼 보인다. 나는 그들에게서 러시아 혁명의 경로에 대한 나의 개념화가 과도하게 단순화돼 있다는 비난을 수없이 되풀이해 들었다. 하지만 복잡성의 한 형태인 그들의 극단적 무정형성에도 불구하고—또한 아마도 바로 그 무정형성 때문에 — 멘셰비키들의 견해는 심지어 밀류코프도 이해할 수 있을 정도로 아주 단순한 도식이 되고 만다.

최근 출판된 ≪2차 두마 선거는 어떻게 판명났는가?≫라는 책의 후기에서, 카데츠[입헌민주주의] 당의 이데올로기적 지도자는 다음과 같이 쓰고 있다. "좁은 의미의 좌파, 즉 사회주의자와 혁명가 그룹으로 말하자면, 그들과 동의하는 것은 더 어려운 일일 것이다. 그러나 여기에서조차, 명확한 이유는 없다 할지라도, 최소한 어느 정도까지는 우리 사이에 쉽게 동의할 수 있는 매우 중요한 소극적인 이유들 역시 존재한다. 그들의 목적은 우리를 비판하고 비방하는 것이며, 바로 그 때문에 우리가 존재하고 활동할 필요가 있는 것이다. 우리가 알고 있는 바와 같이, 러시아뿐 아니라 전 세계 사회주의자들에게 현재 일어나고 있는 혁명은 부르주아 혁명이지 사회주의 혁명이 아니다. 그것은 부르주아 민주주의로써 성취할 수 있는 혁명이다. 부르주아 민주주의를 극복할 …… 준비를 지구상의 어떤 사회주의자들도 갖추고 있지 않다. 그리고 만일 그렇게 많은 수의 그들이 두마에 등장하게 되더라도, 지금 당장 사회주의를 실현하기 위함이 아니라 그들 자신의 손으로 예비적인 **부르주아적** 개혁을 수행하기 위함이 분명하다. …… 그들로서는 의회주의자의 역할을 우리에게 떠맡기는 편이 자기 자신을 위태롭게 하는 것보다 훨씬 유리할 것이다."

우리가 본 바와 같이, 밀류코프는 우리를 곧바로 문제의 핵심으로 인도한다. 인용한 구절들은 부르주아 민주주의와 사회주의 민주주의의 관련성이나 혁명에 대한 멘셰비키의 태도에 포함돼 있는 가장 중요한 요소들을 모두 보여 주고 있다.

"현재 일어나고 있는 혁명은 부르주아 혁명이지 사회주의 혁명이 아니다." 이것이 가장 중요한 첫 번째 요점이다. 부르주아 혁명은 "부르주아 민주주의로써 성취해야만 한다"는 것이 두 번째 요점이다. 사회주의적 민주주의는 사회주의자의 손으로 부르주아적 개혁을 통해 이루어질 수는 없으며 사회주의자의 역할은 순수하게 반대파적인 것, 즉 "비판하고 신뢰를 분쇄하는 것"이다. 이것이 세 번째 요점이다. 그리고 마지막으로 네 번째 요점은, 사회주의자들을 항상 반대파로 머무르게 하려면, "우리(부르주아 민주주의)가 존재하고 활동할 필요가 있다"는 것이다.

그러나 만일 "우리"가 존재하지 않는다면? 또한 부르주아 혁명의 선두에 서서 나갈 수 있는 부르주아 민주주의가 존재하지 않는다면? 그렇다면 그것을 만들어 내야만 한다는 것이 바로 멘셰비즘이 도달한 결론이다. 멘셰비즘은 자신의 상상력으로 부르주아 민주주의와 그 속성과 역사를 생산해 낸다.

유물론자로서 우리는 무엇보다도 부르주아 민주주의의 사회적 토대, 즉 어떤 계층이나 계급에 의존하고 있는가 하는 문제를 제기하지 않으면 안 된다.

하나의 혁명 세력으로서 대(大)부르주아지는 머리에서 지워 버려도 좋다. 우리는 모두 이 점에 동의한다. 심지어 가장 넓은 의미에서 하나의 국민 혁명이었던 프랑스 대혁명기에도 리용의 일부 산업가들은 반혁명적 역할을 수행했다. 하지만 우리는 중(中)부르주아지와 특히 쁘띠부르주아지가 부르주아 혁명의 지도 세력이라고 들어 왔다. 그러나 이 쁘띠부르주아지가 대표하는 것은 도대체 무엇인가?

자코뱅은 수공업 길드에서 성장해 왔던 도시 민주주의에 기반을 두고 있었다. 소장인과 직인을 비롯해 그들과 밀접하게 결합된 도시 대중이 산악당이라는 지도 정당의 지주, 즉 혁명적 상퀼로트 군대를 이루었다. 혁명이라는 짐을 어깨에 짊어졌던 사람들은 수공업 길드라는, 오랜 역사적 학교를 경험했던 바로 이 핵심적인 도시 대중이었다. 혁명의 객관적 결과는 자본주의적 착취의 '정상적' 조건의 창출이었다. 하지만 역사 과정의 사회적 역학은 '군중', 즉 거리의 민주주의, 즉 상퀼로트가 부르주아 지배를 위한 조건들을 창출했다는, 이러한 결과를 낳았다. 그들의 공포 정치는 부르주아 사회에서 낡은 폐물들을 일소했고, 그리고 나서 쁘띠부르주아 민주주의 독재를 타도한 후, 부르주아지가 권력을 장악했다.

이제 나는 묻는다.(맙소사, 이것이 처음은 아니다!) 만일 프롤레타리아가 반대파로만 머물러 있는다면 우리 나라에서 도대체 어떤 사회 계급이 혁명적 부르주아 민주주의를 고양시켜서 그들이 권력을 장악하게 만들고 거대한 임무를 수행하도록 할 수 있겠는가? 이것이 핵심 질문이며, 나는 이 문제를 멘셰비키들에게 다시 한 번 제기한다.

우리 나라에 거대한 혁명적 농민 대중이 존재하고 있는 것은 사실이다. 하지만 멘셰비키 동지들은, 농민들이 아무리 혁명적일지라도 독자적인 역할은 물론이고 지도적인 정치적 역할은 더더군다나 할 수 없다는 사실을 나만큼이나 잘 알고 있다. 농민들이 혁명에 이바지하는 거대한 세력이라는 것은 의심의 여지가 없다. 그러나 농민 정당이 부르주아 혁명의 선두에 서서 자신들의 힘으로 그들을 억눌러 왔던 낡은 속박에서 국민적 생산력을 해방시킬 수 있다고 믿는 것은 마르크스주의자로서는 부끄러운 일일 것이다. 근대 사회에서는 도시가 헤게모니를 장악하며, 도시만이 부르주아 혁명 과정에서 헤게모니 역할을 담당할 수 있다.10)

그렇다면 우리 나라에서 국민을 지도할 수 있는 도시 민주주의는 어디에 있는가? 마르티노프 동지는 이미 확대경을 손에 들고 몇 번이나 그것을 찾아 헤맸다. 그는 사라토프의 교사들, 페테르스부르크의 변호사들, 그리고 모스크바의 통계학자들을 찾아냈다. 그의 모든 사상적 동지들과 마찬가지로 그가 주의를 기울이기를 거부했던 유일한 것은, 러시아 혁명에서 공업 프롤레타리아들이 18세기 말에 상퀼로트라는 반(半)프롤레타리아적 장인의 민주주의가 차지했던 것과 완전히 동일한 지위를 차지했다

---

10) 연속혁명에 대한 뒤늦은 비판자들은 여기에 동의하는가? 그들은 이러한 기본 명제를 중국, 인도 등과 같은 동양의 여러 나라까지 확대할 준비가 돼 있는가? 그런가, 안 그런가?

는 사실이다. 동지 여러분이 이러한 기본 사실에 주의를 기울일 것을 촉구한다.

우리 나라의 대규모 공업은 수공업에서 유기적으로 발전해 온 것이 아니었다. 우리 나라 도시의 경제사에는 길드 시대가 전혀 없었다. 우리 나라의 자본주의 공업은 유럽 자본의 직접적인 압력 하에서 형성됐다. 그것은 수공업 문화의 저항을 전혀 받지 않은 채, 본질적으로 처녀지를 정복했다. 외국 자본은 국가 차관이라는 경로나 민간 주도의 루트를 통해 우리 나라로 밀려들어왔다. 그것은 자신들의 주위에 공업 프롤레타리아를 끌어 모았으며 수공업의 발생과 발전을 방해했다. 그 결과 우리 사이에는 부르주아 혁명의 순간에, 도시의 주력으로서 극도로 선진 사회의 유형을 띤 공업 프롤레타리아들이 등장했다. 이것은 사실이다. 이것은 논의의 대상이 될 수 없으며, 우리의 혁명적·전술적 결론의 기초로서 받아들여야만 한다.

만일 멘셰비키 동지들이 혁명의 승리를 신뢰한다면, 또는 그러한 승리의 가능성을 인정할 뿐이라 하더라도, 우리 나라에서 혁명 권력에 대한 역사적 권리를 주장할 수 있는 것은 프롤레타리아밖에 없다는 사실에 대해서는 왈가왈부할 수 없다. 쁘띠부르주아적 도시 민주주의 세력이 프랑스 대혁명에서 혁명적 국민의 선봉에 섰던 것과 꼭 마찬가지로, 우리 나라 도시의 유일한 혁명적 민주주의 세력인 프롤레타리아는—(혁명의) 승리의 전망이 도대체 조금이라도 있다면—농민 대중의 지지를 획득하고 스스로 권력을 장악하지 않으면 안 된다.

프롤레타리아에 직접 의존하며 그들을 통해 혁명적 농민에게 의존하는 정부가 곧바로 사회주의 독재를 의미하지는 않는다. 나는 여기서 프롤레타리아 정부 이후의 전망에 대해서는 다루지 않으려고 한다. 자코뱅 민주주의와 마찬가지로 프롤레타리아도 부르주아지의 지배를 위한 길을 닦기 위해 몰락할 운명일 수도 있다. 나는 한 가지만 지적하려고 한다. 만일 우리 나라에서 혁명 운동이 플레하노프가 예견했듯이 노동자의 운동으로서 승리한다면, 그 때 혁명의 승리는 프롤레타리아의 혁명적 승리로서만 가능하며, 그렇지 않다면 완전히 불가능하다.

나는 다음과 같은 결론을 매우 단호하게 주장한다. 만일 프롤레타리아와 농민 사이의 사회적 적대 관계가 프롤레타리아를 농민의 선봉에 서지 못하도록 가로막는다면, 또한 프롤레타리아 자신이 승리를 쟁취할 만큼 충분히 강하지 못하다면, 우리는 우리의 혁명을 위해 필연적으로 마련된 승리는 없다는 결론을 내려야만 할 것이다. 그러한 상황에서 혁명은 자연히 자유주의 부르주아지와 옛 권력의 타협으로 귀결될 수밖에 없다. 이러한 가능성을 결코 부정할 수 없다. 그러나 이 가능성은 명백히 혁명의 패배 과정에 존재하며 또한 혁명의 내적 취약성에 따라 결정된다. 본질적으로 **멘셰비키의 모든 분석 — 특히 프롤레타리아와 농민의 관계에 대한 그들의 평가 — 은 그들을 혁명적 비관론의 길로 냉혹하게 인도한다.**

그러나 그들은 끊임없이 이 길에서 빠져 나와 부르주아 민주주의에 기초한 혁명적 낙관론을 만들어 내려고 한다.[17]

여기에서 카데츠에 대한 그들의 태도가 도출된다. 그들에게 카데츠는 부르주아 민주주의의 상징이며, 부르주아 민주주의는 혁명 권력에 대한 자연스런 청구권자다 …….

그렇다면 카데츠가 여전히 발흥하고 똑바로 서게 될 것이라는 당신들의 믿음은 무엇에 기초하고 있는가? 정치적 발전의 사실들에? 아니다! 당신들 자신의 도식에 기초하고 있을 뿐이다. "혁명을 끝까지 수행하기" 위해 당신들은 부르주아적인 도시 민주주의 세력이 필요했고 그것을 열심히 찾아 헤맸다. 그리하여 겨우 카데츠를 찾아낸 것이다. 당신들은 그들과 관련해 놀라운 낙관론을 발명해 내고 그들을 치장해, 그들이 수행하기를 원하지도 않고 수행할 수도 없으며 수행하지도 않을 창조적인 역할을 그들에게 떠맡기고 싶어 한다. 내가 수없이 되풀이해 온 기본 질문에 대해 나는 아무런 답변도 듣지 못했다. 당신들은 혁명을 예견하지 못한다. 당신들의 정책은 원대한 전망을 완전히 결여하고 있다.

그리고 이와 관련해 부르주아 정당들에 대한 당신들의 태도는 본대회가 기억해 두어야만 할 "상황이 요청하는 바에 따라서"라는 말로 정식화된다. 당신들의 정식에서는 프롤레타리아가 인민 대중에 대한 영향력을 확보하기 위해 계통적인 투쟁을 수행하는 것으로 돼 있지 않다. 프롤레타리아가 단 하나의 지도 이념, 즉 자신들 주위에 모든 노동자와 짓밟힌 자들을 단결시키고 그들의 선구자이자 지도자가 된다는 이념에 따라 전술적 조치들을 결정하는 것으로 돼 있지 않다(5차 당대회의 의사록과 결의문).

1905~1906년의 내 모든 논설, 연설, 활동을 간략하게 요약하고 있는 이 연설은 로자 룩셈부르크나 티스코는 말할 것도 없고(이 연설을 기초로 우리는 더 친밀한 관계를 맺게 됐으며 내가 그들의 폴란드어 신문에 협력하게 됐다) 볼셰비키에게도 전폭적인 지지를 받았다. 멘셰비키에 대한 나의 타협적 태도를 용납하지 않았던 레닌도—그가 옳았다—내 연설에 대해서는 신중하게 강조한 단서를 덧붙여 다음과 같이 자신의 의사를 표명했다.

나는 다만 트로츠키가 《당을 옹호하며》라는 소책자에서, 당면한 러시아 혁명에서 프롤레타리아와 농민의 이익이 경제적으로 공통된다고 썼던 카우츠키와 자신의 의견이 일치함을 공개적으로 표명했다는 사실만을 지적해 두고자 한다. 트로츠키는 자유주의 부르주아지에 반대하는 좌익 블록을 용납할 수 있고 또 유용함을 인정했다. 나는 이러한 사실만으로도, 트로츠키가 우리의 견해에 더 근접하고 있다는 것을 충분히 인정할 수 있다. '연속혁명'의 문제와 관계없이, 우리 사이에는 부르주아 정당들에 대한 태도 문제의 기본 사항들에 대해서 의견 일치가 이루어지고 있다.

나 역시 연설에서 프롤레타리아 독재의 전망에 대해 그 이상 발전시키지 않았기 때문에, 레닌은 자신의 연설에서 연속혁명에 대한 일반적 평가를 내리지는 않았다. 그는 이 문제에 대한 내 기본 저작을 읽지 않았음이 틀림없다. 만약 읽었다면 내가 볼셰비키의 견해에 "근접하고 있다"는 것을 무언가 새로운 것처럼 이야기하지 않았을 것이다. 왜냐하면 런던대회에서 내 연설은 1905~1906년의 저작들을 압축적으로 반복한 것에 불과하기 때문이다. 레닌이 매우 유보적으로 자신의 견해를 표명했던 것은 내가 볼셰비키파 외부에 있었기 때문이다. 그런데도, 아니 더 정확하게는, 바로 그렇기 때문에 그의 말에는 그릇된 해석의 여지가 전혀 없다. 레닌은 농민과 자유주의 부르주아지에 대한 태도를 둘러싼 "문제의 기본 사항들에 대한 우리의 의견 일치"를 입증했다. 이러한 의견 일치는 라데크가 터무니없이 주장하는 것처럼 **목적**에 관한 것이 아니라, 명확하게 **방법**에 관한 것이었다. 레닌이 "연속 혁명의 문제와는 관계없이"라는 단서를 달았던 것은 바로 사회주의 혁명으로 성장·전환해 가는 민주주의 혁명의 전망에 대해서였다. 이러한 단서의 의미는 무엇인가? 레닌이 연속혁명을, 무식하고 양심 없는 속물들이 흔히 하는 식으로, 농민에 대한 무시나 농업 혁명의 비약과 동일시하지 않았다는 것은 명백하다. 레닌의 생각은 다음과 같은 것이었다. 즉, 우리의 혁명은 어디까지 나아갈 것인가, 유럽보다 먼저 우리 나라에서 프롤레타리아가 권력을 장악할 수 있을까 없을까? 그리고 이것은 사회주의에 대해 어떠한 전망을 열어 주는가? 나는 이 문제들을 다루지는 않는다. 그러나 농민과 자유주의 부르주아지에 대한 프롤레타리아의 태도라는 기본 문제에 대해서는 "우리가 완전히 의견이 일치하고 있다."

사실상 연속혁명론이 막 탄생할 무렵, 즉 1905년까지 거슬러 올라가는 시기에 볼셰비키의 <노바야 지즌>이 연속혁명론에 대해 어떻게 반응했는지는 앞에서 살펴보았다. 이제 1917년 이후 레닌 전집의 편집자들은 이 이론에 대해 어떻게 평가했는지를 돌이켜보자. ≪전집≫ 제14권 2부 480쪽의 주석에는 이렇게 적혀 있다.

이미 1905년 혁명 이전부터 그(트로츠키)는 독창적이고 **현재는 특히 주목할 만한** 연속혁명론을 발전시켰다. 거기서 그는 1905년의 부르주아 혁명은 일련의 국민 혁명들의 효시를 이루면서 **즉시 사회주의 혁명으로 넘어가게 될** 것이라고 주장했다.

이것이 연속혁명에 대해 내가 썼던 모든 것이 옳았음을 승인해 주는 것은 결코 아님을 나는 시인한다. 그러나 어쨌든 그것은 라데크가 쓰고 있는 것들이 그릇됐음을 시인한 것이다. "**부르주아 혁명은 즉시 사회주의 혁명으로 넘어가게 될 것이다.**" 이것은 명백히 **전환적 성장론**이지 **비약론**은 아니다. 여기에서 도출되는 것은 모험주의 전술이 아니라 현실적 전술이다. 또한 "현재는 특히 주목할 만한 연속혁명론"이란 무슨 의미인가? 이는 10월 혁명이, 이 이론에 대해 그 때까지는 많은 사람들에게 불명료했거나 단순히 "있을 법하지 않은" 것으로 여겨져 왔던 측면들을 새롭게 조명할 수 있게 해 주었음을 의미한다. 레닌 전집의 제14권 2부는 레닌이 생존하고 있을 때 발간됐다. 수많은 당원들이 이 주석을 읽었다. 그리고 1924년까지는 그것이 오류라고 주장했던 사람은 아무도 없었다. 라데크가 그것을 오류라고 선언한 것은 1928년에서였다.

그러나 라데크가 이론뿐 아니라 전술도 이야기하고 있는 한, 1905년과 1917년의 혁명에 대한 나의 실천적 참여의 성격 문제가 그를 논박하는 가장 중요한 근거로서 여전히 남는다. 1905년 페테르스부르크 소비에트에서 내 활동은 혁명의 성격에 대한 명확하게 다듬어진 내 견해 — 오늘날 속물들은 그것을 끊임없이 공격하고 있다 — 와 일치하는 것이었다. 어떻게 해서 소위 말하는 내 그릇된 견해가, 만인이 지켜보는 가운데 그리고 매일 신문에 보도되는 가운데 이뤄진 내 정치 활동에 전혀 반영되지 않을 수 있었겠는가? 그러나 만일 그러한 그릇된 이론이 내 정치 활동에 반영됐다고 한다면, 오늘날의 관료들은 왜 당시에 침묵했는가? 또한 이보다 더 중요한 것으로서, 왜 당시에 레닌은 혁명이 정점에 있었을 때에도, 혁명이 패배로 끝난 이후에도, 페테르스부르크 소비에트의 노선을 그토록 정력적으로 옹호했겠는가?

완전히 동일한 질문을, 오히려 더 극명한 형태로, 1917년 혁명에도 적용할 수 있다. 뉴욕에서 집필했던 많은 논설에서, 나는 2월 혁명을 연속혁명론의 관점에서 평가했다. 이 모든 논설은 지금까지도 재간행되고 있다. 나의 전술적 결론은 당시 레닌이 제네바에서 내렸던 결론들과 완전히 일치했으며, 우리의 견해는 카메네프, 스탈린, 그리고 그 밖의 속물들의 결론과는 화해할 수 없을 정도로 모순되는 것이었다. 내가 페테르스부르크에 도착했을 때, 아무도 나에게 연속혁명이라는 나의 '오류'를 포기했느냐고 질문하지 않았다. 또한 그렇게 질문할 사람도 없었다. 스탈린은 당황해 어쩔 줄 모르면서 이리저리 슬며시 숨어 다니면서, 레닌이 도착하기 전까지 자신이 옹호해 왔던 정책들을 당이 가능한 한 빨리 잊어 주기만을 바라고 있었다. 야로슬라프스키는 아직 통제위원회의 의장이 아니었으며, 멘셰비키, 오르조니키제 등과 함께 야쿠츠크에서 조잡한 반(半)자유주의 신문을 발행하고 있었다. 카메네프는 레닌을 트로츠키주의라고 비난했으며, 나와 만났을 때 "이제는 당신이 우리를 바보로 만들고 있소" 하고 선언했다. 10월 혁명 전야에 나는 볼셰비키 중앙기관지에 연속혁명의 전망에 대해 썼다. 나를 반대한 사람은 아무도 없었다. 레닌과 나의 연대는 완전하고 무조건적임이 판명났다. 그런데도 나를 비판하는 사람들, 그 중에서도 라데크는 무엇을 말하고자 하는 것일까? 나 자신이 내가 옹호했던 이론을 전혀 이해하지 못했다고? 그래서 매우 중요한 역사적 시기에는 내가 그 이론과는 정반대로, 따라서 매우 올바르게 행동했다고 말하려는 것인가? 나를 비판하는 자들이 다른 많은 것들과 마찬가지로 연속혁명도 제대로 이해하지 못했다고 생각하는 것이 더 간단하지 않은가? 왜냐하면, 만일 이 때늦은 비판자들이 자기들의 생각뿐 아니라 남의 생각에 대해서도 그렇게 훌륭하게 분석할 능력이 있었다고 가정한다면, 그들 모두 예외 없이 1917년 혁명에서 그토록 비참한 입장을 취했으며 또 중국 혁명에서 영원한 치욕을 당하고 있다는 사실을 어떻게 설명하겠는가?

하지만 결국, 문득 이런 생각을 떠올리는 독자들이 있을지도 모른다. 즉, 당신의 가장 중요한 전술적 슬로건이던 '짜르 타도, 노동자 정부!'의 경우는 어떤가?

일각에서는 이것을 결정적인 논거로 생각했다. 트로츠키의 가공할 슬로건 '짜르 타도!'는 연속혁명에 반대하는 모든 비판자의 저작에서 두루 나타나고 있다. 그것은 어떤 이들에게는 최종적이고 가장 중요하며 가장 결정적인 근거로서, 또 어떤 이들에게는 정신이 피로한 사람들을 위한 편리한 은신처로서 나타났다.

이러한 비판은 무지와 불성실의 '대가(大家)'가 그의 독보적인 저작 ≪레닌주의의 문제들≫에서 다음과 같이 말했을 때 자연스럽게 최고조에 달했다.

1905년의 트로츠키 동지의 태도에 대해서는 우리는 깊이 생각할 필요가 없을 것이다. (오! 이런!―트로츠키) 그 당시 그는 혁명 세력으로서의 농민에 대해서 '완전히' 망각했으며 '짜르 타도, 노동자 정부!'라는 슬로건, 즉 농민 없는 혁명이라는 슬로건을 제출했다(Stalin, *Problems of Leninism*).

'깊이 생각'해 보려고도 하지 않는 이러한 절멸적 비판 앞에서 내 처지가 거의 절망적임에도, 참작할 만한 몇 가지 사정에 대해 이야기해 보고 싶다. 약간 있다. 들어 주기를 간청한다.

1905년의 내 논설 중 하나가 오해의 소지가 있는, 애매하거나 부적절한 엉뚱한 슬로건을 포함하고 있다고 하더라도, 23년이 지난 오늘날 그것을 그 자체로서 고려하는 것이 아니라 오히려 동일한 주제에 관한 내 다른 저작들과 결부해서 고려해야 한다. 또한 당시 사건들에 대한 나의 정치적 참여와 관련짓는 것이 특히 중요하다.

독자들에게(비판자들 역시) 그들이 알지 못하는 논설의 제목만을 덩그러니 제시하고는 거기에다 내가 썼고 활동했던 모든 것과 정반대되는 의미를 갖다 붙이는 것은 용납할 수 없다.

하지만 내가 언제 어디서도 "짜르 타도, 노동자 정부!"라는 슬로건을 쓰거나, 말하거나, 제시해 본 적이 결코 없었다는 것을(오! 비판자들이여!) 덧붙이는 것도 불필요하지는 않을 것이다. 나를 심판하는 사람들의 주요 근거의 기초에는, 다른 모든 것은 제쳐 두더라도, 사실에 관한 부끄러운 오류가 자리 잡고 있다. 문제가 되는 것은, "짜르 타도, 노동자 정부!"라는 제목이 붙은 선언문을 1905년에 파르부스가 해외에서 집필하고 출판했다는 사실이다. 나는 이미 당시에 오랫동안 페테르스부르크에서 비합법 생활을 하고 있었으며, 사상에서나 행동에서나 이 소책자와는 전혀 아무런 관계도 없었다. 나는 그것을 오랜 시간이 지난 후 논쟁적 논설에서 처음 알게 됐다. 나에게는 해명할 기회조차 없었다. 그 선언문에 관한 한, 나는 (나에 대한 비판자들과 마찬가지로) 그것을 구경한 적도 읽어 본 적도 없었다. 이것이 이 기이한 사건의 진상이다. 나는 모든 텔만과 세마르 도당들에게서 손쉽고 설득력 있는 근거를 박탈해야만 하는 것을 유감스럽게 생각한다. 그러나 진실은 나의 인간적 감정보다 더 강한 것이다.

이것이 전부는 아니다. 우연히 사건들이 겹쳐서 일어났다. 그리하여 파르부스가 나는 알지 못했던 "짜르 타도, 노동자 정부!"라는 유인물을 해외에서 발행했던 것과 같은 시기에, 내가 쓴 선언문이 "짜르도 젬치[18]도 아니고, 오직 인민만이!"라는 제목으로 페테르스부르크에서 비합법으로 유포됐다. 이 소책자의 본문 중 노동자와 농민을 포괄하는 슬로건으로서 자주 반복된 이 제목은 혁명의 민주주의 단계를 비약하려는 이후의 주장들을 대중적 형태로 반박하기 위해서 고안했던 것이다. 이 호소문은 내 전집(제2권, 1부)에 재수록돼 있다. 스탈린의 교묘한 표현에 따르자면 내가 "완전히 망각했던", 바로 그 농민들에 대한 내 선언문들 역시 볼셰비키 중앙위원회가 발표했다.

그러나 아직도 이것이 전부는 아니다. 바로 얼마 전에 중국 혁명의 이론가이자 지도자인 라페즈라는 고매하신 양반이 소련 공산당 중앙위원회의 이론지에, 트로츠키가 1917년에 제기했던 가공할 만한 동일한 슬로건에 관한 글을 썼다. 1905년이 아니라 1917년이라니! 어쨌든 멘셰비키인 라페스에 대해서는 몇 가지 얘기할 것이 있다. 거의 1920년까지 그는 페트류라 정부의 '각료'였다. 그런데 반(反)볼셰비키 투쟁이라는 국사에 정신이 없던 그가 10월 혁명 진영에서 어떤 일이 벌어지고 있는지에 어떻게 주의를 기울일 수 있었겠는가! 그렇다고 치자. 중앙위원회 기관지 편집국은 어떻게 된 일인가? 여기에 의문이 있다. 바보인가……?

"그렇지만 어떻게 그런 일이 있을 수 있습니까?" 최근의 쓰레기만을 배워 온 양심적인 독자들이 외친다. "우리는 수많은 책과 논설들에서 배우지 않았습니까? ……"

그렇다. 여러분은 배워 왔다. 그리고 바로 그렇기 때문에 여러분은 새롭게 배워야만 한다. 이것은 반동기의 손실이다. 어쩔 수 없다. 역사는 일직선으로 전진하지 않는다. 역사는 일시적으로 스탈린이 안내하는 막다른 골목으로 빠져 들어가고 있다.

우리 나라에서 '민주주의 독재'는 실현됐는가?
만일 그렇다면 그것은 언제인가?

레닌에 호소하면서, 라데크는 민주주의 독재가 이중 권력의 형태로 실현됐다고 주장한다. 그렇다. **때때로** — 더욱이 조건부로 — 레닌은 이 문제를 그런 식으로 취급했으며 나도 그것은 인정한다. "때때로라고?" 라데크는 분개하면서 내가 레닌의 가장 기본적인 사상을 공격하고 있다고 비난한다. 하지만 라데크가 분노하는 것은 단지 그가 틀렸기 때문이다. 라데크 역시 약 4년이 지난 후에 비판하고 있는 ≪10월의 교훈≫에서, 나는 민주주의 독재의 '실현'에 대한 레닌의 말을 다음과 같은 방식으로 해석했다.

노동자와 농민의 민주주의 연합은 진정한 권력을 획득할 수 없는 미성숙한 권력 형태로서 나타날 수 있었을 뿐이다. 그것은 구체적 사실로서가 아니라 단지 경향으로서만 나타날 수 있었다(≪전집≫, 3권, 1부).

이러한 해석에 대해 라데크는 다음과 같이 쓰고 있다. "레닌 저작의 가장 뛰어난 이론적 장(章)의 내용에 대한 트로츠키의 해석은 **전혀 아**

무런 가치도 없다." 이 구절 다음에는 볼셰비즘의 전통에 대한 애처로운 호소가 이어지며, 끝으로 다음과 같은 결론을 내리고 있다. "이 문제들은 너무도 중요한 것이어서, 레닌이 **때때로** 말했던 것을 언급하는 것만으로는 대답이 될 수 없다."

이렇게 함으로써 라데크는 내가 레닌 사상의 "가장 뛰어난" 부분을 부주의하게 다루고 있다는 인상을 풍기고 싶어 한다. 그러나 라데크는 분노와 비애를 헛되이 낭비하고 있다. 여기서는 약간의 이해가 좀 더 필요할 것이다. ≪10월의 교훈≫에서 전개했던 내 논의는, 비록 매우 압축적이기는 하지만, 2차적 인용에 기초한 갑작스런 영감이 아니라 레닌 저작들에 대한 진실로 철저한 분석에 따른 것이다. 그것이 이 문제에 관한 레닌의 사상의 정수를 재현하고 있는 반면, 말만 무성한 라데크의 논의는 풍부한 인용에도 불구하고 살아 숨 쉬는 레닌의 사상은 단 한 구절도 담고 있지 않다.

내가 왜 "때때로"라는 수식어를 사용했는가? 그것은 문제 자체가 실제로 그러했기 때문이다. 민주주의 독재가 이중 권력이라는 형태로("어떤 일정한 형태로 또 일정 정도까지") "실현"됐다는 사실에 대한 레닌의 언급은 모두 1917년 4월과 10월 사이의 시기, 즉 **민주주의 혁명이 실제로 수행되기 이전의 시기**에만 이뤄졌다. 라데크는 이것을 알지도, 이해하지도, 평가하지도 못했다. 오늘날 속물들과 벌인 투쟁에서 레닌은 민주주의 독재의 "실현"에 대해 극히 조건부로만 이야기했다. 레닌이 이야기한 것은 이중 권력의 시기를 역사적으로 특징지우기 위해서가 아니라 ― 그러한 형태라면 그것은 완전히 난센스일 것이다 ― 독자적인 민주주의 독재라는 제2개정판을 기대하고 있던 자들을 반박하기 위해서였다. 레닌의 말이 의미했던 것은, 이중 권력의 비참한 유산 이외에 다른 어떤 민주주의 독재도 존재하지 않으며 앞으로 존재하지도 않으리라는 것, 또한 바로 그렇기 때문에 당을 '재무장'할, 즉 슬로건을 변경할 필요가 있다는 것뿐이었다. 멘셰비키들과 사회혁명당원들이, 농민에게 토지를 분배하는 것을 거부하고 볼셰비키를 사냥했던 부르주아지와 연합했던 사실이 볼셰비키 슬로건을 "실현"한 것이라고 주장하는 것은 고의적으로 흑과 백을 속이는 짓이거나 아니면 머리가 돌았다는 것을 의미한다.

멘셰비키에 대해서는, 레닌이 카메네프를 반박했던 것과 어느 정도 유사한 논거를 제시할 수 있다. 즉, "당신들은 부르주아지가 혁명 과정에서 '진보적' 사명을 완수해 주기를 기다리고 있는가? 그 사명은 이미 실현됐다. 로지얀코, 구치코프, 그리고 밀류코프의 정치적 역할은 부르주아지가 할 수 있는 최대한이다. 그와 마찬가지로 케렌스키 체제는 독자적 단계로서 실현될 수 있었던 민주주의 혁명의 최대치다."

명백한 해부학적 특징 — 퇴화기관 — 은 우리의 조상들이 꼬리를 가지고 있었음을 보여 준다. 이러한 특징은 동물 세계의 발생적 단일성을 확증하기에 충분하다. 그러나 솔직히 이야기하면, 인간에게는 꼬리가 없다. 레닌은 카메네프에게 이중 권력 체제 내의 민주주의 독재의 퇴화 기관을 분명하게 보여 주었고, 이들 퇴화기관에서 새로운 기관이 발생하리라고 기대해서는 안 된다고 경고했다. 그리고 우리가 이제까지 그 어떤 경우보다도 더 깊이 있게, 더 결정적으로, 더 순수하게 민주주의 혁명을 완수했음에도, 독자적인 민주주의 독재가 이루어진 것은 결코 아니었다.

만일 2월에서 4월에 걸친 시기에 민주주의 독재가 실제로 실현됐다면 몰로토프조차도 그것을 인정했을 것이라는 사실을 라데크는 곰곰이 생각해 봐야만 한다. 당과 계급은 민주주의 독재가, 군주제의 낡은 국가 기구들을 무자비하게 파괴하고 장원제적 토지 소유를 완전히 청산할 그러한 체제라고 이해했다. 그러나 케렌스키 시대에서는 이러한 것들은 흔적조차 찾아볼 수 없었다. 그러나 볼셰비키 당에게, 문제는 혁명적 과제를 실제로 실현하는 것이지, 어떤 사회적·역사적 '퇴화기관'들을 폭로하는 것이 아니었다. 레닌은 반대자들을 이론적으로 깨우쳐 주기 위해 발달하지도 못한 이 특징들을 선명하게 부각시켰던 것이지, 그 이상은 결코 아니었다. 그러나 라데크는 이중 권력, 즉 무권력의 시기에 '독재'가 존재했으며 민주주의 혁명이 실현됐다는 것을 우리에게 확신시키기 위해 매우 심각하게 노력한다. 그것은, '민주주의 혁명'으로 인정받기 위해서는 레닌의 온갖 천재적 재능들이 필요한 그런 것에 불과했다. 그러나 이것은 그것이 실현되지 못했다는 것을 의미하는 것에 다름 아니다. 진정한 민주주의 혁명은 러시아나 중국의 무지한 농민들이 모두 쉽게 인정할 수 있는 것이다. 하지만 형태학적 특징들로 본다면 문제는 좀 더 어려워진다. 예를 들어, 러시아에서 카메네프가 제공한 교훈에도 불구하고, 중국에서도 역시 민주주의 독재가 (국민당을 통해서) 레닌이 말하는 의미에서 "실현"됐으며 더욱이 이중 권력 상태에 있는 우리 나라보다도 더 완벽하고 더 완성된 형태로 실현됐다는 사실을 라데크에게 이해시키는 것은 불가능하다. 도저히 구제불능의 바보만이 중국에서 '민주주의'의 제2개정판을 기대할 수 있을 것이다.

만일 우리 나라에서 민주주의 독재가 로이드 조지[영국 수상]와 클레망소[프랑스 수상]의 심부름꾼 노릇을 했던 케렌스키 체제라는 형태로 실현됐을 뿐이라고 한다면, 우리는 역사가 볼셰비즘의 전략적 슬로건을 잔인하게 마음껏 조소했다고밖에 말할 수 없을 것이다. 다행히도 그렇지는 않았다. 볼셰비키의 슬로건은 사실로서 — 형태학적 흔적이 아닌 위대한 역사적 현실로서 — 실현됐다. 다만 그것은 **10월 혁명 이전이 아니라 그 후에야 비로소** 실현됐다. 마르크스의 말을 빌리자면, 농민 전쟁이 프롤레타리아 독재를 지지했던 것이다. 두 계급의 협력은 10월 혁명을 통해 거대하게 실현됐다. 동시에 무지한 농민들도 누구나, 레닌의 해설이 없었다 해도, 볼셰비키의 슬로건이 생명력을 가지고 있었다는 것을 깨닫고 감지할 수 있었다. 또한 레닌 자신도 10월 혁명 — 그 첫 단계 — 을 민주주의 혁명의 **진정한** 실현으로, 또한 그럼으로써 — 비록 바뀌긴 했어도 — 볼셰비키의 전략적 슬로건의 진정한 구현으로 평가했다. 레닌의 **전체**를 고려하지 않으면 안 된다. 그리고 특히 더 높은 유리한 위치에서 사태를 검토하고 평가했던, 10월 혁명 이후의 레닌을 고찰해야만 한다. 끝으로, 레닌은 속물들의 방식이 아니라 레닌주의 방식으로 파악해야만 한다.

레닌은 (10월 혁명 이후에) 카우츠키를 비판하는 그의 저서에서 혁명의 계급적 성격과 그 '전환적 성장'의 문제를 분석했다. 여기에 라데크가 좀 곰곰이 생각해 봐야만 할 구절이 하나 있다.

그렇다. 우리의 혁명(10월 혁명 — 트로츠키)은 우리가 농민층 **전체**와 함께 나아가는 **동안은** 부르주아 혁명이다. 이것은 우리에게 너무도 명백한 것이며 우리는 그것을 1905년 이래로 수백 번 수천 번이나 이야기해 왔다. 또한 우리는 역사 과정의 이러한 필수 단계를 결코 건너뛰거나 포고문을 통해 폐지하려고 해 본 적이 없었다.

그리고 계속 이어진다.

결과는 우리가 말한 그대로였다. 혁명의 실제 경로는 우리의 추론이 올바름을 확인해 주었다. **처음에는** 농민층 '전체'와 함께 군주제, 지주, 중세적 유제에 반대(그러한 한에서 혁명은 부르주아적, 즉 부르주아·민주주의적이다)한다. 다음에는 빈농, 반프롤레타리아, 모든 피착취 계급과 함께 도시 부유층, 쿨락(부농), 투기꾼을 포함해 **자본주의에 반대하며**, 그러한 한에서 혁명은 사회주의 혁명이 된다.

이것이 바로 10월 혁명을 포함한 혁명에 대해 결론적인, 일반화된, 완결된 평가를 내릴 때, 레닌이 — "때때로"가 아니라 항상 또는 더 정확하게는 **변함없이** — 이야기했던 내용이다. "결과는 우리가 말한 그대로였다." 부르주아·민주주의 혁명은 노동자와 농민의 제휴로서 실현됐다. 케렌스키 시대에? 아니다. 10월 혁명 이후의 최초의 시기였다. 그것이 정확한가? 그렇다. 하지만, 우리가 현재 알고 있는 바와 같이, 그것은 민주주의 독재가 아니라 프롤레타리아 독재라는 형태로 실현됐다. 그와 함께 낡은 대수적 정식의 필요 역시 소멸해 버렸다.

만일 카메네프를 비판했던 레닌의 1917년 조건부 주장과 10월 혁명에 대한 그 이후의 완전한 레닌주의적 특징 규정을 무비판적으로 병렬한다면, 러시아에서는 두 번의 민주주의 혁명이 "실현"됐다는 결론에 이르고 말 것이다. 이것은 지나친 결론이다. 왜냐하면 두 번째 혁명은 프롤레타리아의 무장 봉기라는 점에서 첫 번째 혁명과는 구별되기 때문이다.

이제 내 저서 ≪평가와 전망≫ 가운데 독재의 제1단계와 그 이후의 발전 전망에 대해 개관하고 있는 "프롤레타리아 정권"이라는 장에 나오는 구절들을 레닌의 저서 ≪프롤레타리아 혁명과 배신자 카우츠키≫에서 인용한 앞의 구절들과 대조해 보자.

봉건제 철폐는 그 제도 내에서 모든 부담을 떠맡는 계급[원문은 신분(estate)]인 농민 **전체**한테서 지지를 얻을 것이다. 누진 소득세 부과 역시 농민 대다수의 지지를 받을 것이다. 그러나 농업 프롤레타리아를 보호할 목적으로 취하는 어떠한 입법 행위도 농민 다수의 적극적인 공감을 얻지 못할 뿐 아니라 심지어 소수 농민들의 적극적인 반발에 부딪히게 될 것이다.

결국, 프롤레타리아는 촌락에서도 계급투쟁을 수행할 수밖에 없는 입장에 처하게 될 것이다. 그리고 이러한 투쟁적인 방식을 통해서, 모든 농민들 사이에 명백히 존재하고 있는 이익 공동체를 비록 비교적 제한된 범위 내에서이기는 하지만 어쩔 수 없이 파괴하게 될 것이다. 따라서 권력을 장악한 초기부터 프롤레타리아는 부유한 마을과 가난한 마을 사이의 적대 관계, 그리고 농업 프롤레타리아와 농업 부르주아지 사이의 적대 관계 속에서 지지 세력을 발견해 낼 필요가 있다.[19]

이 모든 것은 농민에 대한 "무시"나 레닌과 내 노선 사이의 완전한 "적대 관계" 따위와는 조금도 비슷하지 않다!

앞에서 제시했던 레닌이 쓴 인용문은 그의 저작들에서만 나타나는 것이 아니다. 오히려 레닌의 경우에는 항상 그렇듯, 사실들을 더 명쾌하게 밝혀주는 새로운 정식이 전 기간에 걸쳐 그의 연설들과 논설들의 핵심이 된다. 1919년 3월에 레닌은 이렇게 말했다.

1917년 10월에 우리는 **농민 전체와 함께** 권력을 장악했다. 농촌 지역에서 계급투쟁이 아직까지 발전하지 못하고 있는 한 이것은 하나의 부르주아 혁명이었다.

1919년 3월의 당 대회에서 레닌은 다음과 같이 말했다.

프롤레타리아가 농민의 도움으로 권력을 장악할 수밖에 없었던, 프롤레타리아가 쁘띠부르주아 혁명의 대행자 역할을 담당할 수밖에 없었던 나라에서, 우리의 혁명은 빈농위원회가 조직되기 전까지는, 즉 1918년 늦여름 내지는 가을까지는 상당한 정도로 **부르주아** 혁명이었다.

다양한 경우에 다양한 형태로 레닌은 이런 언급을 자주 되풀이했다. 그러나 라데크는 결정적으로 중요한 사상을 논쟁에서 완전히 회피하고 있다.

레닌은, 10월 혁명에서 프롤레타리아가 농민과 함께 권력을 장악했다고 말한다. 단지 그랬기 때문에 혁명은 부르주아 혁명이었다. 이것이 올바른 것일까? 어떤 의미에서는 그렇다. 그러나 이것은, 프롤레타리아와 농민의 **진정한** 민주주의 독재, 즉 실제로 전제 정치 체제와 농노제를 파괴하고 봉건 영주한테서 토지를 몰수했던 독재는 10월 혁명 **이전이** 아니라 혁명 **이후에** 이루어졌다는 것을 의미한다. 마르크스의 표현에 따르면, **농민 전쟁에 의해 지지되는 프롤레타리아 독재**라는 형태로 이루어졌으며, 그리고 몇 달 후 사회주의적 독재로 성장하기 시작했던 것이다. **이것이 정말로 이해하기 어려운 일일까?** 오늘날도 이 점에 대해서 의견 차이가 있을 수 있을까?

라데크에 의하면, 연속혁명론은 부르주아적 단계와 사회주의적 단계를 혼동함으로써 죄를 범하고 있다. 그러나 현실에서는 계급 동력이 두 단계를, 우리의 형이상학자들이 더는 실마리조차 찾을 수 없을 정도로 너무도 완벽하게 "혼동", 결합시켰다.

≪평가와 전망≫에서 부족한 점이나 그릇된 주장들을 많이 찾아볼 수 있다. 그러나 나는 이 저작을 1928년이 아니라 10월 혁명 훨씬 전인, 1905년 10월 전에 썼다. 라데크는 연속혁명론의 결함들, 더 정확하게는 당시 이 이론에 대한 내 기본 주장들의 결함들은 건드리지도 않았다. 왜

냐하면 그의 스승들 — 속물들 — 을 따라 그는 연속혁명론의 결함이 아니라 역사 발전 과정을 통해 확증된 강점만을 공격했기 때문이다. 라데크는 — 자신이 철저하게 연구하거나 끝까지 심사숙고해 보지도 않은 — 레닌의 정식에서 이끌어 낸 전혀 잘못된 결론에 근거해 그 이론의 강점들을 공격하고 있다.

실제의 역사 과정과는 전혀 교차하지 않는 매우 특수한 측면에서 낡은 인용문들을 가지고 노는 것이 속물들의 학파 전체가 일반적으로 하는 짓거리다. 그러나 '트로츠키주의'에 대한 반대자들이 10월 혁명의 실제 발전을 분석해야만 할 때, 또한 진지하고 양심적으로 분석하지 않을 수 없을 때 — 그런 일이 가끔씩 누군가에게 생긴다 —, 그 때 그들은 자신들이 기각했던 바로 그 이론의 정신에 기초한 정식에 필연적으로 이를 수밖에 없다. 우리는 10월 혁명의 역사를 연구했던 야코블레프의 저작에서 이에 대한 가장 명확한 실례를 발견할 수 있다. 현재 지배 분파의 기둥11)이자 다른 어떤 스탈린주의자들, 특히 스탈린 자신보다도 의심할 나위 없이 더 풍부한 학식을 갖추고 있는 저자는 옛 러시아의 계급 관계를 다음과 같이 정식화했다.

농민 봉기(1917년 3월부터 10월)에서 우리는 이중의 한계를 발견한다. 자기 자신을 농민 전쟁 수준까지 끌어올리면서도, 봉기는 그러한 제약을 극복하지 못했으며, 인근 지주의 괴멸이라는 당면 임무의 한계를 타파하지 못했으며, 스스로 조직적 혁명 운동으로 발전하지 못했으며, 농민 운동의 특징인 초보적 반란의 성격을 뛰어넘지 못했다.

농민 봉기 그 자체 — 그 목적이 인근 지주를 근절하는 데에만 국한되는 초보적 봉기 — 만으로는 승리할 수 없으며, 지주를 떠받치고 있고 농

---

11) 야코블레프는 최근에 소련의 농업 인민위원으로 지명됐다.

민에 적대적인 국가 권력을 파괴할 수도 없다. 농업 운동을 그에 상응하는 도시 계급이 지도할 때에만 승리할 수 있는 것은 바로 이 때문이다. …… 농업 혁명의 운명이 궁극적으로 수만의 농촌에서가 아니라 불과 수백의 도시에서 결정되는 것도 같은 이유에서다. 나라의 중심부에서 부르주아지에게 치명적인 일격을 가했던 노동 계급만이 농민 혁명을 승리로 이끌 수 있었다. 도시에서 노동 계급이 승리하는 것만이 수천만의 농민들과 수만의 지주들 사이의 초보적 충돌이라는 한계에서 농민 운동을 떼어 놓을 수 있었다. 끝으로 오직 노동자 계급의 승리만이, 빈농과 중농을 부르주아지가 아니라 노동 계급과 결합시키는 새로운 유형의 농민 조직을 위한 토대를 마련할 수 있다. 농민 봉기가 승리하는 문제는 도시에서 노동 계급이 승리하는 문제였다.

　노동자들이 10월에 부르주아 정부에 결정적 일격을 가했을 때, 그들은 그와 함께 농민 봉기의 승리라는 문제도 해결했다.

다음과 같이 계속된다.

…… 사태의 본질은 이렇다. 즉, 역사적으로 주어진 조건들 때문에, 1917년에 부르주아 러시아는 지주들과 동맹하는 데 이르렀다. 멘셰비키나 사회혁명당과 같은 부르주아지의 가장 좌익적 분파들조차도 지주들에게 유리한 협정 체결이라는 한계를 넘어설 수 없었다. 러시아 혁명의 조건들과 그보다 100년 이상 먼저 일어났던 프랑스 혁명의 조건들의 가장 중요한 차이점은 바로 거기에 있다. …… 농민 혁명은 1917년에 부르주아 혁명으로는 승리할 수 없었다. (맞다! ─ 트로츠키) 두 가지 길만이 가능했다. 즉, 부르주아지와 지주의 공격으로 패배하느냐 아니면 프롤레타리아 혁명과 함께 전진하며 그것을 보조하는 운동으로서 승리를 거두느냐였다. 프랑스 대혁명기에 부르주아지가 담당했던 사명을 떠맡음으로써, 그리고 농업에

서 민주주의 혁명을 지도할 임무를 떠맡음으로써, 러시아의 노동 계급은 프롤레타리아 혁명을 승리로 이끌 가능성을 획득했다(*The Peasant Movement in 1917*, State Publishing House, 1927).

야코블레프의 주장에서 기본 요소는 무엇인가? 그것은, 농민은 **독자적인** 정치적 역할을 수행할 수 없다는 것, 따라서 도시 계급의 지도적 역할이 필연적이라는 것, 러시아 부르주아지는 농업 혁명에서 지도적 역할을 맡을 수 없다는 것, 따라서 프롤레타리아의 지도적 역할이 필수적이라는 것, 농업 혁명의 지도자로서 프롤레타리아의 지도적 역할이 필수적이라는 것, 농업 혁명의 지도자로서 프롤레타리아가 권력을 장악한다는 것, 그리고 마지막으로 프롤레타리아 독재가 농민 전쟁을 근거로 사회주의 혁명의 시대를 열어 나간다는 것 등이다. 이것은 혁명의 성격이 '부르주아적'인지 또는 '사회주의적'인지에 관한 형이상학적 문제 제기를 뿌리째 파괴해 버린다. 문제의 핵심은 부르주아 혁명의 토대를 이루는 농업 문제가 부르주아지의 지배 하에서는 결코 해결될 수 없다는 사실이다. 프롤레타리아 독재는 농업에서 민주주의 혁명이 완수된 **이후**가 아니라 오히려 그것이 성취되기 위한 필수 **전제 조건**으로서 등장했다. 한마디로, 야코블레프의 이러한 회고적 도식 가운데에서, 우리는 내가 1905년에 정식화했던 연속혁명론의 기본 요소들을 모두 발견하게 된다. 나에게 그것은 역사적 예견의 문제였다. 젊은 연구자 집단들의 예비 연구에 기초해, 야코블레프는 1차 혁명이 일어난 지 22년 후에, 그리고 10월 혁명의 10년 후에 세 번의 혁명들에 대한 대차대조표를 작성했다. 그의 평가는 어떤 것인가? 야코블레프는 1905년의 내 정식들을 거의 문자 그대로 반복하고 있다.

그러나 연속혁명론에 대한 야코블레프의 태도는 어떠한가? 그것은 자신의 지위를 유지하거나 더 높은 지위로 올라가기를 원하는 모든 스탈린주의 관리들에게 썩 잘 어울리는 태도다. 그러나 이 경우에 야코블레프는 10월 혁명의 추동력에 대한 그의 분석과 자신의 반(反)'트로츠키주의' 투쟁을 어떻게 조화시키고 있는가? 매우 간단하다. 그는 이런 조화에 대해서는 생각조차 하지 않는다. 다윈의 이론을 받아들이면서도 동시에 교회에도 정기적으로 출석하던, 짜르 시대의 많은 자유주의 관리들처럼, 야코블레프 역시 연속혁명을 비방하는 의식 참가라는 대가를 지불하고서 가끔씩 마르크스주의 사상을 표현할 수 있는 권리를 사고 있다. 비슷한 예는 얼마든지 더 들 수 있다.

또한 덧붙여 둘 것은, 야코블레프가 10월 혁명의 역사에 관한 앞서 인용한 저작을 그 자신의 의지로 썼던 것이 아니라 중앙위원회의 결의에 기초한 것이었으며, 이 결의는 동시에 야코블레프 저작의 편집 책임을 나에게 맡겼다는 점이다.12) 당시에는 아직 레닌이 회복할 수 있을 것으로 기대됐고, 속물들 중 어느 누구도 연속혁명에 대해 인위적인 논쟁의 불을 붙일 엄두를 내지 못했다. 어쨌든 나는 러시아 혁명사의 이전 편집자, 아니 더 정확하게는 예정됐던 편집자로서, 저자가 모든 논쟁적 문제들에서 연속혁명에 대한 나의 핍박받고 이단시된 저서(≪ 평가와 전망 ≫)의 정식들을 의식적으로든 무의식적으로든 그대로 원용했다는 것을 완전히 만족스럽게 확증할 수 있다.

볼셰비키 슬로건의 역사적 운명에 대한 레닌 자신의 전체적 평가는, 두 가지 노선, 즉 연속혁명론과 레닌의 노선의 차이가 부차적이고 종속적인 의미밖에 없는 데 반해 양자를 결합시키는 것은 매우 근본적이었

---

12) 1922년 5월 22일 중앙위원회 조직국 회의의 의사록 21호에서 발췌. "트로츠키 동지의 편집 책임 하에 10월 혁명의 역사에 관한 교과서를 편찬하는 것을 …… 야코블레프 동지에게 위임함."

다는 사실을 확실하게 보여 준다. 또한 10월 혁명으로 융합된 양 노선의 이러한 원칙은 스탈린의 2~3월 노선이나 카메네프, 리코프, 지노비예프 등의 4~10월 노선뿐 아니라, 또 스탈린, 부하린, 마르티노프의 중국 정책뿐 아니라, 현재 라데크의 '중국' 노선과도 화해할 수 없는 적대 관계에 있다.

1925년에서 1928년 하반기 사이에 자신의 가치 판단을 그토록 철저하게 바꾼 라데크가 나를 "마르크스주의와 레닌주의의 복합성"을 이해하지 못했다고 비난한다면 나는 이렇게 응수하겠다. 내가 23년 전에 ≪평가와 전망≫에서 발전시켰던 일련의 기본 개념은 현실에서 완전히 정확한 것으로 확증됐으며, 바로 그렇기 때문에 볼셰비즘의 전략 노선과 일치하는 것이다.

특히 나는 ≪1905년≫의 1922년 서문에서 연속혁명에 대해서 내가 말했던 내용 중 어떤 부분도 철회해야 할 이유를 알지 못한다. 레닌이 살아 있는 동안에는 여러 판을 거듭하면서 모든 당원이 그 책을 읽고 연구했으며, 1924년 가을에야 카메네프를, 그리고 1928년 가을에 비로소 라데크를 "곤혹스럽게 만들었을"뿐이다.

정확히 1월 9일에서 10월 봉기에 이르는 시기에 (이 서문에는 이렇게 적혀 있다) 저자는 훗날 '연속혁명론'으로 불리게 되는 사상을 형성했다. 다소 비범한 이 명칭은, 직접적으로 부르주아적 과제에 직면하게 될 러시아 혁명이 결코 거기에서 머무를 수 없다는 개념을 표현하는 것이다. **프롤레타리아가 권력을 장악하지 않는 한 혁명은 당면한 부르주아적 과제도 해결할 수 없을 것이다.**……

비록 12년이 지난 뒤였지만, 이러한 평가가 완전히 정확했음이 입증됐다. 러시아 혁명은 부르주아·민주주의 체제 수립에 그칠 수 없다. 그것은 노동 계급에게 권력을 넘겨줘야만 했다. 1905년에 권력을 장악하기에는 노동 계급이 아직 너무 취약했다면, 그들은 부르주아 민주공화국이 아닌 '6월 3일' 제정(帝政)[20]이라는 비합법 상황에서 성장하고 강화돼야만 했다.

내가 '민주주의 독재'라는 슬로건에 대해 내렸던 가장 신랄한 논쟁적 평가 가운데 한 가지만 추가로 인용하고 싶다. 1909년에 나는 로자 룩셈부르크의 폴란드 기관지에 다음과 같이 썼다.

멘셰비키가 "우리의 혁명은 부르주아적이다"라는 추상론에서 출발해 프롤레타리아의 모든 전술을 자유주의 부르주아지의 지도—그들에 의한 국가 권력의 장악까지도 포함하는—에 부합하도록 해야 한다는 사고에 이르는 반면에, 볼셰비키는 "사회주의 독재가 아니라 민주주의 독재"라는 마찬가지의 순수한 추상론에서 출발해, 권력을 장악한 프롤레타리아가 부르주아 민주주의에 자신을 한정시켜야 한다는 사고방식에 이른다. 이 문제에 관한 양자의 차이는 매우 중요하다. 멘셰비즘의 반혁명적 측면은 오늘날 이미 완전히 드러났지만, 볼셰비즘의 반혁명적 특징은 단지 혁명이 승리한 때에만 커다란 위험이 될 수 있다는 점이다.

《1905년》의 러시아어판에 다시 수록된 이 논문의 위 구절에 대해, 1922년 1월에 나는 다음과 같은 주석을 붙였다.

주지하는 바와 같이 이러한 사태는 일어나지 않았다. 왜냐하면 볼셰비즘이 레닌의 지도하에(내부의 투쟁이 없었던 것은 아니지만) 가장 중요한 이 문제에 대해 1917년 봄, 즉 권력 장악 이전에 이데올로기적 재무장을 할 수 있었기 때문이다.

이 두 인용문은 1924년 이래 치열한 비판 공세의 대상이 돼 왔다. 4년이 지난 후에 라데크 역시 이 비판에 동참했다. 하지만 인용한 구절들을 양심적으로 심사숙고해 본다면, 중요한 예견과 함께 그 못지않은 중대한 경고를 담고 있다는 것을 누구든 인정하지 않을 수 없을 것이다. 2월 혁명에 즈음해 소위 '고참' 볼셰비키가 모두 민주주의 독재와 사회주의 독재를 명시적으로 대립시키는 입장을 취했다는 사실은 남는다. 레닌의 가장 가까운 제자들은 그의 '대수적' 정식에서 순수하게 형이상학적인 이론을 만들어 내서 그것을 혁명의 실제 발전에 대립시켰다. 매우 중요한 역사적 전환점에서 러시아 볼셰비키의 최고 지도부는 반혁명적 입장을 취했으며, 만일 레닌이 때맞추어 도착하지 않았더라면 그들은, 훗날 중국 혁명을 교살했듯이 반트로츠키 투쟁의 기치 아래 10월 혁명을 교살할 수도 있었을 것이다. 매우 신앙심 깊은 태도로, 라데크는 당 지도층 전체의 그릇된 입장을 일종의 "우연"으로 묘사하고 있다. 그러나 카메네프, 지노비예프, 스탈린, 몰로토프, 리코프, 칼리닌, 노긴, 밀류친, 크레스틴스키, 프룬제, 야로슬라프스키, 오르조니키제, 프레오브라젠스키, 스밀가, 기타 많은 '고참 볼셰비키'들의 천박한 민주주의 입장에 대한 마르크스주의적 설명으로서 라데크의 "우연"론은 일고의 가치도 없다. 낡은, 대수적 볼셰비키 정식이 자체 내에 그러한 위험을 내포하고 있었음을 인정하는 편이 더 정확하지 않을까? 정치적 발전이 그것을—애매한 혁명적 정식의 경우는 늘 그러하듯—프롤레타리아 혁명에 적대적인 내용으로 채워 버렸다. 만일 레닌이 러시아에 살면서 매일매일, 특히 전쟁 기간 동안에 당의 발전을 관찰했더라면, 그가 적시에 필요한 정정과 설명을 했으리라는 것은 자명하다. 그가, 비록 지체하기는 했지만, 그래도 곧 도착해 필요한 이데올로기적 재무장을 수행할 수 있었던 것은 혁명을 위해서는 천만다행이었다. 프롤레타리아의 계급적 본능과 그 때까지 볼셰비즘의 활동에 의해 준비됐던 당 하부의 혁명적 압력이, 레닌으로 하여금 당 최고 지도부와의 투쟁 속에서, 그리고 그들의 저항에도 불구하고, 최단시간 내에 당 정책을 새로운 노선으로 전환할 수 있게 만들었던 것이다.

여기에서, 우리가 오늘날 중국, 인도 등의 나라에 대수적 형태의, 즉 매우 애매한, 레닌의 1905년 정식을 적용해야만 한다는 결론이 도출되는가? 또한 우리가 중국판 또는 인도판 스탈린들이나 리코프들(탄핑산(譚平山), 로이 등)이 그 정식을 쁘띠부르주아적인 민족·민주적 내용으로 채우도록 용인해 두었다가, (중국판·인도판) 레닌이 적시에 출현해 4월 4일의 필수적 정정[4월 테제]을 수행하기를 기다리고 있어야만 하는가? 중국이나 인도에 대한 정정이 보증돼 있는가? 그것보다는 이 정식에, 러시아와 중국의 역사적 경험으로 필요성이 입증된 구체적인 정정을 가하는 편이 더 적절하지 않을까?

이것이 프롤레타리아와 농민의 민주주의 독재라는 슬로건을 단순히 하나의 '오류'로서 이해해야 한다는 뜻일까? 주지하는 바와 같이 오늘날은 인간의 모든 관념과 활동이 두 가지 범주로 구분되고 있다. '일반 노선'을 구성하는 절대적으로 옳은 것과 그 노선에서 벗어난 것, 즉 절대적으로 잘못된 것이 그것이다. 당연하게도 이것은, 오늘에는 절대적으로 옳은 것이 내일은 절대적 오류로 선언되는 것을 배제하지는 않는다. 그러나 사상의 실제 발전은 '일반 노선'이 출현하기 전에도 진리에 계속적으로 접근해 갈 수 있다. 산수의 간단한 나눗셈에서조차 숫자를 고를 필요가 있다. 크거나 작은 숫자들에서 시작해서 검산 과정을 통해 정답을 제외한 나머지를 버리는 것이다. 포병부대에서 목표물을 사격할 때 계속 표적에 접근해 나가는 방법을 협차포격(夾叉砲擊)이라고 부른다. 이러한 방법은 정치에서도 마찬가지로 절대 피할 수 없는 것이다. 문제는 실수는 실수라는 것을 즉시 인정하고 지체 없이 필요한 정정을 가하는 것이다.

레닌의 정식의 위대한 역사적 의의는, 새로운 역사적 시대라는 조건에서 가장 중요한 이론적·정치적 문제들, 즉 다양한 쁘띠부르주아 집단들, 특히 농민이 어느 정도까지 정치적 독자성을 획득할 수 있는가 하는 문제를 끝까지 탐구했다는 사실에 있다. 그것의 완벽함 덕분에 1905~1917년 볼셰비키의 경험은 '민주주의 독재'에 대해서는 문을 굳게 닫았다. 레닌은 그 문 위에 스스로 '출입금지'라는 팻말을 써 붙였다. 그는 이것을 다음과 같은 말로 정식화했다. 농민은 부르주아와 함께 나아가거나 아니면 노동자와 함께 나아갈 수밖에 없다. 그러나 속물들은 볼셰비즘의 과거의 정식에서 도출되는 이러한 결론을 완전히 무시했으며, 이 결론과는 반대로 잠정적인 가설을 강령에 삽입함으로써 그것을 성전화해 버렸다. 일반적으로 속물적 모방주의의 본질은 바로 여기에 있다.

역사적 단계의 비약에 대해

라데크는 최근 몇 년 동안 공식 비판 문건들을 반복하고 있을 뿐 아니라 때때로 그것을 가능한 한 단순화시키기도 한다. 그의 말에 의하면, 나는 1905년에나 지금이나 부르주아 혁명과 사회주의 혁명, 동양과 서양을 전혀 구별하지 않고 있다. 스탈린에 이어서 라데크도 역시 역사적 단계의 비약은 허용될 수 없다는 것을 나에게 깨우쳐 주고 있다.

무엇보다도 우선 다음과 같은 의문을 제기해야만 한다. 만일 1905년의 나에게 '사회주의 혁명'만이 문제였다면, 왜 내가 선진 유럽보다도 후진 러시아에서 먼저 사회주의 혁명이 시작될 수 있다고 믿었겠는가? 애국심에서? 민족의 자부심에서? 어쨌든 그러한 일이 실제로 일어났다. 만일 러시아에서 민주주의 혁명이 하나의 **독자** 단계로서 실현됐더라면 오늘날 프롤레타리아 독재는 필요 없었을 것이라는 점을 라데크가 이해하고 있을까? 서구에서보다 먼저 그런 일이 일어난 것은 바로 오직 역사가 부르주아 혁명의 주요 내용과 프롤레타리아 혁명의 최초 단계를 결합시켰기 — 그들을 혼동한 것이 아니라 유기적으로 결합시켰기 — 때문이다.

부르주아 혁명과 프롤레타리아 혁명을 구별하는 것은 정치적 기초 (ABC)다. 그러나 ABC 다음에는 음절들, 즉 글자의 결합이 오는 법이다. 역사는 바로 부르주아 알파벳의 가장 중요한 글자들과 사회주의 알파벳의 첫째 글자를 결합시켰다. 그러나 라데크는 우리를 이미 완성된 음절에서 알파벳으로 후퇴시키려고 한다. 슬프지만 이것은 사실이다.

결코 단계를 비약할 수 없다고 말하는 것은 난센스다. 전체로서의 ― 즉 완전한 범위에서 고찰한 ― 발전 과정을 이론적으로 분해함으로써 도출되는 분리된 개별적 '단계'들을, 살아 있는 역사 과정은 항상 비약한다. 이것은 결정적 순간의 혁명 정책에서도 마찬가지로 요구된다. 혁명가와 천박한 진화론자의 첫 번째 차이점은 이러한 순간을 인지하고 이용할 수 있는 능력에 있다고 말할 수 있다.

마르크스가 공업의 발전을 수공업, 매뉴팩처, 공장으로 구분했던 것은 정치경제학, 더 정확하게는 역사적 경제이론의 ABC의 일부분이다. 그러나 러시아에서는 매뉴팩처와 도시 수공업의 시대를 건너뛰어 공장이 출현했다. 이것은 이미 역사라는 음절들 중 일부다. 우리 나라에서는 유사한 과정이 계급 관계와 정치에서도 일어났다. 수공업, 매뉴팩처, 공장이라는 마르크스주의의 3단계 도식을 알지 못한다면 러시아의 근대사를 이해할 수 없다. 그러나 이것만 알아서도 역시 아무것도 이해할 수 없다. 왜냐하면 러시아 역사는 ― 스탈린은 개인적으로 받아들일 수 없겠지만 ― 몇몇 단계를 건너뛴 것이 사실이기 때문이다. 그러나 이론적 단계 구분은 러시아의 경우도 역시 필요하다. 그렇지 않으면 이러한 비약이 무엇에서 비롯했는지, 또한 그 결과가 무엇인지 이해할 수 없을 것이다.

문제를 다른 측면에서(레닌이 이중 권력에 대해 접근할 때 때때로 그러했듯이) 접근해 볼 수 있다면, 러시아는 마르크스의 3단계를 모두

─처음 두 단계는 매우 집약된 맹아적 형태로─거쳤다고 말할 수도 있다. 이러한 '퇴화 기관'들, 즉 수공업과 매뉴팩처 단계는─말하자면 단순히 점으로만 표시되지만─경제 과정의 발생학적 단일성을 확증해 주기에 충분하다. 그럼에도 두 단계의 양적인 축약은 그 나라의 사회 구조 전체에 전혀 새로운 성질을 각인시킬 만큼 중요한 것이었다. 정치에서 이러한 새로운 '성질'의 가장 두드러진 표현이 10월 혁명이다.

이러한 논의에서 가장 참을 수 없는 것은 스탈린의 '이론'화인데, 그는 그의 이론적 재산 전체를 구성하는 두 가지 장신구를 가지고 있다. 그것은 '불균등 발전의 법칙'과 '단계의 비약 불가능'이다. 스탈린은 **단계의 비약**(또는 한 단계에 정체하는 것)**이야말로 불균등 발전의 내용**이라는 것을 지금까지도 이해하지 못하고 있다. 연속혁명론에 대항해 스탈린은 독특하게 진지한 자세로 불균등 발전의 법칙을 정립했다. 어쨌든 역사적으로 후진적인 러시아가 선진 영국보다도 먼저 프롤레타리아 혁명에 이를 것이라는 예측은 전적으로 불균등 발전의 법칙에 의존하고 있다. 그러나 이러한 예측을 하려면 역사적 불균등을 역동적인 구체성 속에서 이해해야만 하며, 완전히 전도돼 무식하게 해석되고 있는, 레닌에게서 인용한 글만을 영원히 곱씹고 있는 것만으로는 안 된다.

역사 '단계'의 변증법은 혁명적 고양기에는 상대적으로 이해하기 쉽다. 반대로 반동기는 필연적으로 천박한 진화론의 시대가 돼 버린다. 이데올로기적 천박성의 극치이자 당 반동의 훌륭한 소산인 스탈린주의는 정치적 추수주의와 누더기를 둘러싼 실랑이질을 은폐하기 위해 단계에 의한 진보라는 독자적인 사이비 종교를 만들어 냈다. 이러한 반동적 이데올로기가 현재 라데크를 에워싸고 있다.

이론적으로는 불가피한 것이 아니더라도 일정한 조건에서는 불가피한 것으로 입증될 수 있는 역사적 과정의 이러저러한 단계가 있다. 또한 역으로, 이론적으로는 '불가피한' 단계라고 해도 특히 혁명 과정에서는 발전 동력에 의해 압축돼 사라져 버릴 수도 있다. 혁명이 역사의 기관차라고 불리는 것은 이러한 이유에서다.

예를 들어, 우리 나라에서 프롤레타리아는 제헌의회에 불과 몇 시간의 생명만을 ― 그것도 역사의 뒤뜰에서 ― 허용함으로써 민주주의적 의회주의 단계를 '비약'했다. 그러나 러시아에서 4차 두마의 시대를 건너뛸 수 없었던 것과 마찬가지로, 중국에서 반혁명 단계도 결코 건너뛸 수 없다. 그러나 중국에서 현재의 반혁명 단계가 역사적으로 '불가피'했던 것은 결코 아니다. 그것은 패배의 조직자로서 역사에 남을 스탈린과 부하린의 파멸적인 정책의 직접적 결과다. 기회주의의 결과들은 혁명 과정을 오랫동안 저지할 수 있는 객관적 요소가 됐다.

대중의 발전에서 실제로, 즉 객관적으로 조건지워진 단계들을 건너뛰려는 모든 시도는 정치적 모험주의다. 노동자 대중의 대다수가 사회민주주의자들, 국민당이나 노동조합 지도자들을 신뢰하고 있는 한, 우리는 그들 앞에 부르주아 권력을 즉각 전복하라는 과제를 제시할 수는 없다. 대중이 그것을 행할 준비가 돼 있어야만 한다. 준비는 하나의 매우 오랜 '단계'임이 증명될 수 있다. 그러나 "대중이 자신들의 지도자들 ― 그 동안 우리가 우정을 다해 지지해 왔던 ― 에 환멸을 느낄 때까지는" 우리가 "대중과 함께" 처음에는 국민당 우파로, 다음에는 국민당 좌파로 머물러야만 한다던가 또는 파업[1926년 영국의 총파업] 파괴자인 퍼셀과의 제휴를 유지해야만 한다고 믿을 수 있는 것은 추수주의자들 뿐이다.

많은 "변증법의 대가들"이 국민당에서 탈당하는 것과 영·러 위원회와 단절하는 것에 대한 요구를 단지 단계의 비약으로, 게다가 농민(중국)이나 노동자 대중(영국)과 결별하는 것으로 특징지웠다는 것을 라데크는 잊지 않았을 것이다. 라데크는 그 자신이 이 불쌍한 유형의 "변증법의 대가" 중 한 사람이었기 때문에 이것을 더욱더 잘 기억하고 있을 것이다. 이제 그는 자신의 기회주의적 오류들을 단지 심화 내지는 일반화하고 있다.

1919년 4월, 레닌은 강령적 논설 "제3인터내셔널과 그 역사적 지위"에서 다음과 같이 썼다.

> 러시아의 후진성과 러시아가 더 고차원적 형태의 민주주의로 비약했다는 사실, 즉 부르주아 민주주의를 넘어서 소비에트 민주주의 또는 프롤레타리아 민주주의로 비약했다는 사실 사이의 모순이야말로 …… 특히 서구에서 소비에트의 역할에 대한 이해를 가로막고 늦어지게 만들었던 이유들 중 하나라고 이야기해도 틀리지는 않을 것이다.

레닌은 여기서 러시아가 "부르주아 민주주의를 넘어서 비약"했다고 직접 말하고 있다. 확실히 레닌의 진술에는 필요한 단서들이 암묵적으로 내포돼 있다. 결국 변증법은 모든 구체적 조건을 매번 반복하는 것이 아니기 때문이다. 글 쓰는 사람은 자신이 쓰려고 하는 내용에 대해서 독자 자신도 머리속에 어느 정도는 담고 있는 것으로 간주한다. 그럼에도 부르주아 민주주의를 넘어선 비약은, 레닌의 정확한 관찰에 따르면, 온갖 교조주의자들과 도식주의자들이 — '서구에서'뿐 아니라 동방에서도 — 소비에트의 역할을 이해하는 것을 어렵게 한다.

지금 갑자기 라데크를 이토록 동요하게 만들었던 ≪1905년≫의 서문에서는 이 문제를 다음과 같이 다루고 있다.

> 이미 1905년에 페테르스부르크의 노동자들은 자신들의 소비에트를 프롤

레타리아 정부라고 불렀다. 이러한 명명법은 당시에는 일상적 언어에 속했으며 권력 쟁취를 위한 노동 계급의 투쟁의 강령에 완전히 구체화됐다. 그러나 동시에, 우리는 제정에 반대해 주도면밀한 정치적 민주주의 강령(보통선거, 공화제, 민병제 등)을 제출했다. 우리는 다르게 행동할 수 없었다. 정치적 **민주주의는 노동 대중의 발전에서 하나의 필수 단계**다. 그러나 어떤 경우에는 이 단계가 수십 년 동안 계속되지만 다른 어떤 경우에는 혁명적 상황이 대중으로 하여금, 심지어 정치적 민주주의 제도들이 현실화되기도 전에, 정치적 민주주의라는 편견에서 해방될 수 있게 한다는 매우 중요한 단서가 붙는다.

앞에서 인용했던 레닌의 사상과 완전히 일치하는 이러한 말들은 국민당의 독재에 반대해 "주도면밀한 정치적 민주주의 강령"을 제출할 필요성을 충분히 설명해 주고 있다고 나는 생각한다. 그러나 라데크가 좌선회하는 것은 바로 이 점에서다. 혁명적 고양기에 그는 중국 공산당이 국민당에서 탈당하는 것을 반대했다. 반혁명적 독재의 시기에 그는 민주주의 슬로건 아래 중국 노동자들을 동원하는 것을 거부하고 있다. 이것은 여름에는 모피 옷을 입고 겨울에는 벌거벗고 지내는 것과 마찬가지다.

7
오늘날 동양에서 민주주의 독재라는 슬로건은 무엇을 의미하는가?

역사적 '단계'에 대한 스탈린주의적— 혁명적이 아니라 진화론적이고 속물적인—개념 속에서 길을 잃은 결과, 라데크 역시 프롤레타리아와 농민의 민주주의 독재라는 슬로건을 동양 전체에 대해서 정당화하려고 애쓰고 있다. 레닌이 특수한 나라의 발전 과정에 적용했던 볼셰비즘의 '작업 가설'—레닌은 그것을 변화시키고 구체화시켰으며 일정 단계에서는 그것을 버렸다—에서 라데크는 초역사적 도식을 이끌어 내고 있다. 이 점에 관해 그는 논설에서 다음과 같이 집요하게 반복하고 있다.

이 이론과 이것에서 도출되는 전술은 자본주의 발전의 초기에 있는 모든 나라—이전의 사회·정치 구성체가 유산으로 남겨 놓은 문제들을 부르주아지가 아직 해결하지 못한 나라들—에 적용할 수 있다.

이 정식에 대해 곰곰이 생각해 보자. 이것은 1917년 카메네프의 입장에 대한 엄연한 정당화가 아닌가? 2월 혁명 후 러시아 부르주아지가 민주주의 혁명의 문제를 "해결"했는가? 아니다. 가장 중요한 문제인 농업 문제를 포함해 모든 것이 미해결로 남았다. 왜 레닌은 옛 슬로건을 여전히 "적용할 수 있다"는 점을 이해할 수 없었을까? 왜 그는 옛 슬로건을 철회했을까?

전에 라데크는 이 점에 대해 그것이 이미 "실현됐기" 때문이라고 대답했다. 우리는 이 대답을 검토해 왔다. 그것은 전혀 지지할 수 없는 것이며, 더욱이 옛 레닌주의 슬로건의 본질은 권력 형태에 있는 것이 아니라 프롤레타리아와 농민의 협력으로 농노제를 실제로 청산하는 데 있다는 견해를 가지고 있는 라데크가 그런 이야기를 한다면 더욱더 그러하다. 그러나 이것은 케렌스키 체제가 이룰 수 없었던 것임이 명백하다. 여기에서, 오늘날의 가장 첨예한 문제인 중국 문제를 해결하기 위해 라데크가 우리 나라의 과거를 탐사했던 것 역시 완전히 불합리하다는 결론이 도출된다. 검토해야만 했던 것은 1905년에 트로츠키가 이해했거나 이해하지 못했던 것이 아니라, 오히려 1917년 2~3월에 스탈린, 몰로토프, 특히 리코프와 카메네프가 파악하지 못했던 것이 무엇이었는지(나는 당시 라데크의 입장이 어떠했는지는 모른다)에 대한 것이다. 왜냐하면 만일 이중 권력 하에서 중심 슬로건이 즉각 바뀔 정도로 민주주의 독재가 "실현"됐다고 믿는 사람이라면, 중국에서 '민주주의 독재'는 국민당 정권을 통해, 즉 탄핑산(譚平山)이 식객으로 붙어있었던 장제스와 왕징웨이(汪精衛)의 지배를 통해 더 완전하고 완벽하게 실현됐다는 것을 인정하지 않을 수 없기 때문이다.13) 따라서 중국에서 슬로건을 변경하는 것은 훨씬 더 필요한 일이었다.

---

13) 장제스와 왕징웨이는 각각 국민당 우파와 좌파의 지도자다. 탄핑산은 (1927년 무한 부르주아 정부의) 공산주의자 각료(농업대신)로 종사했으며 중국에서 스탈린과 부하린의 노선을 수행했다.

그런데, 중국에서는 "이전 사회·정치 구성체의 유산"을 아직도 청산하지 못하고 있는가? 그렇다. 아직 그것을 청산하지 못하고 있다. 그러나 러시아에서는 레닌이 '고참 볼셰비키' 상층부 전체에 대한 투쟁을 선언했던 1917년 4월 4일에, 그것이 청산됐던가? 라데크는 절망적인 자기모순에 빠져 갈피를 못 잡고 이리저리 방황하고 있다. 이와 관련해, 그가 "구성체들의 유산"이라는 복잡한 표현을 다양하게 구사하면서 "봉건제 또는 농노제의 유물"이라는 더 명확한 용어를 명백히 회피하는 것은 결코 우연이 아니라는 점을 지적해 두고자 한다. 무슨 까닭일까? 바로 어제까지만 해도 라데크는 이 유물들을 매우 단호하게 부정했고, 그럼으로써 민주주의 독재라는 슬로건의 토대를 완전히 파기해 버렸기 때문이다. 공산주의자 대학에서 라데크는 다음과 같이 말했다.

> 중국 혁명의 원천은 우리 나라의 1905년 혁명에 뒤지지 않는 깊이가 있다. 노동 계급과 농민의 동맹은 1905년의 러시아보다 중국에서 더욱 강고하리라는 것을 확실하게 주장할 수 있다. 이는 두 계급이 아니라 오직 단 하나의 계급, 즉 부르주아지와만 대결할 것이라는 단순한 이유 때문이다.

좋다. "단순한 이유 때문"이라 하자. 그런데 프롤레타리아가 농민과 함께 단 하나의 계급, 즉 부르주아지에 대항해 — 봉건제가 아니라 부르주아지에 대항해 — 투쟁하는 경우에, 도대체 그러한 혁명을 무엇이라고 부르는가? 아마도 민주주의 혁명이겠지? 라데크가 이런 이야기를 한 것은 1905년이나 1909년이 아닌 바로 1927년 3월이라는 사실만을 기억해 두자. 이것을 어떻게 이해할 수 있을까? 매우 단순하다. 1927년 3월에 라데크도 역시 바른 길에서 이탈해 다른 방향으로 달려가고 있었던 것이다. 반대파는 중국 문제에 대한 자신들의 테제에서 당시 라데크의 일면성에 대해 매우 중요한 측면을 정정했다. 그런데 앞에서 인용했던 구절에는 진리의 핵심이 담겨 있다. 중국에는 지주 계급이 거의 존재하지 않으며 지주들은 제정 러시아에서보다 훨씬 더 긴밀하게 자본가들과 결부돼 있다. 따라서 농업 문제의 특수한 비중은 중국의 경우가 더 작다. 그러나 그 반면에 민족 해방 문제가 매우 커다란 위치를 점하고 있다. 그 결과, 민주주의 변혁을 위한 중국 농민들의 독자적인 혁명적 정치 투쟁의 역량은 러시아 농민들보다 확실히 크지 못하다. 이는 무엇보다도, 1925년 이전에도 그리고 중국 혁명 3년 동안에도 농업 혁명의 깃발을 내건 나로드니키(인민주의자) 정당이 생기지 않고 있다는 사실에서 잘 드러났다. 이 모든 것은, 이미 1925~1927년의 경험을 겪은 중국에서 민주주의 독재라는 정식은 2월 혁명 이후의 러시아보다 훨씬 더 위험하고 반동적인 함정이라는 사실을 여실히 보여 준다.

먼 과거에 대한 라데크의 또 다른 탐사 역시 무자비하게 그 자신을 반박하는 것임이 판명나고 만다. 이번에는 1850년에 마르크스가 제기했던 연속혁명의 슬로건 문제다. 라데크는 이렇게 쓰고 있다.

마르크스에게는 민주주의 독재라는 슬로건이 없었으나, 레닌에게는 그것이 1905년부터 1917년까지 정치적 중심이었으며, 초기(?) 자본주의 발전 상태에 있는 **모든**(?!) 나라의 혁명에 대한 그의 인식의 한 구성 부분을 이루는 것이다.

라데크는 레닌이 쓴 몇몇 구절에 기초해 이러한 관점의 차이를, 독일 혁명의 중심 과제는 **민족 통일**이었던 반면에 러시아에서는 **농업 문제**였다는 사실로 설명한다. 만일 이러한 대비가 기계적으로 이루어지지 않고 균형 감각이 유지된다면, 그것은 어느 정도까지는 정확하다. 그러나 중국의 경우는 어떨까? 농업 문제와 비교할 때 민족 문제가 갖는 특수한 비중은 반식민지 중국의 경우가 1848~1850년의 독일보다도 훨씬 더 크다. 왜냐하면 중국의 경우 그것은 통일의 문제인 동시에 해방의 문제이기 때문이다. 마르크스가 연속혁명의 관점을 정식화했던 것은, 독일에서 모든 왕권이 여전히 확고부동했고 융커들이 토지를 보유했으며 부르주아 지도자들은 정부의 대기실에서만 묵인되던 그러한 때였다. 중국에서는 1911년 이래 군주제가 존재하지 않았으며, 독자적인 지주 계급도 존재하지 않았다. 국민 부르주아적 국민당이 권력을 장악하고 있으며 농노제적 관계들은, 비유적으로 말하면, 부르주아적 착취와 화학적으로 융합해 있다. 따라서 라데크가 마르크스와 레닌의 관점을 대비시키는 것은 중국에서의 민주주의 독재라는 슬로건을 완전히 반박해 주고 있다.

그러나 라데크는, **마르크스가 아직까지 농민을 쁘띠부르주아적 도시 민주주의의 본래의 동맹자로 생각하고 있었던** 1850년의 유인물에만 자기 자신을 한정함으로써, 마르크스의 입장조차 진지하게 흡수하지 못하고 있으며, 단지 우연히 그리고 에피소드처럼 다루는 데 그치고 있다. 당시 마르크스는 독일에서 독자적 단계의 민주주의 혁명, 즉 농민의 지지를 받는 도시의 쁘띠부르주아 급진주의자들의 일시적 권력 장악을 기대했다. 여기에 문제의 핵심이 있다. 그러나 그런 일은 일어나지 않았다. 이것은 우연이 아니었다. 이미 18세기 중반에 쁘띠부르주아적 민주주의 세력은 독자적 혁명을 수행할 능력이 없음을 스스로 폭로했다. 마르크스는 이러한 교훈을 고려했다. 6년 후인 1856년 4월 16일에 마르크스는 엥겔스에게 다음과 같은 편지를 썼다.

독일에서 벌어지는 모든 사태는 농민 전쟁의 제2판 같은 것이 프롤레타리아 혁명의 뒤를 받쳐줄 수 있느냐에 달려 있을 것이다. 만약 그렇게만 된다면 사태는 더할 나위 없을 것이다.

라데크는 완전히 잊고 있는, 이 주목할 만한 구절은 10월 혁명뿐 아니라 현재 우리가 당면하고 있는 모든 문제에 대해서 정말로 값진 열쇠가 된다. 마르크스가 농업 혁명을 건너뛰었는가? 그렇지 않다. 주지하는 바와 같이 그는 그것을 건너뛰지 않았다. 그는 당면한 혁명에서 프롤레타리아와 농민의 협력이 필수적이라고 생각했는가? 그렇다. 그는 혁명에서 농민의 지도적 역할, 아니 최소한 독자적 역할의 가능성만이라도 인정했는가? 아니다. 그는 그러한 가능성을 인정하지 않았다. 독자적인 민주주의 혁명에서 (농민들이 아니라 부르주아 민주주의의 결함 때문에) 부르주아 민주주의를 원조하는 데 성공하지 못했던 농민들이 프롤레타리아 혁명에서 프롤레타리아를 원조하게 될 것이라는 사실에서 그는 출발했다. "그렇게 되면 더할 나위 없는 사태가 될 것이다." 그러나 바로 이것이 10월 혁명에서 일어났으며, 그것도 조금도 모자람이 없이 일어났다는 사실을 라데크는 알고 싶어 하지 않음이 분명하다.

중국에 관해 여기에서 도출되는 결론은 너무도 명백하다. 논쟁은 동맹자로서 농민의 결정적 역할에 관한 것도, 농업 혁명의 중요성에 관한 것도 아니며, 다만 중국에서 독자적인 민주주의 농업 혁명이 가능한가 아니면 "농민 전쟁의 제2판"이 프롤레타리아 독재를 원조하게 될 것인가를 둘러싼 것이다. 이것이 유일한 문제다. 다른 방식으로 문제를 제기하는 사람은 모두 아무것도 알지도 이해하지도 못한 채, 다만 중국 공산당을 혼란스럽게 만들어 올바른 노선에서 일탈시키는 자다.

동양 여러 나라의 프롤레타리아가 승리의 길을 열어 나가려면, '단계'와 '국면'에 관한 스탈린과 마르티노프의 현학적·반동적 이론이 뿌리째 제거돼, 폐기되고, 파괴되고, 일소되지 않으면 안 된다. 볼셰비즘은 이러한 천박한 진화론에 대항하는 투쟁 과정에서 성숙해 왔다. 우리는 선험적으로 설정된 진군 노선이 아니라 계급투쟁의 실제 과정에 우리 자신을 맞춰 가야만 한다. 스탈린과 쿠시넨의 관념—다양한 발전 단계에 있는 나라들에게 미리 혁명에 관한 상이한 배급 카드를 할당해 줌으로써 혁명의 승계 순서를 고정시키는 관념—을 거부할 필요가 있다. 이를 위한 더할 나위 없는 안내자가 레닌이다. 하지만 레닌의 전체를 고려해야만 한다.

1919년에 레닌이, 특히 코민테른의 조직화와 관련해, 지난 시대의 여러 가지 결론을 종합하고 훨씬 더 완전해진 이론적 정식화를 부여했을 때, 그는 케렌스키 체제와 10월 혁명의 경험을 다음과 같이 해석했다. 계급 적대가 이미 발전한 부르주아 사회에서는, 공공연하든 은폐되든 간에, 부르주아 독재나 프롤레타리아 독재 둘 중 하나일 수밖에 없다. 중간 체제란 성립할 수 없다. 모든 민주주의, 즉 모든 '민주주의 독재' (아이러니한 인용부호는 레닌의 것이다)는 부르주아지의 지배를 위한 베일에 불과하다. 이는 가장 후진적인 유럽 국가인 러시아의 경험이 부르주아 혁명의 시기에, 즉 '민주주의 독재'에 가장 유리했던 시기에 이미 보여 준 그대로다. 레닌은 이러한 결론을 민주주의에 관한 그의 테제들—이들은 2월 혁명과 10월 혁명의 경험을 총괄함으로써 비로소 도출됐다—의 기초로 여겼다.

다른 많은 사람들과 마찬가지로, 라데크 역시 민주주의 문제를 민주주의 독재 문제와 기계적으로 분리시킨다. 이것이 큰 실수의 근원이다. '민주주의 독재'는 혁명 동안의 부르주아지의 은폐된 지배일 수밖에 없다. 1917년의 '이중 권력'의 경험과 중국 국민당의 경험은 모두 우리에게 이 점을 가르쳐 준다.

속물 아류들의 절망감은, 그들이 오늘날에도 여전히 민주주의 독재를 프롤레타리아 독재뿐 아니라 부르주아지의 독재와도 대비하려 하고 있다는 사실에서 극명하게 나타나고 있다. 그러나 이것은 민주주의 독재가 중간적 성격의 것일 수밖에 없다는 것, 즉 쁘띠부르주아적 내용을 가질 수밖에 없다는 점을 의미한다. 거기에 프롤레타리아가 참여한다고 해서 문제가 달라지지는 않는다. 왜냐하면 다양한 계급 노선들 사이에는 본질적으로 산술적 평균 같은 것이 존재하지 않기 때문이다. 만일 부르주아 독재도 프롤레타리아 독재도 아니라면, 쁘띠부르주아지가 **규정적**이고 **결정적**인 역할을 수행할 수밖에 없다는 결론이 나온다. 하지만 이것은 세 번의 러시아 혁명과 두 번의 중국 혁명을 통해 실천적으로 이미 해답을 얻은 문제와 동일한 문제로 우리를 후퇴시킨다. 그것은 다음과 같은 문제다. 오늘날 제국주의의 세계 지배라는 조건에서 쁘띠부르주아지가, 아무리 아직까지도 민주주의 과제를 해결하는 데 직면해 있는 후진 국가의 경우라고 해도, 자본주의 국가에서 지도적인 혁명적 역할을 수행할 수 있는가?

쁘띠부르주아지의 하층이 그들의 혁명적 독재를 수립할 수 있었던 시대도 있었다. 그것은 우리도 알고 있다. 그러나 그것은 프롤레타리아나 프롤레타리아의 선구자들이 아직까지 쁘띠부르주아지에서 분화되지 않았고 오히려 미발전된 조건에서 쁘띠부르주아지의 투쟁적 핵심을 이루고 있던 시대의 일이다. 오늘날은 전혀 다르다. 프롤레타리아가 이미 쁘띠부르주아지와 분리됐고 자본주의 발전 — 이것은 쁘띠부르주아지를 무력화시키고 농민으로 하여금 부르주아지와 프롤레타리아 사이에서 불가피하게 정치적 선택을 하게끔 만든다 — 에 기초해 대부르주아지와 적대적으로 대립하고 있는 한, 아무리 후진적인 부르주아 사회라 할지라도 현대의 생활을 쁘띠부르주아지가 지도할 수 있다는 것은 애당초 불가능하다. 농민이 표면상 쁘띠부르주아적으로 보이는 정당을 선택할 때, 그들은 항상 실제로는 금융 자본을 지원하고 있는 것이다. 1차 러시아 혁명기 또는 1차 혁명과 2차 혁명 사이의 시기에는, 민주주의 혁명에서 농민과 쁘띠부르주아지의 **독자성의 정도**(단지 정도에 대해서만!)에 대해서 여전히 견해 차이가 있을 수 있었지만, 이제 이 문제는 이후 12년간의 사태 진전 과정 전체를 통해 반론의 여지조차 없이 입증됐다.

그것은 10월 혁명 이후 여러 나라에서 가능한 모든 형태로 실천 과정에서 새롭게 제기됐으며, 어느 곳에서나 동일한 방식으로 해결됐다. 케렌스키 체제의 뒤를 이은 가장 기본적 경험은 앞에서 언급한 국민당이다. 하지만 이탈리아에서 파시즘의 경험도 그에 못지않게 중요하다. 거기서는 무장한 쁘띠부르주아지가 옛 부르주아 정당들한테서 권력을 탈취했으나 곧 자신들의 지도자들을 통해 그것을 금융과두들에게 넘겨주고 말았다. 동일한 문제가 폴란드에서도 일어났는데, 거기서는 필수드스키 운동이 반동적인 부르주아 지주 정부에 직접 대항했으며, 또한 쁘띠부르주아 대중, 심지어는 광범한 프롤레타리아 계층들의 희망을 대변했다. 옛 폴란드 사회민주주의자인 바르스키가 "농민에 대한 과소평가"를 우려해 필수드스키 혁명을 '프롤레타리아와 농민의 민주주의 독재'와 동일시했던 것은 결코 우연이 아니었다. 만일 내가 여기서 불가리아의 경험, 즉 스탐불리스키의 당에 대한 크라로프파와 카바크체프파의 불명예스럽게 혼란된 정책이나 미국의 노동당과 결부된 부끄러운 실험, 지노비예프와 라딕의 로맨스, 루마니아 공산당의 경험 등에 대해 끝없이 분석한다면, 그것은 지나치게 멀리 벗어나는 것이 될 것이다. 나는 ≪코민테른 강령 초안 비판≫에서 이러한 사실들 중 일부의 본질을 분석했다. 이 모든 경험들의 근본적 결론은 10월 혁명의 교훈, 즉 농민을 포함해 쁘띠부르주아지는, 비록 후진 사회라 할지라도, 근대 부르주아 사회에서는 혁명기에나 반동기에나 지도적 역할을 수행할 수 없다는 교훈을 확증하고 강화시켜 준다. 농민은 부르주아 독재를 지지할 수도 있고 아니면 프롤레타리아 독재의 지주 역할을 할 수도 있다. 중간 형태들은 흔들리기 시작했거나 아직 혼란에서 회복하지 못한 부르주아 독재(케렌스키 체제, 파시즘, 필수드스키 체제)를 위한 가면일 뿐이다.

농민은 부르주아지를 따를 수도, 프롤레타리아를 따를 수도 있다. 그러나 프롤레타리아가 어떤 대가를 치르고서라도 자신을 따르지 않는 농민들과 함께 나아가려고 할 때, 프롤레타리아는 사실상 금융 자본을 추수하는 것임이 증명된다. 1917년 러시아의 조국 방위자로서 노동자들, 중국의 국민당 내의 ─ 공산주의자들도 포함하는 ─ 노동자들, 폴란드 사회당의 노동자들, 그리고 또한 어느 정도까지는 1926년 폴란드의 공산주의자들 등이 그 예다.

이 점을 철저하게 생각하지 못하거나 사건들이 남긴 새로운 흔적에서 그것들을 이해하지 못하는 사람이라면 혁명적 정치 활동에 뛰어들지 않는 편이 더 좋았을 것이다.

레닌이 2월 혁명과 10월 혁명의 교훈에서 철저하게 그리고 포괄적으로 도출해 낸 기본적 결론들은 '민주주의 독재'라는 관념을 거부한다. 다음의 구절은 1918년 이후에 레닌이 여러 번 반복했다.

정치경제학 전체, 만일 그것에서 무언가를 배웠다고 한다면, 혁명의 전체 역사, 그리고 19세기 전체에 걸친 정치 발전의 전체 역사는 우리에게 농민은 노동자나 부르주아지의 뒤를 따른다······ 는 사실을 가르쳐 주고 있다. 그 이유를 알지 못하는 시민들에게는 나는······ 18~19세기의 위대한 혁명들의 전개 과정이나 19세기의 각국의 정치사를 생각해 보라고 말해 주고 싶다. 그것이 당신에게 그 이유를 이야기해 줄 것이다. 자본주의 사회의 경제 구조는, 그 사회의 지배 세력은 오직 자본이거나 아니면 그것을 전복하는 프롤레타리아일 수밖에 없는 그러한 구조다. 그 사회의 경제 구조 내에는 그 밖의 다른 세력은 존재하지 않는다.

여기서는 근대 영국이나 독일이 문제는 아니다. 18~19세기의 위대한 혁명들, 즉 **후진**국의 부르주아 혁명의 교훈에 기초해, 레닌은 부르주아 독재나 프롤레타리아 독재만이 존재할 수 있다는 결론에 도달하고 있다. '민주주의적', 즉 중간적 독재라는 것은 있을 수 없다는 것이다.

* * *

우리가 아는 바와 같이, 라데크는 자신의 이론적·역사적 탐구를 부르주아 혁명과 사회주의 혁명은 구별해야 한다는 내용 없는 경구로 요약하고 있다. 이러한 '수준'으로 타락한 라데크는, 그의 유일한 원천인 '상식'에서 출발해 프롤레타리아 독재라는 슬로건이 선진국과 후진국 모두에서 제기될 수 있다는 생각을 하지 않고 있는, 쿠시넨을 똑바로 가리킨다. 아무것도 이해하지 못하고 있는 인간 특유의 진지함으로, 쿠시넨은 트로츠키가 1905년 이래 "아무것도 배우지 못했다"고 단죄한다. 쿠시넨의 뒤를 이어 라데크 역시 역설적이다. 즉, 트로츠키에게는, "중국과 인도 혁명의 특수성은 서유럽의 혁명들과 결코 구별되지 않으며, 따라서 첫 단계(?!)부터 프롤레타리아 독재로 나아가지 않으면 안 된다"는 것이다.

라데크는 이와 관련해 한 가지 사실을 망각하고 있다. 프롤레타리아 독재는 서유럽 국가가 아니라 바로 후진적인 동유럽 국가에서 실현됐던 것이다. 역사 과정이 러시아의 "특수성"을 묵살했던 것이 트로츠키의 오류인가? 또한 라데크는 **모든** 자본주의 국가에서는, 발전 수준이나 사회 구조나 전통 등이 다양함에도 불구하고, 즉 모든 "특수성"에도 불구하고 부르주아지 ― 더 중요하게는 금융 자본 ― 가 지배하고 있다는 사실을 망각하고 있다. 여기서도 역시 이들 특수성에 대한 존경의 결여는 역사 발전 자체에서 나오는 것이지 결코 트로츠키에서 유래하는 것이 아님을 다시 한 번 확인할 수 있다.

그렇다면 선진국과 후진국의 차이는 어디에 있는가? 그 차이는 매우 크지만 여전히 자본주의 관계의 지배라는 한계 내에 머무르는 것이다. 부르주아지 지배의 형태와 방법은 나라마다 크게 다르다. 한쪽 극단에서는 그 지배는 강고하고 절대적 성격을 띤다. 즉, **미국**이 그렇다. 다른 한쪽의 극단에서는 금융 자본이 아시아적 중세의 낡은 제도들을 자신에게 종속시키고 자신의 특유한 방법들을 강제함으로써 자기 자신을 적응시킨다. 즉, **인도**가 그렇다. 그러나 어디에서나 부르주아지가 지배한다. 여기에서, 다양한 자본주의 국가에서 프롤레타리아 독재 역시 사회 토대나 정치 형태, 당면 과제, 그리고 활동의 속도 등의 측면에서 매우 다양한 성격을 띠게 될 것이라는 점을 알 수 있다. 그러나 제국주의자, 봉건주의자, 그리고 국민 부르주아지의 블록에 대한 승리로 인민 대중을 이끄는 것, 이것은 권력 장악 후에 자기 자신을 프롤레타리아 독재로 전환시키는 프롤레타리아의 혁명적 헤게모니 하에서만 이루어질 수 있다.

라데크는, 자기가 인류를 두 그룹 ― 사회주의 독재가 가능할 만큼 '성숙한' 그룹과 민주주의 독재만이 가능할 만큼 '성숙한' 또 다른 그룹 ― 으로 구분하는 것만으로도, 나와는 대조적으로, 개별 국가들의 소위 "특수성"들을 고려한 것이라는 착각을 하고 있다. 그는 실제로는 공산주의자들을 각국의 특수성, 즉 각국에서 역사 발전의 다양한 단계와 계기들의 살아 있는 상호 침투에 대한 진정한 탐구와 분리시킬 수밖에 없는 판에 박힌 문구들만을 떠들어 왔다.

민주주의 혁명을 수행하거나 완수하지 못한 나라의 특성들은 매우 중요한 의미가 있으므로, 그것들은 프롤레타리아 전위의 강령을 위한 토대로서 채택돼야만 한다. 공산당은 **국민적** 강령에 기초해야만 부르주아지와 그들의 민주주의 대리인들에 대항해 노동 계급과 노동 대중 일반의 대다수의 이익을 옹호하는 실제적이고 성공적인 투쟁을 발전시켜 나갈 수 있다.

물론 이러한 투쟁의 성공 가능성은 그 나라 경제에서 프롤레타리아의 역할과 결과적으로 자본주의 발전의 수준이 상당한 정도 규정한다. 그러나 이것이 결코 유일한 기준은 아니다. 국민 대다수가 그것을 해결하는 데 관심이 있고, 또 그것을 해결하기 위해서는 매우 과감한 혁명적 조치들이 필요한, 심각하고 시급한 '인민을 위한' 문제가 그 나라에 존재하는지의 문제도 못지않게 중요하다. 이러한 문제들 중에는 다양한 형태로 나타나는 농업 문제와 민족 문제가 있다. 식민지 국가들의 첨예한 농업 문제와 참을 수 없는 민족 억압이라는 조건에서 미성숙하고 상대적으로 수가 많지 않은 프롤레타리아가 **민족·민주** 혁명[21]에 기초해, 순수하게 **사회주의적인** 혁명을 기초로 하는 선진국 프롤레타리아보다 먼저 권력을 장악할 수 있다. 10월 혁명 이후에는 더는 이것을 증명할 필요가 없다고 생각했다. 그러나 수년에 걸친 이데올로기적 반동과 속물적 아류들의 이론적 타락을 통해, 혁명의 기본 개념들은 너무나도 야비하게 되고, 부패하고, …… 쿠시넨화해 이제는 누구든지 매번 처음부터 다시 시작하지 않으면 안 된다.

이상으로부터 오늘날 세계의 모든 나라는 어찌됐든 이미 사회주의 혁명이 가능할 만큼 성숙하다는 결론이 도출되는가? 아니다. 그것은 그릇되고, 죽어 있고, 스콜라적이며, 스탈린-부하린주의적 문제 제기 방식이다. 총체로서 세계 경제는 의심할 여지없이 사회주의가 가능할 만큼 성숙돼 있다. 그러나 이것이 모든 나라 각각이 성숙해 있다는 뜻은 아니다. 그렇다면 중국, 인도 등과 같은 여러 후진 국가들에서 프롤레타리아 독재가 되면 어떤 일이 일어날 것인가? 이에 대해 우리는 이렇게 대답한다. 역사는 주문에 따라 만들어지는 것이 아니다. 자립적인 사회주의 건설이 가능하기 전에, 심지어는 광범한 사회화 정책들이 가능하기도 전에 먼저 프롤레타리아 독재를 위한 조건들이 성숙해 있는 나라가 있을 수 있다. 사회 발전의 예정된 조화에서 출발해서는 안 된다. 스탈린의 다정다감한 이론적 포옹에도 불구하고, 불균등 발전 법칙은 여전히 살아 있다. 이 법칙은 나라들 상호간의 관계뿐 아니라, 한 나라 안에서 다양한 과정들 사이의 상호 관계에서도 작용한다. 경제와 정치의 불균등한 과정들의 조화는 세계적 규모에서만 이루어질 수 있다. 이것은 특히 중국에서 프롤레타리아 독재 문제를 배타적으로 중국의 경제와 정치라는 틀 내에서만 다룰 수 없다는 사실을 의미하는 것이다.

우리는 여기서 두 가지 서로 배타적인 관점들에 직면하게 된다. 국제 혁명적인 연속혁명론과 민족 개량주의적인 일국사회주의론이 바로 그것이다. 후진적인 중국뿐 아니라 일반적으로 전 세계 어느 나라에서도 일국의 한계 내에서 사회주의를 건설하는 것은 불가능하다. 국유화에 이를 만큼 충분하게 발전하지 못한 생산력과 마찬가지로, 국민적 경계를 넘어서 발전한 고도의 생산력이 이것을 방해한다. 예컨대 영국에서 프롤레타리아 독재는, 중국의 프롤레타리아 독재가 당면하게 될 것과 성격은 다르겠지만 그렇다고 덜 심각하지는 않은 난관과 모순에 봉착하게 될 것이다. 두 경우 모두 오직 국제적 혁명만이 모순들을 극복하는 것을 가능하게 만들 것이다. 이러한 관점은 중국이 사회주의적 변혁을 이룰 만큼 충분히 '성숙했는가 아닌가'라는 의문의 여지를 남기지 않는다. 여기서 중국의 후진성이 프롤레타리아 독재의 여러 과제를 매우 어렵게 만든다는 것은 논란의 여지가 없다. 그러나 우리는 다시 한 번 반복한다. 역사는 주문에 따라 만들어지는 것은 아니며, 중국의 프롤레타리아에게는 선택의 여지가 없다.

이것이 가장 후진적인 식민지 국가들을 포함한 모든 나라가, 사회주의는 아니더라도, 최소한 프롤레타리아 독재가 가능할 만큼은 성숙해 있다는 의미인가? 아니다. 그렇다면 일반적으로 그리고 특히 식민지에서 민주주의 혁명의 내용은 도대체 무엇인가? 이 질문에 대해 나는 또 다른 질문으로 대답하겠다. 모든 식민지 국가가 민족적·민주주의적 과제를 즉각 완전하게 해결할 수 있을 만큼 성숙해 있다는 이야기가 어디에 적혀 있는가? 정반대편에서 문제를 접근해 가야만 한다. 제국주의 시대라는 조건에서 민족·민주 혁명은, 오직 그 나라의 사회·정치 관계들이 프롤레타리아가 인민 대중의 지도자로서 권력을 장악할 만큼 성숙해 있을 때에만, 최종적인 승리에 이르기까지 수행될 수 있다. 만약 그렇지 못하다면? 그 때는 민족 해방 투쟁은 단지 매우 부분적인 결과, 그것도 노동 대중에게 완전히 적대적인 결과만을 초래할 것이다. 1905년 러시아 프롤레타리아는 자신들 주위에 농민 대중을 결집시키고 권력을 장악할 만큼 강력하다는 것을 증명하지 못했다. 바로 그 때문에 혁명은 중도에서 멈춰 더욱 깊이 가라앉고 말았다. 중국의 경우는 유리한 상황이었는데 프롤레타리아가 권력 장악을 위해 투쟁하는 것을 코민테른 지도부가 제지함으로써, 민족적 과제는 국민당 정권 내에서 비참하고 불안정하고 빈약한 해결책을 찾는 데 그치고 말았다.

언제 그리고 어떤 조건에서 식민지 국가가 농업 문제와 민족 문제를 진정 혁명적으로 해결할 수 있을 만큼 성숙하게 될 것인지는 미리 예견할 수 없다. 그러나 어쨌든 우리는 중국뿐 아니라 인도에서도 진정한 민중민주주의, 즉 노동자와 농민의 민주주의는 오직 프롤레타리아 독재를 통해서만 실현될 것이라는 점은 지금도 확실히 단언할 수 있다. 또한 여러 단계, 국면, 계기들이 존재할 수 있을 것이다. 인민 대중의 압력 하에서 부르주아지는 어느 정도 진보적인 조치를 취할 수도 있지만, 그것은 다음에 프롤레타리아를 훨씬 더 무자비하게 공격하기 위함일 것이다. 이중 권력의 시대는 가능하며 있을 법한 일이다. 그러나 프롤레타리아 독재가 아닌 진정한 민주주의 독재는 존재하지도 않을 것이며 존재할 수도 없다. '독자적인' 민주주의 독재란 기껏해야 국민당 같은 형태, 즉 노동자와 농민에 완전히 적대적인 것일 수밖에 없다. 우리는 추상적 정식들의 이면에 있는 계급적 실체를 은폐하지 않고서, 이것을 처음부터 이해해야만 하고 그것을 대중에게 설명해야만 한다.

스탈린과 부하린은, 제국주의의 명에 덕분에 중국에서 부르주아지가 국민 혁명을 수행할 수 있다고 설교했다. 틀림없이 그런 시도가 있었다. 그 결과는 무엇이었는가? 프롤레타리아가 수령의 도끼 아래 장악됐다. 그러자 그들은 이렇게 말했다. 곧 민주주의 독재가 이루어질 것이라고. 쁘띠부르주아 독재는 자본 독재의 가면에 불과함이 입증됐다. 이것이 우연일까? 아니다. "농민은 노동자나 부르주아지의 뒤를 따를 수밖에 없다." 첫 번째 경우에는 프롤레타리아 독재가 생겨난다. 반대 경우에는 부르주아 독재가 생겨난다. 중국의 경우는 멀리서 봐도 충분히 명백한 것이다. 그들은 대답한다. "아니다. 그것은 단지 실패한 실험이었을 뿐이다. 우리는 완전히 다시 시작할 것이고 이번에는 '진정한' 민주주의 독재를 수립할 것이다." "무슨 방법으로?" "프롤레타리아와 농민의 협력을 기초로 해서." 이러한 최신의 발견을 우리에게 제시하는 사람이 바로 라데크다. 그러나 바로 그와 동일한 토대 위에서 국민당이 대두했던 것이다. 즉, 노동자와 농민이 밤을 구워 부르주아지에게 바치기 위해 '협력'했던 것이다. 이러한 협력의 정치역학이 어떤 것인지를 우리에게 말해 달라. 당신들은 국민당을 무엇으로 대체할 것인가? 어떤 정당이 권력을 장악할 것인가? 최소한 비슷하게라도 그것들을 지적해 달라. 최소한 그것들을 묘사라도 해 달라. 이에 대해 라데크는, 완전히 파탄났거나 마르크스주의의 복잡성을 이해할 능력이 없는 사람들만이 어느 계급이 말이 되고 어느 계급이 기수가 될 것인지와 같은 부차적인 기술 문제에 관심이 있을 수 있다고 대답한다(1928년에!). 볼셰비키라면 정치적 상부 구조를 사상(捨象)하고 계급 토대에 관심을 집중해야 한다는 것이다. 제발! 이미 농담은 다 하셨습니다. 당신들은 이미 충분히 '사상'했다. 지나치게 충분히! 중국에서 당신들은 계급 협력이 어떻게 당의 문제로 표현되는지의 문제를 '사상'했으며, 프롤레타리아를 억지로 국민당으로 밀어 넣었고, 국민당에 혹해 의식을 잃었으며, 국민당에서 탈퇴하는 것을 격렬하게 반대했다. 당신들은 추상적 공식을 되풀이함으로써 투쟁의 정치적 문제를 회피했다. 부르주아지가 프롤레타리아의 두개골을 완전히 박살내 버린 후에 당신들은 우리에게 이렇게 제안하고 있다. 다시 한 번 노력해 보자고. 그리고 첫 시작으로서 정당들과 혁명 권력의 문제를 한 번 더 사상해 버리자고. 안 돼! 그것은 너무나 비참한 농담이다. 우리는 뒤로 끌려가는 것을 용납하지 않을 것이다.

우리가 살펴본 바와 같이, 이 모든 곡예가 노동자와 농민의 동맹의 이익을 위한 것으로서 제시되고 있다. 라데크는 반대파에게 농민을 과소평가하지 말라고 경고하고 멘셰비키에 대한 레닌의 투쟁을 인용한다. 때때로 레닌의 인용으로 때워 버리는 것을 볼 때, 우리는 인간 사유의 존엄성에 대한 공격에 몹시 분개하게 된다. 그렇다. 레닌이 여러 번, 농민의 혁명적 역할을 부정하는 것은 멘셰비키의 특징이라고 말했던 것은 사실이다. 또한 그것이 옳았다. 그러나 이들 인용문에도 불구하고, 멘셰비키가 사회혁명당과 굳게 제휴해 2월 혁명과 10월 혁명 사이의 8개월을 허송세월했던 1917년도 있었다. 그 시기에 사회혁명당은 혁명으로 각성된 농민의 압도 다수를 대표했다. 사회혁명당과 함께 멘셰비키는 자신들을 혁명적 민주주의라고 불렀으며 바로 자신들이 노동자와 농민(병사)의 동맹에 기초하고 있다고 우리에게 충고했다. 따라서 2월 혁명 후에는 멘셰비키가 노동자와 농민의 동맹이라는 볼셰비키의 정식을, 말하자면 수탈했던 것이다. 그들은 볼셰비키가 프롤레타리아 전위와 농민을 분열시키고 그럼으로써 혁명을 파괴하고 있다고 비난했다. 다시 말해, 멘셰비키는 레닌이 농민을 무시하거나 적어도 과소평가하고 있다고 비난했던 것이다.

레닌에 대한 카메네프나 지노비예프 등의 비판은 멘셰비키 비판의 메아리일 뿐이다. 현재 라데크의 비판은 카메네프 비판의 뒤늦은 메아리에 불과하다.

라데크의 정책을 포함해서, 중국에 대한 속물 아류들의 정책은 1917년의 멘셰비키의 가면무도회의 연속이자 발전이다. 스탈린뿐 아니라 라데크도 공산당이 국민당에 잔류했던 사실을 노동자와 농민의 동맹의 필요성에 대한 동일한 언급과 함께 옹호했다. 그러나 국민당이 부르주아 정당임이 '우연히' 폭로됐을 때, 똑같은 시도가 국민당 '좌파'에 대해서도 되풀이됐다. 결과는 동일했다. 프롤레타리아 독재와 구별되는 민주주의 독재라는 추상적 관념이 숭고한 희망을 성취하지 못한 이 슬픈 현실보다도 숭상받았기 때문이었다. 이미 우리가 경험했던 것의 새로운 반복이었다. 1917년에 우리는 체레텔리나 단(Dan) 등한테서 "우리는 이미 혁명적 민주주의의 독재를 이룩했는데도, 너희들은 프롤레타리아 독재, 즉 파멸을 향해 돌진하고 있다"는 이야기를 수백 번이나 들었다. 참으로 사람의 기억은 오래가지 않는 모양이다. 스탈린과 라데크의 "혁명적 민주주의 독재"는 체레텔리와 단의 "혁명적 민주주의 독재"와 조금도 다르지 않다. 그럼에도 이 정식은 코민테른의 모든 결의를 꿰뚫어 흐르고 있고 강령에도 침투해 있다. 더 교활한 가면무도회와 동시에 볼셰비즘이 1917년에 퍼부었던 모욕에 대한 멘셰비즘의 잔인한 복수를 간파하는 것은 쉽지 않은 일이다.

그러나 동양의 혁명가들에게는 '민주주의 독재'의 성격에 대한 — 낡은 선험적인 인용문들이 아니라 사실과 정치적 경험에 기초한 — 명확한 답변을 요구할 권리가 아직도 있다. '민주주의 독재'는 도대체 무엇인가라는 질문에 대해 스탈린은 참으로 고전적인 대답만을 되풀이해 왔다. 동양에서 그것은 레닌이 "1905년 혁명과 관련해 구상했던 바"와 대략 같은 것이라는 것이다. 이것이 어느 정도는 공식적 정식이 되고 있다. 그것은 중국, 인도, 그리고 폴리네시아에 대한 저작이나 결의들 가운데서 많이 찾아볼 수 있다. 혁명가들은 **미래의** 사건들과 관련된 레닌의 '개념들'에 대해 언급하고 있지만, 그 사건들은 이미 오래 전에 **과거의** 사건들이 돼 버린 것들이다. 더욱이 그들은 레닌의 가설적 '개념들'을 사건 **이후에** 레닌 자신이 해석했던 것과는 전혀 다른 여러 가지 방식으로 해석하고 있다.

동양의 공산주의자들이 고개를 떨어뜨리며 말한다. "좋아요, 당신 말대로 그것에 대해 혁명 전에 레닌이 생각했던 것과 똑같이 생각하도록 노력하겠습니다. 하지만 이 슬로건이 실제로 어떤 것인지를 말씀해 주시지 않겠어요? 당신 나라에서는 어떻게 실현됐나요?"

"우리 나라에서는 이것이 이중 권력의 시기에 케렌스키 체제라는 형태로 실현됐소."

"우리가 노동자들에게, 민주주의 독재라는 슬로건은 우리 나라에서도 우리 민족 나름의 케렌스키 체제라는 형태로 실현될 것이라고 말할 수 있단 말입니까?"

"이런, 이런! 결코 안 됩니다! 그런 슬로건을 받아들일 노동자는 아무도 없을 것입니다. 케렌스키 체제는 부르주아지에 대한 봉사이자 노동 인민에 대한 배신이오."

"그렇다면 우리 노동자들에게는 뭐라고 이야기해야 합니까?"라고 동양의 공산주의자들은 의기소침해서 묻는다.

"여러분은 그들에게 민주주의 독재는 레닌이 미래의 민주주의 혁명과 관련해 생각했던 것이라고 말해야만 합니다"라고 책임자인 쿠시넨이 안달하며 대답한다.

동양의 공산주의자들이 정신이 나가지 않았다면, 다음과 같이 응수할 것이다.

"하지만 1918년에 레닌은 민주주의 독재는 프롤레타리아 독재를 수립했던 10월 혁명에서야 비로소 순수하고 참되게 실현됐다고 설명하지 않았습니까? 당과 노동 계급이 바로 이런 전망을 향해 나아가는 편이 더 좋지 않을까요?"

"결코 그렇지 않소. 그런 것은 생각조차 하지 않는 편이 나아요. 왜냐하면 그것은 여여 … 연속혀혀 … 혁명, 즉 트트 … 트로츠키주의니까!"

이러한 호된 질책에 동양의 공산주의자는 히말라야 정상의 눈보다도 더 하얗게 질려서 더 알고자 하는 모든 욕구를 포기한다. 될 대로 되라지!

그 결과는? 우리는 잘 알고 있다. 장제스 앞에 비굴하게 굴복하던가 아니면 영웅적 모험뿐이다.

오늘날 동양에서 민주주의 독재라는 슬로건은 무엇을 의미하는가 341

마르크스주의에서 평화주의로

　무엇보다 걱정스러운 것은 그 논설 중 한 구절이다. 그것은 확실히 우리가 관심이 있는 중심 주제와는 떨어져 있는 것처럼 보이지만 라데크가 현재의 중도파 이론가로 변신한 것과 일치하기 때문에 이 주제와도 긴밀히 결합돼 있다. 나는 여기서 라데크가 일국사회주의론으로 몰래 나아갔음을 이야기하겠다. 라데크의 오류들 중에 이런 '부차적인 것'이 이후 발전 과정에서는 명백히 양질전화하면서 다른 모든 의견 차이를 압도해 버릴 수 있기 때문에, 이 점에 주의를 기울이지 않으면 안 된다.

　혁명을 위협하는 외부로부터의 위험에 대해 논의하면서, 라데크는 레닌이, "······1905년 당시 러시아의 경제 발전 수준에서는 이 [프롤레타리아] 독재는 서유럽 노동자들이 도와 줄 때에만 비로소 유지될 수 있다는 사실을 깨닫고 있었다"라고 쓰고 있다.(강조는 트로츠키)

　오류는 오류를 낳는다. 이 오류는 무엇보다도 역사적 전망에 대한 아주 조잡한 모독이다. 실제로 레닌은 러시아에서 민주주의 독재(결코 프롤레타리아 독재가 아니다)는 유럽의 사회주의 혁명 없이는 유지될 수 없을 것이라고 여러 차례 이야기했다. 이러한 생각은 1906년 스톡홀름 당 대회 당시 레닌의 논설이나 연설 전체에 걸쳐 일관되게 흐르고 있다(플레하노프와 벌인 논쟁, 국유화 문제 등). 당시에 레닌은 서유럽 사회주의 혁명 이전에 건설될 러시아의 프롤레타리아 독재에 대해서는 문제를 제기한 적조차 없었다. 그러나 그것은 현재 중요하지 않다. "1905년 당시 러시아의 경제 발전 수준에서는"이라는 구절의 의미는 무엇일까? 또한 1917년 수준에서는 문제가 어떻게 달라질까? 일국사회주의론은 바로 이러한 발전 수준의 차이에 기초하고 있다. 코민테른 강령은 전 세계를, 자립적인 사회주의를 건설하는 데 "충분한" 발전 수준에 이른 지역과 그렇지 못한 지역들로 구분하고, 나아가 혁명 전략이랍시고 일련의 절망적인 막다른 골목길을 만들어 냈다. 경제 수준의 차이는 의심할 여지없이 노동 계급의 정치 역량에 결정적인 중요성을 미칠 수 있다. 1905년에 우리는 우리 자신을 프롤레타리아 독재로까지 고양시킬 수 없었으며, 바로 그 때문에 마찬가지로 민주주의 독재에 도달할 수도 없었다. 1917년에 우리는 민주주의 독재를 포괄하는 프롤레타리아 독재를 수립했다. 그러나 1905년과 마찬가지로 1917년의 경제 발전 수준에서도 독재는 서유럽 프롤레타리아들이 적절히 도와 줄 때에야 비로소 유지되고 사회주의로 발전할 수 있다. 당연히 이 '적절함'은 **선험적으로** 계산할 수는 없으며 발전과 투쟁 과정에서 결정되는 것이다. 궁극적이고 결정적인 의의가 있는 **국제 세력 관계**에 의해 결정되는 이러한 **근본적인** 문제에 비한다면, 1905년과 1917년의 러시아 발전 수준의 차이는, 비록 그 자체로 중요한 것이기는 하지만, 부차적 요소일 수밖에 없다.

그러나 라데크는 이러한 수준 차이를 애매하게 언급하는 데 만족하지 않는다. 레닌이 혁명의 국내 문제와 국제 문제 사이의 연관성을 알고 있었다(당연하다!)는 사실을 언급하고 나서 라데크는 이렇게 덧붙인다.

그러나 레닌은 러시아에서 사회주의 독재를 유지하는 것과 서유럽 프롤레타리아한테서 원조를 받는 것 사이의 연관만을 극단화하지는 않았다. 반면 **트로츠키의 정식은 그것을 과도하게 극단화해 국가** 원조, 즉 이미 승리한 서유럽 프롤레타리아의 원조가 아니면 안 된다고 했다.(강조는 트로츠키)

솔직히 이 구절을 읽었을 때 나는 내 눈을 의심하지 않을 수 없었다. 어떤 목적에서 라데크는 속물들의 무기고에서 이런 치졸한 무기를 구해 왔을까? 이것은 우리가 늘 너무나 철저한 유희라고 생각하던 스탈린주의적 진부함의 낯부끄러운 재탕에 불과하다. 다른 것은 다 제쳐 두더라도, 위 인용문은 라데크가 레닌이 겪은 기본적인 획기적 사건들을 거의 알지 못하고 있음을 보여 준다. 스탈린과 달리 레닌은 부르주아 권력에 대한 유럽 프롤레타리아의 압력과 프롤레타리아의 권력 장악을 결코 대비하지 않았을 뿐 아니라, 오히려 외부의 혁명적 원조 문제를 나보다도 훨씬 날카롭게 정식화했다. 1차 혁명 시기에 그는 유럽의 사회주의 혁명 없이는 민주주의를(민주주의조차!) 유지할 수 없을 것이라고 쉬지 않고 되풀이해 말했다. 일반적으로 말해서 1917~1918년과 이후의 시기에 레닌은 유럽에서 시작됐던 사회주의 혁명과 연관되지 않는 다른 어떤 방식으로도 우리 혁명의 운명을 생각하거나 평가해 본 적이 없었다. 예컨대 그는 "독일 혁명의 승리 없이는 우리는 끝장이다"라고 공공연히 주장했다. 그는 이런 이야기를 1905년의 "경제적 수준"에서가 **아니라**, 1918년에 했다. 그리고 그는 몇십 년 후의 미래가 아니라 당면한 시기, 즉 몇 달은 아니더라도 몇 년간의 문제를 염두에 두고 있었다.

레닌은 수십 번이나 이렇게 선언했다. 우리가 계속 지탱해 왔다면 "그 이유는…… 운 좋은 상황이 겹쳐서 우리를 잠시 동안 세계 제국주의로부터 보호해 주었기 때문이다."(잠시 동안만 말이다!) 그리고 계속 이어진다. "세계 제국주의는 어떤 상황, 어떤 조건에서도 …… 소비에트 공화국과 병존할 수 없었다. 여기서는 충돌이 불가피하다." 그리고 결론은? 프롤레타리아의 '압력'이나 부르주아지의 '중립화'에 대한 평화주의적 소망이 아닐까? 아니다. 결론은 다음과 같다. "바로 여기에 러시아 혁명의 최대 어려움이 있다. …… 즉, 국제 혁명을 일으킬 필요성이다." 레닌이 언제 이것을 말하고 썼는가? 니콜라이 2세가 혁명을 탄압하는 것에 대해 빌헬름 2세와 협상을 벌이고 내가 "극단화된" 정식을 제출했던 1905년이 아니라 1918년, 1919년, 그리고 그 다음 해들에 일어난 일이었다.

다음은 레닌이 코민테른 3차 대회에서 과거를 회상하면서 했던 이야기다.

국제적 세계 혁명의 지원 없이는 (러시아에서 — 트로츠키) 프롤레타리아 혁명이 승리하는 것이 불가능하다는 점은 우리에게 명백했다. 혁명 전에, 그리고 심지어 그 후에도 우리는 이렇게 생각했다. 다른 나라들, 즉 더 발전한 자본주의 국가들에게 혁명이 즉각 또는 최소한 아주 빨리 일어나지 않는다면 우리는 괴멸될 수밖에 없다. 이러한 확신에도 불구하고, 우리는 어떤 상황에서 무슨 일이 일어나든지 간에 소비에트 체제를 수호하기 위해 최선을 다했다. 그것은 우리가 단지 우리 자신을 위해서뿐 아니라 국제 혁명을 위해서 활동하고 있다는 것을 알았기 때문이다. 우리는 10월 혁명 이전에도, 직후에도, 그리고 브레스트-리토프스크 조약에 서명했을 때에도 이러한 확신을 거듭 표명했다. **또한 일반적으로 말해서 이것은 옳았다.** 그러나 실제에서는 사건들이 우리가 예상했던 것처럼 일직선을 따라 전개되지는 않았다(코민테른 3차대회 의사록, 러시아어판).

1921년부터 계속해서 사태는 나나 레닌이 (1905년뿐 아니라) 1917～1919년에 예상했던 것처럼 일직선을 따라 전개되지 않았다. 그러나 그럼에도 노동자 국가와 부르주아 세계 사이의 화해할 수 없는 모순이라는 선을 따라 사태가 전개됐다. 둘 중 하나는 멸망할 수밖에 없다. 노동자 국가는 오직 서구에서 프롤레타리아 혁명이 승리해 발전하는 것을 통해서만, 이러한 파멸의 위험에서 벗어나 군사적·경제적으로 수호될 수 있다. 이 문제에 대한 내 입장과 레닌의 입장이라는 두 가지 입장을 발명해 내려는 시도는 이론적 쬐쬐쬐함의 극치다. 최소한 레닌을 다시 한 번 읽어보고 그를 중상모략하지 말라. 우리에게 스탈린주의의 상한 옥수수죽을 먹이지 말라!

그러나 타락은 여기서 그치지 않는다. 레닌은 세계 프롤레타리아의 "단순한"(본질적으로 개량주의적이고 퍼셀(Purcell)적인) 원조로 충분하다고 생각했던 반면에, 트로츠키는 국가 원조, 즉 혁명적 원조만을 "과도하게 요구했다"는 이야기를 발명하고 나서, 라데크는 계속한다.

경험은 이 점에 대해서도 역시 레닌이 옳았다는 것을 보여 주었다. 유럽의 프롤레타리아는 아직 권력을 장악할 능력은 없지만, 간섭기 동안 세계 부르주아지가 우리에게 실제적인 힘을 쏟지 못하도록 방해할 수 있을 만큼 충분히 강하다. 그럼으로써 그들은 우리가 소비에트 권력을 유지할 수 있도록 도와주었다. 자본주의 세계 자체의 적대 관계와 함께, 노동 운동에 대한 두려움이야말로 개입이 끝날 때까지 8년 동안 평화를 유지할 수 있도록 지켜 준 중요한 힘이었다.

이 구절은, 현재의 문필가들의 저작들과 비교할 때 독창성이 번득이지는 않지만, 그럼에도 역사적 시대착오와 정치적 혼동, 그리고 원칙상의 중대한 오류들이 뒤범벅돼 있다는 사실에 주목해 볼 만한 가치가 있다.

라데크의 말에 따르자면, 레닌은 1905년에 그의 소책자 ≪두 가지 전술≫(이것이 라데크가 언급하고 있는 유일한 저작이다)에서 1917년 이후에 국가와 계급들 간의 세력 관계는 우리에 대한 대규모 군사 개입의 가능성을 오랫동안 배제하는 것이리라고 예언했다는 결론이 도출된다. 이와는 대조적으로, 트로츠키는 1905년에 제국주의 전쟁 이후 필연적으로 생겨나게 될 상황을 예측하지 못했으며 강대한 호엔촐레른가의 군사력, 매우 강력한 합스부르크가의 군사력, 막강한 파리 증권거래소 등과 같은 당시의 현실만을 염두에 두었다는 것이다. 이것이야말로 참으로 어처구니없는 시대착오이며, 더욱이 그것 자체의 우스꽝스러운 내적 모순 때문에 더욱 복잡하게 되고 있다. 왜냐하면, 라데크에 따르면, 나의 주요 오류는 "1905년의 발전 수준에서" 프롤레타리아 독재라는 전망을 제시했다는 사실에 있기 때문이다. 이제 둘째 오류는 명백해진다. 나는 1905년 혁명 전야에 내가 제시했던 프롤레타리아 독재라는 전망을, 1917년 이후에야 비로소 생겨났던 국제 상황에 비춰 생각하지 못했다는 것이다. 스탈린의 일상적 주장이 이 모양이라고 해도 우리는 놀라지 않는다. 우리는 1928년뿐 아니라 1917년의 그의 "발전 수준"을 충분히 잘 알고 있기 때문이다. 그런데 라데크는 어떻게 이런 패거리에 끼게 됐는가?

그러나 이것조차도 최악의 상태는 아니다. 최악의 것은 라데크가 마르크스주의와 기회주의, 혁명적 입장과 평화주의적 입장을 구분하는 경계선을 넘어 버렸다는 사실에 있다. 그것은 참으로 전쟁 반대 투쟁의 문제, 즉 어떻게 무슨 방법으로 전쟁을 회피하거나 근절할 수 있는지의 문제라고 할 수밖에 없다. 즉, 부르주아지에 대한 프롤레타리아의 압력인가 아니면 부르주아지를 타도하기 위한 내전인가? 라데크는 프롤레타리아 정치의 근본 문제를 부지불식간에 우리 사이의 논쟁으로 끌어들였다.

라데크는 내가 농민뿐 아니라 부르주아지에 대한 프롤레타리아의 압력도 '무시'하고 있으며, 프롤레타리아 혁명만을 배타적으로 고려해 왔다고 말하고 싶은 것일까? 그가 텔만이나 세마르 또는 몽무소 같은 인간들에게나 어울릴 법한 그러한 어처구니없는 일을 옹호하리라고는 거의 생각할 수 없다. 코민테른 3차 대회에서 당시의 극좌파들(지노비예프, 탈하이머, 텔만, 벨라 쿤 등)은 소련을 구하기 위해 서구에서 폭동주의 전술을 취할 것을 주장했다. 나는 레닌과 함께 그들에게 가능한 한 평이하게 다음과 같은 사실을 설명해 주었다. 그들이 우리에게 해줄 수 있는 최선의 원조는, 우리를 위해 즉흥적으로 혁명적 모험을 감행하기보다는, 체계적이고 계획적인 방식으로 자신들의 위치를 강화하고 권력을 장악하기 위해 자신을 준비시키는 일일 것이라고 말이다. 당시, 너무나 유감스럽게도, 라데크는 레닌과 트로츠키 편이 아니라 지노비예프와 부하린 편에 섰다. 하지만 라데크는 나와 레닌의 주장의 본질이 바로 극좌파가 취한 불합리하게 '극단화된 정식'을 준엄하게 공격하는 것임을 회상하고 있음—어쨌든 3차 대회의 의사록에서 그것을 회상할 수 있다—이 틀림없다. 그들에게 당의 강화와 프롤레타리아의 압력은 국내적·국제적 관계들에서 매우 중요한 요소임을 설명하고 나서, 우리 마르크스주의자들은 '압력'이란 권력 장악을 위한 혁명적 투쟁의 하나의 기능일 뿐이며 이 투쟁의 발전에 완전히 종속된다는 점을 덧붙였다. 바로 이러한 이유 때문에 레닌은 3차 대회가 끝날 무렵 대의원들의 대규모 친목회의에서 수동적·대기주의적 경향을 직접 반박하고 대략 다음과 같은 교훈으로 끝을 맺는 일장 연설을 했던 것이다. 즉, 모험하지 말라, 하지만 친애하는 동지들이여 지체하지도 말라. 왜냐하면 '압력'만으로는 우리는 오래 버틸 수 없으니까 말이다.

라데크는 전후에 유럽 프롤레타리아들이 권력을 장악할 수는 없었지만, 부르주아지들이 우리를 분쇄하는 것을 막아 주었다는 사실을 언급하고 있다. 나 역시 이것에 대해 이야기했던 적이 여러 번 있다. 그렇지만, 유럽 프롤레타리아들이 우리의 파멸을 막을 수 있었던 것은 오직 프롤레타리아의 압력이 제국주의 전쟁의 매우 심각한 결과들과 그것 때문에 악화된 국제적 적대 관계와 맞아떨어졌기 때문이다. 이러한 요인들 가운데 어느 것이 더 결정적으로 중요하다고 말할 수는 없다. 즉, 제국주의 진영 내의 투쟁인가, 경제적 붕괴인가, 아니면 프롤레타리아의 압력인가라는 방식으로 문제를 제기할 수는 없다. 그렇다고 문제를 그런 식으로 처박아 둘 수도 없다. 평화 요구 압력만으로는 불충분하다는 것은, 모든 '압력'에도 불구하고 일어났던 제국주의 전쟁이 너무도 명백하게 입증했다. 그리고 무엇보다도, 만일 소비에트공화국 초기의 결정적 시기에 프롤레타리아의 압력이 충분히 효과적이었음이 입증됐다 하더라도, 그것은 오직 당시 유럽의 프롤레타리아에게 압력 행사의 문제가 아니라 권력 장악을 위한 투쟁—또한 이 투쟁은 대개 내전의 형태를 취한다—의 문제였기 때문이라는 사실이 특히 중요하다.

1905년에는 유럽에 전쟁도 경제적 붕괴도 없었으며, 자본주의와 군국주의는 완전히 피에 굶주려 있었다. 당시 사회민주주의자들의 '압력'으로는 빌헬름 2세나 프란츠 요제프가 군대를 이끌고 폴란드 왕국으로 진군하거나, 더 넓게는 짜르를 도와주러 오는 것을 절대로 막을 수 없었다. 또한 1918년에도 독일 프롤레타리아의 압력은 호엔촐레른가가 발트해 지역과 우크라이나를 점령하는 것을 저지하지 못했다. 또한 그들이 모스크바까지 진군해 오지 못했던 것은 오직 군사력이 불충분했기 때문이었다. 그렇지 않다면 어째서 그리고 왜 우리가 브레스트 강화를 체결해야만 했겠는가? 얼마나 쉽게 어제의 일을 잊어버리는지! 레닌은 프롤레타리아의 '압력'만을 바라고 있지는 않았으며 오히려 독일 혁명이 없이는 우리는 멸망하고 말 것이라는 점을 거듭 주장했다. 휴지기가 길기는 했지만 이것은 본질적으로 옳았다. 환상을 버리자. 우리는 기약 없는 유예 상태에 있을 뿐이다. 전과 마찬가지로 우리는 "잠시 숨 돌릴 여유"라는 조건에서 존속하고 있다.

프롤레타리아가 아직 권력을 장악하기에는 역부족이지만 부르주아지가 전쟁을 위해 권력을 이용하는 것을 막을 수는 있는 그러한 상태는 불안정한 계급 균형 상태의 고차원적 표현이다. 균형이 그리 오래 지속될 수 없을 때, 우리는 그것을 불안정하다고 말한다. 그것은 어느 쪽으로든 기울 수밖에 없다. 프롤레타리아가 권력을 쟁취하느냐, 아니면 부르주아지가 일련의 탄압 조치들을 통해 활동의 자유, 특히 전쟁과 평화의 문제에서 활동의 자유를 회복하기에 충분할 만큼 혁명적 압력을 약화시키느냐일 뿐이다.

부르주아 국가에 대한 프롤레타리아의 압력을, 영원히 증대하는 요인으로 또 개입을 저지하는 보증서로 묘사할 수 있는 것은 개량주의자들뿐이다. 세계 부르주아지의 '중립화'에 기초해 일국사회주의를 건설한다는 이론(스탈린)은 바로 그러한 인식에서 생겨난 것이다. 부엉이가 황혼 무렵 날아다니는 것과 마찬가지로, 프롤레타리아의 압력으로 부르주아지를 중립화시킨다는 스탈린의 이론 역시 그것을 만들어 냈던 조건이 소멸하기 시작할 때에야 비로소 생겨났던 것이다.

그릇되게 해석한 전후의 경험이 유럽 프롤레타리아의 혁명 없이 그것을 일반적인 '지지'로 대체함으로써 살아남을 수 있을 것이라는 기만적인 희망으로 연결되던 바로 그 시기에, 국제 상황은 급격한 변화를 경험했다. 프롤레타리아의 패배는 자본주의의 안정화로 귀결됐다. 전후 자본주의의 위기는 회복됐다. 제국주의적 살육의 공포를 맛보지 못한 새로운 세대들이 자라났다. 그 결과, 이제 부르주아지는 5~8년 전보다 훨씬 자유롭게 전쟁 기구를 처분하고 있다.

노동 계급 대중이 좌익 쪽으로 급진화하면서 부르주아 국가에 대한 그들의 압력이 다시 한 번 증대하리라는 점은 의심의 여지가 없다. 그러나 이것은 양날을 가진 칼과 같다. 노동 계급이 가하는 점증하는 위협이, 나중 단계에서는 부르주아지로 하여금 자신들이 집주인이라는 사실을 보여 주고 전염병의 중심지인 소비에트공화국을 파괴하기 위해 결정적인 조치들을 취하도록 몰아갈 수도 있다. **정부에 대한 압력이 아니라 오직 권력 쟁취를 위한 혁명적 투쟁만이 전쟁에 반대하는 투쟁을 결정한다.** 프롤레타리아 계급 투쟁의 '평화주의적' 효과는, 그 개량주의적 효과와 마찬가지로, 권력 쟁취를 위한 혁명적 투쟁의 부산물일 뿐이다. 그것들은 상대적인 힘에 불과한 것이므로 쉽게 반대물로 전환할 수 있다. 그것들은 부르주아지를 전쟁의 길로 몰아갈 수 있다. 라데크가 그토록 일면적으로 강조하고 있는, 노동 운동에 대한 부르주아지의 공포는 모든 사회평화주의자의 가장 핵심적인 소망이다. 그러나 혁명에 대한 '공포'만으로는 아무것도 결정하지 못한다. 결정하는 것은 혁명이다. 이러한 이유 때문에 레닌은 1905년에 군주제 복고를 저지할 수 있는 유일한 보증은 프롤레타리아의 압력이 아니라 유럽의 혁명적 승리라고 말했던 것이며, 1918년에 자본주의의 재생에 대해서도 동일한 이야기를 했던 것이다. 이것만이 유일하게 올바른 문제 해결 방식이다. 비록 "잠시 숨 돌릴 여유"가 길어지기는 했으나, 레닌의 정식은 오늘날에도 완전히 유효하다. 나 역시 이 문제를 동일한 방식으로 정식화했다. 나는 1906년에 ≪평가와 전망≫에서 다음과 같이 썼다.

프롤레타리아의 반란에 대한 바로 이러한 공포 때문에, 엄청난 예산의 군사비를 승인하면서조차도 부르주아 정당들은 어쩔 수 없이 평화를 위한 엄숙한 선언문들을 발표하고, 국제사법재판소나 심지어 유럽합중국 같은 것들을 생각할 수밖에 없는 것이다. 물론, 이러한 졸렬한 선언문들은 결코 국가 간의 적대 관계나 군사 충돌을 일소할 수 없다.[22]

6차 대회의 기본적 오류는, 바로 스탈린과 부하린의 평화주의적·민족적·개량주의적 전망을 구하기 위해 반전 투쟁을 권력 투쟁과 분리시킴으로써 전쟁 위험에 반대하는 혁명 기술적 처방을 추구했다는 사실에 있다.

6차 대회의 고취자들, 즉 일국사회주의의 가공할 건설자들 — 본질적으로는 겁에 질린 평화주의자들 — 은 '압력' 강화책을 통해 부르주아지의 '중립화'를 영속시키고자 시도했다. 그러나 이제까지 일련의 나라들에서 자신들의 지도가 혁명의 패배를 초래하고 프롤레타리아의 국제적 전위를 후퇴시켰다는 것을 그들도 알 수밖에 없었기 때문에, 그들은 무엇보다도 혁명의 문제와 전쟁의 문제를 불가분하게 결합시키고 있는 마르크스주의의 소위 "극단화된 정식"을 방기하려 했던 것이다. 그들은 반전 투쟁을 자기완결적 임무로 만들어 버렸다. 각국의 당들이 결정적 시간을 넘어서까지 늦잠을 자지 못하도록 하기 위해, 그들은 전쟁 위험이 영속적이고, 임박해 있으며 당면한 것이라고 선언했다. 세계에서 일어나는 모든 일을 전쟁 준비를 위한 것으로 생각했다. 스탈린주의자들에게는, 이제 더는 전쟁이 부르주아 체제의 수단인 것이 아니라, 부르주아 체제가 전쟁의 수단이 돼 버렸다. 그 결과 코민테른의 반전 투쟁은 의례적 정식의 체계로 변질돼, 어떤 경우에나 자동으로 반복됐으며, 효력을 완전히 잃고 온데간데없이 증발해 버렸다. 스탈린의 민족 사회주의는 코민테른을 부르주아지에 대한 보조적 '압력' 수단으로 전화시키려 하고 있다. 라데크가 그의 성급하고, 소홀하고, 피상적인 비판을 통해 도와주고 있는 것은 마르크스주의가 아니라 바로 이러한 경향인 것이다. 그는 나침반을 잃고, 그를 전혀 다른 해안으로 데려갈지도 모르는 이상한 해류에 휘말려 버린 것이다.

1928년 10월 알마아타

에필로그

앞장의 결론 부분에서 표명했던 예측, 아니 우려는, 주지하는 바와 같이, 몇 달 후에 사실로 확인됐다. 연속혁명에 대한 비판은 단지 라데크 자신이 반대파에서 탈출하는 수단으로 이용됐을 뿐이었다. 바라건대, 이 책 전체를 통해 라데크가 스탈린 진영으로 넘어간 것이 우리에게는 결코 예상하지 못했던 일이 아니었음이 입증됐으면 한다. 그렇지만 변절에도 등급, 즉 타락의 수준이 있는 법이다. 그는 참회의 성명에서 스탈린의 중국 정책을 완전히 복권시키고 있다. 이것은 가장 비열한 배신으로 타락했음을 의미한다. 나에게는 오직 라데크, 프레오브라젠스키, 그리고 스밀가의 참회의 성명 — 이것은 그들을 정치적 냉소주의자의 블랙리스트에 올려놓았다 — 에 대한 나의 답변에서 다음의 글을 발췌해 인용하는 일만이 남아 있을 뿐이다.

모든 자만하는 파산자들이 그렇듯이, 이들 3인조는 당연히 연속혁명의 배후로 숨어 버렸다. 투항자 3인조는 기회주의의 패배의 최근 전체 역사에서 가장 비극적인 경험 — 중국 혁명 — 을, 자신들은 연속혁명론과는 아무런 공통점도 없다는 값싼 맹세로써 말소하려 하고 있다.

라데크와 스밀가는 장제스의 쿠데타 이전까지만이 아니라 그 이후에도, 중국 공산당이 부르주아 국민당에 종속되는 것을 완강하게 옹호했다. 프레오브라젠스키는 정치적 문제가 개입될 때는 늘 그러하듯이 알아들을 수 없는 얘기를 중얼거렸다. 주목할 만한 사실은, (좌익) 반대파 대열에 속했던 사람들 중에서 공산당이 국민당에 종속되는 것을 옹호했던 사람들은 모두 투항자임이 판명났다는 사실이다. 자신의 기치에 진실하고자 하는 반대파의 성원들 가운데 이러한 악명 높은 수치스런 징표를 가지고 있는 사람은 단 한 명도 없다. ≪공산주의 선언≫이 출판된 지 75년, 볼셰비키 당이 창립된 지 4반세기가 지났는데도, 이 불행한 '마르크스주의자들'은 국민당이라는 새장 속에서도 공산당원들을 유지할 수 있다고 생각했던 것이다! 오늘날 라데크는 참회의 편지에서 그랬듯이, 내 공격에 대한 답변에서도 이미, 만일 공산당이 부르주아 국민당에서 탈당하게 되면 프롤레타리아는 농민들 사이에서 '고립'되고 말 것이라며 우리를 겁주려 하고 있다. 그 바로 직전에, 라데크는 광둥 정부를 노동자와 농민의 정부라고 불렀으며, 또한 그럼으로써 부르주아지에 대한 프롤레타리아의 종속을 스탈린이 은폐하도록 도왔던 것이다. 무엇이 이 부끄러운 행위들, 맹목의 결과들, 어리석음, 마르크스주의에 대한 배신을 은폐했는가? 도대체 무엇이! 바로 연속혁명에 대한 고발이 그것을 은폐했던 것이다!

이미 1928년 2월, 투항의 기회를 엿보고 있던 라데크는 중국 문제에 대한 코민테른 집행위원회 전원회의(1928년 2월)의 결의를 즉각 옹호했다. 이 결의는 트로츠키주의자들이 패배를 패배라고 불렀고, 중국의 승리한 반혁명을 중국 혁명의 최고 단계로 파악하려 하지 않았다는 이유로 그들을 청산주의자로 규정했다. 이 2월 결의에서 무장 봉기와 소비에트라는 방침을 선언했다. 정치 감각이 조금이라도 있거나 혁명적 경험으로 단련된 사람들은 누구나 이 결의를 구역질나고 무책임한 모험주의의 표본이라고 생각했다. 라데크는 그것을 옹호했다. 프레오브라젠스키도 정반대의 측면에서 라데크 못지않게 치졸한 방식으로 이 문제에 접근했다. 그는 이렇게 쓰고 있다. 즉, 중국 혁명은 이미 패배했으며 오랫동안 패배해 왔다. 새로운 혁명이 곧 도래하지는 않을 것이다. 중도파들과 중국 문제에 대해 논쟁을 벌이는 것이 무슨 가치가 있겠는가? 이 주제에 대해서 프레오브라젠스키는 장문의 편지를 보내 왔다. 알마아타에서 그것을 읽었을 때, 나는 부끄러움을 감출 수 없었다. 이놈의 인간들은 레닌의 학교에서 도대체 무엇을 배웠단 말인가? 나는 몇 번이고 되풀이해 자문해 봤다. 프레오브라젠스키의 전제는 라데크와 정반대였으나, 결론은 똑같았다. 두 사람 모두 멘진스키의 알선을 통해 야로슬라프스키가 그들을 형제처럼 포용해 주리라는 위대한 희망에 부풀어 있었다.[23] 물론 그들은 혁명을 위해서 그렇게 했다. 그들은 출세주의자가 아니다. 결코 아니다. 그들은 단지 절망적인, 이데올로기적으로 파산한 개인들일 뿐이다.

코민테른 집행위원회 2월 전원회의(1928년)의 모험주의적 결의에 대해, 나는 이미, 중국에서 제헌의회 슬로건을 포함하는 민주주의 슬로건 아래 중국 노동자들을 동원하는 방침을 대안으로 제시한 바 있었다. 그러나 불운의 3인조는 바로 여기서 값싸고 무책임한 극좌주의로 빠져 버렸다. 민주주의 슬로건이라고? 결코 안 된다. "그것은 트로츠키의 심각한 오류다." 오직 중국에 소비에트—조금도 모자람이 있어서는 안 된다—를! (실례지만) 이러한 입장보다 더 무의미한 것은 생각하기조차 힘들다. 부르주아 반동의 시대에 소비에트라는 슬로건은 어린애들의 재잘거리는 소리, 즉 소비에트에 대한 우롱에 불과하다. 그렇지만 혁명의 시대, 즉 직접적 소비에트 건설의 시대에조차 우리는 민주주의 슬로건을 철회하지 않았다. 우리는 실제의 소비에트가, 즉 이미 권력을 장악한 소비에트가 대중의 눈앞에서 현실의 민주주의 제도들과 충돌할 때까지 민주주의 슬로건을 철회하지 않았다. 이것은 레닌(속물 아류인 스탈린이나 그에게 매수된 인간들이 아니라)의 말에 따르면, 일국의 발전에서 민주주의 단계를 건너뛰지 않는 것을 의미한다.

민주주의 강령 — 제헌의회, 8시간 노동제, 토지 몰수, 중국의 민족적 독립, 중국 인민의 민족자결권 — 없이는, 중국 공산당은 손발이 묶이고 중국의 사회민주주의자들에게 수동적으로 자신의 진지를 넘겨줄 수밖에 없을 것이다. 중국의 사회민주주의자들이 스탈린, 라데크, 그리고 그 동료들의 도움을 받아 공산당의 지위를 떠맡게 될 것이다.

이리하여 라데크는, 반대파를 쫓아다니면서도, 중국 혁명에서 가장 중요한 것을 간과했던 것이다. 왜냐하면 그는 부르주아 국민당에 대한 공산당의 종속을 옹호했기 때문이었다. 라데크는 광둥의 모험에 뒤이은 무장봉기 방침을 지지하면서, 중국의 반혁명을 간과했다. 오늘날, 라데크는 이행기 임무를 시공을 초월한 소비에트라는 매우 추상적인 관념으로 대체함으로써, 반혁명과 민주주의 투쟁의 시대를 건너뛰고 있다. 그 대신, 라데크는 자신은 연속혁명과는 아무런 관계도 없다고 맹세하고 있다. 이것은 유쾌한 일이다. 이것은 위안이 되는 일이다······.

스탈린과 라데크의 반(反)마르크스주의 이론이 중국, 인도, 기타 동양 각국에게 의미하는 바는 바로 국민당 실험의 변화된, 하지만 개선되지는 않은 반복일 것이다.

러시아 혁명과 중국 혁명의 여러 경험에 기초해, 또한 이 혁명들에 비춰 검증된 마르크스와 레닌의 가르침에 기초해 반대파는 다음과 같은 사실을 확인한다.

새로운 중국 혁명은 오직 프롤레타리아 독재라는 형태로만 기존 체제를 전복하고 인민 대중에게 권력을 이전시킬 수 있다는 것······.

농민을 지도하고 민주주의 강령을 실현하는 프롤레타리아 독재와 대비되는 '프롤레타리아와 농민의 민주주의 독재'는 허구이자 자기기만이며, 더 나쁘게는 케렌스키 체제나 국민당 체제일 뿐이라는 것······.

케렌스키나 장제스 정권과 프롤레타리아 독재 사이에 어중간한 중간적 혁명 정권은 존재하지 않으며 존재할 수도 없다. 그러한 내용 없는 슬로건을 제출하는 사람들은 누구든지 부끄럽게도 동양의 노동자들을 기만하고 새로운 재앙을 준비하고 있는 것이다.

반대파는 동양의 노동자들에게 이렇게 말한다. 당 내의 음모로 파산하고만 투항자들은 스탈린이 중도파의 씨를 뿌리고, 여러분의 눈에 모래를 뿌리고, 여러분의 귀를 막고, 여러분의 두뇌를 마비시키는 일을 돕고 있다. 한편으로 여러분은 민주주의를 위한 투쟁에 참여하는 것이 금지됨으로써, 강고한 부르주아 독재 앞에서 절망적인 상태에 처해 있다. 다른 한편으로 여러분 앞에는 일종의 비(非)프롤레타리아 독재라는 파노라마가 전개되고 있다. 그것은 미래에 국민당의 새로운 환생, 즉 노동자와 농민의 혁명이 더 커다랗게 패배하는 것을 용이하게 만들 것이다.

이런 설교를 하는 자들은 배신자다. 동양의 노동자들이여, 그들을 신뢰하지 말라. 그들을 경멸하라. 그들을 여러분의 대열에서 추방하라! ……

10
연속혁명이란 무엇인가? 기본 정식들

내가 이 글을 끝맺기 위해, 반복의 우려를 무릅쓰고서, 내 주요 결론들을 간략히 정식화하더라도 독자 여러분이 양해하기를 바란다.

1. 연속혁명론은 오늘날 모든 마르크스주의자들에게 최대의 관심을 요구하고 있다. 그것은 계급투쟁과 이데올로기 투쟁의 경과가, 이 문제를 러시아 마르크스주의자들 사이의 과거의 의견 차이라는 회상의 영역에서 끌어올려서 그것을 국제 혁명의 일반적 성격, 내적 연관, 그리고 방법의 문제로 전화시켰기 때문이다.

2. 부르주아적 발전이 지체된 나라들, 특히 식민지와 반식민지 나라들에서 연속혁명론은, **민주주의와 민족 해방**의 성취라는 그들의 과제가 오직 종속된 민족—특히 농민 대중—의 지도자인 프롤레타리아의 독재를 통해서만 순수하고 완전한 해결을 기대할 수 있음을 의미한다.

3. 농업 문제뿐 아니라 민족 문제 역시 농민—후진국 인민의 압도 다수—에게 민주주의 혁명에서 중요한 역할을 부여한다. 프롤레타리

아와 농민의 동맹 없이는, 민주주의 혁명의 과제는 해결할 수 없고 심지어는 심각하게 제기할 수조차 없다. 그러나 이 두 계급의 동맹은 오직 국민적·자유주의적 부르주아지의 영향력에 맞선 비타협적 투쟁을 통해서만 실현될 수 있다.

4. 개개의 나라들에서 혁명의 최초의 **에피소드적 단계**가 무엇이든지 간에, 프롤레타리아와 농민의 혁명적 동맹은 오직 공산당으로 조직된 프롤레타리아 전위의 정치적 지도력 하에서만 가능하다. 이것은 결국 민주주의 혁명의 승리가, 오직 농민과의 동맹에 기초하면서 민주주의 혁명의 과제를 우선 해결하는 프롤레타리아 독재를 통해서만 가능하다는 것을 의미한다.

5. 역사적으로 볼 때, 볼셰비키의 옛 슬로건 — '프롤레타리아와 농민의 민주주의 독재' — 은 바로 프롤레타리아와 농민, 그리고 자유주의 부르주아지 사이의 관계에 대한 앞에서 규정한 특징을 표현하는 것이었다. 이것은 10월의 경험을 통해서 확증됐다. 그러나 레닌의 옛 정식은, 혁명적 진영 내에서 프롤레타리아와 농민의 상호 관계는 어떠할 것인지의 문제를 미리 해결해 주지는 않았다. 다시 말해 이 정식은 일종의 대수적 성격을 띠고 있어서, 더 정확한 산술적 크기를 알려면 역사적 경험의 과정을 거쳐야만 했다. 그러나 역사적 경험은 어떤 오해의 여지도 없이 다음과 같은 사실을 보여 주었다. 농민의 혁명적 역할이 아무리 위대하다고 할지라도, 그것은 결코 독자적 역할일 수는 없으며 하물며 지도적 역할일 수는 더더욱 없다. 농민은 노동자를 따르거나 부르주아지를 따를 수밖에 없다. 이것은, '프롤레타리아와 농민의 민주주의 독재'는 오직 **뒤따르는 농민 대중을 지도하는 프롤레타리아의 독재**밖에 생각할 수 없다는 것을 의미한다.

6. 프롤레타리아 독재와 계급적 내용으로 구별되는 하나의 체제로서

프롤레타리아와 농민의 민주주의 독재는 오직 농민, 일반적으로는 쁘띠부르주아 민주주의의 이익을 대표하는 **독자적** 혁명 정당—프롤레타리아한테서 어느 정도 도움을 받지 않고서도 권력을 장악할 수 있고 자신의 혁명적 강령을 결정할 수 있는 정당—이 건설될 수 있는 경우에만 실현될 수 있다. 현대사 전체—특히 최근 25년 동안의 러시아의 경험—가 입증하고 있는 바와 같이, 농민 정당의 창출 과정에서 극복할 수 없는 장애물들 중 하나는 쁘띠부르주아지가 정치적·경제적 독자성을 결여하고 있고 그 내부도 심각하게 분화돼 있다는 사실이다. 바로 이 이유 때문에, 쁘띠부르주아지(농민)의 상층은 모든 결정적 시기마다, 특히 전쟁이나 혁명의 시기에는 대부르주아지와 보조를 같이한다. 하층은 프롤레타리아와 함께 나아간다. 따라서 중간층은 양극단 사이에서 선택을 강요받고 있다. 케렌스키 체제와 볼셰비키 권력 사이에, 국민당과 프롤레타리아 독재 사이에는 어떠한 중간적 단계도 존재하지 않으며 존재할 수도 없다. 다시 말해서 프롤레타리아와 농민의 민주주의 독재는 존재하지 않는다.

7. 동양의 국가들에게, 이미 역사에 의해 오래 전부터 완전히 낡아빠진, 프롤레타리아와 농민의 민주주의 독재라는 슬로건을 강요하려는 코민테른의 노력은 오직 반동적 효과를 낳을 수밖에 없다. 이 슬로건을 프롤레타리아 독재 슬로건과 대립되게 제시하는 한, 그것은 정치적으로 프롤레타리아가 쁘띠부르주아적 대중 속으로 용해되는 상황을 초래함으로써 국민 부르주아지가 헤게모니를 장악하는 데 가장 유리한 조건들을 창출하며 결국 민주주의 혁명을 붕괴시킨다. 이 슬로건을 코민테른의 강령에 도입하는 것은 마르크스주의와 볼셰비즘의 10월 혁명 전통에 대한 직접적 배반이다.

8. 민주주의 혁명의 지도자로서 권력을 장악한 프롤레타리아 독재는

불가피하게, 그리고 매우 급속하게, 부르주아의 소유권을 심각하게 침해하는 것과 긴밀히 결부될 수밖에 없는 임무들에 직면하게 된다. 민주주의 혁명은 곧바로 사회주의 혁명으로 성장·전환하며 그럼으로써 **연속혁명**이 된다.

9. 프롤레타리아의 권력 쟁취는 혁명을 완성시키는 것이 아니라 혁명의 시작일 뿐이다. 사회주의 건설은 국내적·국제적 차원의 계급투쟁을 토대로 해서만 생각할 수 있다. 전 세계에 걸쳐 자본주의적 관계들이 압도적으로 지배하고 있는 조건에서 이 투쟁은 불가피하게 폭발, 즉 대내적으로는 내전, 대외적으로는 혁명전쟁으로 귀결될 수밖에 없다. 아주 최근에야 민주주의 혁명을 이룩한 후진국이든 이미 오랫동안 민주주의와 의회주의 시대를 거친 오래된 자본주의 국가이든 상관없이, 사회주의 혁명 자체가 연속적 성격을 갖는 이유는 바로 여기에 있다.

10. 일국의 한계 내에서 사회주의 혁명을 완성하는 것은 생각조차 할 수 없다. 부르주아 사회에서 위기가 발생하는 근본 이유들 가운데 하나는, 바로 그것이 창출한 생산력이 더는 국민국가라는 틀과 조화될 수 없다는 사실에 있다. 이것 때문에 한편에서는 제국주의 전쟁이, 다른 한편에서는 부르주아적 유럽 합중국이라는 유토피아가 생겨난다. 사회주의 혁명은 국민적 무대에서 시작돼 국제적 무대에서 전개되고 결국에는 세계적 무대에서 완성된다. 따라서 사회주의 혁명은 더 새롭고 포괄적인 의미에서 연속혁명이 된다. 그것은 지구 전체에서 새로운 사회가 궁극적으로 승리할 때 그것이 완결된다.

11. 세계 혁명의 발전에 대해서 위에서 개괄한 바와 같은 도식은 현재의 코민테른 강령에서와 같은 현학적이고 생명력 없는 분류론에 기초한 문제, 즉 한 나라가 사회주의가 가능할 만큼 "성숙"한지 "미성숙"한지의 문제를 처음부터 배제한다. 자본주의가 세계 시장과 세계적 분

업, 그리고 세계적 생산력을 창출했던 것과 마찬가지로, 그것은 총체로서 세계 경제를 사회주의적 변혁을 위해 마련해 놓았던 것이다.

다양한 나라들이 다양한 속도로 이러한 과정을 거칠 것이다. 특정 조건에서 후진국은 선진국보다 먼저 프롤레타리아 독재에 이를 수 있지만, 사회주의에 도달하는 것은 선진국보다 늦을 것이다.

프롤레타리아가 농민과 단결해 권력을 장악하기에는 아직 역부족인 후진 식민지나 반식민지 국가는 따라서 민주주의 혁명을 완결지을 수 없다. 이와 반대로, 민주주의 혁명의 결과로 프롤레타리아가 권력을 장악하고 있는 나라에서는 독재와 사회주의의 미래의 운명은 결국 국민적 생산력뿐 아니라, 그리고 국민적 생산력이라기보다는 국제 사회주의 혁명의 발전에 달려 있다.

12. 일국사회주의론은 10월 혁명에 대한 반동이라는 효모(酵母)를 통해서 발생했으며, 연속혁명론을 끝까지 일관되게 적대시하는 유일한 이론이다.

우리의 비판에 타격을 받아서 일국사회주의론의 적용을, 그 특수성(광대함과 자연자원)을 이유로 러시아에만 국한하고자 하는 속물 아류들의 시도는 사태를 개선하는 것이 아니라 악화시키고 있을 뿐이다. 국제주의 입장과 단절하는 것은 항상 민족적 **메시아주의**를 초래한다. 즉, 자신의 나라는 다른 나라들이 감당할 수 없는 역할을 능히 해낼 수 있는 특수한 우월성과 자질이 있다는 생각에 이르게 되고 만다.

세계적 노동 분업, 외국 기술에 대한 소비에트 공업의 의존, 아시아의 자연자원에 대한 유럽 선진국 생산력의 의존 등은 세계 어느 나라에서도 독립적인 사회주의 사회의 건설을 불가능하게 한다.

13. 러시아 혁명의 경험들과 배치되는 스탈린과 부하린의 이론은 민주주의 혁명을 사회주의 혁명과 기계적으로 대립시키고 있을 뿐 아니

라 일국 혁명을 국제 혁명과 단절시키고 있다.

이 이론은 후진 국가들의 혁명에 대해, 프롤레타리아 독재와는 대립되는 민주주의 독재라는 실현 불가능한 체제를 수립하는 임무를 강요하고 있다. 그럼으로써 이 이론은 정치에 환상과 허구를 끌어들이고, 동양의 프롤레타리아의 권력 장악 투쟁을 마비시키며 식민지 혁명의 승리를 속박한다.

속물 아류들의 이론의 관점에서 본다면, 프롤레타리아의 권력 장악 자체가 혁명의 (스탈린의 정식에 따르면 '10분의 9까지의') 완성이자 일국적 개혁 시대의 개막을 의미한다. 결국 쿨락[부농]의 사회주의로의 성장론과 세계 부르주아지의 '중립화'론은 일국사회주의론과 불가분의 관계에 있다. 그들은 공존 공망한다.

민족 사회주의론은 코민테른을 기껏해야 군사 개입에 반대하는 투쟁에나 유용한 보조 무기로 전락시켜 버렸다. 현재의 코민테른 정책이나 체제, 지도부의 인선은 코민테른이 독자적인 임무 해결을 담당할 수 없는 보조 단위의 역할을 하는 것으로 격하해 버렸다는 사실과 완전히 조응하고 있다.

14. 부하린이 기초한 코민테른 강령은 완전히 절충주의적이다. 그 강령은 일국사회주의론과 마르크스주의의 국제주의를 융화시키려는 가망 없는 시도를 하고 있다. 그러나 국제주의는 세계 혁명의 연속적 성격과 불가분의 관계가 있다. 코민테른에서 올바른 정책과 바람직한 체제를 요구하는 공산주의 좌익반대파의 투쟁은 마르크스주의적 강령을 위한 투쟁과 불가분하게 연관돼 있다. 또한 강령의 문제는 서로 배타적인 두 이론, 즉 연속혁명론과 일국사회주의론의 문제와 불가분의 관계가 있다. 연속혁명의 문제는, 역사적으로 완전히 낡아빠진, 레닌과 트로츠키의 사소한 의견 차이라는 틀을 이미 오래 전에 뛰어넘었다. 그것은 한편

으로는 마르크스·레닌의 기본 사상과 다른 한편으로는 중도주의자들의 절충주의 사이의 투쟁이 된 것이다.

1929년 11월 30일 콘스탄티노플에서

주

트로츠키의 연속혁명론

1. 마르크스가 1881년 3월 8일에 V I 자술리치에게 보낸 편지를 보시오. Marx & Engles, *Selected Corrispondence*, Moscow 1965, p. 339.
2. 마르크스가 1877년에 미하일로프스키에게 보낸 편지를 보시오. Marx & Engles, *Basic Writings on Politics and Philosophy*, L Feuer(ed), New York 1959, p. 441.
3. D McLellan(ed), *Karl Marx : His Life and Thought*, London 1973, p. 442. 이 책은 마르크스가 러시아에 대해 가졌던 생각에 관한 유용한 자료들을 담고 있다(pp. 438~442). 사실 마르크스는 러시아가 자본주의를 건너뛸 수 있으며 옛 농민 공동체가 미래 사회주의 특징의 기초가 될 수 있다는 나로드니키의 견해에 기우는 경향이 있었다. 엥겔스가 이러한 전망을 어느 정도 교정하는 것이 필수적이었다. 예컨대 엥겔스가 1893년 10월 17일에 N F 다니엘손(Danielson)에게 보내는 편지(*Selected Corrispondence*, pp. 462~465.)를 보라.
4. Engles to V I Zasulich, 23 April 1885, 같은 책, p. 384.
5. 이 점에 대한 정교한 설명으로는 John Molyneux, *Marxism and the Party*, London 1978, pp. 53~54를 보시오.(한국어판은 ≪마르크스주의와 당≫(책갈피)를 보시오.)
6. Lenin, *Works*, Vol. 7, pp. 499~518을 보시오.
7. 멘셰비키는 사회민주주의자들이 반대파의 역할만 기대할 수 있다는 입장을 가지고 이러한 참여에 반대한 반면, 레닌과 볼셰비키는 혁명이 짜리즘과 봉건주의를 완전히 청산하는 데서 임시적 기초 위에서 참여하는 것이 핵심적일 것이라고 믿었다. Lenin, *Two Tactics of Social Democracy in the Democratic Revolution*, *Works*, Vol. 9를 보시오.
8. A Martynov, *Dve Dikatury*, Geneva 1904, pp. 57~58. Tony Cliff, *Lenin*,

London 1975, Vol. 1 pp. 141~142에서 인용.
9. 플레하노프의 태도에 대한 레닌의 비판은 Lenin, *Works*, Vol. 12, pp. 104~112를 보시오.
10. 그래서 레닌은 이렇게 썼다. "민주주의 혁명은 곧바로 부르주아지의 사회적·경제적 관계의 속박을 뛰어넘지 않을 것이다."(같은 책, Vol. 8, p. 57) 그리고 "오로지 가장 무지한 사람만이 지금 수행되고 있는 민주주의 혁명의 부르주아적 성격에 대해 눈을 감을 수 있다."(같은 책, p. 29)
11. 같은 책, pp. 511~512.
12. 같은 책, Vol. 9, p. 56.
13. Marx, 'Preface to a Contribution to the Critique of Political Economy', Marx, Engels, *Selected Works*, London 1968m, p. 182.
14. 같은 책, p. 182.
15. "그러나 그들 자신들[독일 노동자들]은, 자신들에게 자기 계급의 이익을 알림으로써, 가능한 한 그들의 독립적인 정치적 지위를 취함으로써, 독립적으로 조직된 프롤레타리아트 정당의 필요성을 잠시 의심하게 만드는 민주적 쁘띠부르주아지의 위선적인 말에 오도되지 않도록 함으로써, 그들의 궁극적 승리에 최대한 기여해야 한다. 그들의 전투 구호는 다음의 것이어야 한다. '연속혁명'"(Marx, *The Resolution of 1848*, London 1973, p. 330.) '멘셰비키'는 마르크스의 광범한 이론적 일반화에서 인용하는 경향이 있는 반면 트로츠키는 마르크스가 적극적으로 참여했던 실제 혁명적 상황이나 러시아와 매우 비슷한 역사적 상황(믿을 수 없는 부르주아지의 때늦은 부르주아 혁명)의 산물이었던 저작에서 인용했다는 점을 언급하는 것은 흥미로운 일이다. 사실 잘 알려진 바와 같이 '3월 연설'은 1917년 볼셰비키의 전술과 전략을 매우 뚜렷하게 예견할 수 있는 내용을 담고 있다. 같은 책, pp. 319~330을 보라.
16. *Permanent Revolution and Results and Prospects*, New York 1969(이하 *PRRP*), p. 37.
17. 같은 책, p. 39.
18. 같은 책, p. 40.
19. 같은 책, p. 41.
20. Trotsky, *1905*, New York 1972, p. 40.

21. 같은 책, p. 41을 보라.
22. *PRRP*, pp. 29~30.
23. 같은 책, p. 44.
24. Trotsky, *The History of the Russian Revolution*, London 1977, pp. 31~32.
25. 이 단락은 *1905*(pp. 43~44)에서 프롤레타리아에 대한 트로츠키의 분석을 요약한 것이다.
26. 그래서 레닌은 "모든 러시아 사민주의자들의 근본 테제로 농민 운동은 사회주의적인 것이 아니며 사회주의는 소농 생산에서 생겨날 수 없다"고 썼다(*Works*, Vol. 11, p. 412).
27. 같은 책, Vol. 8, p. 291.
28. Marx, *The Eighteenth Brumaire of Louis Bonaparte*, New York 1963, p. 124.
29. "지역 크레틴병은 모든 농민 반란에 대한 역사의 저주다."(Trotsky, *1905*, p. 48)
30. *PRRP*, p. 72.
31. 러시아에서 이 점은 매우 구체적이고 직접적인 방식으로 사실이었다. 러시아 군대가 기본적으로 군복 입은 농민이었기 때문에 농민에 대한 부르주아지의 헤게모니는 병사들이 노동자들에게 총을 쏘는 것을 의미했다.
32. ≪평가와 전망≫은 다음과 같은 문장으로 시작한다. "마르크스주의는 다가올 혁명의 성격을 예견했다. 마르크스주의는 러시아 혁명을 부르주아 혁명이라고 부름으로써, 그 혁명의 즉각적·객관적 과업들이 "부르주아 사회 전반의 발전을 위한 정상적인 조건들"을 창출하는 데 있음을 지적했다."(*PRRP*, p. 36).
33. 파르부스는 알렉산더 헬판트의 필명인데, 그는 러시아인으로 독일에 거주했으며 이 시대의 초기 국제 사민주의에서 가장 뛰어난 사상가 중 한 명이었다. 1904년에 파르부스는 트로츠키에게 지대한 영향을 미쳤으며, 연속혁명론의 발전에서 그들의 협력이 출발점이었다.(Isaac Deutscher, *The Prophet Armed*, Oxford 1954, pp. 98~116을 보시오. 한국어판은 ≪트로츠키: 한 혁명가의 생애와 사상≫(두레)을 보시오.) 그리고 1905년에 그는 혁명에 중요한 기여를 했던 <나찰로>라는 신문을 트로츠키와 함께 냈다. 트

로츠키와 마찬가지로 파르부스도 러시아 혁명은 노동자 정부를 형성할 것이라고 믿었지만 그는 이 정부가 민주적 조치들을 뛰어넘을 수 없을 것이라고 생각했다. 그는 프롤레타리아가 통치하지만 지배하지는 않는 상황을 예견했다.(*PRRP*, pp. 187~188을 보시오.) 후에 파르부스는 우익이 돼서 독일 정부와 떳떳하지 못한 거래에 연루됐다.

34. *PRRP*, p. 77.
35. Trotsky, *1905*, p. 315.
36. 같은 책, p. 78.
37. 같은 책, p. 79.
38. 사회민주주의는 그 강령을 최저 요구들과 최고 요구들로 구분했는데, 전자는 이론적으로 자본주의에서도 실현될 수 있는 것이고 후자는 사회주의 도입이 필요한 것이다.
39. *PRRP*, p. 80.
40. 이것은 이전의 멘셰비키들과 '민주적 독재'의 열렬한 옹호자들이 1920년대에 '일국사회주의'를 받아들였던 점을 가리키는 것이다.
41. *PRRP*, pp. 76~77.
42. 같은 책, p. 105. 이 맥락에서 레닌은 러시아에서 민주적 혁명이 유럽의 사회주의 혁명 없이 스스로 지탱하는 것은 불가능할 것이라고 믿었다는 점을 언급하는 것이 중요하다.
43. 같은 책, p. 109.
44. 같은 책.
45. 같은 책, p. 113.
46. 같은 책.
47. 같은 책, p. 115.
48. Trotsky, *The New Course*, Ann Arber 1965, p. 60.
49. Lenin, *Works*, Vol. 25, p. 285.
50. Trotsky, *The History of the Russian Revolution*, p. 739.
51. 사회혁명당을 농민 당으로 묘사하는 것은 영국 노동당을 노동자 당으로 묘사할 때 제한 요건이 필요한 것과 꼭 마찬가지로 많은 제한 요건이 필요하다. 사회혁명당 지도부와 그 간부들 대부분은 농민이 아니라 인텔리겐챠, 특히 농촌 인텔리겐챠 출신이었다. 그리고 이러한 사회학적 요소는 1917년

이 당이 빠진 모순을 설명하는 데 중요한 요소였다.(Maureen Perrie, 'The Russian Peasant Movement of 1905~1907: Its Social Composition and Revolutionary Significance', *Past and Present* 57, November 1972, pp. 150~151을 보시오.)
52. 앞에서 언급했듯이, 1906년에 트로츠키는 러시아 혁명의 주요 위협은 "인접한 반봉건 군주들", 즉 독일과 오스트리아-헝가리 제국에서 가해질 것이라고 생각했다. 실제로 이 위협이 영국과 프랑스에서 왔다는 점은 세계전쟁이 낳은 결과였다.
53. 국제 혁명이 패배한 주요 요소는 사민주의가 수행했던 자본주의의 궁극적 구원자 역할 때문이었다. 트로츠키는 이미 1906년에 "유럽의 사회주의 정당들 내에서는, 그리고 특히 그들 중 가장 규모가 큰 독일 사회민주당 내에서는, 더 많은 대중이 사회주의를 수용하고 …… 일종의 보수적인 견해들이 성장하고 있다. …… 사회민주당은 어느 순간에는 노동자들과 부르주아 반동의 공개적인 싸움에 직접적인 장애 요소가 될 수도 있다."라고 언급함으로써 이러한 위험을 예견하는 탁월한 통찰력을 보여 줬다.(*PRRP*, p. 114). 그러나 그는 러시아 혁명의 영향력으로 "정당의 판에 박힌 듯한 일상 활동과 보수주의는 사라져 버릴 것"이며(같은 책, p. 114) 사민당을 혁명적 과정에 되돌려놓을 것이라고 예측했다. 이러한 점에서 그는 사민당이 "걸림돌"이 될 수 있는 정도를 과소평가했다.
54. *PRRP*, p. 63.
55. Trotsky, *The History of the Russian Revolution*, pp. 172~197을 보시오.
56. 같은 책, p. 99.
57. 이 신문 기사들의 발췌문은 같은 책, Appendix II, pp. 478~489를 보시오.
58. Lenin, *Works*, Vol. 24, pp. 21~24.
59. 같은 책, p. 45.
60. Trotsky, 'Our Differences', in *1905*, pp. 316~317.
61. 트로츠키의 절친한 친구이자 협력자였고 10월 혁명에서 지도적인 참여자였던 A A 요페(Joffe)는 자신의 질병과 스탈린주의 반동 때문에 1927년에 자살했는데, 그는 유언장에서 레닌이 연속혁명 문제에서 트로츠키가 옳았다고 자신에게 말했음을 기록했다. "정치적으로 1905년 이래 당신이 항상 옳았소. 레닌이 1905년에조차 그가 아니라 당신이 옳았다고 인정하는 말을 여

러 번 들었음을 당신에게 말하오. 죽음을 앞에 둔 사람은 거짓말을 못하오. 그리고 이 점을 당신에게 한 번 더 얘기하리다……"(Trotsky, *My Life*, New York 1970, p. 537에서 인용. 한국어판은 ≪나의 생애(상, 하)≫(범우사)를 보시오.)

62. *PRRP*, p. 148. 이 인용문은 트로츠키가 쓴 ≪연속혁명≫의 '독일어판 서문'에서 인용한 것이다. "세계 경제가 완전히 동일한 유형의 개별 국민 경제들의 단순한 합이라는 것은 틀린 생각이다. 특수성들이, 마치 얼굴에 난 사마귀처럼, '보편적 특징'들에 단순히 부수적으로 붙어 다니는 것이라는 말은 그릇된 생각이다. 실은, 일국의 특수성들은 세계 경제의 운동 과정의 기본 특징들이 일국 내에서 독특하게 결합된 것을 의미한다. 이러한 독특한 성격은 장기간에 걸쳐 혁명 전략에서 결정적인 의미를 지닐 수 있다. 이 점은 러시아라는 후진국의 프롤레타리아가 선진국 프롤레타리아보다 훨씬 일찍 권력에 도달한 사실을 떠올려보는 것만으로도 충분히 입증할 수 있다." 같은 책(p. 147).
63. 점증하는 관료주의에 대한 트로츠키의 비판을 회피하기 위한 노력으로 삼두 지배 체제(스탈린, 지노비예프, 카메네프)가 과거의 트로츠키와 레닌 사이의 차이점들을 전부 끌어냈기 때문에, 연속혁명은 1923년에 쟁점이 됐다.
64. Stalin, *On the Opposition*, Peking 1974, p. 478.
65. 같은 책, p. 147.
66. *PRRP*, p. 222.
67. 같은 책, p. 168.
68. Trotsky, *1905*, p. 35.
69. 레닌의 초기 전망을 정당화하기 위한 최근의 시도로는 로이조스 미하일(Loizos Mikhail)이 영국 공산당을 위해 ≪평가와 전망≫에서 다음의 글을 인용한 것이다. "절대주의의 숨 막히는 압박에서 러시아를 해방시키기 위한 투쟁은 절대주의와 공업 프롤레타리아 사이의 단일한 전투, 농민이 상당한 지원을 제공할 수는 있으나 지도적인 역할을 수행할 수는 없는 단일한 전투로 전환해 버린 것이다."(p. 66)

미하일은 이것을 트로츠키의 "중심 테제들" 가운데 하나로 묘사하면서 "러시아의 사회 구성에서 모순은 짜르주의와 프롤레타리아 사이의 갈등으로 환원됐으며, 둘째로 이러한 기본적인 계급 모순에 대한 다른 계급들의 관계는 불확정인 채로 남아 있다. 농민은 지지를 제공할 것이다.……"라고 언급했다(Loizos Mikhail, *The Theory of Permanent Revolution — A Critique*, London 1977, p. 2). 그러나 미하일은 여기서 언어유희를 할 뿐이다. 첫째, 농민의 상당한 지지를 언급하고 있는 마지막 구절은, **형식적으로** 말해, "단일한 투쟁"이라는 개념과 모순된다. 둘째, 그는 명백히 "할 것이다"에 의도하지 않은 의미를 부여하고 있다. 셋째, 미하일이 주에서 인정했듯이 트로츠키가 여기서 카우츠키를 인용했기 때문에 이것을 그의 "중심 테제들" 가운데 하나로 묘사하거나 그 공식의 세부 사항에 상당한 의미를 부여하는 것은 터무니없다. 마지막으로 카우츠키의 논문은 레닌도 긍정적으로 인용했다.

70. 농민을 사회주의적 계급으로 여기는 사상은 1920년대에 마르크스주의적 외양을 띠고 처음 등장했다. 물론 이것은 그 이후로 한 분파를 형성했으며 마오주의와 '제3세계' 마르크스주의 이데올로기의 주요한 특징이 됐다.

71. Radek cited by Trotsky, *PRRP*, p. 178.

72. *PRRP*, p. 239.

73. 같은 책, p. 36.

74. Antonio Gramsci, *Selections from the Prison Notebook*, London 1971, p. 237.

75. 로이조스 미하일이 이 주장을 반복했고 완성했다. 그는 "1917년에 노동자 계급이 권력을 장악하기 위한 이행 단계들(제국주의 전쟁, 1917년 2월의 민주적 혁명, 노동자와 병사 대표 소비에트 등)을 레닌이 분명하게 말하게 만들었던 구체적인 역사 과정은 1905년에는 존재하지 않았다"고 썼다. Mikhail, 앞의 책, pp. 32~33.

76. 예컨대, 그람시가 트로츠키의 '보나파르티즘'(앞의 책, p. 301)을 언급할 때나 트로츠키를 "패배할 수밖에 없는 시기에 전면적 공격의 정치적 이론가"(같은 책, p. 238)로 묘사할 때다. 군대에 기반이 있는 트로츠키가 "나폴레옹 같은" 야망이 있었다는 것은 스탈린주의 관료들이 조장한 순전한 소문이었고, 사실상 어떠한 기반도 없었다. 또한 코민테른에서 어떤 초좌익 좌파가 '공세 이론'이나 전면 공격을 제안했을 때 레닌과 함께 트로츠키도 이것을 주되게 반대한 사람이었다(편집자의 주석을 보시오. 같은 책, p. 236f).

77. Baruch Knei-Paz, *The Social and Political Thought of Leon Trotsky*,

Oxford 1978, p. 105.
78. 같은 책, p. 106.
79. 같은 책, p. 171.
80. 같은 책, p. 175.
81. 같은 책, p. 172.
82. *PRRP*, p. 44를 보시오.
83. *The History of the Russian Revolution*(pp. 515~572)에 있는 7월의 나날들에 대한 트로츠키의 설명을 보시오.
84. G Lukacs, *Lenin*, London 1970, Chapter 1을 보시오.
85. 중요한 것은, 트로츠키가 사민주의의 마르크스주의와 단절한 것을 과정해서는 안 된다는 점이다. 연속혁명은 기계적 경제결정론을 침식시켰다. 경제결정론의 귀결은 철저한 수동성이다. 그러나 우리가 지적했듯이, 연속혁명은 '객관주의적' 이론으로 남아 있으며, 레닌의 당 이론이나 1914년의 헤겔 연구와 달리 결정론 일반과 철학적으로 단절하지도 않았다.
86. Harold R Isaacs, *The Tragedy of the Chinese Revolution*, Stamford 1961, p. 271.
87. Trotsky, *Leon Trotsky on China*, New York 1976, p. 156.
88. 같은 책, p. 144.
89. 이 때 트로츠키의 좌익반대파는 지노비예프의 레닌그라드 반대파와 동맹을 이루고는 통합 반대파를 형성했다. 지노비예프는 중국에 대한 공식 입장에는 비판적이었지만 국민당에서 철수하는 데는 반대했으며, 트로츠키의 지지자 가운데 두어 명(누구보다도 라데크)은 이 문제에서 지노비예프와 한 편에 섰다. 더욱이 연속혁명 문제는 그것을 제기할 경우 모든 구체적인 비판을 모호하게 할 위험이 있는 아주 민감한 미끼 같은 주제였다. 결국 트로츠키는 자신의 공개적인 비판을 온건하게 하도록 한 분파의 규율 때문에 제약을 받았다. 중국에 대한 트로츠키의 전체 기록은 *Leon Trotsky on China*와 특히 레스 에반스와 러셀 블록의 편집자 서문과 트로츠키가 "이 문제에서 공식적으로 복종함으로써 실수했다"고 말한 것이 들어 있는 '막스 샤흐트만에게 보내는 편지'(p. 491)를 보시오.
90. 같은 책, p. 269.
91. *PRRP*, pp. 276~279.

92. 이러한 변화들에 대한 분석은 마이클 키드런의 두 논문을 보시오. 'Imperialism—Highest Stage But One'과 'International Capitalism', in *International Socialism 61*.

93. 물론 쿠바는 역사가 미리 설정된 계획대로 전개되지 않는다는 것을 보여 주는 특별한 경우다. 피델 카스트로는 솔직한 자유주의 민족주의자로 출발했으며, 권력 장악 이후에야 그는 쿠바 공산당에 의존해 자신의 통치 기구를 구축했으며 소비에트 진영에 기대어 미국 제국주의에 맞섰다.

94. 그래서 예컨대 미국 SWP의 피터 카메요는 이렇게 썼다. "쿠바 혁명은 연속혁명의 논리가 적용된 훌륭한 본보기다. 오늘날 쿠바인들은 자신들이 택했던 해방의 길이 라틴 아메리카의 나머지 국가들에게도 유일한 길임을 인식하고 있다. 그들은 명쾌하게 연속혁명을 받아들이지 않는다 할지라도 연속혁명론의 논리를 고수하고 있다."(*PRRP*의 서문, pp. 14~16.)

95. 이러한 맥락에서 중국, 베트남, 쿠바 정권이, 비록 연속혁명을 무의식적으로 적용했다는 그들의 주장에도 불구하고, 이들 나라는 모두 본국 트로츠키주의자들을 의식적으로 숙청한 행적을 갖고 있다는 점을 지적하는 것이 중요하다. 또한 트로츠키의 미망인 나탈리야 세도바가 마지막 공개 발표를 한 것이 중요한데, 거기서 그녀는 트로츠키가 어떤 의미에서도 "중국에서 좌익 반대파(트로츠키주의자들)와의 직접적인 투쟁에서 자신의 지위를 얻었으며, 바로 장제스가 했던 것과 꼭 마찬가지로 혁명가들을 암살하고 박해하는 것을 통해 자신의 지위를 공고히 했던 마오쩌둥의 정신적 지주"가 아니라고 단호하게 부정했으며 그녀는 "스페인의 프랑코 정권과 마찬가지로 중국 정권은 마르크스주의나 프롤레타리아 혁명과는 거리가 멀다"고 말했다 (*Natalia Trotsky and the Fourth International*, London 1972, p. 15).

96. 토니 클리프는 이 과정을 '일탈한 연속혁명'이라 부르고는 *International Socialism* 61호에 실린 '연속혁명'에서 중국과 쿠바 혁명, 그리고 트로츠키의 원래 이론과 관련해 이 점을 분석했다. 또한 Nigel Harris를 보시오. 'The Third World', *International Socialism 42*.

97. Gramsci, 앞의 책, p. 438.

98. Harris, 앞의 책을 보시오.

평가와 전망

1. 제2인터내셔널의 개념 구분으로서 사유재산 제도 내에서 해결할 수 있다고 생각된 과제들.
2. 제2인터내셔널의 개념 구분으로서 사유재산 제도를 철폐해야 해결할 수 있다고 생각된 과제들.
3. 1장부터 9장까지를 포함하는 ≪평가와 전망≫ 초판 부분을 가리킴.
4. 10장에 해당하는 부분으로서, <나셰 슬로보> 1915년 10월 17일자에 실렸던 글을 가리킴.
5. 마르크스와 엥겔스가 ≪공산주의 선언≫을 공표한 직후에, 유럽 대륙을 휩쓸었으나 연속혁명이 되기 직전에 차단당한 노동 계급 혁명을 말함.
6. 페이푸스호에서 우랄에 이르는 북부 러시아 전역을 지배하며, 모스크바 대공국과 패권을 다투었다. 연대기에 처음 나타난 것은 859년인데, 발트 해안과 러시아, 와랴크(바이킹의 나라)와 카스피 해안을 연결하는 중요한 위치에 있어서 교역으로 번성했다. 12세기 이후 민회(民會)가 있는 사실상의 공화제를 취해 "주권이 있는 대(大)노브고로트"라고 불렸으며, 타타르 지배 하에서도 공물을 바쳐 자치를 유지했다. 1478년 중앙집권 체제를 강화한 모스크바 대공국의 이반 3세에 의해 합병됐다.
7. 4~15세기 러시아 여러 나라를 통일해 러시아 제국(帝國)의 기초를 이룬 중앙집권적 봉건 국가. 1380년 드미트리돈스코이는 쿨리코보 전투에서 킵차크한국을 격파해 몽골·타타르 지배에서 벗어났다. 이반 3세는 노브고로트를 병합하고 그리스의 왕녀와 결혼해 비잔틴 제왕의 후계자로 자처했다. 이반 4세는 군주의 절대권을 강화해 짜리즘을 성립했다.
8. 몽고족이 13세기 중반에서 15세기 말까지 러시아를 지배할 당시 건설했던 국가.
9. 원문에는 증권거래소로 돼 있다.
10. 멘델레예프 교수와 같은 반동적 관료도 이 사실을 인정할 수밖에 없었다. 공업 발전을 이야기하면서 그는 다음과 같은 관찰을 하고 있다. "이 점에 관해서 사회주의자들은 무엇인가를 감지했으며 부분적으로나마 그것을 이해했지만, 길을 잘못 들어섰다. 그들은 자신들의 고유한 어법(!)에 따라서 폭력에 의지할 것을 호소하고 있으며, 하층 천민들의 난폭한 본능에 영합해 혁명과 권력을 추구하고 있다."
11. 이 수치들은 밀류코프의 ≪논문집≫에서 발췌한 것이다. 시베리아와 핀란

드를 포함할 경우, 러시아 **전체**의 도시 인구는 1897년 인구 조사에 따르면, 1712만 2000명으로서 전체 인구의 13.25퍼센트를 차지한다.
12. 1861년 알렉산드르 2세에 의해 시작됐으며, 그 대표적인 것이 농노해방령 공포다.
13. 주로 임금 소득자, 소상인, 부랑자 등으로 구성된 프랑스 혁명의 급진 공화주의자들.
14. 19세기 중반 프러시아의 특권 귀족당의 당원.
15. 프랑스 대혁명 당시 로베스피에르와 당통을 중심으로 한 국민공회의 좌파 대의원들을 일컫는다. 이들은 보통 회의장에서 가장 높은 데 있는 좌석에 앉았다.
16. 파리코뮌 당시 정부 측에 서서 노동자들을 탄압한 장본인.
17. 오늘날 밝혀진 바에 따르면 엥겔스다.
18. 독일 사회민주당의 수정주의자.
19. 원문에는 신분(estate)으로 돼 있다. 더 자세한 것은 아래에 있는 "연속혁명"의 옮긴이 주 4번을 참조하시오.
20. 존 벨러스는 하원 의원이 아니라 퀘이커교를 신봉한 지주였다. 그는 하원에 청원하는 형태로 자신의 계획을 발표했다.
21. 공상적 공산주의 형태의 집산촌.
22. 외부에서 에너지 공급을 받지 않고도 영구히 계속 작동하는 기구로서, 실현 불가능한 상상의 기관.
23. 1905년 혁명 당시 짜르가 대중을 무마할 목적으로 내세운 정부로서, 준(準)자유주의자 비테가 수상이었다.
24. 스톨리핀의 주도 하에 1907년 6월 3일의 쿠데타로 들어선 반동 체제.

연속혁명

1. 영국 노총 지도부와 소련의 노조들의 친선을 목적으로 한 단체로서 1925~1927년까지 존재했다.
2). 번역하기 어려운 비유어로서, 러시아어 'ekzekutor'를 이렇게 번역했다. 영역은 'usher'.

3. 트로츠키는 이 말을 '전술적 시기'라는 '정세적' 개념으로 사용하고 있다
4. 트로츠키는 농민을 '계급(class)'으로 부르기보다는 '신분(estate)'으로 부르기를 선호함으로써 성직자와 귀족과 함께 봉건제 계급 구조를 이루는 '평민', 즉 '제3신분(the third estate)'에 농민이 포함됨을 상기시켜, 소토지를 소유한 소생산자들이 전(前)자본주의의 잔재임을 암시하고 있다.
5. 이 책(1부 "평가와 전망")의 61쪽을 참조.
6. 이 책(1부 "평가와 전망")의 102쪽을 참조.
7. 이 책(1부 "평가와 전망")의 97쪽을 참조.
8. 이 책(1부 "평가와 전망")의 117~118쪽을 참조.
9. 이 책(1부 "평가와 전망")의 106~108쪽을 참조.
10. 위에서 "불길"(sparks)로 번역한 러시아어는 "얄팍한 지적 능력"이라는 뜻도 있다.
11. 이 책(1부 "평가와 전망")의 105쪽을 참조.
12. 식민지와 반식민지 상황에서는 "민족·민주 혁명"으로 번역됐으나, 그 역사적 과제의 계급적 성격과 내용은 동일하다. 곧 다시 나올 옮긴이 주 14번에서 밝히겠지만, "민족·민주 혁명"은 그릇된 개념 용어이고 [반]식민지에서조차도 민주주의적 전술 시기로서 국민·부르주아 혁명이라는 개념 용어를 사용하는 것이 과학적이다.
13. 이 논설에서는 러시아의 사회주의 혁명은 유럽의 사회주의 프롤레타리아의 지원 없이는 실패하고 만다는 내용을 강조하고 있다.
14. 식민지와 반식민지 상황에서 이 말은 "민족 부르주아지"로 번역됐으나, 어떤 자본주의 사회구성체에서든 부르주아 계급 '일반'이 갖고 있는 역사적 이해관계의 과제들이 '자본주의 사회 전체'의 요구들이라는 점에서 [반]식민지의 부르주아지 '일반'을 국민[적] 부르주아지라고 부르는 것이 과학적 개념 용어이다. 마오쩌둥과 그 아류들 그리고 스탈린주의자들이 [반]식민지 부르주아 계급의 '일부'를 "민족 부르주아지" 따위로 규정한 것은 전적으로 비과학적인 개념 용어다.
15. 트로츠키는 이 말을 정치·정세적 '국면'이란 뜻으로 사용하고 있음에 유의해야 한다.
16. 이 책(1부 "평가와 전망")의 118쪽을 참조.
17. 이것은 단계론자들이 어떤 특정 국면에서는 더할 나위 없이 전투적 — 때로

극좌적 — 일 수 있었음을 연상시킨다.
18. 젬치는 젬스트보라는 지방자치체의 구성원이다. 젬스트보는 짜르 지배 말기에 설립됐으며, 제한적 권력이 있었고 자유주의적 귀족층이 지배하고 있었다.
19. 이 책(1부 "평가와 전망")의 112~113쪽을 참조.
20. 1907년 6월 3일(신력으로는 16일)에 공식적으로 반혁명 시대의 서막을 여는 쿠데타가 완료됐다.
21. 고전 마르크스주의의 개념으로 다시 규정하면 '국민적' — 즉 부르주아 사회 '전체'의 발전에 조응 — 이고, '민주주의적' — 즉 부르주아 '계급의' 이해에 부합 — 인 성격의 혁명이므로 "국민·부르주아 혁명"이라고 번역할 수 있다.
22. 이 책(1부 "평가와 전망")의 158~159쪽을 참조
23. 멘진스키는 당시 GPV(국가정치보안부)의 책임자였다. 야로슬라브스키는 당 중앙통제위원회 수뇌부의 한 사람이었으며 반대파에 대한 공격과 반대파 지지자들을 당에서 추방하는 데서 특히 두드러진 활동을 보였다.

찾아보기

• 인명 •

게드, 쥘(Guesde, Jules) 183
구치코프(Guchkov) 165, 301
그람시(Gramsci, Antonio) 36, 37, 47, 372
나폴레옹 3세(Napolon Bonaparte) 107, 157, 251, 372
네이-파즈, 바루크(Knei Paz, Baruch) 37, 38
노긴(Nogin) 313
니콜라이 2세(Nikolai II) 345
다신스키(Daszynski) 156
단(Dan) 339
라데크, 칼(Radek, Karl) 196 이하
라딕(Radic) 189, 330
라살, 페르디난트(Lassalle, Ferdinand) 91, 92, 265, 284
라페즈(Rafes) 297
라폴레트(LaFollette) 189
레닌(Lenin, V I) 10 이하
레멜레(Remmeles) 198
로베스피에르 85, 86, 376
로슈코프(Rozhkov) 120~125
로지얀코(Rodzianko) 301
루나차르스키(Lunacharsky) 252, 253
루스냐(Lusnia) 156
루이 16세 84
루카치, 게오르크(Lukács, Georg) 40
룩셈부르크, 로자(Luxemburg, Rosa) 56, 226, 238, 266, 291, 312
리코프(Rykov, A) 180, 190, 232, 239, 247, 311, 313, 314, 323
마라(Marat) 87
마르크스, 칼(Marx, Karl) 10 이하
마르토프(Martov, L) 56, 164, 169, 177, 227
마르티노프(Martynov) 12, 42, 164, 195, 220, 238, 282, 288, 311, 327
마슬로프(Maslow, A) 198, 265
마오쩌둥(毛擇同) 374, 377
맥렐란, 데이비드(McLellan, David) 10
멘델레예프(Mendeleev) 69, 70, 375
멘진스키(Menzhinsky) 356, 378

몰로토프(Molotov, V) 180, 217, 232, 239, 301, 313, 323
몽무소(Monnosseau) 265, 348
미하일로프스키(Mikhailovsky) 75, 366
밀랑(Millerand) 86
밀류친(Milyutin) 313
밀류코프(Milyukov) 66, 67, 75, 76, 165, 192, 286, 301, 375
바르스키(Warski) 330
바바리아 대공 165
바뵈프(Babeuf) 129
벨러스, 존(Bellers, John) 129, 130, 132, 376
부오나로티(Buonarroti) 87
부하린(Bukharin, N I) 175, 188, 191, 192, 194, 213, 214, 218, 227, 230, 234, 240, 241, 255, 265, 268, 269, 284, 311, 319, 323, 335, 337, 348, 352, 363, 364
뷜로프(Bullow) 134
브리앙(Briand) 86
비스마르크 94. 157
비테(Vitte) 78, 107, 376
빌헬름 2세(Wilhelm II) 86, 134, 155, 345, 349
살티코프(Saltykov) 221
세마르(Semard) 297, 348
셈코프스키(Semkovsky) 164
스메랄(Smeral) 238
스미스, 아담(Smith, Adam) 64
스밀가(Smilga) 313, 354, 355

스탈린(Stalin, I V) 29 이하
스톨리핀(Stolypin, P) 107, 376
스트루베 (Struve, P B) 253
쑨원(孫文) 40
아스트로프(Astrov) 164
아이작스, 해롤드(Isaacs, Harold R) 41
아틀란티쿠스(Atlanticus) 130~134
악셀로드(Axelrod, P B) 164, 169, 177
안토니오(Antonio) 119
야로슬라프스키(Yaroslavsky) 294, 313, 356, 378
야코블레프(Yakovlev, A) 307, 309, 310
엥겔스, 프리드리히 (Engels, Friedrich) 11, 326, 366, 375, 376
예카테리나 2세 78
오르조니키제(Ordjonikidze) 294, 313
왕징웨이(汪精衛) 192, 193, 257, 323
요르단스키(Yordansky) 282
요제프, 프란츠(Josef, Franz) 155, 349
요페(Joffe, A A) 34, 228
자술리치, 베라(Zasulich, Vera) 177, 366
장제스(蔣介石) 40~42, 189, 191~193, 196, 257, 274, 323, 341, 355, 358, 374
조레스, 장(Jaurés, Jean) 183
조지, 로이드(George, D Lloyd) 302
지노비예프(Zinoviev, G Y) 32, 34, 175, 176, 188, 196, 208, 220~222, 231, 233, 239, 267, 311, 313, 330, 339, 348, 371, 373

지벨레고프(Dzhivelegov) 95

체레바닌(Cherevanin) 249

체레텔리(Tsereteli) 56, 339, 340

체르노프(Chernov) 56

카르메넨(Carmenen) 87

카메네프(Kamenev, L B) 32, 34, 176, 190, 226, 232, 239, 270, 278, 294, 301, 302, 304, 311, 313, 322, 323, 339, 371

카베(Cabet) 87

카생(Cachin) 238, 265

카우츠키, 칼(Kautsky, Karl) 56~58, 78, 99, 101, 150, 156, 244, 245, 260, 291, 303, 304, 372

칼리닌(Kalinin) 313

케렌스키(Kerensky) 27, 28, 56, 165, 192, 301, 302, 304, 323, 328, 330, 331, 340, 341, 357, 358, 361

코르닐로프(Korlinov) 27, 28, 38, 192

코스트르제바(Kostrzewa) 271

콜론타이(Kollontai, A M) 217, 218

쿠시넨(Kuusinen) 238, 247, 265, 328, 332, 334, 341

쿤, 벨라(Kun, Bela) 265, 348

크누냔츠(Knunyants) 230

크라신(Krasin, L) 277, 278

크레스틴스키(Krestlusky, N) 313

클레망소(Clemenceau) 86, 302

탄핑산(譚平山) 314, 323

탈하이머(Thalheimer) 198, 265, 348

텔만(Thäelmann) 198, 238, 265, 279, 297, 348

투간-바라노프스키(Tugan-Baranovsky) 122, 123

티스코(Tyszko) 226, 291

티에르(Thiers) 95

파르부스(Parvus) 21, 77, 227, 254, 255, 296, 297, 368, 369

퍼셀(Purcell) 189, 319, 346

페트류라(Petlyura) 297

페퍼(Pepper) 265

포크로프스키(Pokrovsky) 241

폴마르(Vollmar) 103

표트르 대제 74

푸리에, 샤를(Fourier, Charles) 130, 132, 134

프레오브라젠스키(Preobrazhensky, E) 224, 313, 354~356

프룬제(Frunze, M) 313

플레하노프, 게오르크(Plekhanov, Georg) 10, 11, 13, 164, 165, 177, 183, 244, 247, 290, 343, 367

피아타코프(Pyatakov, Yu) 268

필수드스키, 요세프(Pilsudski, Joseph) 330, 331

하이네(Heine, Heinrich) 86

힌덴부르크(Hindenburg, Paul von) 165

· 사항 ·

4월 테제 32, 176
≪공산주의 선언≫ 125, 355, 375
광둥 봉기 41, 193, 274, 275, 355, 357
나로드니키 10, 19, 35, 73, 177, 264, 325, 366
<나샤 지즌> 280, 282
<나셰 슬로보> 55, 375
<나찰로> 230, 247, 278, 281, 368
<노바야 지즌> 230, 280, 281, 293
노브고로트(the Novgorod) 64, 375
늪지대파(Le Marais) 106
독일 공산당 197
독일 사회민주당 150, 160, 161, 201, 370, 376
러일전쟁 71, 157~159
루마니아 공산당 330
백년전쟁 65
보불전쟁 157, 159
부르봉 왕가 134
불균등 발전 법칙 204, 205, 318, 335
브레스트-리토프스크 조약 345, 350
사회주의 인터내셔널 159
사회혁명당 27~29, 31, 35, 147, 156, 231, 239, 264, 268, 272, 301, 308, 339, 369
산악당 86, 287
상퀼로트 85, 102, 106, 249, 287, 288

영·러 위원회 189, 319
융커 86, 326
일국사회주의 29, 34, 185~187, 190, 201~203, 205, 207, 212~215, 219, 335, 342, 343, 350, 352, 363, 364, 369
자코뱅(주의) 84~86, 105, 106, 249, 287, 289
제1차세계대전 29
제2인터내셔널 11, 39, 58, 183, 375
제2차세계대전 44, 46
제헌의회 26, 57, 108, 169, 172, 194, 277~279, 283, 319, 356, 357
젬스트보 11, 378
좌익반대파 187, 192, 195, 201, 222, 364, 373, 374
중국 공산당 40, 191~196, 233, 321, 327, 355, 357
중국 국민당 40~42, 92, 191~196, 263, 275, 302, 319, 321, 323, 326, 328, 330, 331, 336~339, 355, 357, 358, 361, 373
집산화 199, 200, 208, 213, 214
최대강령 22, 53, 114, 117, 144, 248, 281
최소강령 22, 53, 114, 115, 117, 144, 248, 281
쿨락 208, 304, 364
트루도비키 108, 262, 264
파리코뮌 103, 181, 376

파시즘 330, 331

평화주의 345, 347, 351, 352

<프라우다> 32, 192, 206, 208, 274

프랑스 혁명 61, 77, 82~85, 287, 289, 308, 376

합스부르크 왕가 91, 154, 347

헝가리 혁명 30, 91, 92

호엔촐레른 왕가 134, 154, 347, 349